क्षितिज के उस पार से

साहित्य के नोबेल विजेताओं की आवाज़ें

ज्ञान गरिमा के
72 वर्ष

भारतीय
ज्ञानपीठ

क्षितिज के उस पार से

साहित्य के नोबेल विजेताओं की आवाज़ें

विजय शर्मा

भारतीय ज्ञानपीठ

लोकोदय ग्रन्थमाला : 1353

ISBN : 978-93-263-5465-3

क्षितिज के उस पार से

(आलोचना)

विजय शर्मा

प्रकाशक : **भारतीय ज्ञानपीठ**

18, इन्स्टीट्यूशनल एरिया, लोदी रोड, नयी दिल्ली-110 003

मुद्रक : विकास कम्प्यूटर्स ऐंड प्रिन्टर्स, दिल्ली-32

आवरण : महेश्वर

KSHITIJ KE US PAR SE
(Criticism)
By Vijay Sharma

Published by
Bharatiya Jnanpith
18, Institutional Area, Lodi Road, New Delhi-110 003
Ph. : 011-24698417, 24626467; 23241619 (Daryaganj)
Mob. : 9350536020; e-mail : bjnanpith@gmail.com
sales@jnanpith.net; website : www.jnanpith.net

First Edition : 2018
Price : Rs. 380

उन साहित्यकारों के नाम जो नोबेल पुरस्कार के
सुपात्र थे/हैं, जिन्हें किसी कारण से यह
मिल न सका।

अपनी बात

लेखक के लिए यह बता पाना असम्भव नहीं तो आसान भी नहीं है कि उसकी किताब की नींव कब पड़ी। क्योंकि लिखित रूप में आने से पहले काफ़ी समय तक यह उसके दिमाग़ में चलती रहती है। फिर भी अपनी बात बताती हूँ। मेरी इस किताब की नींव बहुत पहले, मेरी पहली किताब 'अपनी धरती, अपना आकाश : नोबेल के मंच से' की पांडुलिपि तैयार करते समय ही पड़ गई थी। उस पुस्तक में 15 उन नोबेल पुरस्कार विजेता साहित्यकारों पर बात संकलित हुई थी जिन्होंने पुरस्कार प्राप्ति के अवसर पर भाषण दिया था। उस पुस्तक में नोबेल साहित्य पुरस्कार विजेता हेरॉल्ड पिंटर तक पर आलेख थे। इसके बाद हर वर्ष नोबेल पुरस्कार की घोषणा के साथ-साथ विजेता साहित्यकारों पर मेरा लिखना जारी रहा।

इस बीच कई नोबेल पुरस्कार विजेता साहित्यकारों का निधन हुआ। वैसे इन लोगों के जाने का दु:ख नहीं मनाना चाहिए। तुलसीदास कहते हैं कि जो व्यक्ति अपने जीवन में अपना कार्य उत्तरदायित्वपूर्ण तरीके से करता है उनके लिए रोना नहीं चाहिए। मगर ओशो का कहना है कि यदि आप संवेदनशील हैं, चेतन हैं, तो रोना आएगा और रोना भी चाहिए। दोनों अपने-अपने स्थान पर सही हैं। अपना कोई प्रिय इस संसार से जाता है तो दु:ख तो होता ही है। अत: जब ये साहित्यकार गए तो कई पत्रिकाओं के लिए इन पर स्मृति लेख लिखे। उल्लास के चितेरे के रूप में गैब्रियल गार्षा मार्केस को स्मरण किया। हेरॉल्ड पिंटर मंच से जाने और होसे सारामागो के जाने से दुनिया के सत्ता का दुरोपयोग करनेवालों को खरी-खरी सुनानेवालों का स्थान रिक्त हुआ। वैसे प्रकृति रिक्तता स्वीकार नहीं करती है कोई-न-कोई दुष्टों की बखिया उधेड़ने वाला सदा इस दुनिया और साहित्य में रहेगा। डोरिस लेसिंग एक लम्बी उम्र पा कर, साहित्य में एक लम्बी पारी खेल कर विदा हुई। वे एक अनोखी लेखिका हैं, जिसने नारीवाद और विज्ञान फन्तासी जैसे

दो बिल्कुल भिन्न क्षेत्रों में लिखा है। इमरे कर्टीज के लिए खदीज की तो गुंटर ग्रास के नगाड़े की चोट को फिर से याद किया। दक्षिण अफ्रीका की नादीन गोर्डिमर भी इस बीच चल बसीं। उन्होंने अपने साहित्य में श्वेत-अश्वेत दोनों को स्थान दिया है। उन्हें प्रवासियों की परेशानियाँ भी ज्ञात थीं।

इस पुस्तक के पहले नोबेल पुरस्कारों से ही जुड़ी हुई एक अन्य पुस्तक 'स्त्री, साहित्य और नोबेल पुरस्कार' भारतीय ज्ञानपीठ से प्रकाशित हुई। जिसका द्वितीय संस्करण आ चुका है। इस पुस्तक में तब तक नोबेल पुरस्कार प्राप्त 13 महिला साहित्यकारों को समाहित किया। अब इनकी संख्या 14 हो गई है। 2015 में बेला रूस की स्वेतलाना एलेक्सीविच को नोबेल पुरस्कार प्राप्त हुआ।

पिछले कई वर्षों में इस विषय पर काफ़ी अध्ययन-लेखन किया। कई पत्र-पत्रिकाओं में इस विषय पर आलेख प्रकाशित हुए। पाठकों की सकारात्मक प्रतिक्रिया मिली, उत्साह बढ़ा और उसी के आधार पर यह पुस्तक तैयार हुई है।

इस पुस्तक में दो खंड हैं। पहले खंड में साहित्य के विभिन्न नोबेल विजेताओं के जीवन, उनके कार्य और उनके नोबेल भाषण को मैंने जितना समझा उस पर आलेख है। दूसरे खंड में इस बीच गुजरे हुए साहित्यकारों को श्रद्धांजलि दी गई है।

कितना रोचक और विविधता भरा है, इन साहित्यकारों का जीवन। अलेक्ज़ेंडर सोल्ज़ेनित्सिन गुलाग (रूस के यातना शिविर) से होते हुए नोबेल पुरस्कार तक पहुँचे। मगर उन्हें अपना नोबेल भाषण प्रस्तुत करने में चार साल लग गए और फिर भी वे सीमित लोगों के समक्ष ही इसे दे सके। गैब्रियल गार्षा मार्केस बनना तो चाहते थे जादूगर पर बन गए शब्दों के जादूगर। उनका हर पाठक उनके इस जादू का कायल है। डारिओ फ़ो जैसे विलक्षण नाटककार के काम और उनके जीवन को जानना-समझना जीवन के प्रति एक नयी दृष्टि देता है। अपनी जीवन संगिनी से उनका जुड़ाव भी एक उदाहरण है। यह सह-जीवन सिमोन-सार्त्र के सह-जीवन से भिन्न जीवन है। फ़ो में सार्त्र जैसा एक तरफ़ा रवैया नहीं है। जीन मारी गुस्तॉव ले क्लेजियो का मिली-जुली संस्कृतियों में लालन-पालन हुआ जिसका नतीजा उनके साहित्य में दीखता है। उनका साहित्य विभिन्न संस्कृतियों का गान करता है। हेरटा मूलर को अफ़सोस है कि वे किसी स्थान को बिलांग नहीं कर पाई। जर्मनी में रोमानियन कहलाई और रोमानियाँ में जर्मन के रूप में उन्हें छिटका दिया गया। पेरू के महान उपन्यासकार मारियो वर्गास लोसा ने माना है कि

साहित्यकार को आवश्यकता पड़ने पर राजनीति में भागीदारी करनी चाहिए, नागरिक होने के नाते यह उसका कर्तव्य है। वे स्वयं भी एक बार राष्ट्रपति पद की उम्मीदवारी के दावेदार हुए थे। एक समय के मार्केस के इस दोस्त को विश्वास है कि भविष्य के लेखक साहित्य को बचाएँगे। इनका यह भी मानना है कि लिखने के लिए पढ़ना अत्यधिक आवश्यक है। टॉमस ट्रांसट्रोमर का साहित्य एक खुले अहसास की प्रतीति कराता है। चीन को साहित्य का पहला नोबेल पुरस्कार दिलाने वाले मो यान का बचपन बहुत गरीबी और कष्ट में बीता। अपने नोबेल भाषण में वे अपने बचपन, अपनी माँ से उनके सम्बन्ध और अपने उपन्यास के कथानकों की चर्चा करते हैं। जब तक कोई रचनाकार उपन्यास न लिखे अक्सर उसकी गिनती साहित्यकारों में नहीं होती है, लेकिन एलिस मनरो ने साबित कर दिया कि कहानी लिख कर भी साहित्य में सर्वोच्च स्थान बनाया जा सकता है। एक छोटे से शहर में रहनेवाली एलिस मनरो ने कहानियों के द्वारा साहित्य में ऐसी स्वीकृति पाई कि उन्हें नोबेल पुरस्कार मिला। 2014 के साहित्य के नोबेल विजेता पैट्रिक मोदियानो को पूरा-पूरा विश्वास है कि भविष्य के लेखक साहित्य की रक्षा करेंगे। 2015 से नोबेल समिति का रुख बदला और उन्होंने एक पत्रकार नुमा साहित्यकार को पुरस्कार के लिए चुना। स्वेतलाना एलेक्सीविच अपने साहित्य में पीड़ा, व्यथा और साहस की क्विल्टिंग करती हैं। और बॉब डिलेन को जब 2016 का साहित्य का नोबेल पुरस्कार मिलने की घोषणा हुई तो साहित्य जगत में हड़कम्प मच गया। भला कोई गायक को साहित्यकारों की जमात में शामिल करता है? पाठकों और आलोचकों को तो शिकायत है लेकिन कुछ लोगों ने उन्हें इस जमात में शामिल करने के लिए आकाश-पाताल के कुलाबे एक कर दिए। खुद बॉब डिलेन का नोबेल समिति के प्रति रुख भी बहुत प्रशंसा करने योग्य नहीं रहा है। उन्हें नोबेल मिला यह अब एक वास्तविकता है, लेकिन इसे ले कर मेरी भी कुछ आपत्तियाँ हैं, जिन्हें मैंने यहाँ दर्ज किया है। पुस्तक प्रकाशित होने तक 2017 के साहित्य के नोबेल पुरस्कार की घोषणा हो गई और नोबेल समिति ने इस वर्ष यह सम्मान जापानी मूल के ब्रिटिश नागरिक कजुओ इशिगुरो को दिया है। महेश्वर जी के सुझाव पर पुस्तक में कजुओ इशिगुरो पर भी एक आलेख जोड़ा है। इस सुझाव के लिए महेश्वर जी को धन्यवाद।

अफ्रो-अमेरिकन साहित्य जगत की मातामही टोनी मॉरीसन का उपन्यास 'बिलवड' एक अनोखा और हॉन्टिंग उपन्यास है। उसे केंद्र में रख कर मैंने मॉरीसन के जीवन और कार्य को समझने का प्रयास किया है। टोनी मॉरीसन

के बाद एक लंबे समय तक नोबेल साहित्य ने अमेरिका की सुध न ली। समिति पर पक्षपात करने और अमेरिका को अनदेखा करने के आरोप लगने लगे। शायद समिति ने इस साल 2016 में इसका प्रक्षालन कर लिया है। मगर अब दूसरे विवाद खड़े हो गए हैं। वैसे आज विवादों की चिंता कौन करता है।

पर्ल बक के जीवन का एक बड़ा हिस्सा चीन में बीता। मगर जब उन्होंने नोबेल पुरस्कार ग्रहण किया वे अमेरिका की नागरिक थीं। चीन ने उन्हें लिखने का गुर दिया अत: अपने नोबेल भाषण में वे चीन और उसके साहित्य के प्रति कृतज्ञता ज्ञापित करते हुए चीन की प्राचीन उपन्यास कला पर विस्तार से बोलती हैं। 2010 के नोबेल पुरस्कार से सम्मानित साहित्यकार मारियो वर्गास लोसा साहित्य की प्रशंसा करते नहीं थकते हैं। स्वेतलाना एलेक्सीविच जानती हैं कि वे एक हारी हुई लड़ाई लड़ रही हैं फिर भी हिम्मत नहीं हारती हैं और दमित-शोषित लोगों से मिल कर उनकी आवाज दुनिया तक पहुँचाने के प्रयास में लगी हुई हैं। वे बचपन से आवाजों से घिरी रही हैं और अब आवाजों को इकट्ठा करने का काम करती हैं।

इस बीच सत्ताधारियों को नंगा करने वाले नाटककार हेरॉल्ड पिंटर चल बसे। उनके नाटकों पर फ़िल्में बनी हैं, मंच पर तो वे खेले ही जाते हैं। इसी तरह एक और साहित्यकार हुए हैं, शोषण-दमन कर्ताओं को खरी-खरी सुनाने वाले उनका भी निधन हो गया। होसे सारामागो इतिहास से राजी नहीं हैं क्योंकि उन्हें मालूम है कि यह इतिहास सच्चाई को बयान नहीं करता है अत: वे अपने साहित्य में इतिहास को अपने तरीके से लिखने का प्रयास करते हैं। सत्ताधारी उनसे भले ही प्रसन्न न हों मगर नोबेल समिति को उनका काम पुरस्कार योग्य लगता है और नोबेल समिति ने उन्हें सम्मानित किया। पुर्तगाल के इस उपन्यासकार का 2010 को निधन हो गया। इंग्लिश उपन्यासकार डोरिस लेसिंग को नारीवाद का प्रवक्ता कहा जाता है। इस उम्र दराज लेखिका की किताब पर फ़िल्म भी बनी और इन्होंने विज्ञान-फन्तासी की रचना भी सफलतापूर्वक की। पकी उम्र में 2013 को इनका निधन हुआ। 2014 को श्वेत-अश्वेत दोनों को अपने लेखन में स्थान देने वाली नादीन गोर्डिमार भी नहीं रहीं। पाठकों और आलोचकों के चहेते और 'एकान्त के सौ वर्ष' रचने वाले गैब्रियल गार्षा मार्केस की मृत्यु भी 2014 में ही हो गई।

विश्व में बहुत सारे ऐसे रचनाकार हुए हैं जिनका काम उच्च कोटि का है मगर जाहिर है हरेक को नोबेल नहीं मिलता है। उन्हें नोबेल न मिलने के विभिन्न कारण है। परिकथा के संपादक शंकर जी ने मुझसे एक बार कहा कि

मैं ऐसे साहित्यकारों पर लिखूँ। मेरा भी मन है। सुझाव के लिए शंकर जी का आभार। लेकिन यह इस जन्म में सम्भव हो सकेगा अथवा नहीं बताना मुश्किल है। हाँ, आपके पास मेरे लिए कोई सुझाव हो तो अवश्य देने का कष्ट करें। इस किताब को ऐसे ही साहित्यकारों—जिनको साहित्य का नोबेल पुरस्कार मिलना चाहिए था/है पर किसी कारणवश मिला नहीं—को समर्पित कर के मन में थोड़ा सन्तोष है। इस पुस्तक का शीर्षक प्रो. सत्य चैतन्य का सुझाया हुआ है। उनको आभार जताना थोड़ा अजीब लगेगा, फ़िर भी आभार। पुस्तक को व्यवस्थित करने में बेटी अनघा के सुझाव काम आए। उसे प्यार। पुस्तक में संग्रहीत अधिकाँश आलेख नया ज्ञानोदाय, परिकथा, वागर्थ, कथादेश आदि पत्रिकाओं में प्रकाशित हो चुके हैं। इन पत्रिकाओं के सम्पादकों और उनकी टीम का धन्यवाद। बहुत सारी सामग्री नोबेल साइट के सौजन्य तथा अन्य नेट साइट के सौजन्य से पढ़ी। इन साइट्स का आभार। मेरी दूसरी पुस्तक प्रकाशित करने के लिए ज्ञानपीठ के निर्देशक एवं प्रसिद्ध कवि-फोटोग्राफ़र श्री लीलाधर मंडलोई तथा भारतीय ज्ञानपीठ की उनकी टीम को बहुत-बहुत धन्यवाद।

अब पुस्तक आपकी है। आपकी प्रतिक्रिया की प्रतीक्षा रहेगी।

—विजय शर्मा

अनुक्रम

खंड–1
नोबेल आलेख

कजुओ इशिगुरो

स्मृति, विस्मरण, आवरण और डिफ़ेंस मैकेनिज़्म

एक बार फिर सबके अनुमानों को धता बताते हुए नोबेल समिति ने साहित्य के नोबेल पुरस्कार की घोषणा कर दी है। 2017 का साहित्य का नोबेल पुरस्कार अकादमी ने जापानी मूल के ब्रिटिश नागरिक कजुओ इशिगुरो को दिया है। साहित्य प्रेमियों, पाठकों, आलोचकों, सट्टाबाजों की लिस्ट में भी एक जापानी लेखक ही शीर्ष पर था। अधिकाँश लोग जापान के प्रसिद्ध लेखक हारुकी मुराकामी के नाम की घोषणा की प्रतीक्षा कर रहे थे। कजुओ इशिगुरा का लेखन बहुत अच्छा है मगर हारुकी मुराकामी को मिलता तो अधिक खुशी होती। मुझे लगता है प्रसिद्धि और गुणवत्ता दोनों दृष्टि से मुराकामी बीस ठहरते हैं। वैसे दुनिया के कई अन्य लेखक जैसे फिलिप रॉथ, न्गुगी वा थियोंगो, अमोस ओज, ए एस ब्याट, मार्गेट एटवुड आदि कई वर्षों से इस पुरस्कार के तगड़े दावेदार रहे हैं। लेकिन नोबेल समिति की मर्जी, उन्होंने कई अधिक योग्य लोगों की अनदेखी कर कजुओ इशिगुरो को चुना। मैं यह नहीं कह रही हूँ कि वे अयोग्य हैं। मगर... बॉब डिलेन के प्रशंसक कजुओ इशिगुरो ज़िन्दगी में बनना तो चाहते थे संगीतकार और गायक लेकिन बन गए उपन्यासकार, स्क्रीनप्ले राइटर। हालाँकि उन्होंने गीत लिखे हैं। स्टैंसी केन्ट के साथ मिल कर उन्होंने जो जाज़ सीडी बनाया ('ब्रेकफ़ास्ट ऑन द मॉर्निंग ट्राम') यह एलबम फ्रांस में बेस्ट सेलर की सूची में रहा है।

जापान के नागासाकी में 1954 को जन्मे कजुओ इशिगुरो मात्र पाँच वर्ष की उम्र में इंग्लैंड में आ बसे। उनके पिता समुद्र वैज्ञानिक थे और इसी सिलसिले में वे इंग्लैंड एक परियोजना के तहत आए थे। उनके माता-पिता आए तो थे यह सोच कर कि कुछ ही दिनों में लौट जाएँगे लेकिन ऐसा हो न सका। इसके बाद करीब 19 वर्ष की उम्र में कजुओ इशिगुरो दोबारा हवाई जहाज में बैठे लेकिन जापान जाने के लिए नहीं। वे अमेरिका घूमने गए जहाँ उन्होंने कई महीने हिप्पी जैसा जीवन बिताया और हिचहाइकिंग करते हुए विभिन्न स्थानों पर घूमते रहे। 29 साल के बाद ही वे जापान दोबारा जा सके। हालाँकि कजुओ की सारी शिक्षा-दीक्षा इंग्लैंड में हुई लेकिन घर का वातावरण जापानी था अतः उन्हें दोनों संस्कृतियाँ विरासत में मिलीं। उन्होंने

पहले इंग्लिश तथा फ़िलॉसफ़ी में डिग्री ली और बाद में क्रिएटिव राइटिंग में पोस्ट ग्रेजुएशन किया। कज़ुओ इशिगुरो ने अपने प्रारंभिक दो उपन्यास ('ए पेल व्यू ऑफ़ हिल्स' तथा 'एन आर्टिस्ट ऑफ़ द फ़्लोटिंग वर्ल्ड') युद्धोपरान्त जापान की पृष्ठभूमि पर लिखे।

इशिगुरो के लेखन की एक विशेषता है, संयम और मितव्ययता। उनके पहले उपन्यास 'ए पेल व्यू ऑफ़ हिल्स' से ही यह विशेषता दीखने लगती है। दूसरी विशेषता है, पात्रों का अपने जीवन की कमियों को खुद से भी छिपाना और दूसरे की कहानी के रूप में अपनी बात कहना। मात्र 28 वर्ष की उम्र में प्रकाशित उनके इस उपन्यास में एक प्रौढ़ा स्त्री एट्सुको की दो बेटियाँ थीं। पहली शादी से केइको थी जिसने आत्महत्या कर ली है और दूसरी शादी से छोटी बेटी निकी है। एट्सुको अतीत-वर्तमान में निरन्तर आवाजाही करती हुए अपनी कहानी कहती है। उसका दूसरा पति इंग्लिश है जबकि पहला पति जीरो ओगाटा जापानी था। उसका पहला पति बहुत क्रूर व्यवहार करने वाला था। वह स्मृति में कभी जापान में होती है और कभी इंग्लैंड में। इसमें एट्सुको अपनी बेटी निकी से बात करती हुई दीखती है, लेकिन वास्तव में वह आत्महत्या कर चुकी अपनी बड़ी बेटी को स्मरण कर रही है। यह अपराधबोध की जटिल दुनिया को खोलता उपन्यास है।

असल में यह उनकी थीसिस थी जिसे उन्होंने उपन्यास के रूप में ढ़ाल कर 'ए पेल व्यू ऑफ़ हिल्स' नाम से प्रकाशित करवाया। एक आलोचक गैब्रिएल अन्नान ने इस उपन्यास को 'घोस्ट स्टोरी' की संज्ञा दी है। एट्सुको अपने अपराध बोध को छिपाने-दबाने के लिए सारी बातें दूसरों पर प्रोजेक्ट करके कहती है। स्वयं उपन्यासकार भी स्वीकारता है कि पूरी कहानी मुख्य रूप से एट्सुको के अपराध-बोध पर आधारित है। वह स्वयं को अपराधी मानती है। लेकिन इस बात को सीधे स्वीकार नहीं करती है, नहीं करना चाहती है। इशिगुरो अपने पात्रों की आन्तरिक दशा दिखाते हैं। ये पात्र बाह्य दुनिया से उतना सम्पर्क नहीं रखते हैं। वे सच्चाई बताते चलते हैं लेकिन खुद सच्चाई से बचते हैं, अनभिज्ञ होते हैं, उसे देखने में असफ़ल रहते हैं। उन्होंने गलत काम किया होता है और बाद में वे उसके लिए शर्म अनुभव करते हैं, लेकिन तब भी उसे स्वीकारने में हिचकिचाते हैं। स्वयं को सदा आदर्श स्थिति में प्रस्तुत करते हैं।

उनका दूसरा उपन्यास 'एन आर्टिस्ट ऑफ़ द फ़्लोटिंग वर्ल्ड' भी जापान में रच-बसा है। यहाँ भी मुख्य पात्र कथावाचक है। इस बार वह एक रिटायर्ड पेंटर ऊनो (इंग्लिश में हिज्जे हैं Ono) है। इस पेंटर ने अतीत में गलतियाँ की है और अब वह उन पर बात करते हुए भी उनकी जिम्मेदारी नहीं लेना चाहता है। वह स्वयं को बहुत महान पेंटर मानता है जबकि उसकी बेटी उसकी सच्चाई जानती है और उसे बयान

भी करती है। वह कहती है, 'पिता का काम शायद ही जुड़ा था (जापान के द्वितीय विश्वयुद्ध में शामिल होने से)।' आगे वह कहती है, 'पिता केवल एक पेंटर थे। उन्हें यह सोचना बन्द करना होगा कि उन्होंने कुछ महान गलत काम किया है।' यहाँ तक कि ऊनो का पड़ोसी भी इस बात से अनजान था कि ऊनो कला की दुनिया से जुड़ा था। जबकि ऊनो स्वयं सोचता है कि लोग उसकी पेंटर की प्रसिद्धि को सही अर्थों में नहीं लेते हैं। उसने यदि कोई गलती की है तो भी उसका उद्देश्य बुरा नहीं था। वह अपने अतीत से बचना चाहता है। अपनी शर्म को छिपाने के लिए अपनी स्मृति द्वारा युद्धकाल में अपनी भूमिका को जायज ठहराने का प्रयास कर रहा है। खुद से ही झूठ बोलने की कोशिश कर रहा है, अपने कामों को उचित ठहराने का प्रयास कर रहा है। दूसरों पर उसके कमेंट्स असल में उसके खुद पर किए गए कमेंट्स हैं। जबकि अगली पीढ़ी ऐसा नहीं सोचती है। उपन्यास सकारात्मक नोट पर समाप्त होता है। उपन्यास कहता है, अतीत में भले ही गलतियाँ की हों लेकिन अब बेहतरी का मौका है। उनके इस उपन्यास 'एन आर्टिस्ट ऑफ़ द फ़्लोटिंग वर्ल्ड' को बुकर पुरस्कार के लिए नामांकन मिला था।

इस उपन्यास पर बात करते हुए स्वयं इशिगुरो का कहना है, ऊनो अपने सम्मान को लेकर आविष्ट है, तब भी जब वह दिखावा करता है कि वह आविष्ट नहीं है। हालाँकि वह बल देता है कि स्टेटस उसका कन्सर्न नहीं है। उसके अनुसार वह ज़िन्दगी में कभी भी अपनी सामाजिक हैसियत के विषय में जागरुक नहीं रहा है। लेकिन जब भी उसकी सामाजिक हैसियत उसके ध्यान में लाई जाती है वह सन्तुष्टि की ऊष्मा से चमक उठता है। ऐसे अवसरों पर वह झूठमूठ को आश्चर्य व्यक्त करता है। कहेगा, मैं तो अपनी स्थिति के विषय में जानता ही नहीं था। लेकिन भीतर-भीतर वह स्वयं को सम्मानित व्यक्ति, 'स्वाभाविक लीडर' सोचता-मानता है। वह सोचता है कि उसके छात्र सदा उसकी ओर ध्यान लगाए रखते है, क्या पता वह कब कोई ज्ञान की बात कह दे। घर खरीदते समय वह ऐसा ही करता है। वह सेलेब्रेटी बनना चाहता है लेकिन अपने अतीत को दबाए रखता है। वह कभी इस बात को स्वीकार नहीं करना चाहता है कि उसका कलात्मक प्रभाव महान नहीं था।

नोबेल समिति की स्थाई सचिव सारा दानियस ने इस साहित्यकार के बारे में कहा, 'इशिगुरो एक अप्रतिम उपन्यासकार हैं। मैं कहूँगी कि अगर आप जेन ऑस्टिन को काफ़्का से मिला दें तो मेरे ख्याल से आपको इशिगुरो मिल जाएँगे।' इसमें आगे वे जोड़ती हैं कि इसमें थोड़ा-सा मार्सल प्रूस्त भी मिलाना होगा। सारा डेनियस की यह उक्ति मुझे नहीं जँची, यह तो किसी नोबेल पुरस्कृत साहित्यकार की प्रशस्ति न हुई। सारा डेनियस के अनुसार इशिगुरो में इन दोनों लेखकों की समझ और सृजनात्मक क्षमता का मिला-जुला चित्रण देखने को मिलता है, साथ ही मिलता है

थोड़ा-सा मार्सल प्रूस्त जैसा गाम्भीर्य। समिति ने उन्हें 'महान समग्रता का लेखक' कहा है। इशिगुरी की एक और विशेषता है, रचनाओं में अभिव्यक्ति का संयम। उनका मुख्य पात्र अपने आस-पास के घटनाक्रमों से अप्रभावित रहता है। और अगर प्रभावित है भी तो उसे प्रकट नहीं करता है। अपनी भावनाओं को छिपाता है, दबा कर रखता है, यह उनके पात्रों की खासियत है। वे बहुत सावधानी और संयम के साथ लिखते हैं। लेकिन जो लिखना है वह निडर हो कर लिखते हैं, जिसका एक उदाहरण पिछले वर्ष फ़ाइनेंशियल टाइम्स में लिखे गए उनके लेख में मिलता है, जिसमें उन्होंने ब्रिटेन की यूरोपियन यूनियन छोड़ने की पॉलिसी की आलोचना की है।

उन्हें खुद भी यह पुरस्कार मिलने की उम्मीद कतई नहीं थी। नोबेल पुरस्कार मिलने की सूचना से एक ओर वे उत्तेजित थे तो दूसरी ओर स्तम्भित। अचानक दरवाजे पर आई मीडिया और प्रेस की भीड़ से वे लज्जा भी अनुभव कर रहे थे उन्हें लगा उनके पड़ौसी सोचेंगे शायद वे सीरियल किलर या कुछ थे। वे इतने उत्तेजित थे कि पुरस्कार की घोषणा के तत्काल बाद होने वाले औपचारिक टेलीफ़ोन वार्ता में भी खुद को नियन्त्रित नहीं कर पा रहे थे। इस रस्म अदायगी साक्षात्कार में वे बोलते चले जाते हैं। प्रश्नों के इतर उत्तर देते हैं। अकादमी ने कज़ुओ इशिगुरो की प्रशंसा करते हुए 'असाधारण भावनात्मक शक्ति के उनके उपन्यासों' का जिक्र किया। उन्होंने कहा कि उनकी रचनाएँ 'दुनिया के साथ हमारे संबंध के मिथ्या भावबोध के नीचे के अतल गर्त को अनावृत करती हैं।'

कज़ुओ इशिगुरो को प्रसिद्धि दिलाई उनके तीसरे उपन्यास 'द रिमेंस ऑफ़ द डे' ने। 1989 में प्रकाशित इस उपन्यास को बुकर पुरस्कार (उन्हें चार बार बुकर के लिए नामांकित किया गया है) मिला और अब नोबेल समिति ने भी इसी उपन्यास को केंद्र में रख कर उन्हें इस साल (2017) का नोबेल पुरस्कार दिया है। समिति के अनुसार उनके काम में स्मरण, समय तथा आत्मभ्रम की झलक मिलती है। उनके इस उपन्यास का बीज उनकी पत्नी द्वारा किए गए एक मजाक में है। उनके अनुसार, उनके पहले उपन्यास के सम्बन्ध में एक पत्रकार उनका साक्षात्कार लेने के लिए आने वाला था। और उनकी पत्नी ने कहा कि यह कितना मजेदार होगा यह आदमी आता है और तुम्हारे उपन्यास के बारे में तमाम गम्भीर प्रश्न पूछता है और तुम ऐसा दिखावा करते हो मानो तुम मेरे बटलर हो। उन लोगों को यह विचार बड़ा मनोरंजक लगा। और तब से वे बटलर के रूपक को ले कर मोहित हो गए।

उनके उपन्यास 'द रिमेंस ऑफ़ द डे' पर इसी नाम से फ़िल्म भी बनी है, और इस उपन्यास में उनके लेखन की सारी विशेषताएँ देखने को मिलती हैं। उनके अन्य कार्यों की भाँति यहाँ भी जीवन की विसंगतियाँ नजर आती है। इस उपन्यास ने उन्हें

व्यापक, वैश्विक फ़लक पर प्रसिद्धि दिलाई। चूँकि मैंने कज़ुओ इशिगुरो की एकाध कहानी और 'द रिमेंस ऑफ़ द डे' यही एकमात्र उपन्यास पढ़ा है तथा इस उपन्यास पर इसी नाम से बनी फ़िल्म एवं एक अन्य फ़िल्म 'नेवर लेट मी गो' देखी है अत: खुद को इन्हीं पर केन्द्रित करूँगी।

समय किसी के लिए नहीं रुकता है। जो लोग कर्तव्य को भावनाओं से अधिक महत्त्व देते हैं उनके लिए भी नहीं। ज़िन्दगी मुट्ठी से रेत की तरह फ़िसल जाती है। लॉर्ड डार्लिंगटन का बटलर, 'जेंटलमैंस जेंटलमैन है'। नैतिकता का पर्याय। बटलर कहते ही पी.जी. वुडहाउस का जीव्स स्मरण हो आता है। यदि बटलर का हिन्दी पर्यायवाची खोजने निकलें तो रसोइया, महाराज, बाबर्ची जैसे शब्द पल्ले पड़ते हैं, लेकिन ये शब्द इंग्लिश बटलर की सही तस्वीर कभी भी प्रस्तुत नहीं कर सकते हैं। बैरा, खानसामा कहने से भी बात बनती नजर नहीं आती है। इंग्लिश बटलर इन सबसे बहुत ऊपर की चीज है अपने आप में एक क्लास। इंग्लिश कल्चर का एक विशिष्ट अंग। स्टीवेंस इंग्लिश बटलर है। स्टीवेंस अपने कर्तव्य से इस कदर बँधा हुआ है कि पिता की मृत्यु के समय भी अपने मालिक और उसके मेहमानों की सेवा में लगा हुआ है। मिस किन्टन उसके प्रति आकर्षित है लेकिन वह उससे सदा ही अपने पेशे के अनुरूप काम की बात करता है। यह प्रतीकात्मक है, वह दरवाजे के पीपहोल-कीहोल से दूसरों को देखता है मगर उसे कोई नहीं देख पाता है। एक ओर उसमें ताक-झाँक की आदत है दूसरी ओर लॉर्ड डार्लिंगटन की पार्टियों में चलने वाले वार्तालाप से वह स्वयं को निर्लिप्त रखता है। अपने मन की वास्तविक भावनाओं का वह कभी प्रदर्शन नहीं करता है। किन्टन उससे कहती भी कि वह सदा अपनी भावनाएँ छिपाता क्यों है। दोनों ने सात साल साथ-साथ काम किया है। वह उसे समझती है, लेकिन उसे समझा नहीं पाती है।

स्टीवेंस दूसरों से अपनी भावनाएँ छिपाता है साथ ही खुद से भी छिपाए रखता है। वह खुद को छिपाए रखने के लिए विशिष्ट विशेषणों का प्रयोग करता है। जैसे, जब वह कहता है कि वह 'थका' हुआ है असल में वह कहना चाह रहा है कि वह 'उदास' है, 'निराश' है, 'पराजित' है। इसी तरह वह खुद को सांत्वना देता है कि 'काफ़ी रोशनी बची हुई है', 'शाम दिन का सर्वोत्तम हिस्सा' होता है। वह खुद को भी छलावे में रखता है।

स्टीवेंस जब हाउसकीपर और अंडर बटलर को प्रेम करते और शादी करके प्रोफ़ेशन छोड़ते देखता है तो वह बहुत उदास होता है। वह इस विषय में कुछ कर नहीं पाता है, कुछ कर नहीं सकता है। कहता है कि मैंने ऐसे सम्बन्धों को सदैव हाउस संचालन के लिए खतरनाक पाया है, वह इन बातों को अच्छे पेशे की भावना के लिए कालिमा मानता है। जो लोग ऐसा करते हैं, पेशे के प्रति समर्पित नहीं है ऐसे

हाउसकीपर और अंडरबटलर अवश्य अपराध बोध ग्रन्थि से ग्रसित रहते हैं, ऐसा उसका विचार है। असल में यह सब वह दूसरों की आड़ में अपने विषय में ही कह रहा है। उसे लगता है ऐसे लोग पेशे के लिए नहीं रोमांस के लिए एक स्थान से दूसरे स्थान पर जाते रहते हैं। वह इन बातों को बेवकूफ़ी भरा मानता है लेकिन ऐसी बेकार की बातों को रोकने में स्वयं को असमर्थ पाता है। ये बातें वह तब कह रहा है जब मिस किन्टन हाउसकीपर के जॉब के लिए आई है। साथ ही वह जोड़ता है कि इसका मतलब यह नहीं कि वह मिस किन्टन पर शक कर रहा है या मिस किन्टन को अपमानित करना चाहता है। वह शुरु से मिस किन्टन की ओर आकर्षित है मगर इस बात को स्वीकार नहीं करना चाहता है।

एक स्थान पर इशिगुरो ने खुद कहा है कि उनके प्रमुख पात्र जीवन की महान बातों को गँवाते हैं। तीन महत्वपूर्ण घटनाओं के समय भी स्टीवेंस अपने प्रोफ़ेशन के पीछे खुद को छिपाए रखता है और जीवन में बहुमूल्य अवसरों को गँवा देता है। एक जब उसके पिता की मृत्यु होती है और वह जानते हुए भी मालिक की पार्टी में अपनी ड्यूटी निभाता रहता है। दूसरा जब लॉर्ड डार्लिंगटन दो यहूदी नौकरानियों को निकालता है। स्टीवेंस जानता है कि यह गलत है मगर अपने प्रोफ़ेशन की दुहाई देते हुए मालिक के निर्णय की आलोचना या प्रतिवाद नहीं करता है और तीसरा सबसे महत्त्वपूर्ण अवसर है मिस किन्टन के प्रेम को जानबूझ कर अनदेखा करना। वह इन सब अवसरों पर अपनी वास्तविक भावनाओं को दबाए रखता है, खुद से भी झूठ बोलता है। यह सब वह करता है क्योंकि वह जीवन में निजी बातों से अधिक अपने प्रोफ़ेशन को महत्त्व देता है। उसे लगता है कि वह किसी महती योजना में योगदान कर रहा है। यहूदी नौकरानियों को जब लॉर्ड डार्लिंगटन निकालता है तब स्टीवेंस का संवेग उसे इसका विरोध करने के लिए कहता है लेकिन वह तर्क देता है, 'इस बात में मेरी ड्यूटी बहुत स्पष्ट थी...ऐसे निजी सन्देहों को व्यक्त करके कुछ पाया नहीं जा सकता था। यह एक कठिन कार्य था, लेकिन जिसकी माँग थी कि इसे डिग्निटी के साथ किया जाए।' और वह डिग्निटी के साथ उन्हें निकाल देता है। 'पेशेगत तरीके' से बात करते हुए वह मिस किन्टन से कहता है, उसे सुझाव देता है, 'हमें अपने निर्णयों में अपनी भावनाओं को बीच में नहीं आने देना चाहिए।' हमारी प्रोफ़ेशनल ड्यूटी हमारी अपनी भावनाएँ नहीं हमारे मालिक की इच्छाएँ होनी चाहिए।

पेरिस रिव्यू में सुसानाह हनवेल को एक लम्बा साक्षात्कार देते हुए कज़ुओ इशिगुरो ने कहा है कि बटलर एक मेटाफ़र है। वह दो बातों का मेटाफ़र है। एक प्रकार का हिमाच्छादित भावात्मक रूप। इंग्लिश बटलर का भयंकर रूप से गम्भीर होना। कभी कोई निजी प्रतिक्रिया नहीं देनी है, चाहे कुछ भी आसपास होता रहे। वे

कहते हैं कि यह केवल इंग्लिशनेस नहीं है वरन हमारा किसी बात में भावात्मक रूप से साझेदारी करने का सार्वभौमिक भय है। यह हम सब पर लागू होता है। दूसरी बात है बड़े राजनैतिक निर्णय किन्हीं दूसरों के लिए छोड़ देना। बटलर कहता है, मैं सर्वोत्तम तरीके से इस आदमी की सेवा कर रहा हूँ, और परोक्ष में समाज में योगदान कर रहा हूँ, लेकिन मैं खुद कोई बड़ा निर्णय नहीं लूँगा। हममें से बहुत लोग बटलर की तरह इसी स्थिति में होते हैं। चाहे हम जनतन्त्र में रह रहे हों अथवा नहीं। हम वहाँ नहीं हैं जहाँ बड़े निर्णय लिए जाते हैं। हम अपना काम करते हैं और उसमें गर्व अनुभव करते हैं, और सोचते हैं कि हमारा तनिक-सा योगदान भले के लिए होगा। इस तरह यह उपन्यास मात्र एक बटलर की कथा न हो कर हम सब की कहानी बन जाती है। यह स्थान और काल के परे का एक सार्वकालिक और सार्वभौमिक उपन्यास बन जाता है। कज़ुओ इशिगुरो कहते भी हैं इस उपन्यास को लिखते समय वे अन्तरराष्ट्रीय पाठक को मन में रखे हुए थे मात्र ब्रिटिश पाठक के लिए नहीं लिखना चाह रहे थे। उनके अनुसार यह समय ही ऐसा था, अन्तरराष्ट्रीय पाठकों के लिए लिखने का।

और जब इस किताब के लिए उन्होंने शोध प्रारम्भ किया तो उन्हें यह देख कर आश्चर्य हुआ कि इस विषय पर कितना कम लिखा गया है। द्वितीय विश्वयुद्ध तक अरिस्टोक्रेट लोगों के चारों ओर नौकर-चाकर थे। एक समय था जब कुलीन सदा नौकरों से घिरे रहते थे। मगर साहित्य में उनका जीवन न के बराबर था। वे दिन-रात सेवा करते थे, उनके चारों ओर तमाम घटनाएँ घट रही थीं लेकिन जैसे वे इन स्थानों पर होते हुए भी नहीं होते थे, वे खुद भी अदृश्य रहते और उनकी उपस्थिति भी अनदेखी की जाती थी वैसे ही वे साहित्य में भी अनदेखे रह रहे थे। यह सामन्ती प्रथा की विशेषता है, वह लोगों से काम लेती है लेकिन उन्हें पहचानती नहीं है, उन्हें उसका क्रेडिट नहीं देती है। चूँकि इस तरह के साहित्य का उल्लेख अधिक नहीं मिलता है अतः इस उपन्यास का अधिकांश हिस्सा उन्हें स्वयं गढ़ना पड़ा।

बीस साल बाद स्टीवेंस अवश्य चाहता है कि वह सहकर्मी, मिस किन्टन (अब वह मिसेज बेन है) वापस आ जाए। लेकिन उससे मिलने पर भी खुद को नियन्त्रित किए रहता है। फ़िल्म में एंटॉनी होप्किंस को बटलर के रूप में देख कर ऐसा लगता है मानों वे इसी काम के लिए बने हैं। मुझे पक्का विश्वास है यदि इसके विपरीत उन्हें लॉर्ड डार्लिंगटन की भूमिका मिलती तो ऐसा ही लगता मानो वे लॉर्ड डार्लिंगटन बनने के लिए ही पैदा हुए हैं। इतना सधा हुआ, इतना नियन्त्रित अभिनय उन्हें उच्च दर्जे का अभिनेता बनाता है। होंठ का तनिक-सा ऊपर उठना, माथे की सलवट, भौं की जरा-सी थिरकन कितना कुछ कह जाती है। कैमरा क्लोजअप में भावनाओं को पकड़ता है। बटलर सब कुछ देखता-सुनता है लेकिन अपने पद के

अनुकूल व्यवहार करता है। कभी अपना कोई विचार व्यक्त नहीं करता है। अपने कर्तव्य से बँधा रह कर अपना निजी जीवन, अपने सुख-दु:ख अपने पेशे पर कुरबान कर देता है। असल में वह आत्मवंचना में जीता है। और ज़िन्दगी को जब मुड़ कर देखता है तो उसके हाथ कुछ नहीं लगता है। इसीलिए किताब और फ़िल्म का नाम है, 'द रिमेंस ऑफ़ द डे'। उपन्यास और फ़िल्म के अन्त में स्टीवेंस अपनी ज़िन्दगी से समझौता कर लेता है।

जब किताब प्रकाशित हुई थी तो उस समय कज़ुओ इशिगुरो ने कहा था कि उनके चरित्रों ने जो किया है उसके लिए बाद में उनके चरित्र अफ़सोस करते हैं, इस बात में उनकी रूचि नहीं है। उनकी रूचि इसमें है कि वे कैसे इसे स्वीकार करते हैं। स्टीवेंस ज़िन्दगी में अपने किए को स्वीकार करता है, लेकिन विषाद के साथ। उपन्यास के प्रकाशन के समय पेरिस रिव्यू को दिए अपने एक साक्षात्कार में कज़ुओ इशिगुरो ने बताया था कि वे अपना तीसरा उपन्यास अन्तरराष्ट्रीय पाठकों के लिए लिख रहे थे इसीलिए उन्होंने अपने उपन्यास की कथावस्तु के केन्द्र के लिए ब्रिटिश मिथ, बटलर को चुना।

सिग्मंड फ्रायड के अनुसार, 'सामान्यत: लोग अपनी सैक्सुअल बातों में खुले नहीं होते हैं। वे खुल कर अपनी सैकुआलिटी प्रदर्शित नहीं करते हैं, झूठ के तारों से बुने भारी ओवरकोट पहन कर इसे छिपाते हैं।' बटलर स्टीवेंस भी पब्लिक में अपने कपड़े कभी नहीं उतारता है। मनोवैज्ञानिक रूप से अपने बचाव का एक तरीका है, विचारों को दबा देना, इसे मनोविज्ञान की भाषा में 'रिप्रेशन' कहते हैं। यह अचेतन द्वारा संचालित होता है। चेतन के लिए जो भी खतरनाक होता है उसे अचेतन में दबा दिया जाता है। बटलर स्टीवेंस की भी सैक्सुअल और राजनैतिक ज़िन्दगी अचेतन में दबी हुई है। मिस किन्टन के प्रति वह आकर्षित है लेकिन यह बात खुल कर खुद से भी नहीं स्वीकारना चाहता है। लॉर्ड डार्लिंगटन के पीछे वह अपने राजनैतिक विचारों को दबाए हुए है। लॉर्ड की सच्चाई उसे ज्ञात है लेकिन वह कहता है, 'लॉर्ड डार्लिंगटन बुरा आदमी नहीं था। वह बिल्कुल भी बुरा आदमी नहीं था।' उसे सन्तोष है कि कम-से-कम लॉर्ड डार्लिंगटन अपने जीवन के अन्तिम दिनों में इस बात को जान गया कि उसने गलतियाँ की थीं। उसने ज़िन्दगी में एक राह चुनी थी, वह राह उसे गलत राह पर ले गई, लेकिन वह कह सकता था कि उसने इसे चुना। स्टीवेंस को अफ़सोस है कि वह तो इस बात का दावा भी नहीं कर सकता कि उसने जीवन में एक राह चुनी। उसने तो लॉर्ड की बुद्धिमानी में आस्था रखी, इतने सालों उसकी सेवा की। उसे लगा कि वह कुछ उपयोगी कर रहा है। वह तो यह भी नहीं कह सकता था कि उसने खुद गलतियाँ की हैं। वह इन्हें झूठ के पीछे छिपाता है। वह सारे समय खुद को भी धोखा देता है, खुद पर भी सेंसरशिप लगा कर रखता है। पिता के

गुजरने पर उसके भीतर भावात्मक उथल-पुथल होती है, जिसे वह ड्यूटी, कर्तव्य के नाम पर दबा देता है। सोचता है, कहता है कि वह एक महत्त्वपूर्ण काम में व्यस्त है।

स्टीवेंस उस संस्कृति से आता है जहाँ सैक्सुअल बातों को खुल कर कहना निषिद्ध है। इसका उदाहरण है, लॉर्ड डार्लिंगटन को कार्डिनल को वैवाहिक जीवन के विषय में समझाना है, लेकिन वह खुद यह काम नहीं करता है, कर नहीं पाता है। वह यह जिम्मेदारी स्टीवेंस को सौंप देता है और स्टीवेंस भी इस काम को करने में असमर्थ रहता है। फ़िल्म में यह बात हास्य पैदा करती है। कार्डिनल का पिता भी उसे पाँच साल कोशिश के बावजूद यह बात नहीं कह पाया था। बटलर अपनी सैक्सुअलिटी से इतना घबराता है कि अपनी पैंट्री में फूल बरदाश्त नहीं कर सकता है। उसे लगता है इससे उसका ध्यान भटकेगा। वह बहुत परेशान हो जाता है जब मिस किन्टन उसके लिए फूल लाती है, उसकी किताब देखना चाहती है। बाद में वह सफाई देता कि वह तो अपना शब्दकोश बढ़ाने के लिए रोमांटिक उपन्यास पढ़ता है।

फ़िल्म की बात करें तो रूथ प्रवर झाबवाला अपने स्क्रीनप्ले में शुरु से अन्त तक कजुओ इशिगुरो के इसी नाम के उपन्यास के बिल्कुल करीब बनी रहती हैं। फ्लैशबैक तकनीक का उपयोग करते हुए फ़िल्म बीसवीं सदी के तीसरे से पाँचवें दशक को समेटे हुए है और इस दर्मियान हुए परिवर्तनों को बहुत सफलता पूर्वक दिखाती है।

लॉर्ड डार्लिंगटन के मेनर का डेकोर अमेरिकी मालिक लखपति पूर्व कांग्रेसमैन लुइस के हाथ में जाते ही बदल जाता है। मेनर के साथ-साथ घर की कीमती चीजों की भी नीलामी हो चुकी है। एक समय राजसी घर की दीवारों पर बड़ी-बड़ी पेंटिंग, ग्रैंडफ़ादर्स क्लॉक्स थीं, चाँदी के सजावटी सामानों से भरे हुए शो केस थे, पोर्सलीन की मूर्तियाँ, फ़िगरिन्स, तमाम घोड़े, कुत्ते, नौकर-चाकरों की फौज थी। फ़र्श से छत तक किताबों से अटी पड़ी लाइब्रेरी थी। जिस घर में इंग्लैंड के प्रधानमन्त्री, जर्मनी के राजदूत और यूरोप के विभिन्न देशों के राजनायक मेहमान बनते हों वहाँ की सजावट उसके अनुकूल होनी ही चाहिए। बड़े-बड़े कमरे, कीमती भारी परदे, गिल्टेड फ़र्नीचर, झाड़-फ़ानुस, फ़ाइन क्रॉकरी। मुख्य बटलर स्टीवेंस के नीचे काम करनेवालों की एक बड़ी फ़ौज है। उसके नीचे हाउसकीपर, अंडर बटलर, रसोइए, नौकरानियाँ, झाड़ू-पोछा वाले, दरवाजों-खिड़कियों को चमकाने वाले, फुटमैन तमाम लोग काम करते हैं। यह एक ऐसा समाज था जहाँ परम्परा को महत्त्व दिया जाता था। बटलर अपने से नीचेवालों से आदर-सम्मान की अपेक्षा करता है, जो उसे मिलता भी है और वह खुद अपने से ऊपरवालों को बिना शर्त आदर-सम्मान देता है। यहाँ कोई वाबी-साबी (अनगढ़पन के लिए जापानी शब्द) नहीं है।

सब कुछ बहुत व्यवस्थित है। हाँ, ज़िन्दगी अवश्य अनगढ़ है, वरना प्यार की पुकार को कोई ऐसे अनसुना करता है भला? द्वितीय विश्वयुद्ध की समाप्ति के बाद सामन्ती प्रथा के ढ़हने से, प्रजातन्त्र के उभार से सारा सामाजिक ढ़ाँचा परिवर्तित हो गया है। अमेरिकी हाथ में जाने के बाद अब यही मेनर सूनी दीवारों और कम-से-कम फ़र्नीचर वाला खाली-खाली-सा घर है, नौकरों की फ़ौज जा चुकी है। फ़िल्म के अन्त की ओर कमरे में फँसे हुए एक कबूतर को भी लुइस (मालिक) और स्टीवेंस (नौकर) मिल कर आजाद कर देते हैं। भला लॉर्ड डार्लिंगटन के समय ऐसा सम्भव था? पूरी तरह से सामन्ती प्रथा के अवशेष समाप्त हो चुके हैं। अब तो मालिक अपने कर्मचारी से मजाक करता है। उसे घूमने-फ़िरने के लिए छुट्टी देता है।

मिस किन्टन (एम्मा थॉम्सन) एक बहुत कुशल हाउसकीपर है। स्टीवेंस से अपनी भावनाओं का प्रतिदान न पा कर वह अपने पूर्व के एक सहकर्मी से शादी कर के दूर चली जाती है। अब वह मिसेज बेन है। मगर बीस साल बाद उसकी बेटी शादी करके अपने घर चली गई है। किन्टन की शादी बिखर चुकी है। पत्र में वह काम पर दोबारा लौटने का इशारा देती है। इसी सूत्र को पकड़ कर स्टीवेंस उससे मिलने जा रहा है। पूरी फ़िल्म फ़्लैशबैक में चलती है। लेकिन जब तक स्टीवेंस किन्टन से मिलता है किन्टन के जीवन में फ़िर से परिवर्तन आ चुका है। उसने अपना इरादा बदल लिया है। अब वह फ़िर से अपने पति (टिम पिगोट-स्मिथ) और बेटी, बेटी के होनेवाले बच्चे के निकट रहना चाहती है। और स्टीवेंस को खाली हाथ लौटना पड़ता है। टिम पिगोट-स्मिथ बहुत कम समय के लिए परदे पर आता है, लेकिन उसका अभिनय प्रभावित करता है। किताब में यह पात्र न के बराबर है।

लॉर्ड डार्लिंगटन अपनी ओर से भला करना चाहता है लेकिन राजनीति की चाल समझ नहीं पाता है और जब तक समझता है बहुत देर हो चुकी होती है। वह बहुत दु:खी व्यक्ति के रूप में मरता है, अखबार उसे ट्रेटर के रूप में चित्रित करता है। लिखता है, 'ट्रेटर्स नेस्ट टू बी पुल्ड डाउन।' आदर्श भी कभी-कभी आपको ले डूबता है। अति कहीं भली नहीं होती है। महाभारत के भीष्म की तरह आदर्श लॉर्ड डार्लिंगटन और स्टीवेंस को भी ले डूबा। स्टीवेंस इस भ्रम में है कि वह अपने लॉर्ड की सेवा कर रहा है और उसका लॉर्ड देश और दुनिया की सेवा कर रहा है। और इस तरह वह एक बड़ी स्कीम का हिस्सा है। और इस गलतफहमी में वह कैरियर की दृष्टि से अपना जीवन नष्ट करता ही है साथ ही अपना निजी जीवन भी गँवा देता है। वैसे उपन्यास के अन्त की ओर वह खुद की भावनाओं को पहचानता है, जब किन्टन कहती है काश उसने उससे शादी की होती, तब वह पहली बार अपने दिल टूटने और दु:ख को स्वीकारता है। इसी तरह यात्रा से लौटते हुए वह एक अजनबी से बात करते हुए लॉर्ड डार्लिंगटन के प्रति अपनी अन्धभक्ति को भी स्वीकारता है।

फ़िल्म में डॉयरेक्टर ऑफ़ फ़ोटोग्राफ़ी टोनी पीयर्स-रोबरट्स का कैमरा इंटीरियर डेकोर को जिस खूबसूरती से पकड़ता है, उसी कुशलता से आउटडोर इंग्लिश लैंडस्केप को भी दिखाता है। रूरल इंग्लैंड की प्राकृतिक सुन्दरता देखते बनती है। वहाँ खुल कर धूप भले न निकलती हो लेकिन बादल घिरा आकाश प्रकृति की खूबसूरती में कोई कोताही नहीं करता है। साफ़-सुथरी सड़कें, सड़कों के किनारे पेड़, हरे-भरे मैदान। शुरु में कैमरा कास्टिंग के साथ-साथ वाइड शॉट में डार्लिंगटन हाउस का सामने का हिस्सा दिखाता है लेकिन तुरन्त ही रोड पर आ जाता है। कोई शक़ नहीं पूरी फ़िल्म यात्रा, वापसी की यात्रा से जुड़ी है। लेकिन क्या कोई यात्रा वापसी की यात्रा होती है? इसके बाद कैमरा सफ़ेद तने तम्बू पर केन्द्रित होता है जहाँ नीलामी चल रही है। एक-एक करके कीमती चीजें बिक रही हैं। और लॉर्ड डार्लिंगटन का मेनर अमेरिकी रिटायर्ड कॉन्ग्रेसमैन लुइस खरीदता है। लुइस पहले भी अनौपचारिक मीटिंग में मेनर में आ चुका था। बटलर और किन्टन को उसकी याद है। मीटिंग में वह कहता है कि राजनीति प्रोफ़ेशनल्स के हाथ में रहनी चाहिए। उसकी इस बात का यूरोप के अन्य कुलीन लोग स्वागत नहीं करते हैं।

इंग्लिश समाज में फ़िल्म निर्माता इस्माइल मर्चेंट और फ़िल्म निर्देशक जेम्स आइवरी का रुतबा ऐसा है कि वे लोकेशन के लिए वास्तविक इंग्लिश कंट्री एस्टेट्स का प्रयोग कर सके हैं। ऐसे मेनर जो सामान्य जन की पहुँच के बाहर हैं, इस फ़िल्म के लिए खोल दिए गए। एक सूत्र के अनुसार घर के बाहरी हिस्से और ड्राइव-वे के लिए डिर्हम पार्क का प्रयोग किया गया है। सीढ़ियों, हाल, म्यूजिक रूम, बेड रूम के लिए पॉउडरहैम कैसल, लाइब्रेरी का उपयोग हुआ है तथा डायनिंग रूम के लिए कोर्सहैम कोर्ट, सर्वेंट क्वाटर, एन्ट्रेंस हाल के लिए बैडमिंटन हाउस का प्रयोग किया गया है। उपयुक्त लोकेशन की खोजबीन के लिए प्रोडक्शन डिजाइनर लूसियाना अरिघी की तारीफ़ की जानी चाहिए। और भी कई वास्तविक स्थानों का लोकेशन के लिए प्रयोग किया गया है, जिससे फ़िल्म में बहुत आधिकारिकता आ गई है।

पूरी फ़िल्म में स्टीवेंस और किन्टन जब भी आमने-सामने होते हैं उनको बार-बार मिड शॉट तथा मीडियम क्लोजअप में दिखाया गया है। कई बार स्टीवेंस का क्लोजअप दर्शक देखता है और पाता है कितनी सफ़ाई से वह अपनी भावनाओं को छिपाए रखता है। एक बार स्टीवेंस के चेहरे पर मुस्कान आती है और किन्टन उसे पकड़ लेती है। वह सुन्दर लड़कियों को पसन्द करता है, यह बात कहती हुई वह उसके साथ-साथ चल रही है, यहाँ बहुत देर तक मिड शॉट का प्रयोग हुआ है।

नया मालिक अनौपचारिक व्यवहार करनेवाला है, वह बटलर से मजाक भी करता है और घूम आने के लिए उसे अपनी कीमती कार भी देता है। दोनों मालिकों में जमीन-आसमान का अन्तर है। बटलर की स्वामीभक्ति अपनी जगह पर अटल

है। वफ़ादारी ठीक है मगर किस कीमत पर? कर्तव्य के प्रति समर्पण एक बात है लेकिन कर्तव्य की गुलामी अलग बात है। स्टीवेंस कहता है, 'यहाँ मेरे विचार के लिए कोई स्थान नहीं है।' बटलर की डिग्निटी (मेरी दृष्टि में गुलामी) स्टीवेंस को अपने पिता (पीटर वाउघन) से मिली है। उसका पिता जो खुद भी एक बटलर था बेटे को ऐसे मूल्य थमाता है कि जब पिता मर रहा है तब भी बेटा अपना कर्तव्य निभाते हुए डिनर पार्टी में लोगों की सेवा कर रहा है। हालाँकि बाद में उसे लॉर्ड डार्लिंगटन की हर बात मानने का अफ़सोस है वह खुद को उससे नहीं जोड़ना चाहता है। झूठ बोलता है कि वह उसे नहीं जानता है। कहता है कि वह अमेरिकी मालिक के साथ काम करता है। कज़ुओ इशिगुरो जन्म से जापानी हैं लेकिन इस फ़िल्म (उपन्यास) में वे ब्रिटिश लोगों के वफ़ादारी मूल्य को दिखा रहे हैं। सिर्फ गुलाम ही निजी जीवन के सुख-दु:ख से ऊपर मालिक की सेवा को तरजीह देता है। यह उपन्यास और पूरी फ़िल्म बीस साल की अवधि पिछली सदी के तीस और चालीस के दशक के इंग्लिश उच्च-कुलीन वर्ग की सभ्यता-संस्कृति को दिखाती है। उसके बाद पाँचवें दशक के बदले हुए इंग्लिश समाज को दिखाती है।

134 मिनट की इस ग्रिम फ़िल्म में दो हँसते-खेलते जीवन्त पात्र भी हैं। ये हैं चार्ल्स (बेन चैपलिन) और लिजी (लेना हेडी)। दोनों नौकरी अंडर बटलर और हाउसकीपर के पेशे के नियमों को धता बताते हुए एक-दूसरे के प्रेम में हैं। दोनों के पास पैसे नहीं हैं, मगर लिजी कहती है कि कौन इसकी चिन्ता करता है, जब वे एक-दूसरे के लिए हैं। दोनों शादी करना चाहते हैं और इसके लिए नौकरी छोड़ने को तैयार है। क्या ज़िन्दगी में प्रेम से बढ़ कर कुछ और हो सकता है! उस दिन मिस किन्टन बहुत अपसेट है। मगर स्टीवेंस तब भी अपनी भावनाओं को छिपा कर मात्र पेशे से जुड़ी बातें करता है। एक और पात्र है, कार्डिनल, लॉर्ड डार्लिंगटन का गॉडसन। कार्डिनल (ह्यू ग्रान्ट) का पिता गुजर चुका है। इसलिए लॉर्ड डार्लिंगटन उसके प्रति कुछ अधिक ही जिम्मेदारी अनुभव करता है। अफ़सोस यह खुशनुमा नौजवान युद्ध में मारा जाता है। उसके चलते कुछ हल्के-फुल्के पल दर्शक फ़िल्म में देखता है। फ़िल्म का एक और दृश्य कुछ आशा जगाता है जब किन्टन जानना चाहती है कि स्टीवेंस क्या पढ़ रहा है। वह किताब लेने, उसे देखने का प्रयास करती है और कुछ क्षणों के लिए दोनों एक-दूसरे के बहुत निकट आ जाते हैं। लेकिन जल्द ही दोनों वापस अपने-अपने खोल में समा जाते हैं। दर्शक को लगता है गोल्डेन ऑपरचुनिटी गँवा दी गई।

फ़िल्म में ब्रिटिश अभिजात तथा यूरोप के अन्य उच्च पदों पर आसीन लोगों के ड्रेस तथा अमेरिकन ड्रेस का अन्तर भी बहुत स्पष्ट है। अभिजात के बटलर, नौकर-चाकर की ड्रेस फ़िल्म को पीरियड फ़िल्म की श्रेणी में ला देती है। शुरु में

हाउसकीपर के रूप में मिस किन्टन का हेयर स्टाइल और उसकी ड्रेस तथा जब वह छुट्टी वाले दिन बाहर जाती है तब उसकी ड्रेस अलग होती है। बीस साल बाद एक प्रौढ़ा के रूप में उसका मेकअप और हेयर स्टाइल खासा भिन्न है। एक समय वह स्टीवेंस को चाहती थी हालाँकि यह बताने का कभी मौका नहीं आया। आज भी उसके मन में प्रीत है। जब बीस साल बाद वह स्टीवेंस से मिलने जाने के लिए तैयार हो रही है तो एक युवती जैसा व्यवहार कर रही है। तय नहीं कर पा रही है क्या पहने, कैसे पहने। इस दृश्य को देखते हुए मुझे बांग्ला फ़िल्म 'पुनश्च' की याद हो आई। वहाँ भी मोहना (रूपा गांगुली) एक समय के अपने प्रेमी अनिमेष (सौमित्र चैटर्जी) से चालीस साल बाद मिलने के लिए तैयार हो रही है और तय नहीं कर पा रही है क्या पहने, क्या नहीं। मिस किन्टन, अब की मिसेज बेन के चेहरे पर अभी भी लुनाई है।

भाषा-संवाद पर दो शब्द कहे बिना इस फिल्म 'द रिमेंस ऑफ द डे' की बात पूरी नहीं हो सकती है। लॉर्ड डार्लिंगटन (जेम्स फॉक्स) की भाषा, उसका मेनरिज़्म सब अभिजात है। बटलर की सधी हुई, नपी-तुली भाषा उसके पात्रानुकूल है। मिस किन्टन बहुत सुन्दर इंग्लिश बोलती है। जर्मन लेडी की इंग्लिश ब्रिटिश इंग्लिश से भिन्न है, फ्रेंचमैन इंग्लिश बोलता है मगर उसका एक्सेंट और उसकी शब्दावली बहुत अलग है। और सबसे हट कर है अमेरिकन कॉन्ग्रेसमैन लुईस (क्रिस्टोफ़र रीव) की इंग्लिश और लहजा तथा शब्दों का चुनाव। सब इंग्लिश बोल रहे हैं। लेकिन मालिक और नौकर की भाषा भिन्न है। यूरोप के अलग-अलग देशों के लोगों का लहजा अलग-अलग है। यह ब्रिटिश एटीकेट है कि पिता-पुत्र भी औपचारिक भाषा में बात करते हैं। इसके लिए झाबवाला की तारीफ़ की जानी चाहिए, इस उपन्यास को फ़िल्म में ढ़ालना आसान काम नहीं है। लेकिन भाषा, उच्चारण, संवाद का वास्तविक क्रेडिट तो इन संवादों की अदायगी करनेवाले अभिनेताओं को ही दिया जाना चाहिए।

इसी तरह फिल्म का म्युजिक भी विशिष्ट है। इसका श्रेय जाता है रिचर्ड रॉबिंस को। स्टीवेंस को जब किन्टन का पत्र मिलता है, जब वह पत्र पढ़ रहा है उस समय बैकग्राउंड म्युजिक बहुत बदल जाता है। फिल्म शूबर्ट के संगीत का भी प्रयोग करती है। फिल्म को आठ श्रेणी में अकादमी पुरस्कार के लिए नामांकित किया गया था। इस नामांकन में संगीत भी था। लेकिन इसे यह मिला नहीं। उस साल अकादमी पुरस्कार की दावेदार कई फिल्में थीं, मुकाबला काफी तगड़ा था। म्युजिक पुरस्कार 'शिंडलर्स लिस्ट' को मिला। उस साल 'द रिमेंस ऑफ द डे' की 'फिलाडेल्फिया', 'शिंडलर्स लिस्ट', 'द पियानो' तथा 'दि एज ऑफ इनोसेंस' जैसी फिल्मों से प्रतिस्पर्द्धा थी। और अफसोस आठों-के-आठों पुरस्कार दूसरों की झोली में गए।

'ए रूम विथ ए व्यू', 'हॉवर्ड्स एंड', 'शेक्सपियर वाला', 'द व्हाइट काउंटेस' जैसी प्रसिद्ध फिल्मों के निर्देशक जेम्स आइवरी की बीस साल के लम्बे समय को समेटे हुई यह फिल्म वक्त के साथ आए बदलाव को बखूबी दिखाती है। अगर कोई मनोरंजन, गुदगुदी के लिए इस फिल्म को देखेगा तो उसे बड़ी निराशा होगी। आम इंग्लिश या हॉलीवुड फिल्म की भाँति यहाँ एक भी बेडरूम सीन नहीं है। फिल्म अन्त में दर्शक के मन में एक खलिश छोड़ जाती है। ज़िन्दगी आपको अवसर देती है और आप उसे गँवा देते हैं तो हाथ क्या आएगा? एक कसक ही तो रह जाएगी। और स्टीवेंस के साथ-साथ दर्शक के मन में भी 'द रिमेंस ऑफ द डे' के अन्त में एक कसक रह जाती है।

आइए कज़ुओ इशिगुरो की एकाध कहानियों पर बात करते है और फिर उनके उपन्यासों तथा एक अन्य फ़िल्म पर लौटते हैं। कज़ुओ इशिगुरो ने उपन्यास के साथ-साथ कहानियाँ भी लिखी हैं। 2001 में द न्यू यॉर्कर मैगज़ीन में उनकी कहानी 'अ विलेज आफ़्टर डार्क' प्रकाशित हुई थी। यहाँ भी उनका पात्र एक बूढ़ा आदमी है। कहानी इंग्लैंड में स्थित है। बूढ़ा फ़्लेचर उस गाँव में लौटता है जहाँ उसके अनुसार वह बहुत पहले रहता था और जहाँ उसने बहुत प्रभाव डाला था। उसे यह देख कर बहुत आश्चर्य होता है कि नई पीढ़ी उसे जानती-पहचानती है। लेकिन उसे यह बात भी खलती है कि नई पीढ़ी उसके एक साथी को बहुत महत्त्वपूर्ण व्यक्ति के रूप में याद करती है जो उसके अनुसार उतना महत्त्वपूर्ण व्यक्ति था नहीं। कहानी बहुत कुछ नहीं बताती है। पाठक बहुत कुछ जानना चाहता है। बूढ़ा यात्रा से इतना ज्यादा थका हुआ है कि वह थोड़ी देर के लिए सोना चाहता है। इस कहानी के बारे में बोलते हुए बेन मारकस ने कहा है, 'हम कुछ नहीं जानते हैं।' और उनके अनुसार यही इसकी विशेषता है

2009 में उनका एक कहानी संग्रह 'नॉक्टर्न्स' नाम से प्रकाशित हुआ। इस संग्रह में पाँच कहानियाँ है, इनकी विशेषता यह है कि ये पाँचों आपस में जुड़ी-गुँथी हुई हैं अत: कह सकते हैं कि यह भी एक तरह से उनका उपन्यास ही है। यहाँ भी चरित्र लौट कर आए हैं और अतीत-वर्तमान में स्मृति द्वारा आवाजाही करते हैं। इन पाँचों कहानियों की खासियत इनका संगीत से जुड़ा होना है। एक समय का महान गायक अब उपेक्षित है। वह वेनिस में 24 साल के बाद आया है, उसकी पत्नी उसके साथ है लेकिन दोनों अब अलग होनेवाले हैं। यह गायक फिर से संगीत की दुनिया में लौट कर नाम कमाना चाहता है। क्या यह बॉब डिलेन की कहानी है? चूँकि पाँचों कहानियाँ एक-दूसरे से जुड़ी हुई हैं इसीलिए पब्लिशर ने इसे 'स्टोरी सायकल' कह कर प्रचारित किया।

इशिगुरो की एक अन्य कहानी है, 'समर आफ्टर द वार'। यह एक बहुत

प्यारी कहानी है जिसमें बाबा-पोता संवेदनात्मक रूप से जुड़े हुए हैं। दोनों का बहुत प्यारा सम्बन्ध है। यह कहानी जापान में स्थित है। कहानी की शुरुआत में पता चलता है कि कुछ समय पहले बहुत बड़ा तूफान आया था। यह सांकेतिक है। बाबा युद्ध पूर्व एक बहुत बड़ा चित्रकार था मगर अब उसने चित्र बनाने छोड़ दिए हैं। सात साल के पोते इशिरो के लिए बाबा आदर्श है, उसका हीरो है। जो भी बाबा करता है पोता करना चाहता है। बाबा उसे चित्रकारी के लिए प्रोत्साहित करता है। एक बार बाबा बीमार हो जाता है तो बच्चे को उसके पास नहीं जाने दिया जाता है। बच्चा नौकरानी नोरिको से कई बातें सुनता है लेकिन उनका पूरा-पूरा अर्थ नहीं पकड़ पाता है।

बच्चा कभी कुछ, कभी कुछ और बनना चाहता है। एक बार वह जापानी सैनिक बनना चाहता है। वह सैनिक बनने की एक्टिंग करता है, बच्चा जो भी करता है बाबा, जिसे बच्चा ओजी कहता है, हँस कर, ताली बजा कर उसे बढ़ावा देता है। जवानी में ओजी ने अपने शिष्यों को जूडो भी सिखाया था। अभी भी वह जूडो का अभ्यास करता है, इशिरो उसकी नकल करता है। बूढ़े सेन्सेई का एक शिष्य उससे मिलने आता है वह युद्ध में शामिल था। दोनों की बातें बच्चे के पल्ले नहीं पड़ती हैं लेकिन पाठक को बूढ़े के अतीत का ज्ञान होता है। कहानी जापानी लोगों के प्रकृति प्रेम को भी चित्रित करती है।

2000 में आया उनका उपन्यास, 'व्हेन वी वेयर ऑरफ़न्स' एक इंग्लिशमैन क्रिस्टोफर के बारे में है जो चीन में बड़ा हुआ है। यह जासूसी उपन्यास की तर्ज पर लिखा गया है। इसमें भी स्मृति के आधार पर क्रिस्टोफर पीछे लौटता है और अपने खोए हुए माता-पिता की खोज करता है। इस उपन्यास को बुकर के लिए नामित किया गया था। स्वयं लेखक के अनुसार यह उनका एक कमजोर उपन्यास है।

लेकिन साइंस फ़िक्शन के रूप में लिखा गया, 'नेवर लेट मी गो' (2005) उपन्यास डिस्टोपियन है, जो धीरे-धीरे मनहूस कथा की ओर बढ़ता जाता है। इसमें सरकार द्वारा संचालित एक संस्था द्वारा बच्चों को अंगदान के लिए पाला-पोसा जाता है। दो-तीन अंगदान के बाद जब उनकी उपयोगिता समाप्त हो जाती है तो या तो वे खुद ही तब तक मर जाते हैं अथवा उन्हें समाप्त कर दिया जाता है। ये लोग यह बात जानते हैं लेकिन विद्रोह या प्रतिवाद नहीं करते हैं। अंगदान के लिए आदमी का पालन-पोषण और जानते हुए भी गलत बात का विरोध न करना दोनों बातें अपने आप में खासी भयावह हैं। आदमी का खुद को इस तरह समर्पित कर देना बड़ा खतरनाक और डरावना है। इस पर भी फ़िल्म बन चुकी है। इसे पढ़ते हुए और इस पर बनी फ़िल्म देखते हुए बार-बार जॉर्ज ऑरवेल का 'नाइंटीन एट्टीफोर' याद आता है। जहाँ भी अनुशासन पर जरूरत से ज्यादा जोर है वहाँ खतरा पैदा हो जाता है चाहे वह रूस हो अथवा इंग्लैंड। अनुशासन भीतर से आना चाहिए ऊपर से थोपा हुआ या

ओढ़ा हुआ नहीं होना चाहिए। उपन्यास और फ़िल्म प्रश्न उठाती है विज्ञान और उन्नति के द्वारा हम आगे बढ़ रहे हैं अथवा अधिक असंवेदनशील होते जा रहे हैं। लगता है हम अधिक अमानुष होते जा रहे हैं। हमारी संवेदनशीलता भोथरी होती जा रही है, मरती जा रही है।

इस उपन्यास के विषय में स्वयं उपन्यासकार का कहना है कि यह खूबसूरत है और डरावना भी है। यह विभिन्न स्तरों पर चलता है। यह उनके अनुसार इंग्लिश बोर्डिंग स्कूल की पैरोडी है। यह मेडिकल तकनीकि पर तंज है साथ ही हम कैसे जीते हैं यह उसका रूपक भी है। हेलशैम संस्था के क्लोन बच्चों से हमारी भिन्नता नहीं वरन हमारी समानता स्तब्ध करने वाली है। जैसा कि सब स्कूली बच्चे करते हैं, ये लोग भी भुनभुनाते हैं, लड़ते-झगड़ते हैं, स्वप्न देखते हैं, स्वप्न का सृजन करते हैं, प्रेम और सैक्स करते हैं। लेकिन चूँकि हम (पाठक/दर्शक) यह बात जानते हैं कि ये जल्द मर जाने वाले हैं, हमें उनका जीवन सामान्य, स्वस्थ और स्वतन्त्र अस्तित्व की क्रूर पैरोडी लगता है। इशिगुरो पूछते हैं क्या हमारा अपना जीवन भी वास्तविक स्वतन्त्रता की पैरोडी नहीं कही जा सकती है?

यह हमारे समय का एक महत्त्वपूर्ण दस्तावेज है। इसमें यथार्थ और दु:स्वप्न का मिश्रण प्राप्त होता है। उपन्यास काफ़ी समय तक जेहन में अटका रह जाता है। शुरु में उपन्यास अजीब-सा लगता है लेकिन फ़िर धीरे-धीरे पाठक को अपनी गिरफ़्त में ले लेता है। यह प्रतीक कथा है लेकिन प्रतीक कथा जैसी लगती नहीं है। इस उपन्यास पर इसी नाम से निर्देशक मार्क रोमानेक ने फ़िल्म बनाई है। फ़िल्म किताब के करीब रहती है। फ़िल्म समीक्षक रोजर एबर्ट के अनुसार यह बहुत खतरनाक बात है कि हम बच्चों को जो कहते हैं वे उस पर विश्वास कर लेते हैं। और वयस्क होने पर भी इन विश्वासों से निकल नहीं पाते हैं। माता-पिता और शिक्षक जो कहते हैं वह बच्चों के व्यक्तित्व का अंग बन जाता है। वयस्क वही बताना चाहते हैं जिसे वे अपने लिए लाभकारी समझते-मानते हैं। फ़िल्म में इस स्कूल में एक टीचर मिस लूसी आती है वह बच्चों को वास्तविकता बताती है और उनके भीतर स्वप्न रोपना चाहती है मगर मैनेजमेंट को यह नहीं रुचता है। लूसी को स्कूल प्रिंसीपल मिस एमिली स्कूल से हटा देती है। यह हमारे समय की एक सच्चाई है। कोई स्कूल नहीं चाहता है कि टीचर स्कूल की पॉलिसी से हट कर बच्चों को कुछ बताए। कितना खतरनाक है यह। बच्चों को कम्प्यूटर की तरह फ़ीड करना।

फ़िल्म तीन पात्रों—कैथी (कैसी मुलिगन), टॉमी (एंड्रू गारफ़ील्ड) तथा रुथ (कैरा नाइटली) की कहानी है। तीनों बचपन से दोस्त हैं साथ ही उनमें प्रेम, ईर्ष्या भी है। कहानी तीन चरणों में दिखाई जाती है। अभिनय के लिए कैरी मुलिगन तथा

एंड्रू गारफ़ील्ड को पुरस्कार मिला। हालाँकि कैरा नाइटली मेरी एक पसन्दीदा अदाकारा हैं लेकिन इस फ़िल्म में उनके करने के लिए कुछ खास था नहीं। तद्नुभूति से जुड़ी इस फ़िल्म का स्क्रीनप्ले एलेक्स गारलैंड ने तैयार किया है। पूरी कहानी कैथी द्वारा सुनाई गई है। वह रुथ तथा टॉमी को डोनर के रूप में समाप्त होते हुए देखती है और अब उसकी बारी है। टॉमी और कैथी एक दूसरे को प्यार करते हैं और सोचते हैं (जैसी अफ़वाह उन्होंने सुनी थी) कि उन्हें जीने का कुछ और समय मिल सकेगा। लेकिन ऐसा होता नहीं है। सच्चाई जान कर टॉमी टूट जाता है उसका फ्रस्ट्रेशन देखते बनता है। गुस्से और बेबसी से उसका चिल्लाना और फिर रोना उसके दारुण दु:ख को प्रकट करता है। फ़िल्म के अन्त की ओर कैथी वॉयज ओवर में एक बहुत मानीखेज प्रश्न पूछती है। वह पूछती है, 'क्या उन लोगों का भाग्य उससे भिन्न है जिनको उसके अंग मिलेंगे?' बात सही है। वे यदि बीस-तीस साल में मर जाएँगे क्योंकि वे 'पूरे' हो गए हैं तो जिन्हें इन लोगों के अंग दान स्वरूप मिलेंगे वे भी तो 80-100 साल की उम्र तक पूरे हो जाएँगे। चाहे 20-30 साल जीओ या फ़िर 80-100 साल क्या फ़र्क पड़ता है? समाप्त तो होना ही है। मगर खुद 80-100 साल जीने के लिए कुछ दूसरों को 20-30 साल में समाप्त कर देना कहाँ का और कैसा औचित्य है?

इस फ़िल्म 'नेवर लेट मी गो' के संगीत पर बात करना आवश्यक है। इसका संगीत ब्रिटिश कम्पोजर रेचल पोर्टमैन ने बनाया है और उनके मौलिक संगीत के लिए उन्हें पुरस्कार भी प्राप्त हुआ। चूँकि फ़िल्म की थीम उदास है अत: रेचल पोर्टमैन चाहती थीं कि इसका संगीत कुछ आशा जगाए कुछ मानवता का सन्देश दे। उनके लिए यह भी महत्त्वपूर्ण था कि संगीत कहानी के बीच वास्तविक भावात्मकता उत्पन्न करे। इसीलिए उन्होंने लम्बे-चौड़े ऑकेस्ट्रा का इन्तजाम न करके 48 प्लेयर्स के छोटे-छोटे ऑकेस्ट्रा को ले कर इसका संगीत बनाया। निर्देशक और निर्माता के अनुरोध पर उन्होंने बच्चे के स्वर का प्रयोग किया लेकिन अंत में उन्होंने सरल और अधिक सूक्ष्म तरीका अपनाया। अधिकतर पियानो से काम लिया गया साथ ही हार्प, वाइलिन तथा सेलो का प्रयोग किया गया है। उन्होंने एकल वाद्य का भी प्रयोग किया जिससे भावनाओं के उभार को अवसर मिलता है, साथ ही वे बहुत सेंटीमेंटल होने से भी बची हैं। फ़िल्म का टाइटिल गीत 'नेवर लेट मी गो' का संगीत सर्वोत्तम माना गया और उन्हें इसके लिए सैन डियागो फ़िल्म क्रिटिक सोसाइटी का पुरस्कार प्राप्त हुआ। इस गीत को लुथर डिक्सन ने लिखा है और इसे जेन मोनहीट ने गाया है।

साइंस फ़िक्शन ऐसी भयावह कल्पना पहले भी कर चुका है। अत: एक तरह से देखें तो इस किताब अथवा इस फ़िल्म में कुछ खास नया नहीं है। नया है इसका

प्रस्तुतिकरण। उपन्यास और फ़िल्म दोनों की कहानी बहुत धीरे-धीरे आगे बढ़ती है। फिर भी आप पूरी किताब पढ़ते हैं, पूरी फ़िल्म देखते हैं और यह इनकी सफलता है। 104 मिनट की इस फ़िल्म की फ़ोटोग्राफ़ी एडम किमेल की है और इसकी कोस्ट्यूम डिजाइनर रेचल फ़्लेमिंग तथा स्टीवन ओबेल हैं। अभिनय काबिले तारीफ़ है। 'द रिमेंस ऑफ़द डे' में कोई लव मेकिंग सीन नहीं है, इसकी भरपाई यह फ़िल्म करती है।

2015 में कजुओ इशिगुरो का आया उपन्यास 'द बरीज जाएंट' एक उम्रदराज जोड़े की कहानी है। इसमें भी स्मृति, विस्मरण, वर्तमान, इतिहास और वास्तविकता की भ्रम से जुड़े होने की बात मिलती है। इस बार वे अतीत में बहुत दूर की यात्रा करते हैं, हजार साल के ऊपर पीछे जाते हैं। यह कहानी है यूरोप के दो समुदायों के बीच संघर्ष, मेल-मिलाप, शांति और फिर से होनेवाले संघर्ष की। संघर्ष के बाद स्मृतिलोप होता है और दोनों समुदाय एक-दूसरे के करीब आ जाते हैं लेकिन ज्योंहि उनकी स्मृति वापस आती है वे पुनः संघर्ष करने लगते हैं। इस उपन्यास की एक ओर खूब प्रशंसा हुई दूसरी ओर उनके बहुत सारे पाठक निराश हुए, इसकी कटु आलोचना हुई। यह उपन्यास 'द बरीड जाएंट' भी स्मृति से जुड़ा है। इसमें इतिहास उपस्थित है और साथ ही फन्तासी और वास्तविकता भी। यह उपन्यास दिखाता है कि अक्सर विस्मृति स्मृति से बेहतर है। जैसा कि ब्राइन फ्रेल के नाटक 'मॉली स्वीनी' की जन्मान्ध मॉली। दर्शक सोचता है वह तो अन्धी ही भली थी। उसका जीवन आँख मिलने से पहले ही अच्छा था। राक्षस दबा हुआ ही भला होता है। लेकिन स्मृति का लुप्त होना भी कम खतरनाक नहीं है। मात्र इस उपन्यास में इशिगुरो 'मैं' शैली का प्रयोग नहीं करते हैं।

मुड़-मुड़ कर अतीत को देखना इशिगुरो के साहित्य की स्वरलहरी है। उनकी दूसरी स्वरलहरी है आत्महानि बोध। उनके दूसरे उपन्यास 'एन आर्टिस्ट ऑफ़ द फ़्लोटिंग वर्ल्ड' में भी एक जापानी कलाकार अपनी ज़िन्दगी को लौट-लौट कर देख रहा है। 'द रिमेंस ऑफ़ द डे' में भी यही हो रहा है। उनकी कहानियों में भी यह हमें नजर आता है। नायक को जीवन के हाथ से निकल जाने, आत्महानि का बोध होता है।

इसके बहुत पहले 1995 में उन्होंने 'दि अनकॉन्सोल्ड' लिखा था। इसका कथानक मध्य यूरोप के किसी बेनाम शहर में चलता है। 'द अनकॉन्सोल्ड' में राइडर नामक क्लासिकल पियानोवादक स्मृतिलोप का शिकार है और अपनी पहचान खोज रहा है। कुछ आलोचकों ने इसकी कटु आलोचना की, लेकिन कुछ ने इसे मास्टरपीस की संज्ञा दी। रूचि भिन्नता तो रहती ही है। अपने पात्रों के विषय में स्वयं उपन्यासकार का कहना है कि उनकी ज़िन्दगी खराब हुई क्योंकि ज़िन्दगी के विषय

में उन्हें कोई विशिष्ट सूझ नहीं है। जरूरी नहीं कि वे वेबकूफ़ हों, बस वे केवल सामान्य व्यक्ति हैं। ये चरित्र सामान्य व्यक्ति हैं जो अपने तात्कालिक परिवेश के पार नहीं देख पाते हैं। इसीलिए वे अपनी आसन्न दुनिया की दया पर रहते हैं। उनके प्रमुख पात्र ही कथावाचक होते हैं जो कुछ छिपा रहे होते हैं, पाठक से भी और खुद से भी लेकिन जो अपनी अतीत की गलतियों को मुड़-मुड़ कर देखते हैं।

और आजकल कज़ुओ इशिगुरो एक और उपन्यास लिखने में जुटे हुए हैं। उनके अनुसार यह एक कठिन उपन्यास है। साथ ही अपने कई कामों के फ़िल्मीकरण की प्रक्रिया में भी वे व्यस्त हैं। उन्होंने पहले भी फ़िल्म के लिए स्कीनप्ले लिखा है तथा टेलीविजन के लिए लेखन किया है। इशिगुरो ने 'ए प्रोफ़ाइल ऑफ़ आर्दर जे. मेसन', 'द गुरमेट' (यह ग्रांटा मैगज़ीन में प्रकाशित भी हुआ है), 'द सैडेस्ट म्युजिक इन द वर्ल्ड' तथा 'द व्हाइट काउंटेस' फ़िल्म का स्क्रीनप्ले लिखा है। नोबेल पुरस्कार मिलने पर बधाई देना तो बनता ही है। उन्हें खूब सारी बधाई! उन्हें कम उम्र में नोबेल पुरस्कार मिला है अतः पाठकों/दर्शकों को आगे उनसे बहुत उम्मीद है।

ब्लॉन इन द विन्ड

साहित्य से जुड़े लोगों के मन में साहित्य के नोबेल पुरस्कार की घोषणा को लेकर उत्सुकता रहती है। हर बार की तरह इस बार भी उत्सुकता थी, खूब बेटिंग भी चली। जी हाँ, सट्टा लगाने वाले लहरों की गिनती पर सट्टा लगा लेते हैं यह तो साहित्य का नोबेल पुरस्कार है। खूब नाम उछले, खूब दावेदारियाँ हुई, खूब अनुमान लगाए गए। कई अन्य पुरस्कारों, जैसे 'द मैन बुकर' या 'नेशनल बुक अवार्ड' की भाँति नोबेल समिति नामित लेखकों की न तो कोई लम्बी सूचि प्रकाशित करती है, न ही छोटी सूचि। इस मामले में नोबेल समिति बहुत गोपनीयता बरतती है और इसमें कभी कोई रिसाव (लीकेज) नहीं होता है। शॉर्टलिस्ट 50 साल बाद जारी की जाती है। इसी का नतीजा है, अटकलों की बाढ़।

लोगों की पसन्दीदा सूचि में जापान के हारुकी मुराकामी का नाम काफ़ी ऊपर था। उनके पाठक और प्रशंसक कई साल से आस लगाए बैठे हैं। मार्ग्रेट एटवुड, जॉयस कैरोल ओट्स, न्गुगी वा थियोंगो जैसे कई दूसरे नाम भी उछले और तो और सलमान रुश्दी, ए. एस. ब्याट, हिलेरी मेंटल, मिलान कुंडेरा तथा रोहिंग्टन मिस्त्री के नाम भी कई सालों से लोगों की जबान पर रहे हैं। कई बेतुके तर्क भी इन अनुमानों के पीछे काम करते हैं, जैसे कई सालों से किसी अश्वेत अफ़्रीकी को नोबेल नहीं मिला है, कई साल हो गए किसी कवि को यह पुरस्कार नहीं दिया गया है आदि, आदि। कुछ लोग रूस को यह सम्मान दिलवा रहे थे तो कुछ लोग ऑस्ट्रेलिया के पक्ष में वोट दे रहे थे, कुछ का कहना था कि इस साल कोरिया को किसी हाल में नहीं मिलेगा। अमेरिकियों के तर्क और भी विचित्र रहे। उनके अनुसार नोबेल समिति अमेरिकी लेखन को पसन्द नहीं करती है वरना क्या कारण है टोनी मॉरीसन (1993) के बाद किसी अमेरिकन साहित्यकार को नोबेल के लिए नहीं चुना गया, जबकि फ़िलिप रॉथ, लीडिया डेविस, डॉन डिलिलो, जॉन ऐशबेरी, चार्ल्स पोर्टिस जैसे एक-से-एक अमेरिकी लेखक इस काबिल हैं। एक और मजेदार बात इस सर्किल में घूम रही थी वह थी कुछ लोगों की पक्की राय कि इस साल बॉब डिलेन (उनके प्रशंसक कब से यह चाह रहे थे) को तो यह कदापि नहीं मिलेगा। न्यू

रिपब्लिक के एलेक्स शेफ़र्ड ने 6 अक्टूबर, 2016 को घोषणा कर दी बॉब डिलेन को तो पक्का नहीं मिलेगा। कुछ लोगों का कहना था कि बॉब डिलेन को नोबेल पुरस्कार मिलना चाहिए अब यह बात ही कहनी बन्द कर देनी चाहिए।

हिचकिचाहट

नोबेल साहित्य पुरस्कार की घोषणा अकसर 6-7 अक्टूबर को हो जाती है। यह तिथि आकर चली गई और घोषणा तो दूर घोषणा की तारीख भी घोषित नहीं हुई तो मन में विचार उठा, कहीं कुछ गड़बड़ है। लगता है नोबेल समिति के सारे छः सदस्य अथवा स्वीडिश अकादमी के 18 सदस्य किसी एक नाम पर सहमत नहीं हो पा रहे हैं। एल्फ़्रीड येलेनिक (2004) के समय भी ऐसा ही हुआ था और घोषणा की पिछली रात एक सदस्य ने इस्तीफ़ा दे दिया था। जब 13 अक्टूबर को समिति की स्थाई सचिव सारा दानियस घोषणा कर रही थी तो उनकी बॉडी लैंग्वेज और बोलने का लहजा इस बात की गवाही दे रहा था कि कहीं कुछ तो है, सारा दानियस की हिचकिचाहट बड़ी साफ़ थी। कम-से-कम मुझे ऐसा ही लगा। बाद में ऐसा ही कुछ किसी और का लिखा भी पढ़ा। यह ठीक-ठीक क्षमा-याचनात्मक नहीं था, फिर भी समिति हारूकी मुराकामी या डॉन डिलिलो को चुनती तो उनके शब्दों में इतनी हिचकिचाहट न होती। उन्होंने प्रेस को बताया कि डिलेन के काम को जानना है तो उनके बीसवीं सदी के साठवें दशक के 'ब्लॉन्ड ऑन ब्लॉन्ड' से प्रारम्भ करें, मानो रॉक इतिहास के सर्वाधिक नाम को लोग जानते नहीं हैं।

सारा दानियस ने कहा, 'इस साल का साहित्य का नोबेल पुरस्कार बॉब डिलेन को गीतों की महान अमेरिकी परम्परा में नई काव्यात्मक अभिव्यक्तियों को सम्भव करने के लिए दिया जाता है।' सारा दानियस ने 'कानों के लिए कविता' करने वाले कहते हुए बॉब डिलेन को होमर तथा सैफ़ो जैसे यूनानी कवियों के समकक्ष रखा। नोबेल समिति के एक सदस्य वास्टबर्ग के अनुसार डिलेन सबसे महान जीवित कवि हैं। उनके साथ के लोग कब के चुक गए मगर बॉब अब भी सक्रिय हैं, उनकी खुद की खोज अब भी जारी है। मुख्य रूप से बॉब डिलेन के कार्य में शब्दों और संगीत को अलग नहीं किया जा सकता है। वे काव्य से किसी प्रकार का समझौता किए बिना हर विचार को संगीत में ढालने की क्षमता रखते हैं। इस घोषणा को सुनकर बॉब डिलेन के चाहने वाले उछल पड़े, लेकिन बहुत कम साहित्य प्रेमी प्रसन्न हुए और आलोचना की बाढ़ आ गई।

पक्ष-विपक्ष

बॉब डिलेन को साहित्य के नोबेल पुरस्कार से नवाजे जाते ही चारों ओर चर्चा का

बाजार गर्म हो गया। कुछ लोग नोबेल समिति के निर्णय पर प्रश्न उठाने लगे। कुछ मंचीय गीत-संगीत को साहित्य का दर्जा दिया जाए अथवा नहीं इस बहस में उलझ गए, कुछ लोगों को आपत्ति थी कि जब दुनिया में एक-से-एक अच्छे साहित्यकार सामने हैं तब एक गायक को क्यों नोबेल दिया गया। दूसरी ओर कुछ लोग बॉब डिलेन को इस पृथ्वी का सबसे बड़ा कवि सिद्ध करने में जुट गए। अकादमिक क्षेत्र में उन पर रिसर्च होने की बात कह कर उन्हें साहित्य की कुलीन दुनिया में इंग्लिश परम्परा का महान कवि कहा गया। ऐसे लोगों के अनुसार उन्होंने अमेरिकी गीतों की लम्बी परम्परा में नई काव्य शैली विकसित की है। अमेरिकी कवि बिली कोलिंस का कहना है कि डिलेन को मात्र गीतकार न कहकर एक कवि कहा जाना चाहिए। साहित्यिक आलोचक क्रिस्टोफ़र रिक्स ने इलियट, कीट्स तथा टेनीसन की श्रेणी में रखते हुए डिलेन के काम का 500 पन्नों में विश्लेषण प्रकाशित किया है। ब्रिटिश कवि सर एंड्रू मोशन का कहना है कि बॉब डिलेन के गीतों को स्कूल में पढ़ाया जाना चाहिए। कवि भाषा का स्वामी होता है, संगीतकार भी यही करता है और गायक भी।

700 के करीब गीतों के रचयिता बॉब डिलेन ने 'टैरनटुला' नाम से प्रयोगात्मक गद्य-काव्य, अपने गानों के संगीत की किताबें, अपनी कला की छः किताबें लिखी हैं, अपने संस्मरणों का प्रथम भाग 'क्रोनिकल्सः वेल्यूम वन' लिखा है। उनकी कई जीवनियाँ लिखी गई हैं, एक जीवनी 2001 में 'डाउन द हाईवे : द लाइफ ऑफ़ बॉब डिलेन' आई है। उनके कार्य का अकादमिक दुनिया में आलोचनात्मक अध्ययन किया जाता है। 'द ऑक्सफ़ोर्ड बुक ऑफ़ अमेरिकन पोयेट्री' में उनका गीत 'डिसोलोशन रो' संकलित है। कैंब्रिज यूनिवर्सिटी प्रेस ने 2009 में 'द कैंब्रिज कम्पेनियन टू बॉब डिलेन' प्रकाशित किया है। कुछ लोगों का यहाँ तक मानना है कि बॉब डिलेन होने के कारण उनके लिए विशिष्ट नोबेल पुरस्कार का सृजन किया जाना चाहिए। डिलेन के एक संगीत अलोचक ने कहा कि यह साहित्य है, यह संगीत है, यह परफ़ॉर्मेंस है, कला है, पहुँचा हुआ कमर्शियल है। इस ऑफ़ीसियल घोषणा ने उच्च और निम्न कला की दीवार को गिरा दिया है। कुछ लोगों को नोबेल समिति का यह निर्णय उतना ही बेवकूफ़ी भरा लगा जितना विंस्टन चर्चिल को दिया जाते समय लगा था।

वैसे उनकी आलोचना पहले भी हुई है। एक दिन जब डिलेन स्टेज पर इलैक्ट्रिक गिटार के साथ अवतरित हुए तो उनके प्रशंसकों को गहरा धक्का लगा। कहाँ कंट्री म्यूजिक और कहाँ इलैक्ट्रिक गिटार! इसी तरह 1966 में स्टेज पर थे दर्शकों की भीड़ से उठ खड़े होकर एक श्रोता ने चिल्लाकर उन्हें 'जुडास' पुकारा। जब उन्होंने 'मिस्टर टैम्बरिन मैन' गाया तो यह उनके चाहने वालों के मुँह पर तमाचा

था क्योंकि यह गीत आदर्शवाद से भिन्न था। उन पर आरोप है कि वे दूसरों के गीत अपने नाम से बेचते हैं और अपने प्रमोशन के लिए खूब लटकों-झटकों का इस्तेमाल करते हैं। वे दूसरों को आगे नहीं बढ़ने देते हैं। गायिका जुआन बेज़ बहुत पहले से फ़ोक म्यूजिक की क्वीन के नाम से प्रसिद्ध थी। उसने बड़े प्रेम से डिलेन को अपने मंच पर श्रोताओं से परिचित कराया। जल्द ही डिलेन फ़ोक म्यूजिक के राजा थे। दोनों का दो साल अफ़ेयर चला, तब ईश्वर उनके साथ था ('With God on Our Side' उनका एक युगल गीत) लेकिन बाद में डिलेन ने उसको भी अनदेखा किया। हालाँकि उन्होंने बाद में एक-दूसरे के लिए गीत लिखे और गाए।

खैर, बॉब डिलेन को साहित्य का नोबेल पुरस्कार मिलना चाहिए अथवा नहीं यह प्रश्न अपनी जगह है, अब तो उन्हें यह मिल चुका है। लेकिन इसको लेकर मेरी भी कुछ आपत्तियाँ हैं। जिन पर आगे। अभी तो देखें कि जब पुरस्कार की घोषणा हुई तब उसके बाद बॉब डिलेन क्या कर रहे हैं?

अहो कृपा!

साहित्य के नोबेल पुरस्कार की घोषणा के तत्काल बाद रिवाजानुसार समिति विजेता से टेलीफ़ोन पर एक संक्षिप्त वार्तालाप करती है। सूचना के अनुसार बॉब डिलेन इसके लिए उपलब्ध नहीं थे। बार-बार फ़ोन किए जाने पर भी उन्होंने उसे रिसीव नहीं किया। जब घोषणा हुई वे लास वेगास में मंच पर थे मगर उन्होंने पुरस्कार पर एक शब्द न कहा। उनके ऑफ़ीसियल नेट साइट पर यह खबर लगी और तुरन्त हटा भी दी गई। उनकी चुप्पी को स्वीडिश अकादमी के एक सदस्य ने 'अशिष्ट और घमंडी' कहा। जबकि कहावत है, फूलों से लदी डाल झुकी होती है। डिलेन का यह अभद्र-अकड़ू व्यवहार उनके चाहने वालों को भी नागवार गुजरा होगा। यह चुप्पी एकाध दिन की न होकर एक पखवाड़े से अधिक रही। 29 अक्टूबर को स्वीडिश अकादमी ने एसोशिएट प्रेस द्वारा खबर दी कि बॉब डिलेन ने 2016 का साहित्य का नोबेल पुरस्कार स्वीकार कर लिया है। सम्मानित पुरस्कार ने उन्हें 'नि:शब्द' कर दिया। स्थाई सचिव के अनुसार डिलेन ने खुद उन लोगों से सम्पर्क किया और कहा, 'ऑफ़कोर्स' वे प्राइज़ ग्रहण करेंगे। दोनों की 15 मिनट तक बातचीत हुई। अकादमी की वेबसाइट पर लिखा गया कि वे (बॉब डिलेन) सम्मान की बहुत प्रशंसा करते हैं।

लेकिन अभी भी स्पष्ट नहीं था कि दिसम्बर में वे पुरस्कार ग्रहण करने स्टॉकहोम आएँगे अथवा नहीं। बाद में एक अखबार को डिलेन ने बताया कि वे निश्चय ही 10 दिसम्बर का पुरस्कार समारोह अटेंड करना चाहते हैं, आगे उन्होंने यह जोड़ा यदि 'यह सम्भव हुआ तो'। इसके लिए जो भी हो सकता है नोबेल

समिति करने को तैयार है (पहले भी बराक ओबामा के अनुसार कार्यक्रम तय किया गया था।), डिलेन ने पुरस्कार के लिए 'अमेज़िंग, इंक्रेडिबल' जैसे शब्दों का प्रयोग किया। अखबार को कहा कि यह विश्वास करना कठिन है। भला कौन ऐसा स्वप्न देखता है? इस चुप्पी और बाद की उनकी प्रतिक्रिया पर किसी ने व्यंग्य करते हुए कहा क्या पता 10 दिसम्बर को स्टॉकहोम जाएँ और कंसर्ट ही कर आएँ। इसके पूर्व उन्हें कई अन्य पुरस्कार-सम्मान मिल चुके हैं, डिलेन अपनी ओर से स्वीकृति देने में सदैव समय लगाते हैं। 2013 में उन्हें 'अमेरिकी अकादमी ऑफ़ आर्ट्स एंड लेटर्स' के लिए ऑनरेरी सदस्य बनाया गया था तब भी उन्होंने ऐसा ही किया था। वैसे वे 2000 में स्वीडन के राजा कार्ल चौदहवें गुस्ताफ़ के हाथों पोलार म्यूजिक प्राइज़ ले चुके हैं। सार्त्र ने नोबेल पुरस्कार आलू के बोरे की तरह ठुकरा दिया था, बॉब डिलेन काफ़ी समय तक नोबेल के अस्तित्व को अनदेखा करते रहे। उनके कई मित्र उनके संगीत की प्रशंसा करते हैं लेकिन व्यक्ति, कलाकार डिलेन को लेकर उतने आश्वस्त नहीं हैं।

शायद इसी कारण से ओशो ने कहा है कविता पढ़ना कवि से मत मिलना। कवि-गायक सनकी होते हैं। आइए इस सनकी कवि-गायक से परिचय करें।

बॉब डिलेन—एक परिचय

सब तरह के नशे को आजमाए, लगातार होंठों में सिगरेट दबाए अमेरिकी गायक बॉब डिलेन किसी परिचय के मोहताज नहीं हैं। एक पूरी पीढ़ी उनके गीतों पर पली है। एक समय था जब वे अमेरिकी पीढ़ी के आदर्श और प्रेरणा-पुरुष थे। नोबल समिति की स्थायी सचिव सारा दानियस तथा नोबल समिति के अनुसार 75 वर्षीय बॉब डिलेन ने बिना किसी के जाने, शायद स्वयं भी न जानते हुए—अमेरिकन जन संगीत के ताने-बाने में खुद को बुन लिया है। थोक में अतीत से उधार लेकर रागों, चित्रों, चरित्रों तथा मनोभावों को पुनर्मिश्रित कर उन्होंने द्रुत गति से परिवर्तित होने वाले वर्तमान के तत्त्वों की सृष्टि की। 55 साल से उनके जादुई गीत उदासी, खुशी, निराशा, प्रतिरोध की सृष्टि करते आ रहे हैं। एक संगीत प्रेमी ने उनके 'लाइक ए रोलिंग स्टोन' गीतों को कालातीत कहते हुए उन्हें गीत-संगीत का सटीक गठबन्धन बताया है।

रोबर्ट एलेन ज़िमेरमन नाम से 24 मई, 1941 को जन्मे हारमोनिका, गिटार, माउथ ऑर्गन तथा पियानो बजाने में कुशल बॉब डिलेन की आवाज़ के अनोखेपन पर जॉयस कैरोल ओट्स का कहना है कि जब उन्होंने डिलेन को युवावस्था में सुना तो उनकी आवाज़ कच्ची और बिना प्रशिक्षण की थी, नाक से निकलने वाली, मानो रेगमाल पेपर गा रहा हो लेकिन उसका प्रभाव नाटकीय और इलैक्ट्रीफ़ाइंग था। बॉब

डिलेन जब स्टेज पर आते हैं तो श्रोता-दर्शक उनके जादू में मदहोश हो जाते हैं। वे कभी गाते हैं, कभी हारमोनिका बजाते हैं, कभी गिटार तो कभी पियानो। कभी अकेले गाते हैं, कभी अन्य गायकों का साथ लेते हैं। कभी माइक से केवल हँसी-खिलखिलाहट सुनाई देती है तो कभी स्टेज पर बिलकुल अन्धकार छा जाता है। उन्हें अपने गीत कंठस्थ होते हैं और उनके प्रशंसकों को भी कंठस्थ हैं। लोक, ब्लूज, गॉस्पल, रॉक एंड रोल, ज़ाज की परम्परा में नया जोड़ने वाले डिलेन ने फ़िल्मों में हाथ आजमाया मगर उन्हें वहाँ सफलता न मिली, हाँ, रेडियो में क्लासिकल गीतों को होस्ट करने और विज्ञापन में उन्हें खूब-खूब सफलता मिली। डिलेन को संगीत और संस्कृति के क्षेत्र में बीसवीं सदी के एक सबसे अधिक प्रभावी व्यक्ति के रूप में देखा जाता है।

प्रसिद्धि के बावजूद वे एक शर्मीले और प्राइवेट व्यक्ति हैं। मीडिया से बचकर रहते हैं। उन्हें पत्रकारों से खास नफ़रत है, इसे वे छिपाते नहीं हैं। साक्षात्कार देते समय वे क्या कहेंगे, कब चुप रहेंगे, उत्तर नहीं देंगे, एक शब्द में निपटा देंगे, कब हँस कर बात उड़ा देंगे, कब व्यंग्यात्मक भाषा में उत्तर देंगे, कुछ कहा नहीं जा सकता है। एक बार जब ग्रेल मार्कस ने कहा कि वे टैरेफ़िक थे, तो डिलेन का उत्तर था, 'मैं शिट था, आई वाज जस्ट शिट'। उनके कई इंटरव्यू करने वाली 'द टेलीग्राफ़' की एडना गुंडरसेन कहती हैं, इतने सालों में उन्होंने जाना है कि बॉब डिलेन सदैव अनेपक्षित करते हैं। एक इंटरव्यू में कही बात के ठीक विपरीत बात दूसरे इंटरव्यू में कह सकते हैं। उनके ये सनकी व्यवहार कमतरी का नतीजा हैं अथवा किसी सुपिरियटी कॉम्प्लेक्स का असर हैं, यह अपने आप में शोध का विषय हैं। विरोधाभास का पुलिन्दा बॉब डिलेन का निजी जीवन बहुत कम सार्वजनिक है। उनकी दो शादियाँ हुईं और इससे उनकी छः सन्तानें हैं। बॉब डिलेन और उनके गीत-संगीत को जानना हो तो ग्रेल मारकुस की किताब 'लाइक ए रोलिंग स्टोन' पढ़नी चाहिए।

हॉल ऑफ़ फ़ेम

कई अन्य प्रतिष्ठित पुरस्कार पाने वाले बॉब डिलेन गीतों में विश्वास करते हैं। गीतों से उन्होंने सबसे अधिक सीखा है। गीत ही उनकी भाषा है। जन्म से यहूदी, कुछ समय के लिए ईसाइयत स्वीकार करने के बाद आज गीतों में आस्था ही उनका धर्म है। एक बार उन्होंने कहा कि 'लेट मी रेस्ट ऑन अ पीसफ़ुल माउंटेन' अथवा 'आई सा द लाइट' जैसे गीत ही उनका धर्म हैं। स्टेफ़न किंग, जॉयस कैरोल ओट्स एवं सलमान रुश्दी जैसे कई प्रसिद्ध साहित्यकार डिलेन के साहित्यिक कार्य के प्रशंसक हैं। डिलेन को नोबेल मिलने पर रुश्दी ने इसे 'महान चुनाव' कहा। रुश्दी के अनुसार

डिलेन सबसे बुलन्द हैं। डिलेन मानवतावादी हैं, एक बेहतरीन सोच वाले व्यक्ति। उनके गीत मनुष्य के कार्यों, आदर्शवाद और निहिलिज्म दोनों का प्रतिनिधित्व करते हैं। वे मात्र गीतकार नहीं हैं, उनका अपना एक खास नजरिया है। न्यूक्लियर बम के प्रारम्भ से उन्होंने उसके विरुद्ध गीत लिखे और अमेरिकन युवाओं को प्रभावित किया। वे सामाजिक न्याय के प्रवक्ता हैं। उनके गीत अमेरिका की उनकी अपनी पीढ़ी का स्वर रहे हैं और इन गीतों ने कई पीढ़ियों को प्रभावित किया है। उनके गीत प्रतिरोध का प्रतीक हैं और परिवर्तनकारी आन्दोलन को प्रभावित करने वाले हैं। 1963 में आए उनके दूसरे एलबम 'द फ़्रीव्हीलिन' बॉब डिलेन' के कई गीत प्रतिरोध गीत कहलाए। 'ऑक्सफ़ोर्ड टाउन' गीत मिसिसिपी विश्वविद्यालय में प्रवेश लेने वाले प्रथम अश्वेत छात्र जेम्स मेरेडिथ की कठिनाइयों को सम्बोधित है। 'ब्लोइन इन द विंड' का गीत 'नो मोर ऑक्शन ब्लॉक' अपनी लय मुख्य रूप से परम्परागत दास-गीत (स्लेव-सॉन्ग) से ग्रहण करता है। उनके गीत किसानों एवं खनिकों की हताशा से सम्बन्धित हैं। अपने गीतों में युद्ध, गरीबी, हथियारों के ख़िलाफ़ आवाज़ उठाने वाले डिलेन को अमेरिका की दिक्कतें बताने वाला इतिहासकार कहा जाता है। उन्होंने न केवल गीत लिखे वरन् समय-समय पर लोगों से चैरिटी के लिए अपील की। इसी तरह की एक अपील से प्रभावित होकर विली नेलसन ने कर्ज में डूबे अमेरिकन किसानों की सहायता के लिए 'फ़ॉर्म एड' की श्रृंखला आयोजित की। 1971 में ब्लैक पैंथर जॉर्ज जैक्सन जेल में मारा गया। जैक्सन की मृत्यु पर शोक जताते हुए बॉब डिलेन ने उसी साल 'जॉर्ज जैक्सन' गीत रिकॉर्ड किया। इसके कई साल पहले जब बॉक्सर रुबिन 'हरिकेन' कार्टर तीन हत्याओं के जुर्म में कैद था तो डिलेन उससे मिलने न्यू जर्सी जेल गए, जेल से लौटकर उन्होंने 'हरिकेन' गाथा-गीत (बैलड) रचा और कॉर्टर की मासूमियत की वकालत की। इसमें वे कहते हैं वह एक सीधा-सादा आदमी था,

'लेकिन वे उसे ले गए जेलहाउस
जहाँ उन्होंने आदमी को बना दिया एक माउस'

युद्ध के विरुद्ध उन्होंने आवाज़ उठाई और पूछा,

'हाँ, कितने गोले दागे तोप
कि उन पर हमेशा के लिए पाबन्दी लग जाए?'

आगे इसका उत्तर भी वे स्वयं देते हैं।

'मेरे दोस्त, इनका उत्तर हवा में कहीं है,
उत्तर हवा में ही है कहीं।'

बॉब डिलेन के प्रशंसकों में ट्रक ड्राइवर से लेकर आईवी लीग के बुद्धिजीवी सब शामिल हैं। उनके गीत अपनी तीक्ष्णता, पॉवर और अपने बिम्बों की समृद्धि के

कारण वास्तव में कविता के समकक्ष रखे जा सकते हैं। स्वयं को वूडी गुथ्री का महानतम शिष्य मानने वाले बॉब डिलेन ने प्रतिरोध गीतों के अलावा प्रेमगीत भी लिखे और गाए हैं। 'फ़्रीव्हीलिन' में कई प्रेमगीत हैं। 'स्पैनिश हारलम इंसीडेंट' तथा 'टू रमोना' भी प्रेम गीत हैं। 'ब्लोइंन इन द विंड' (उनका पहला पब्लिक प्रदर्शन) के कुछ गीत, जैसे 'ए हार्ड रेन्स अ-गोना फ़ाल', परम्परागत शैली के साथ स्ट्रीम-ऑफ़-कॉन्सेसनेस के उदाहरण हैं। उनके यहाँ हास्य का पुट भी मिलता है। 'टू राइडर्स वेर अप्रोचिंग/द विंड बिगैन टू हाउल' जैसे गीत में रहस्यवाद की झलक मिलती है। 'इट'स ऑल ओवर नाऊ, बेबी ब्लू' तथा 'इट'स ऑलराइट मा (आ'एम ओनली ब्लीडिंग) उनकी दो बहुत महत्त्वपूर्ण संरचनाएँ हैं। कई बार अमेरिका और इंग्लैंड में म्यूजिक चार्ट के शीर्ष पर रहने वाले डिलेन ने इंग्लिश, आइरिश, स्कॉटिश लोकगीतों के साथ ज़ाज संगीत का मिश्रण कर गीत-संगीत की नई शैली उत्पन्न की है।

बॉब डिलेन ने गीत-संगीत के इतने प्रदर्शन और टूर किए कि उनके टूर का नाम पड़ गया, 'नेवर एंडिंग टूर'। 1963 में अपने दूसरे एलबम 'द फ़्रीव्हीलिन' बॉब डिलेन' के साथ उन्होंने खुद को गायक और गीतकार कहना प्रारम्भ कर दिया। उनके गीत साठ के दशक के अमेरिका के आन्दोलनों के जयगान बन गए। उनके गीतों का पूरा आनन्द उठाने के लिए अमेरिका के इतिहास और समाज की जानकारी होना आवश्यक है क्योंकि वे अपनी माटी से जुड़े गीत लिखते-गाते हैं। एक श्वेत व्यक्ति ने अपनी बेंत से पीट-पीट कर एक अश्वेत होटल कर्मचारी की जान ले ली और गोरा होने के कारण मात्र छः महीने सजा काटी तो बॉब डिलेन ने 'द लोनसम डेथ ऑफ़ हैटी कैरोल' गाया। जब वे नीचे सुर में गाते तो लगता बेंत हवा में लहराकर नीचे आ रही हो। यही मंचीय गीत-संगीत की विशेषता है जो मात्र लिखित गीतों में नहीं आ पाती है। व्यंग्य देखिए, जब 'टॉकिंग वर्ल्ड वार 3 ब्लूज' में बम वर्षा हो रही है तब गायक एक उजाड़ दुकान से कैडिलाक कार ले चलता है और कहता है, 'गुड कार टू ड्राइव, आफ़्टर ए वार'। वे शुरू करते हैं, 'हू किल्ड डेवी मूर' और हजारों की संख्या में जमा लोग चीयर करना शुरू कर देते हैं। वे ऐसे गीत लाते हैं जो उनके श्रोताओं के जीवन से जुड़े हैं, जो उनके हैं। सोचिए क्या दृश्य रहा होगा जब उसी स्टेज पर उन्होंने गाया होगा, 'सब ठीक है, माँ' (मैं केवल लहू-लुहान)। 23 साल के युवक ने गाया था, 'यूनाइटेड स्टेट्स के प्रेसीडेंड को भी कभी नंगा खड़ा होना होता है', और फिर भी कुछ नहीं होता है। वे कहते हैं, 'हर आदमी सेल फ़ोन पर बात कर रहा है, पेजर चेक कर रहा है, नोटबुक पंच कर रहा है, कुछ लोग अपनी कलाई में बात कर रहे हैं, डिक ट्रैसी की रिस्टवाच में... हर कोई बात कर रहा है, कोई किसी दूसरे को नोटिस नहीं कर रहा है क्योंकि किसी के पास

टाइम नहीं है, सब समय को जितनी तेजी से हो सकता है यूज करने की कोशिश कर रहे हैं, क्योंकि टाइम मनी है, और पैसे के साथ उसे खर्च करने से बढ़ कर कोई रोमांच नहीं है।' खुद बॉब डिलेन अपने गिटार और हारमोनिका के साथ सदा अकेले हैं। लेकिन उनकी आवाज़ ने बहुत सारे लोगों के विचार बदल दिए हैं।

1988 में बॉब डिलेन को 'रॉक एंड रोल हॉल ऑफ़ फ़ेम' में शामिल किया गया। लेकिन वे 'लाइक ए रोलिंग स्टोन' हैं। वे पूछते हैं 'क्या तुम्हारा प्रेम व्यर्थ है'। उनके गीत दिक-काल के पार जाते हैं और दुनिया भर के लोगों के दिलों को छूते हैं। उनके भीतर एक शर्मीला, फ़नी और खिलवाड़ी बच्चा अभी भी जीवित है, जो कभी-कभार इंटरव्यू के समय बाहर आ जाता है।

चित्रकार बॉब डिलेन

जब सारी दुनिया बॉब डिलेन को साहित्य का नोबेल पुरस्कार दिए जाने की बहस में उलझी हुई थी वे खुद ओक्लाहामा में थे। लन्दन की हेल्सिओन गैलरी में उनके वाटरकलर और एक्रिलिक चित्रों की 'द बीटन पाथ' नाम से प्रदर्शनी हो रही है। यह लन्दन में उनके चित्रों की चौथी प्रदर्शनी है। इसमें उन्होंने अमेरिका के लैंडस्केप तथा शहरी दृश्यों का चित्रण किया है। जब उनसे पूछा गया कि क्या गीत लिखने और पेंटिंग के बीच कोई समानता है? तो उनका उत्तर है कि गीत लिखने में एक प्रकार की सघनता होती है और आपके मन में यह रहता है कि आप किनके लिए और क्यों गीत लिख रहे हैं जबकि पेंटिंग्स एक हद तक मूवीज प्रोपेगंडा के लिए बनाए जा सकते हैं। जबकि गीतों के साथ ऐसा नहीं है। मुझे लगता है कि उनके इस उत्तर पर विचार करना होगा।

मैं पेंटिंग से ऑवसेस्ड नहीं हूँ कहने वाले डिलेन का कला कार्य दुनिया भर के संग्रहालयों तथा निजी संग्रहों में 2007 से शोभा पा रहा है। वैसे 1967 से वे एलबम के कवर बना रहे हैं और लोग उनके चित्रों से परिचित हैं। उन्होंने दूसरों तथा अपने एलबम के कवर बनाए हैं। 'द बैंड' के एलबम 'म्यूजिक फ्रॉम बिग पिंक' तथा अपने एलबम 'सेल्फ़ पोट्रेट' के कवर बनाए। नौवें दशक में उनकी बनाई 'ड्रॉन ब्लैंक' नामक पेंटिंग्स की एक श्रृंखला ने लन्दन, एडिनबर्ग, टोकियो, ट्यूरिन होते हुए जर्मनी की यात्रा की। उन्होंने एशिया और ब्राज़ील की अपनी यात्राओं से प्रेरित होकर चित्र बनाए हैं। वे अपने म्यूजिक टूर के साथ अकसर अपनी चित्र प्रदर्शनी भी लगाते हैं। वे अपने परिचित स्थानों के चित्र बनाते हैं। वे अपना स्थान जानते हैं और कहते हैं कि कुछ काम जो आप करना चाहते हैं मगर वे आपकी प्रतिभा की पहुँच के बाहर होते हैं। पहले उन्होंने गैलरी के सुझाव पर लैंडस्केप्स की एक श्रृंखला बनाई जिसमें लोग नहीं थे इसका मतलब केवल पहाड़, नदियाँ, खेत-मैदान आदि, आदि।

लेकिन बाद में उन्होंने अपना विस्तार किया और चित्रों में पुल, सड़कें, गाड़ियाँ, थियेटर भी चित्रित करने लगे, घर के बाहर कुछ भी। उनके कुछ चित्र, जैसे आधी रात को फ़ोन बूथ में फ़ोन करते आदमी की छाया या आइसक्रीम गुमटी के सामने पड़ी खाली टेबल कहानियाँ तथा रहस्य की सृष्टि करते हैं तो चाँद को ताकना, रूफ़टॉप पर पार्किंग, नाइट ट्रेन एकाकीपन, शहरी जीवन के खोखलेपन को दर्शाते हैं। वैसे ये सब अर्थ देखने वाले निकालते हैं खुद डिलेन न कभी अपने गीतों की व्याख्या करते हैं न ही अपनी चित्रकला की करना पसन्द करते हैं। उनके अनुसार भिन्न लोग भिन्न चीजें देखते हैं यह सब सब्जेक्टिव है। वे तो निरन्तर टूर करते रहते हैं और मौका मिलते ही स्केच और पेंट करते हैं। उनके पेंटिंग करने का न तो कोई लोकेशन तय है न ही कोई टाइमटेबल और न ही कोई खास विधि। वे कहते हैं कि वे इसे बस करते हैं, सब तरह के स्थानों पर। आप स्केचबुक कहीं भी ले जा सकते हैं। उन्हें वाटरकलर से काम करना आसान लगता है। इसेल और पेंट कहीं ले जा सकते हैं। हाँ, एक्रिलिक तथा ऑयल पेंटिंग के लिए स्टूडियो तथा बड़े स्थान की जरूरत होती है। वे दूसरे पेंटर के स्टूडियो में पेंट करने में भी सहजता अनुभव करते हैं। लेकिन भीड़-भाड़ वाली जगहों से बचते हैं। बस एक सही स्थान और सही फीलिंग पेंट करने के लिए काफ़ी है। और यह सब समय नहीं होता है। पहले वे जेनरिक फ़ॉर्म बना लेते हैं बाद में चित्र को पूरा करने के लिए पिक्सलेटेड इमेजरी, फ़ोटोग्राफ़्स, एडवर्टिजमेंट्स, ऑप्टिकल डिवाइस आदि का उपयोग करते हैं। इस सबकी एक प्रक्रिया होती है और वे एक साथ कई पेंटिंग पर काम करना पसन्द करते हैं, जबकि वे एक-दूसरे से भिन्न, सरल या जटिल हो सकती हैं और सबकी समाप्ति अलग-अलग समय पर हो सकती है। कुछ भी मानीखेज करना समय लेता है। उनके अनुसार एक अच्छा गीत लिखने के लिए पहले सैकड़ों बुरे गीत लिखने होते हैं। एक ढंग के काम के लिए आपको बहुत कुछ बलिदान करना होता है। आप अपने सृजन में अकेले होते हैं।

पिछले कई सालों से वे बड़ी-बड़ी लोहे की आकृतियों के इंस्टालेशन की प्रदर्शनी कर रहे हैं। पहले यह उनकी मात्र एक हॉबी थी, खुद को, मित्रों और रिश्तेदारों को उपहार में दिए जाने वाले। लेकिन अब मेरीलैंड में ऐसा ही एक स्थाई प्रदर्शन 'पोर्टल' शीर्षक से हो रहा है। 26'×15' का यह लौह आकृति इंस्टालेशन उनका पहला सार्वजनिक प्रदर्शन है। एक कलाकार अपनी कला की अभिव्यक्ति चित्र, लेखन, फ़िल्म निर्माण, न मालूम कितने तरीके से कर सकता है, करता है, लेकिन उसे अपनी सीमा का ज्ञान होना चाहिए। और बॉब डिलेन अपनी सीमा जानते हैं वैसे उनकी इच्छा होती है कि रेस कार चलाएँ, फुटबॉल खेलें और बहुत कुछ उनके मन में आता है।

फ़िल्में और बॉब डिलेन

बॉब डिलेन पर ढेर सारी फ़िल्में बनी हैं। वे गीत लिखते-गाते हैं, चित्र बनाते और इंस्टालेशन करते हैं। और उन्होंने फ़िल्म पर अपना हाथ आजमाया है। फ़िल्म के लिए गीत लिखे (या यूँ कहें उनके गीत फ़िल्म में लिए गए), स्क्रीनप्ले लिखा और तो और उन्होंने फ़िल्म में अभिनय भी किया। अमेरिका ने अपने एक गायक—जैक फ़ेट—को भुला दिया, लोगों को याद है कि उन्हें उसे याद रखना है, लेकिन वे उसे याद नहीं रखते हैं। ये ऐसे देश के नागरिक हैं जो खुद को भी नाममात्र का याद रखते हैं। जो लोग देश को चलाते थे इसे अपना मानते थे, वे श्वेत लोग देश छोड़कर जा चुके हैं, जो बचे हैं वे सोचते हैं कि वे जो कुछ कहें उसे सब लोग आदर दें, लेकिन कोई ऐसा नहीं करता है। अब अमेरिकन नहीं हैं। यहाँ अब तीसरी दुनिया—जमैइकन, अफ़्रीकन, मैक्सीकन, अरब, सर्ब, रिफ़्यूजी, ठग, हत्यारे हैं, और हैं वो लोग जिन्होंने दूसरों का दोहन किया है। एक देश जो सिविल वार, सामाजिक अशान्ति का घर है। चैरिटी के नाम पर अपना घर भरा जा रहा है। एक समय सुर्खियों में रहने वाला गायक आज जेल में है। उसे जेल से छुड़ाया जाता है। इसी समय एक पत्रकार टॉम फ्रैंड भ्रष्ट कॉन्सर्ट की पोल खोलकर जनता के सामने सच्चाई लाने का प्रयास करता है। यह कहानी है 2003 की फ़िल्म 'मास्क्ड एंड एनोनिमस' फ़िल्म की जिसका स्क्रीनप्ले फ़िल्म निर्देशक लैरी चार्ल्स के साथ मिलकर बॉब डिलेन ने लिखा है। इसमें गायक जैक फ़ेट का किरदार भी उन्होंने निभाया है और एक गीत 'डाउन इन द फ़्लड' भी डिलेन का है।

1968 में डी ए पेनबाकर ने डिलेन पर एक डॉक्यूमेंट्री बनाई, नाम है 'डोंट लुक बैक'। यह डिलेन के 1965 के ग्रेट ब्रिटेन के टूर पर आधरित है। और अभी हाल में प्रसिद्ध फ़िल्म निर्देशक मार्टिन स्कॉरसिसे ने 'नो डाइरेक्शन होम' बनाई है। 2005 में दो भाग में बनी 225 मिनट की यह डॉक्यूमेंट्री रहस्य में लिपटे डिलेन को बहुत सहानुभूति और गहनता के साथ प्रस्तुत करती है। इसमें मुख्य रूप से डिलेन के इंटरव्यू का उपयोग किया गया है और यह साठ के दशक के उनके जीवन को चित्रित करती है। बचपन में उसे तरह-तरह का संगीत सुनते हुए, खुद को प्रसिद्ध गायक बॉबी वी के नाम से सम्बोधित करते, दूसरों के गीत गाते, खुद गीत-संगीत रचते और अपने गीतों, गले में होल्डर से लटके हारमोनिका बजाते हुए श्रोताओं-दर्शकों को पागल करते हुए, दूसरे गायकों को डिलेन के गीत गाते हुए, 1966 की मोटरसाइकिल दुर्घटना के बाद समाप्त होती है।

आठ साल तक उन्होंने टूर नहीं किया, लेकिन बीसवीं सदी के सांस्कृतिक और संगीत की दुनिया के सर्वाधिक प्रभावशाली जिस गीतकार के 'तलुओं में इतिहास का काँटा चुभता है, उसके खून में दीखती है एक खो चुकी नदी, उसकी

आँखों में आया है अपनी मर्जी से आने वाली बारिश का पानी, उसके कंधों पर लदा है कभी न दीखने वाला बोझ' वह भला कितने दिन संगीत से दूर रहता। गायक 'बेसमेंट टेप्स' रिकॉर्ड कर रहा था।

असल में वे अपने कभी समाप्त न होने वाले गीत-संगीत दौरों से थक और ऊब गए थे। उन्होंने स्वीकारा है कि वे और टूर नहीं करना चाहते थे। रैट रेस से बचना चाहते थे। 1966 की दुर्घटना के बाद वे चुप नहीं बैठे थे उनका गीत रिकॉर्डिंग का काम चल रहा था, एकाध जगह गा भी रहे थे लेकिन पहले के तूफ़ानी दौर में ब्रेक लगा हुआ था। 7-8 साल के बाद फिर से उनके गीत-संगीत दौरे प्रारम्भ हुए। 'हरिकेन', 'गोटा सर्व सम बॉडी', 'शॉट ऑफ़ लव', 'ओ मर्सी' उनके नए गीत हैं, जिन्हें लेकर वे मिडिल ईस्ट तथा यूरोप का टूर करते रहे। 2001 में उन्होंने फ़िल्म 'वंडर ब्यॉज' के लिए 'थिंग्स हैव चेंज्ड' लिखा। इसके बाद से एकाध गीत पत्रिकाओं में प्रकाशित हुआ है।

समय बदल रहा है

आज हर पुरस्कार विवादों के घेरे में है। वैसे भी पुरस्कार सदैव किसी-न-किसी बात से प्रभावित रहते आए हैं। समिति अतीत में भी ऐसे चौंकाने वाले निर्णय करती रही है। बहुत पहले विंस्टन चर्चिल को उनके भाषणों और पिछली साल पत्रकार स्वेतलाना एलेक्सीविच को मौखिक इतिहास के लिए साहित्य का नोबेल पुरस्कार दिया गया है। सारी दुनिया बदल रही है। परिवर्तन प्रकृति का नियम है, जो समय के साथ बदलता नहीं है वह पिछड़ जाता है। डिलेन का एक गीत परिवर्तन की बात करता है, ('The Times They Are A-Changin')। इक्कीसवीं सदी में गद्य-पद्य का स्वरूप बदल गया है। कविता, कहानी, लम्बी कहानी, उपन्यास, यात्रा संस्मरण, जीवनी, पत्रकारिता, रिपोतार्ज सबने अपनी सीमाएँ तोड़ी हैं। सबने एक-दूसरे की सीमाओं में प्रवेश किया है। दुनिया में साहित्यिक, सामाजिक, राजनैतिक परिवर्तन हुए हैं। 116 साल में नोबेल समिति में, उनके नजरिए में परिवर्तन हुआ है। जब सदस्य बदलते हैं तो विचार भी बदलते हैं, यहाँ तक कि नोबेल ने पुरस्कार के लिए जो कसौटी रखी थी उसकी व्याख्या में भी परिवर्तन हुआ है। इस परिवर्तन की आहट कुछ समय से सुनाई देने लगी है। इसकी परिणति पिछले वर्ष के नोबेल पुरस्कार से हुई। बॉब डिलेन उसका अगला कदम हैं। सीमा का अतिक्रमण सीमा का विस्तार है। नोबेल समिति ने बदलते समय के साथ, साहित्य के नोबेल पुरस्कार की घोषणा के साथ यही किया है।

मेरा विचार

मेरा विचार है कि नोबेल समिति पर अमेरिका विरोधी होने का जो आरोप था, समिति के इस निर्णय ने उनके इस कलंक को दूर कर दिया है। साहित्य की कुलीन दुनिया के बाहर जाकर नोबेल समिति ने गीत को काव्य और उपन्यास जैसा कलात्मक महत्त्व देते हुए एक गीतकार-संगीतकार को पुरस्कार दिया है तो जाहिर-सी बात है आलोचना हो रही है। नोबेल समिति ने उनके गीतों को साहित्य जैसा मान दिया है, उसे सीधे-सीधे साहित्य नहीं कहा है। क्या तमाम साहित्यकारों की अनदेखी करते हुए इस वर्ष का नोबेल पुरस्कार कोई न्याय-अन्याय कर रहा है? यदि हाँ, तो किसके प्रति? क्या इतने इन्तजार के बाद डिलेन को पुरस्कार देकर उनके साथ न्याय हुआ है? डिलेन का एक गीत है 'बॉब डिलेन के 115 स्वप्न'। क्या जाने एक स्वप्न नोबेल पाने का भी रहा हो। डिलेन ने बहुत इन्तजार किया। उनके एक गीत की पंक्तियाँ हैं—

'समय था, मैंने सोचा
मैं ज्यादा दिन नहीं बचूँगा
पर अब मैं सोचता हूँ, मैं
चलता रहूँगा
बहुत समय हुआ
बहुत समय लगा, पर मुझे मालूम है
एक परिवर्तन आएगा
ओह, हाँ, यह आएगा।'

बॉब डिलेन को बधाई देते हुए मेरा नोबेल समिति से एक प्रश्न है, वे रचनाकारों को इतनी देर से पुरस्कार क्यों देते हैं? यह बात 2003 में अपने नोबेल पुरस्कार की घोषणा होने पर जॉन मैक्सवेल केट्जी ने कही थी, उनकी प्रतिक्रिया थी कि जब तक पुरस्कार मिलते हैं, हमारे माता-पिता जा चुके होते हैं। 77 साल की उम्र में जब 1988 में नजीब महफ़ूज को मिला तो उन्हें भी अफसोस हुआ, क्योंकि इसके बाद वे ज्यादा कुछ नहीं लिख सके। 34.5% साहित्यकारों को 70 वर्ष की उम्र के बाद नोबेल पुरस्कार मिला है। डिलेन के लिए भी उनके ही एक गाने की तरह 'अब सब खतम है बेबी ब्लू' ('It's All Over Now Baby Blue')।

अगर वे पुरस्कार लेने 10 दिसम्बर को स्टॉकहोम न पहुँचे तो जरूर नोबेल समिति की भद्द पिटेगी। हो सकता है स्टॉकहोम पहुँचे और अपने भाषण में कुछ बातें ऐसी बोल दें जो नोबेल समिति की शान के ख़िलाफ़ हों। बराक ओबामा को शान्ति का नोबेल पुरस्कार दे कर नोबेल समिति अपनी भद्द पहले ही पिटवा चुकी

है। बराक जिस शान–बान के साथ आए, अपनी बात कर बिना किसी की कुछ सुने पुरस्कार लेकर चलते बने, उसे लोग अभी भूले नहीं हैं।

प्रश्न यह भी है, पिछले कई सालों में डिलेन ने क्या किया है? अपने पुराने गानों के नए रिकार्ड रिलीज करने के अलावा। अगर मिलना था तो बहुत पहले उन्हें यह मिलना चाहिए था। संगीतज्ञ–गायक बॉब डिलेन जब बीसवीं सदी के साठ–सत्तर के दशक में अपने चरम पर थे, क्या तब उन्हें यह नहीं दिया जाना चाहिए था? अब जब वे इतने अधिक धनी, इतने वृद्ध और इतने प्रसिद्ध हैं, नोबेल उनकी झोली में क्या इजाफ़ा करेगा?

उनके गीत परिवर्तनकारी आन्दोलनों की प्रेरणा रहे हैं। समय बदल गया है, हमें गीत–संगीत को नोबेल मिलने का स्वागत किया जाना चाहिए क्योंकि एक आलोचक के अनुसार वे बहुत अच्छे विचारों को कविता से बिना कोई समझौते किए संगीत में डालते हैं। माइकेल ग्रे ने उनके 'ओ मर्सी' के लिए कहा है कि यह बहुत एकाग्रता से लिखा गया है, इसका गीत बहुत स्पष्ट और संगीत ऊष्मा भरा है। ये विशेषण संगीत में निष्णात बॉब डिलेन पर भी सटीक हैं। कुछ लोगों की दृष्टि में वे भले ही ठीक–ठीक लेखक न हों पर शब्दों के कारीगर तो अवश्य हैं। एक और विचार मन में है, नोबेल पुरस्कार की रकम इतनी बड़ी (750,000 पाउंड) है, अत: बड़े आराम से पुरस्कार दो–तीन साहित्यकारों में साझा किया जा सकता था। पहले भी दो यहूदियों को साझा दिया गया है। इसलिए नहीं कि बॉब डिलेन जन्म से यहूदी हैं। अन्य विषयों के नोबेल पुरस्कार भी साझा दिए जाते रहे हैं। साहित्य के क्षेत्र में कई उपयुक्त पात्र परिदृश्य पर उपस्थित हैं। यह हो सकता था।

स्वेतलाना एलेक्सीविच

पीड़ा, व्यथा और साहस की क्विल्टिंग

हर साल की तरह अक्टूबर महीने में होने वाले नोबेल पुरस्कार की घोषणा का इन्तजार कर रही थी। साहित्य के लिए कई नाम चर्चा में थे। जब साहित्य के नोबेल पुरस्कार के नाम की घोषणा हुई तो थोड़ा-सा अजीब लगा। एक स्त्री रचनाकार को मिलना और भी चौंकाने वाला था। अचानक नोबेल समिति महिला रचनाकारों पर बहुत मेहरबान हो गई है। नोबेल पुरस्कारों के 115 साल के इतिहास में स्वेतलाना एलेक्सीविच चौदहवीं महिला रचनाकार हैं जिसे यह पुरस्कार मिला है। पुरस्कार की शुरुआत के आठ साल बाद, साहित्य का पहला नोबेल पुरस्कार किसी स्त्री रचनाकार को सन् 1909 में मिला था। उस वर्ष यह पुरस्कार स्वीडन की सेलमा लेगरलॉफ़ को मिला था। पिछली सदी में यह सेलमा के अलावा केवल नौ अन्य स्त्री रचनाकारों को मिला। लेकिन इक्कीसवीं सदी के डेढ़ दशक में स्वेतलाना चौथी महिला हैं जिन्हें यह पुरस्कार मिला है। दो साल पहले यह पुरस्कार सन् 2013 में एलिस मनरो को मिला था। कह सकते हैं कुड़ियों का है जमाना।

इस साल साहित्य का नोबेल पुरस्कार प्राप्तकर्ता का नाम था स्वेतलाना एलेक्सीविच। यह नाम तो कभी सुना नहीं था। स्वेतलाना नाम से लगा ये रूस से होनी चाहिए। जल्द ही पता चला ये एक समय के रूस लेकिन आज के एक स्वतन्त्र राज्य बेलारूस की रहने वाली हैं। यह भी पता चला कि ये न तो कविताएँ लिखती हैं, न कहानियाँ और न ही उपन्यास। मन में प्रश्न उठा, भला ऐसे लेखक को साहित्य का नोबेल क्यों? खुद ही इसका समाधान भी किया, साहित्य केवल कविता, कहानी और उपन्यास ही नहीं होता है। साहित्य का दायरा बहुत बड़ा है, इसमें समस्त जीवन समाहित होता है। नई-नई विधाओं का पनपना स्वागत योग्य होना चाहिए। पहले उनका कुछ नहीं पढ़ा था। जानकारी इकट्ठी करनी शुरू की। नोबेल समिति ने अपनी घोषणा में, अपनी अनुशंसा में कहा है कि उनका बहुलयात्मक लेखन हमारे समय की वेदना तथा साहस का स्मारक है। मुझे वेदना और साहस दो विशेषताओं ने आकर्षित किया। साहित्य में ये दो विशेषताएँ उसे विशिष्ट बनाती हैं। स्वेतलाना के लिए नेट थोड़ा और खंगाला। इंग्लिश में बहुत सामग्री उपलब्ध न थी,

हिन्दी में तो और भी नहीं। कई लोगों ने प्रश्न किए, 'स्वेतलाना हू?' 'कौन है यह स्वेतलाना?' क्योंकि अभी तक उनके काम से बहुत कम लोग परिचित हैं। अब चूँकि नोबेल मिला है तो जाहिर है उनके काम का अनुवाद और प्रचार-प्रसार होगा।

कुछ समय पहले तक रूसी भाषा से हिन्दी में खूब अनुवाद हुआ करता था। भीष्म साहनी जैसे बड़े रचनाकार ने यह काम किया। इधर यह काम उतना नहीं हो रहा है। स्वेतलाना एलेक्सीविच बेलारूस की रहने वाली हैं और केवल रूसी भाषा में लिखती हैं। स्वेतलाना के पहले रूस के ही एलैक्जेंडर सोल्जेनित्सिन, बोरिस पास्तरनाक तथा इवान बुनिन को साहित्य का नोबेल पुरस्कार मिल चुका है। बेलारूस को नोबेल पुरस्कार मिलने का यह पहला मौका है। इसी तरह नोबेल पुरस्कारों के इतिहास में एक बात और पहली बार हुई है। किसी पत्रकार को पहली बार साहित्य का नोबेल मिला है। स्वेतलाना पेशे से पत्रकार हैं।

सोवियत रूस के विघटन के बाद बेलारूस में वहाँ की बेलारुसियन भाषा और साहित्य को बढ़ावा दिया जा रहा है। लेकिन यह पक्का है कि बेलारुसियन भाषा रूसी भाषा की तुलना में कभी बहुत ऊपर न उठ सकेगी। स्वेतलाना को अफसोस है कि वे इस भाषा में, अपने देश की भाषा बेलारुसियन में नहीं लिख सकती हैं। विडम्बना यह है कि आज वे अपने आपको रूसी लेखकों-बौद्धिकों से जुड़ा हुआ भी नहीं पाती हैं। उनके अनुसार अधिकांश रूसी लेखकों-बौद्धिकों ने खुद को देश की नई साम्राज्यवादी योजना से जोड़ दिया है। वे खुद को केवल लेखक कहलाना पसन्द करती हैं। स्वेतलाना ने अपने काम और जीवन से पोस्ट-सोवियत दशा का ऐसा गहन बोध प्राप्त किया है, जैसा शायद किसी अन्य ने नहीं किया है। वैसे तो स्वेतलाना ने लेख, 21 डॉक्यूमेंट्री फ़िल्मों के स्क्रीनप्ले, तीन नाटक और कहानियाँ भी लिखीं हैं, पर 67 साल की स्वेतलाना एलेक्सीविच की प्रसिद्धि पत्रकारिता शैली में अपने लेखन 'आवाज़ों के उपन्यास' के लिए है। ऐसे लेखन को 'सामूहिक उपन्यास', 'मौखिक उपन्यास, 'साक्ष्य—उपन्यास', 'एपिक कोरस' आदि भी कहा जाता है। लेकिन स्वेतलाना के लेखन के साथ 'आवाज़ों का उपन्यास' संज्ञा प्रचलित है। स्वयं के लिए उनका कहना है कि वे नि:संग इतिहासकार नहीं हैं। उनके काम पर लघु फ़िल्में भी बनी हैं।

एक साक्षात्कार में वे कहती हैं कि वे सदा से एक ऐसी साहित्यिक विधि की खोज में थीं जो उन्हें वास्तविक जीवन के जितना सम्भव हो निकटतम ले आए। ज़िन्दगी को जिस तरह उनकी आँखें देखती हैं और जिस तरह उनके कान सुनते हैं, उसे व्यक्त करने के लिए वे किसी ऐसी शैली की खोज में थीं जो दुनिया देखने के उनके नजरिए के निकटतम हो। दस साल पहले उन्होंने न्यूयॉर्क में एक साहित्यिक आयोजन में कहा था कि नई मानवीय दशाओं को प्रभावशाली तरीके से वर्णित करने

के लिए हमें अभिव्यक्ति के नए तरीके ढूँढ़ने पड़ेंगे। वे इस दिशा में प्रयास करती गईं। आखिरकार उन्होंने एक ऐसी शैली चुनी जिसमें आदमी की आवाज़ें अपने लिए खुद बोलती हैं। उनकी किताबें वास्तविक लोगों के जमाने की मुख्य घटनाओं जैसे युद्ध, चेर्नोबिल हादसा और एक महान साम्राज्य के पतन को दिखाती हैं। साथ मिल कर वे देश के इतिहास और अपने साझा इतिहास को शाब्दिक रूप में दर्ज करती हैं। उनके काम में हर आदमी अपनी खुद की ज़िन्दगी को शब्दबद्ध करता है।

स्वेतलाना की पहली किताब का अन्त दुर्भाग्यपूर्ण रहा। उनकी पहली किताब 'आई हैव लेफ़्ट माई विलेज' पर कम्युनिस्ट विरोधी होने का ठप्पा लग गया और उसे नष्ट कर दिया गया। उनके सन् 1985 में प्रकाशित पहले उपन्यास 'वार्स अनवूमनली फ़ेस' की दो लाख प्रतियाँ बिकीं। इसके लिए उन्होंने उन तमाम औरतों से सम्पर्क साधा जिन्होंने द्वितीय विश्वयुद्ध में भाग लिया था। युद्धकाल में ये औरतें नर्स, पैदल सिपाही, डॉक्टर थीं। लेकिन यह भी सेंसर के हत्थे चढ़ गई और ढेर सारे अंश हटाकर प्रकाशित हुई। अब इसका नया संस्करण उपलब्ध है जिसमें स्वेतलाना ने प्रतिबन्धित अंशों के साथ-साथ काफ़ी कुछ नया जोड़ा है। उनके बाद के अन्य सारे कामों की भाँति इसमें भी बहुस्वरों की विशेषता है। वे सामाजिक उथल-पुथल से सम्बद्ध विभिन्न लोगों से मिलकर उनकी आवाज़ में, उनके संवेगात्मक अनुभव रिकॉर्ड कर लेती हैं और उसका अपने लेखन में कोलाज की तरह उपयोग करती हैं। इस तरह उनकी किताबें आधिकारिक इतिहास प्रस्तुत करते हुए भी वास्तव में इतिहास की तरह रूखी-सूखी नहीं होती हैं। इसे वे मानवीय संवेदनाओं का इतिहास मानती हैं। शायद इसीलिए न्यू यॉर्कर के फ़िलिप गौरेविच उन्हें साहित्यकार न मान कर केवल खोजी पत्रकार का दर्जा देते हैं। वे सोवियत यूनियन में रहने के अनुभव, वहाँ के हादसापूर्ण जीवन को वर्णित करती हैं। उनके अनुसार बीसवीं सदी का सोवियत इतिहास—और उत्तर सोवियत इतिहास एक सामूहिक कब्र है।

प्रथम विश्वयुद्ध में करीब एक लाख औरतों ने भाग लिया था। पितृसत्तात्मक समाज में युद्ध का सारा श्रेय पुरुष ले गए। जीत का सेहरा उनके सिर बँधा। युद्ध जीतने के बाद रूसी पुरुषों ने युद्ध इतिहास में अपनी जगह सुरक्षित कर ली, उन्होंने औरतों के साहस, बलिदान को भी अपने नाम दर्ज कर लिया। स्वेतलाना ने ऐसी सैकड़ों औरतों से सम्पर्क साधा और उनका साक्षात्कार लिया। पुरुष द्वारा लिखा गया युद्ध इतिहास और औरत द्वारा जीया गया युद्ध भिन्न-भिन्न होता है। 'वार्स अनवूमनली फ़ेस' में युद्ध से जिन्दा बची औरतों की आवाज़ें संकलित हैं। अपनी हर किताब के लिए वे 500-700 लोगों से मिलती हैं और उनके साथ अपनी बातचीत रिकॉर्ड करती हैं। उनकी किताब 'ज़िन्की ब्यॉज' भी इसी तरह तैयार हुई है। 'ज़िन्की ब्यॉज' सोवियत-अफ़गान युद्ध के अनुभवों पर आधारित है। युद्ध जिसका नतीजा

सोवियत साम्राज्य के पतन में हुआ। वे अपनी अन्वेषी पत्रकारिता के सिलसिले में काबुल गईं। बाद में उन्होंने ऑफ़ीसर, सैनिकों, उनकी पत्नियों, माताओं तथा विधवाओं से सम्पर्क साधा। उनके साक्षात्कार लिए। लेखिका ने अपनी ओर से कोई हस्तक्षेप नहीं किया। लोग अपने लिए खुद बोलते, ऐसा सोवियत साहित्य में पहले कभी नहीं हुआ था। देश की एक पूरी पीढ़ी इस युद्ध की भेंट चढ़ गई थी। इस किताब के प्रकाशित होने के बाद के.जी.बी. तथा मिलिट्री अधिकारियों ने स्वेतलाना एलेक्सीविच को समाप्त करने के लिए एक अभियान छेड़ दिया था। सन् 1993 में कुछ सैनिकों की माँओं ने सोवियत सेना को अपमानित करने के लिए स्वेतलाना पर मुकदमा ठोंक दिया था। कोर्ट ने उनकी सारी फाइलें तथा टेप जब्त कर लिए। उन्हें खूब तंग किया गया।

जब 'व्याजेज फ़्रॉम चेर्नोबिल' किताब लिखने के लिए लोगों से मिल रही थीं तब वे खुद बीमार हो गई थीं। करीब 500 लोगों, जिनमें फ़ायरफ़ाइटर, सफ़ाई कर्मचारी, राजनेता, डॉक्टर और सामान्य लोगों से मिलकर उन्होंने इसे लिखा। इस किताब पर इसी नाम से एक लघु फ़िल्म भी बनी है। इसे आइरिश फ़िल्म निर्देशक जुआनिता विल्सन ने बनाया है। यह किताब 1997 में प्रकाशित हुई। उनके काम पर 'डोर' नाम से एक और लघु फ़िल्म बनी है। यह दर्दनाक-मार्मिक फ़िल्म चेर्नोबिल की त्रासदी को मूर्तिमान करती है। 1986 में चेर्नोबिल में आण्विक भट्ठियों में विस्फोट हुआ था। सरकार ने अपने बचाव के लिए जल्दबाजी में सुरक्षा के पुख्ता इन्तजाम किए बिना बहुत सारे लोगों को वहाँ भेजा था। ये लोग विकिरण की विषाक्त चपेट में आकर मर गए और बहुत से लोग मौत से भी बद्तर जीवन जीने को मजबूर हुए। आज भी कई लोग इसकी गिरफ़्त में हैं। स्वेतलाना ऐसी दो विधवाओं से मिलीं जिनके पति उनकी आँखों के सामने इस तरह की गलीच मौत से हार गए। इस किताब में उन लोगों की आवाज़ें भी हैं जिनका इस दुर्घटना के बाद तलाक हुआ, पारिवारिक लड़ाइयाँ हुईं। एक पत्नी अपनी जान की परवाह न करते हुए मरते हुए अपने पति से लिपटी हुई थी, जबकि नर्स कह रही थी कि अब यह आदमी नहीं, न्यूक्लियर रिएक्टर है। एक अन्य स्त्री कहती है कि वह इस पृथ्वी पर रहने से डरती है। माताएँ सोचती हैं कि उनका बच्चा जल्दी मर जाए। आण्विक विकिरण से गल-गलकर मरने, नारकीय-दर्दनाक स्थिति में रहने से अच्छा मर जाना है।

'व्याजेज फ़्रॉम चेर्नोबिल' में वे लिखती हैं, 'मुझे मालूम नहीं है किस पर बात करूँ—मौत पर या प्रेम के बारे में? क्या ये दोनों समान हैं? किसके बारे में मुझे बोलना चाहिए?' (यह एक संयोग है कि नॉर्वेजियन लेखिका इन्ग्रिड स्टूरहुल्मेन की इसी नाम—'चेर्नोबिल की आवाज़ें'—की, मदन सोनी द्वारा अनुवादित किताब

वाणी प्रकाशन से 2014 में प्रकाशित हुई है, जिसका लोकार्पण विश्व पुस्तक मेला, दिल्ली फरवरी 2014 में लेखिका की उपस्थिति में विजय शर्मा के हाथों हुआ था) अपनी एक अन्य 2016 (यह रूसी भाषा में 2013 में प्रकाशित हो चुकी है) में आने वाली किताब 'सैकेंड-हैंड टाइम' की भूमिका में स्वेतलाना लिखती हैं कि वे लोगों से समाजवाद के विषय में नहीं बल्कि प्रेम, बचपन, बुढ़ापे के विषय में पूछती हैं। संगीत, नृत्य, विलुप्त हो गई जीवन शैली के बारे में पूछती हैं। इस किताब में वे नब्बे के दशक में सोवियत और पोस्ट-सोवियत का मौखिक इतिहास प्रस्तुत करती हैं। इसमें भुक्त भोगी एकालाप शैली में अपनी बात प्रस्तुत करते हैं। स्वेतलाना के अनुसार उनके लेखन के लिए त्रासदी की काव्यात्मकता महत्त्वपूर्ण है।

स्वेतलाना एलेक्सीविच का जन्म 31 मई, 1948 को पश्चिमी उक्रेन के स्टैनिस्लाव में हुआ था। आजकल इसे इवान-फ़्रैन्किव्स्क कहते हैं। स्वेतलाना आजकल बेलारूस में रहती हैं। उनके पिता बेलारुसियन थे तथा उनकी माता उक्रेन की थीं। माता-पिता दोनों शिक्षण के पेशे से जुड़े हुए थे। जब उनके पिता ने अपनी मिलिट्री सेवा समाप्त कर ली तो परिवार बेलारूस में रहने लगा। स्वेतलाना ने स्कूली दिनों में लिखना प्रारम्भ कर दिया था। कुछ समय तक उन्होंने ग्रामीण इलाके में शिक्षिका का काम किया बाद में मिन्स्क विश्वविद्यालय में पत्रकारिता की पढ़ाई (1967-1972) की। 1972 में ग्रेजूएशन करने के बाद उन्होंने पहले बेरेसा तथा बाद में मिन्स्क में पत्रकार के रूप में काम किया। कुछ समय के लिए साहित्यिक पत्रिका 'नेमैन' में भी काम किया। बाद में वे उसी पत्रिका के नॉन-फिक्शन विभाग की प्रमुख हो गईं। वे अपनी खोजी पत्रकारिता के लिए जानी जाती हैं। वे जो भी लिखती हैं उसके लिए जमकर शोध और खोज करती हैं। उनका लेखन आधुनिक रूस का इतिहास है। वे मौखिक आवाज़ों को लिखित कोलाज़ का रूप देती हैं।

सत्ता विरोध के कारण राष्ट्रपति लुकाशेन्को द्वारा उन्हें खूब तंग किया गया नतीजन स्वेतलाना एलेक्सीविच ने सन् 2000 में अपना देश त्याग दिया और करीब ग्यारह साल तक वे पेरिस, गोथेनबर्ग में रहीं और फिर अपने देश लौटीं। पहले भी कई बार आलोचना के कारण वे देश के बाहर इटली, जर्मनी और स्वीडन आदि देशों में रहती आई हैं। 2014 में उन्होंने देश के कट्टरवादी ताकतों के हाथ में जाने और साम्राज्यवादी ताकतों के फिर से सिर उठाने तथा उससे उत्पन्न भय और दहशत पर लिखा। स्वेतलाना एलेक्सीविच कहती हैं कि रूस में इस दौरान भले ही बाजार में चीजों की भरमार हो गई लेकिन यह समृद्धि रूस के लिए स्वतन्त्रता लेकर नहीं आई है। वे हजारों आवाज़ों, नियतियों, ज़िन्दगियों और वजूदों के हजारों टुकड़ों को जोड़ कर अपनी किताबें बनाती हैं। मेरी दृष्टि में ऐसे काम को 'क्विल्टिंग' की संज्ञा दी जानी चाहिए। वंचितों, शोषितों-दमितों की आवाज़ को दुनिया के सामने लाने

वाली स्वेतलाना एलेक्सीविच को साहित्य का नोबेल पुरस्कार मिलने पर बधाई!

नोबेल पुरस्कार प्राप्त रचनाकार पुरस्कार प्राप्ति के अवसर पर भाषण देता है, स्वेतलाना एलेक्सीविच ने भी 7 दिसम्बर, 2015 को अपना नोबेल भाषण दिया।

जब वे अपना नोबेल भाषण देने खड़ी हुई तो उन्होंने कहा कि वे इस पोडियम पर अकेली नहीं खड़ी हैं। उनके चारों ओर आवाज़ें हैं, सैंकड़ों आवाज़ें। ये आवाज़े सदा से उनके साथ रही हैं, उनके बचपन से उनके साथ रही हैं। वे गाँव-देहात में बड़ी हुई। बच्चों के रूप में वे घर के बाहर खेलना पसन्द करती थीं, लेकिन शाम होते ही उनकी झोपड़ियों के पास बेंच पर इकट्ठी, थकी हुई गाँव की औरतों की आवाज़ें उन्हें चुम्बक की तरह अपनी ओर खींचती थीं। इन स्त्रियों में से किसी का भी पति, किसी का पिता या किसी का भाई नहीं था। ये युद्ध में समाप्त हो चुके थे। द्वितीय विश्वयुद्ध के बाद उनके गाँव में पुरुषों की उन्हें याद नहीं है। चार में से एक बेलारुसिया समाप्त हो गया था, या तो सीमा पर लड़ते हुए मारा गया था अथवा प्रतिरोध में मरा या जेल में सड़ रहा था। युद्ध के बाद वे और उनके जैसे तमाम बच्चे औरतों की दुनिया में रहते रहे। सबसे अधिक जो उन्हें याद है, वह यह है कि ये औरतें प्रेम की बात करती थीं, मौत की बातें नहीं करती थीं। युद्ध में जाते हुए अपने प्रियजनों को पिछले दिन विदा करने की कहानियाँ कहती थीं, वे उनके लिए इन्तज़ार करने की बातें करतीं थीं, बताती थीं कि कैसे वे अभी भी अपने पुरुषों की प्रतीक्षा कर रही हैं। बरसों-बरस बीत चुके थे, लेकिन वे इन्तज़ार कर रही थीं। वे अपने आदमियों के लँगड़े-लूले होने की चिन्ता नहीं करती थीं। बस वे ज़िन्दा हों और उनके साथ हों, इन औरतों के लिए यही काफ़ी था। स्वेतलाना कहती हैं कि हाथ नहीं...पैर नहीं, फिर भी उन्हें लगता है, बचपन से उन्हें मालूम है कि प्यार क्या होता है। और इसके बाद अपने नोबेल भाषण में वे कुछ उदास गीत, जो उन्होंने सुने हैं, ऐसे समूह गान सुनाती हैं। जो आवाज़ें उन्होंने जमा की हैं उसे श्रोताओं से साझा करती हैं।

पैट्रिक मोदियानो

भविष्य के लेखक साहित्य की रक्षा करेंगे

नोबेल समिति कई बार साहित्य जगत में हलचल मचा देती है, ऐसे लोगों को साहित्य के नोबेल के लिए चुनती है कि साहित्य की दुनिया चकित हो जाती है। लोग सोचने लगते हैं अरे! ऐसा भी एक साहित्यकार है जिससे हम परिचित नहीं हैं। असल में नोबेल पुरस्कारों को लेकर खूब बहस-चर्चा चलती है। खूब कयास लगाए जाते हैं। खूब सट्टेबाजी होती है। जब पुरस्कार की घोषणा होती है तो मनोनुकूल नाम प्रकाश में न आने से निराशा-हताशा और दोषारोपण प्रारम्भ होता है। यह सारा कुछ अकसर इंग्लिश भाषा के चाहने वालों के मध्य ज्यादा जोर-शोर से होता है। एकाध बार हिन्दी साहित्य में भी नोबेल पाने की आकांक्षा जोरों पर रही। जापान का एक नाम कई सालों से उछल रहा है मगर अब तक उस नाम की घोषणा समिति ने नहीं की है। जापान के हारुकी मुराकामी का नाम अन्दाजा लगाने वालों ने कई साल से शीर्ष पर रखा हुआ है।

फ़िलिप रॉथ के लिए तो यह तमाशा बन गया है। उनका नाम कई सालों से साहित्य के नोबेल पुरस्कार के लिए उछलता रहा है। वे भी नोबेल की घोषणा के समय नया सूट-बूट पहन कर न्यूयॉर्क में अपने प्रकाशक के ऑफ़िस में जा बैठते हैं। कहा जाता है कि उन्होंने अपनी स्पीच भी तैयार कर रखी है। हर साल वे इन्तजार करते हैं मगर घोषणा किसी अन्य नाम की होती है। सारा अमेरिका नोबेल की इस बेरुखी से परेशान होकर नोबेल समिति की लानत-मलामत करता है। अमेरिका से ही जॉयस केरोल ओट्स का नाम भी लोग नोबेल के लिए लेते हैं। एकाध साल भारत में भी इस समय काफ़ी हलचल रही। जिस साल टॉमस ट्रांसट्रोमर को मिला उस साल कभी राजस्थान के विजयदान देथा और मलयाली कवि के. सचिदानन्दन का नाम सामने आया। कभी लोग उदय प्रकाश को लेकर उत्साहित रहे। अफ़्रीकी रचनाकारों के नाम भी सामने आते रहे हैं, नाइजीरिया के चिनुआ अचेबे का निधन हो गया और केनिया के न्गुगी वा थियोंगो का नाम इस साल की सम्भावित सूची में काफ़ी ऊपर था। ऐसा नहीं है कि रचनाकार योग्य नहीं हैं मगर एक अनार सौ बीमार वाली स्थिति है। वैसे नोबेल कई लोगों के बीच बाँटकर भी दिया जाता है। इस वर्ष

का शान्ति नोबेल कैलास सत्यार्थी और मलाला यूसुफ़जई को संयुक्त रूप से मिला। अकूत नोबेल राशि दो-तीन लोगों के बीच बँटने के बाद भी काफ़ी रहती है। खैर।

कभी-कभी ऐसे रचनाकार को नोबेल पुरस्कार मिल जाता है जिसे उसकी भाषा या देश के अलावा शायद ही कोई जानता हो। जब हेरटा मूलर को यह पुरस्कार मिला तो कई लोगों ने पूछा हेरटा मूलर? कौन? इस साल की घोषणा के बाद भी साहित्यिक हलकों में यह प्रश्न उठा। खुद नोबेल समिति के स्थाई सचिव पीटर इंग्लंड ने अपनी उद्घोषणा में कहा कि ये (पैट्रिक मोदियानो) फ्रांस में जाना-पहचाना नाम है—दूसरे स्थानों पर नहीं। पैट्रिक मोदियानो फ्रांस में न केवल खूब पढ़े जाते हैं वरन् फ्रै़च भाषा में विश्व भर में उन पर खूब शोध कार्य होता है, सेमीनार आयोजित किए जाते हैं, पर्चे पढ़े जाते हैं। उन पर और उनके काम पर किताबें लिखी जाती हैं। फ्रै़च समाज के बाहर उन्हें न जानने का मुख्य कारण उनके लेखन का अन्य भाषाओं में बहुत कम अनुवाद होना है। इंग्लिश में उनके कुछ कार्य का अनुवाद हुआ है मगर सारे काम का नहीं।

कई लेखकों के पास केवल एक थीम होती है जिस पर वे ज़िन्दगी भर लिखते हैं। हेरटा मूलर का कहना है कि उनके पास केवल एक थीम है तानाशाही का घिनौना चेहरा उघाड़ना। ज़िन्दगी भर उन्होंने यही किया और नोबेल के मंच तक पहुँची। इमरे कर्टीज ज़िन्दगी भर नाजी यातना शिविर के अपने अनुभवों पर लिखते रहे। वे भी 'फ़ेटलेस', 'फ़ियास्को', 'खदीस फॉर अ नॉट बोर्न चाइल्ड', 'गैली डायरी' जैसी रचनाएँ करते हुए नोबेल पुरस्कार विजेता बने। ठीक इसी तरह इस साल के साहित्य के नोबेल पुरस्कार विजेता पैट्रिक मोदियानो के पास भी एक थीम है। यह थीम है अधिकृत फ्रांस खासकर पेरिस का समय और परिवेश। वे स्मृति, स्मृति लोप, अस्मिता का अन्वेषण, जीवित रहने के अपराध बोध को अपनी रचनाओं में पिरोते हैं। समिति के सचिव के अनुसार मोदियानो को पढ़ना और समझना कठिन नहीं है। पीटर इंग्लंड के अनुसार पैट्रिक मोदियानो का सम्मान असल में स्मृतियों को सजीव करने की कला का सम्मान है। मोदियानो ने अपनी स्मृतियों के द्वारा अपनी रचनाओं में मानव नियति के अनजाने रहस्यों को उद्घाटित करने का अद्भुत प्रयास किया है।

बहुत सारे रचनाकार-कलाकार अपने क्षेत्र में सर्वोच्च स्थिति पर पहुँचने के बावजूद जब अपने काम पर बोलने की बात आती है तो या तो संकोचवश अथवा कुशल वक्ता न होने के कारण बोलने से बचते हैं। सत्यजित रे का कहना था उन्हें जो कहना है वह वे अपनी फ़िल्मों के माध्यम से कहते हैं बोलना उनके लिए आसान नहीं है। 7 दिसम्बर, 2014 को पैट्रिक मोदियानी जब नोबेल के मंच पर भाषण देने खड़े हुए तो उन्होंने भी कहा कि यह पहला अवसर है जब वे इतनी अधिक संख्या

में उपस्थित श्रोताओं के समक्ष बोलने के लिए खड़े हैं। वे असहज अनुभव कर रहे थे। उनके अनुसार जो बातें लेखक के लिए प्राकृतिक रूप से, सहजता से आती हैं उन पर बोलने के लिए उसका उतना सहज सम्बन्ध नहीं होता है। स्कूल में जैसे मौखिक और लिखित को अलग माना जाता है उपन्यासकार के पास लिखित भाषा के लिए अधिक प्रतिभा होती है। उसका लोगों के बीच रहना आवश्यक है परन्तु वह चुप रह कर वातावरण को आत्मसात करता है। वह बिना समाहित हुए संवाद सुनता है, जरूरत-बेजरूरत प्रश्न पूछकर अपना बोध स्पष्ट करता है। बोलने में उसे संकोच होता है क्योंकि उसे अपने शब्द काटने की आदत होती है। फाइनल ड्राफ़्ट के पहले वह अपनी रचना को कई बार काटता-छाँटता है, सुधार करता है। मगर बोलते समय सुधार का कोई उपाय नहीं होता है। वे उस पीढ़ी से आते हैं जब बच्चे दिखाई देते थे सुनाई नहीं। कभी-कदा जब बोलने का अवसर आता तो बोलने के लिए इजाजत लेनी होती थी। लेकिन कोई उनकी बात सुनता नहीं था, लोग उनके सामने अपनी बात करते रहते थे। यह बताता है कि कुछ लोग बोलने में क्यों हिचकिचाते हैं। बचपन में मोदियानो की बात वयस्क नहीं सुनते थे शायद इसीलिए वे लिखने की ओर मुड़ गए। यह आशा करते हुए कि वयस्क उनकी बात पढ़ेंगे और जानेंगे कि उनके मन में क्या है।

लेकिन वे नोबेल के मंच पर खड़े होकर बड़े प्रसन्न थे। यह पुरस्कार उन्हें वास्तविक नहीं लग रहा था, वे जानना चाहते थे कि उन्हें क्यों चुना गया। मोदियानी ने इस मंच से कहा कि उपन्यासकार जो लिखता है उसे उससे ज्यादा उसके पाठक जानते-समझते हैं। खुद उस पर अपने लिखे का आंशिक और कन्फ़्यूज्ड अहसास होता है। लिखना एक बहुत विचित्र और एकाकी क्रिया है। जब आप लिखना शुरू करते हैं अकसर लगता है आप गलत राह पर आगे बढ़ रहे हैं, मगर छोड़ना नहीं चाहिए। लिखना अँधेरी, बर्फ़ीली रात में कार चलाने जैसा है लौटने का कोई उपाय नहीं है, आगे बढ़ते जाना है, जब तक कोहरा छँट न जाए। जब आप लिखना समाप्त कर लेते हैं आपको स्वतन्त्रता का अनुभव होता है। असल में जब आप अन्तिम अनुच्छेद लिख रहे होते हैं किताब आपके चंगुल से निकलने को बेताब होती है। आपको अन्तिम शब्द लिखने का समय नहीं देती है अब किताब को आपकी जरूरत नहीं होती है। इसके बाद से वह पाठक द्वारा उद्घाटित होती है। इस समय लेखक को एक खालीपन का अहसास होता है, त्याग दिए जाने का अनुभव होता है। एक तरह की निराशा भी होती है क्योंकि आपके और आपकी किताब के बीच का अनुबन्ध टूट जाता है। यही असन्तुष्टि आपको अगली किताब लिखने की ओर ले जाती है। अगली किताब से आप सन्तुलन लाना चाहते हैं मगर फिर वही होता है। एक-के बाद-एक किताब आप लिखते जाते हैं, लेकिन सन्तुष्ट नहीं होते हैं। लेखक अगली

किताब लिखने में जुट जाता है इसीलिए लेखक से अधिक पाठक किताब को जानता-समझता है।

मोदियानो पाठक और उपन्यास के बीच होने वाली प्रक्रिया की तुलना पुराने समय में फ़ोटोग्राफ बनाने की प्रक्रिया से करते हैं। अँधेरे कमरे में धीरे-धीरे रासायनिक क्रिया द्वारा फ़ोटो दिखता जाता था। लेखक को चाहिए कि वह सब कुछ न बता दे। पाठक के अन्वेषण के लिए उसे बहुत कुछ छोड़ देना चाहिए। जैसे एक्यूपंचर में सही स्थान पर सूई चुभोकर छोड़ दी जाती है, रसायन स्नायु में स्वयं प्रसवित होता है। फिर वे उपन्यासकार और पाठक के सम्बन्ध की तुलना संगीत की दुनिया से करते हैं, उन्हें लिखना संगीत के बहुत निकट लगता है। वे संगीत को उपन्यास से ऊँचा दर्जा देते हैं। उन्हें सम्पूर्ण रूप से संगीतज्ञ न होने का अफसोस होता है।

उन्हें 'आधुनिक युग का मार्शल प्रूस्त' कहा जाता है। प्रूस्त और मोदियानो दोनों अपने लेखन में स्मृतियों को आधार बनाते हैं। प्रूस्त की प्रसिद्ध और विशद कृति का नाम ही है, 'रिमेंबरेंस ऑफ़ थिंग्स पास्ट'। 'नाइट राउन्ड्स', 'रिंग रोड्स', 'ए ट्रेस ऑफ़ मेलिस', 'मिसिंग पर्सन', 'विला ट्रिस्टे', 'हनीमून', 'आउट ऑफ़ डार्क', 'डोरा ब्रुडर', 'कैथरीन सर्टीट्यूड/इल', 'एक्सीडेंट नॉक्टर्न' मोदियानो के इंग्लिश में उपलब्ध उपन्यासों के नाम हैं। उन्होंने लुई माले के साथ मिलकर 'लाकोम्ब लूसिएन : द कम्प्लीट सेनारियो ऑफ़ द फ़िल्म' तथा जीन-पॉल रपैन्यू (Jean-Paul Rappeneau) के साथ मिलकर वॉन वॉयज़ (Bon Voyage) फ़िल्म का स्क्रीनप्ले लिखा। उनके दो उपन्यासों पर फ़िल्म भी बनी हैं। कान फ़िल्म समारोह की जूरी के सदस्य भी वे रहे हैं। उनकी रचनाओं का इंग्लिश भाषा के अलावा स्पैनिश, स्वीडिश तथा जर्मन भाषा में अनुवाद हुआ है।

अपने नोबेल भाषण में मोदियानो कहते हैं कि ज्योंहि एक किताब लिखनी समाप्त होती है नई किताब इसे मिटा देती है, वे उसके विषय में भूल जाते हैं। वे इसे ऐसे ही लिखते हैं जैसे आधी नींद और दिवास्वप्न के बीच कोई पैटर्न बुनता है। उपन्यासकार नींद में चलने वाला होता है, उसे कुचले जाने का खतरा रहता है। साथ ही नींद में चलने वालों से कभी दुर्घटना नहीं होती है, वे मुरेड़ पर भी बड़ी आसानी और कुशलता से चलते हैं।

पैट्रिक मोदियानी का जन्म 30 जुलाई, 1945 को अधिकृत पेरिस में हुआ था। युद्ध समाप्ति के बाद पेरिस निवासी इस काल की घटनाओं को भुला देना चाहते थे। मनुष्य की प्रकृति है वह दुखद-त्रासद बातों को याद नहीं रखना चाहता है। पेरिस वासियों के लिए भी यह काल दु:स्वप्न की भाँति रहा, जो बच रहे उनके मन में बचे रहने का अपराध बोध बैठा रहा। बाद में मोदियानो बच्चे के रूप में बड़ों से प्रश्न

पूछते तो वे इसे टाल जाते अथवा चुप रहते। वे अपनी स्मृति से इन काले दिनों को मिटा डालना चाहते थे, बच्चों को इससे बचाना चाहते थे। जब बड़ों से सन्तुष्ट करने वाला उत्तर न मिला तो उन्होंने खुद उत्तर खोजने की ठानी।

नाजी अधिग्रहण के दौरान पेरिस का जीवन ऊपर से सामान्य तरीके से चलता रहा। लोग पहले की तरह ही थियेटर, सिनेमा, संगीत हाल, होटल जाते रहे, रेडियो सुनते रहे। बल्कि लोग ये सब कुछ ज्यादा ही करने लगे। मगर भीतर से पेरिस पहले जैसा नहीं रह गया था। सर्दियों में शाम पाँच बजे से ब्लैक आउट हो जाता, खिड़कियों की झिर्री से भी रोशनी बाहर नहीं जानी चाहिए थी। शहर गायब हो जाता। नाजी इसे सिटी 'विद आउट आईज' कहते। कोई नहीं जानता था कब कौन सदा के लिए गायब हो जाए। दोस्तों के साथ भी विश्वास से बातें नहीं की जा सकती थीं, पता नहीं कब कौन किस पाले में चला जाए। इन बुरे दिनों में भी लोग मिल रहे थे, प्रेम कर रहे थे, बच्चे पैदा हो रहे थे। मोदियानो के लिए यह पेरिस आदिम अन्धकार के काल था। यह पेरिस उनका पीछा कभी नहीं छोड़ता है। इसी से उनकी किताबें निकलती हैं। लेखक अपने जन्म के समय और स्थान से प्रभावित होता है, इसीलिए वे लोगों से मिलना-जुलना, प्रेस से मुखातिब होने से बचते हैं। वे जो लिखते हैं वह किसी और काल-स्थान में नहीं लिखा जा सकता है। समाजशात्री हिपोलिट टैन भी साहित्य की पैदाइश के विषय में कुछ ऐसी ही बातें कहता है। मोदियानो कहते हैं कि बाल्ज़ाक, डिकेंस, टॉल्सटॉय आदि का समय धीमी रफ़्तार वाला था, यह उपन्यास के लिए बहुत उपयुक्त था। आज समय बहुत तीव्र गति से चलता है। उनकी अपनी पीढ़ी संक्रमणकाल की पीढ़ी है जिसमें समय की गति आज की तरह तीव्र न थी। हाँ, वह पहले की तरह धीमी भी नहीं थी। वे यह जानने को उत्सुक हैं कि आज की पीढ़ी जो इंटरनेट, मोबाइल फ़ोन, ईमेल, ट्विट के युग में पैदा हुई है, ये खुद को साहित्य में कैसे अभिव्यक्त करेगी। आज हर व्यक्ति स्थाई रूप से कनेक्टेड है, सोशल नेटवर्किंग नजदीकियों को समाप्त कर रही है। उनके समय में थोड़ी रहस्यमयता तथा घनिष्टता थी जो उपन्यास की प्रमुख थीम हुआ करती। मगर वे साहित्य के भविष्य को लेकर निराश नहीं हैं, बल्कि काफ़ी आशान्वित हैं। उन्हें विश्वास है भविष्य के लेखक साहित्य की वैसे ही रक्षा करेंगे जैसे होमर के समय से लेखकों ने की है।

मोदियानो कहते हैं कि लेखक सदैव काल के पार की अभिव्यक्ति करता है भले ही वह खुद काल की सीमा से बँधा होता है। आज भी एना कैरेनीना उतनी ही अपनी लगती है जितनी अपने रचे जाते समय लगती थी, चाहे वह आधुनिक पोशाक क्यों न पहन ले। एडगर एलेन पो आज भी पाठकों द्वारा पढ़ा और समझा जाता है।

लेखक चरित्रों से थोड़ी दूरी बनाकर लिखता है मगर इससे उसकी अपने

चरित्रों से पहचान समाप्त नहीं हो जाती है। वह अपने चरित्र और ज़िन्दगी में जिन लोगों ने उसे प्रेरित किया है ऐसे चरित्र गढ़ने के लिए उनसे उसका तादात्म्य बना रहता है। फ्लॉबेयर कहता था मैडम बोवेरी 'मैं हूँ'। टॉल्सटॉय खुद को रेल की पटरी पर गिराने वाली से तत्काल जोड़ते हैं। यह परिवर्तित स्थिति आत्ममुग्धता नहीं है। यह ठीक उसके विपरीत है। कवि और उपन्यासकार दैनन्दिन की सपाट बातों में रहस्य पैदा करते हैं। वे अन्धकार में प्रकाश उत्पन्न करते हैं। गहनता में छिपी बातों को उजागर करते हैं।

मोदियानो कवि, उपन्यासकार और चित्रकार की यही भूमिका मानते हैं, व्यक्तित्व की गहराई में स्थित रहस्य को स्पष्ट करना। वे अपने दूर के रिश्तेदार चित्रकार अमेडियो मोदिग्लिआनी का उदाहरण देते हैं। वह बच्चों, सड़क की लड़कियों, आयाओं, अनजान लोगों को अपना मॉडल बनाता था और अपने चित्रों में उनकी सामान्य बाह्याकृति में उनकी कुलीनता, उनकी शालीनता उभार देता था। यही काम, यही भूमिका उपन्यासकार की होनी चाहिए। उसे विजनरी होना चाहिए, सामान्य को विशिष्ट बना पर प्रस्तुत करना चाहिए। एक बार ओशो ने कहा था कविता पढ़ो मगर कवि से मत मिलो। मोदियानो भी यही कहते हैं। कवि की जीवनी हमें निराश कर सकती है। हम जीवनी पढ़कर अक्सर उससे दूर हो जाते हैं, मगर उसकी किताबें पढ़कर उसके निकट पहुँच जाते हैं। हाँ, लेखक किन कारणों से लेखक बना इस बात से जीवनी हमें परिचित कराती है। अपनी बात की पुष्टि के लिए वे अल्फ्रेड हिचकॉक का उदाहरण देते हैं। खुद मोदियानो का बचपन इसका गवाह है कि वे ऐसे लेखक क्यों बने। मोदियानो का बचपन भावात्मक रूप से बहुत खाली था। वे अपने एकाकी, उपेक्षित बचपन की उपज हैं।

अपनी पत्नी के साथ पेरिस में रहने वाले दो बेटियों के पिता मोदियानो सारे समय लेखन के लिए समर्पित हैं। उनका सारा लेखन आत्मकथात्मक है, जिसे 'ऑटोफ़िक्शन' की संज्ञा दी जाती है। उनके पिता का नाम एलबर्टो मोदियानो था जो इटली से आए यहूदी थे और माँ का नाम लाउसी कॉलपेन था और वे बेल्जियम की थीं। उनकी माँ एक अभिनेत्री थीं। उन्होंने स्कूली पढ़ाई-लिखाई नहीं की, वे खुद कहते हैं कि उनके पास कोई डिप्लोमा-डिग्री नहीं है। वैसे बचपन में वे पेरिस के लीसी हेनरी स्कूल गए और वहाँ के गणित शिक्षक रेमंड क्यूनीयु ने उन्हें लिखने के लिए प्रेरित किया। वह खुद भी लेखक था। इसी शिक्षक ने बाद में एक मुलाकात के दौरान उनका परिचय फ्रांस के एक प्रसिद्ध प्रकाशक गैलीमॉर्ड से करवाया। यही उनका पहला प्रकाशक बना। उनका बचपन बहुत उपेक्षित और एकाकी था। यहूदी होते हुए भी पिता नाजी लोगों के लिए मुखबरी का काम्र करते थे। पिता का यह निकृष्ट कर्म पैट्रिक का पीछा कभी नहीं छोड़ता है। माँ भी बहुत स्वार्थी प्रवृत्ति की

स्त्री थी। जीवन बहुत अभावपूर्ण था। पिता से उनकी कभी नहीं बनी। एक बार ऐसी तकरार हुई कि पैट्रिक ने लौटकर यह जानने का भी प्रयास नहीं किया कि उनके पिता को मरने के बाद कहाँ दफ़नाया गया।

माता-पिता की उपेक्षा का शिकार पैट्रिक अजनबियों के बीच रहा करते। बचपन में उन्हें यह बहुत विचित्र नहीं लगता था मगर बड़े होने के बाद यह उनके लिए रहस्यमय साबित हुआ। वे इस पहेली को सुलझाना चाहते थे। मगर बाद में उन लोगों को पहचानना आसान न था। बचपन के इन्हीं अनुभवों ने, बड़े होने पर इस खोज ने उन्हें लेखक बनाया। वे लेखन के द्वारा इस प्रहेलिका के छूटे हुए, खोए हुए सूत्रों को जोड़ना चाहते थे। लेकिन पहली पुस्तक देखकर पिता भड़क गए, उन्हें उसमें अपनी छवि नज़र आई जो बहुत सकारात्मक नहीं थी। पिता किताब की सारी प्रतियाँ जला डालना चाहते थे। पैट्रिक को पुलिस के हवाले करने का उनका विचार था।

मोदियानो अपने लेखन में पेरिस के रहस्य को सुलझाना चाहते हैं। पेरिस को जानने की इच्छा उन्हें उन कई लेखकों की श्रेणी में ला खड़ा करती है जिन्होंने शहर जैसे लन्दन, सेंट पीटर्सबर्ग, मुम्बई या कोलकाता को जानने का प्रयास किया और उसे अपने साहित्य में उतारा। जब तक लेखक निरीक्षण-अवलोकन में पारंगत नहीं होगा वह कुशल लेखन नहीं कर सकता है। पेरिस शहर की गलियाँ-सड़कें मोदियानो को किसी और लोक में ले जाती हैं। वे अतीत की यादों में खो जाते हैं, उनके साहित्य में अधिकृत पेरिस सजीव हो उठता है। उनका नायक भी जाना-पहचाना होता है।

वे अपने लेखन की सामग्री के लिए पुरानी टेलीफ़ोन डायरेक्टरी का प्रयोग करते हैं, जिसमें लोगों का पता मय सड़क और मकान नम्बर दर्ज हुआ करता था। उनमें से न मालूम कितने लोग गायब हो गए। वे अखबार की कतरन का उपयोग लोगों के जीवन में घटी अनहोनी के रहस्य को सुलझाने के लिए करते हैं। इसीलिए उनके उपन्यासों की थीम गायब हो गए लोग, अस्मिता की पहचान की खोज, स्मृति और स्मृति लोप होता है। उन्होंने शहरों को बदलते देखा है, सिटी को मेगासिटीज बनते देखा है। साथ ही देखा है स्लम को फैलते हुए। वे कहते हैं कि पहले उपन्यासकार का शहरों से रोमांटिक नाता हुआ करता था, वे जानना चाहते हैं कि भविष्य में यह रिश्ता कैसा होगा। उनके अनुसार उनके जन्म वर्ष 1945 से शहर नष्ट होने लगे, लोग गायब होने लगे। संवेदनशीलता के कारण वे स्मृति और विस्मृति को कथानक बनाकर लेखन करते हैं। वे मानते हैं कि मार्शल प्रूस्त के 'रिमेंबरेंस ऑफ़ थिंग्स पास्ट' जैसा लेखन अब नहीं किया जा सकता है। उस समय का समाज स्थिर था, अतः प्रूस्त अतीत को ज्यों-का-त्यों प्रस्तुत कर सके परन्तु अब यह

सम्भव नहीं है। अब चीजें बड़ी तेजी से बदल जाती हैं। मनुष्य की स्मृति का ह्रास हुआ है, आज याद रखने के लिए जद्दोजहद करनी पड़ती है।

बात सही है, एक समय था लोग अपने रिश्तेदारों और मित्रों के पते, टेलीफ़ोन नम्बर, जन्मदिन आदि आसानी से याद रखते थे मगर आज इंटरनेट, मोबाइल, सोशलनेट वर्किंग ने हमारी याददाश्त हम से छीन ली है। आज हम अपनी स्मृति को लेकर बहुत आश्वस्त नहीं हैं। मोदियानो कहते हैं कि विस्मृति के विशाल सादे पन्नों पर अतीत के शब्दों को उकेरना उपन्यासकार का दायित्व है।

एक साक्षात्कार में वे कहते हैं कि लिखना उनके लिए स्वाभाविक है, ज़िन्दगी का हिस्सा है। वे अपनी नवीनतम किताब पढ़ने का आग्रह करते हैं। उनकी नवीनतम किताब का नाम Pour que tu ne te perdes pas dans le quartier है। पैट्रिक मोदियानो का मानना है कि वे एक ही उपन्यास बार-बार लिख रहे हैं, उनका पहला उपन्यास 'ला प्लेस दे ले'एटोइल' 1968 में प्रकाशित हुआ था। 1978 में उनका उपन्यास 'मिसिंग पर्सन' फ्रेंच में छपा और 1980 में यह अंग्रेजी में अनुदित हुआ। उनके इस उपन्यास ने खूब प्रसिद्धि पाई। इस उपन्यास का केन्द्रीय पात्र रोलांड एक जासूस है, वह स्मृतिलोप का शिकार है। अपनी स्मृति वापस लाने का प्रयास करता हुआ यह जासूस इतिहास में निरन्तर आता-जाता है। इसके अलावा 'ट्रेस ऑफ मलाइस' तथा 'हनीमून' उनके दो और प्रसिद्ध उपन्यास हैं। हाल में उनकी नवीनतम रचना 'सो दैट यू डोंट देट लॉस्ट इन द नेबरहुड' प्रकाशित हुई है। उनके अन्य लेखन की भाँति उनकी यह रचना भी आत्मकथात्मक है। 1999 में इंग्लिश में अनुवादित उनका 'डोरा ब्रूडर' डॉक्यूमेंट्री प्रकृति का कार्य है वैसे इसका आधार भी द्वितीय विश्वयुद्ध ही है। इसमें मोदियानो एक सत्य घटना का आश्रय लेते हैं। पन्द्रह साल की एक युवती पेरिस में नाजी अत्याचार का शिकार बनती है। काल्पनिक उपन्यास होते हुए भी इसमें तथ्यों की खोज है और यह अपना पूरा प्रभाव डालने में सक्षम है। 1999 में आई रचना 'डेस इनकोन्नुएस' (Des inconnues) में पहली बार वे एक स्त्री स्वर (फीमेल व्यॉज) का प्रयोग करते हैं। उनका लेखन डिटेक्टिव क्राइम थ्रिलर की तरह का होता है। लेकिन वह जासूसी साहित्य से इस मामले में भिन्न है कि इनमें अन्त तक कोई समाधान प्रस्तुत नहीं किया जाता है, प्रश्न खूब उठाए जाते हैं। वे अपने नायकों के साथ पाठक को अन्वेषण के लिए ले चलते हैं मगर अन्त किसी निष्कर्ष पर नहीं होता है। एक आलोचक के अनुसार मोदियानो का साहित्य सटीक या स्थिर विचारशीलता को स्थापित करने के अस्वीकार का साहित्य है। लेकिन उनके साहित्य में काव्यात्मक गुण का होना भी स्वीकार किया जाता है। वाक्यों में लयात्मकता और मिथकों का प्रयोग उनके साहित्य की अन्य विशेषताएँ हैं। उनके कथानक से अधिक उनकी शैली पर शोधकार्य हुए हैं। उनके साहित्य को आधुनिकोत्तर साहित्य माना

जाता है। भले ही फ्रेंच पाठकों के अलावा अन्य भाषा के पाठकों तक उनकी पहुँच न रही हो (नोबेल पुरस्कार मिलने के बाद अब अवश्य हो जाएगी) फिर भी उन्होंने विश्व साहित्य में नोबेल पाकर अपना स्थान सुरक्षित कर लिया है। उम्मीद है हिन्दी भाषा में भी उनका साहित्य पाठकों को शीघ्र उपलब्ध होगा।

अब हिन्दी में भी साहित्य के नोबेल पुरस्कार की घोषणा का बेसब्री से इन्तजार रहता है और नोबेल भाषण को चाव से लाइव सुना जाता है। पत्र-पत्रिकाएँ तत्काल नोबेल साहित्यकार पर लेख प्रकाशित करती हैं। यह स्वागत योग्य है, यह बताता है कि हिन्दी भाषा विश्व साहित्य और अन्य भाषाओं तक अपनी पहुँच बनाने को उत्सुक है। हिन्दी जगत की ओर से पैट्रिक मोदियानो को साहित्य का नोबेल पुरस्कार पाने के लिए हार्दिक बधाई!

एलिस मनरो

अपने बारे में

जब एलिस मनरो से पूछा जाता है कि उनकी लिखने की प्रक्रिया क्या है तो उनका उत्तर होता है कि उनके लिए लिखने की प्रक्रिया अक्सर बहुत कठिन होती है। वे धीरे-धीरे मगर लगातार काम करती हैं। बीस साल की उम्र से 85 साल की उम्र तक वे बराबर लिख रही हैं। वे खूब सुबह उठ जाती हैं और कॉफ़ी पीकर लिखना शुरू कर देती हैं, नाश्ते के लिए थोड़ा रुकती हैं और फिर लौटकर लिखने में व्यस्त हो जाती हैं। सारा गम्भीर लेखन वे सुबह-सुबह करती हैं। वे अपने लिखे का कई बार पुनर्लेखन करती हैं। तब जाकर उसे प्रकाशन के लिए भेजती हैं। इसके बाद भी उन्हें लगता रहता है कि इस कहानी में एकाध महत्त्वपूर्ण शब्द और जोड़े जा सकते हैं।

उन्होंने उपन्यास लेखन के विचार से लिखना शुरू किया लेकिन समयाभाव के कारण सदा कहानियाँ लिखीं। और इन्हीं कहानियों ने उन्हें नोबेल के मंच तक पहुँचाया। घर की देख-भाल और बच्चों के पालन-पोषण ने उन्हें उपन्यास लिखने का वक्त नहीं दिया। बाद में कहानी उनकी विधा बन गई। परन्तु अक्सर उनकी कहानियाँ काफ़ी लम्बी होती हैं। हालाँकि शुरू में पाठक और आलोचक उनसे छोटी कहानियों की ही उम्मीद कर रहे थे, लेकिन बाद में वे अपनी लम्बी कहानियों के साथ स्वीकृत हो गईं। वे कहानियों को विकसित होने के लिए जितना स्थान चाहिए उतना स्पेस देती हैं। अब वे उस मुकाम पर हैं जहाँ उन्हें कोई चिन्ता करने की जरूरत नहीं है। कभी-कदा वे कविताएँ भी लिखती हैं।

उनकी कहानियों में लोककथाएँ आती हैं मगर वे उन्हें जानबूझकर नहीं लाती हैं। पहले से वे यह तय नहीं करती हैं। लोक कथाएँ आती हैं क्योंकि वे लोगों की बातें सुनती रहती हैं, उनकी बातों की लय पकड़ने और उसे अपने लेखन में पिरोने का प्रयास करती हैं। उन्हें मालूम है कि लोगों को कहानी कहना-सुनना पसन्द आता है। कहानी जीवन के अनोखेपन का चित्रण करती है। वे लोगों से सुनी हुई बातें उठाती हैं और उसे ही अपने तरीके से रचती हैं।

वे मानती हैं कि लोककथाएँ स्त्रियों के कहानी कहने का तरीका है। जब

स्त्रियों को गम्भीरता से नहीं लिया जाता था और अब स्त्रियों के लिखना-पढ़ना सीखने के बाद भी उन्हें गम्भीरता से नहीं लिया जाता है, अत: वे कहानी कहती हैं। पुरुष बाहर काम करता है और औरतें घर में संग रहती थीं, खाना बनाती थीं, पुरुष के घर लौटने पर उसे खाना खिलाती थीं, बरतन-कपड़े साफ़ करती थीं सारे समय वे एक-दूसरे से बतियाती थीं। गाँवों में, पुराने समय में ऐसा ही था। आज समय बदल गया है। लेकिन आज भी जब वे मिलती हैं बतियाती हैं। उनके भीतर कहानी कहने की एक तलब, एक प्यास होती है। 'यह क्यों हुआ?', 'क्या यह कहना अनोखा नहीं है?', 'इसका मतलब क्या है?' मनरो के अनुसार स्त्रियों में जीवन को वाचिक रूप में रूपान्तरित करने की स्वाभाविक प्रवृत्ति होती है। अधिकतर पुरुषों में यह प्रवृत्ति नहीं होती है, उन्हें जीवन बहुत अनोखा नहीं लगता है।

एलिस मनरो को लोगों के साथ काम करना, उनसे बातें करना अच्छा लगता है। लोगों का आश्चर्य उन्हें भाता है। जिसकी अपेक्षा न हो ऐसा होना उन्हें महत्त्वपूर्ण लगता है। उनकी एक कहानी 'रनअवे' में एक स्त्री अपने कठिन वैवाहिक जीवन से परेशान होकर पति छोड़ने का निश्चय करती है और उसे इसके लिए एक खूब तार्किक उम्रदराज स्त्री से बढ़ावा मिलता है। लेकिन जब समय आता है वह भाग नहीं पाती है, अनुभव करती है कि भाग नहीं सकती है। वह जानती है कि यह सही कदम है, भागने का कारण है मगर नहीं भागती है। ऐसी बातें वे अपनी कहानियों में लिखती हैं।

उनकी कहानियों में इस थीम की बार-बार आवृति होती है। उनकी एक अन्य कहानी 'ट्रेन' की थीम यही है हालाँकि यहाँ जैक्सन एक पुरुष पात्र है। जब वक्त आता है वह अपने परिवेश से नहीं निकल पाता है। इसी तरह उनकी कहानियों में सेक्सुअल तत्त्व बराबर मिलते हैं। लेकिन कुछ कहानियों में पात्र को जो करना होता है वह कर लेता है जैसाकि इसी कहानी 'ट्रेन' की बेले।

एलिस मनरो को अपनी यह पात्र बेले खूब पसन्द है, क्योंकि उसे जो करना है वह खुलेपन के साथ करती है। वह विपरीत, कठिन बातों के बीच बची रहती है। उनके अनुसार वह अपने जीवन को वंचित नहीं देखती है। वह ज़िन्दगी को रोचकता के साथ देखती है। उसके वर्ग के लोगों को जैसे जीना चाहिए वह वैसे नहीं जीती है इसलिए बहुत सारे लोगों को उसका जीवन व्यर्थ लगेगा। वह शादीशुदा नहीं है काफ़ी समय तक असेक्सुअल रहती है। मगर ऐसा नहीं है कि वह ज़िन्दगी के साथ किसी तरह रह रही है, उसने अपनी ज़िन्दगी इसी में बुन ली है। लीसा डिकलर अवानो (Lisa Dickler Awano) से बातचीत करते हुए एलिस कहती हैं कि वे कई ऐसे लोगों को जानती हैं।

खुद एलिस का अपना जीवन कठिनाइयों भरा रहा है फिर भी उन्होंने लिखने

के लिए समय निकाला और सफलता प्राप्त की। अपनी कठिनाइयों को कहानियाँ लिखने का अवसर बना लिया। वे खुद को भाग्यवान मानती हैं। बचपन में वे खूब शारीरिक काम करती थीं। खेतिहर परिवार था और उनकी माँ काम नहीं कर पाती थीं। मगर शुरू से वे कल्पना करती थीं कि वे लेखिका बनेंगी। उनके आस-पास कोई नहीं लिख रहा था सो उन्हें लगा कि वे लिख सकती हैं। वे कहती हैं कि यदि वे न्यूयॉर्क के किसी पढ़े-लिखे परिवार में जन्मी होतीं तो शायद लिखने की बात नहीं सोचतीं। उनका अपने माता-पिता से प्रेम, भय और नापसन्दगी का रिश्ता था। इस रिश्ते का वे अपनी कहानी 'डीयर लाइफ' में अन्वेषण करती हैं। हाँ, अपने बाद के काम में वे बराबर अपने पिता से अपने रिश्ते को दिखाती हैं। उनके पिता एक लेखक, बहुत संवेदनशील व्यक्ति थे, वे आजीवन पाठक बने रहे।

बचपन के अपने अनुभवों को अपनी कहानियों में डालती हुई एलिस मनरो अपनी कई कहानियों में एक प्रेतात्मा का चित्रण करती हैं। यह विकसित होती युवा लेखिका के सामने बार-बार आता है मगर वह उससे दूर नहीं भागती है, तब भी नहीं जब वह बैल्ट से उसे मारता है। वे मानती हैं कि उस काल में माता-पिता बच्चों को सही दिशा में चलने के लिए मारना एक उपाय समझते थे। बच्चों की बेरहमी से पिटाई उस समय की एक सामान्य बात थी। लोग गरीबी के कारण बच्चों से काम में सहायता की अपेक्षा रखते थे। पीटना एक व्यावहारिक क्रिया थी जिसे लोग जरूरत के रूप में किया करते थे। यह बहुत दहशतगर्द हुआ करता था, आज लोग कहेंगे कि यह बच्चे के लिए बहुत हानिकारक-विध्वंसात्मक है। मुनरो कहती हैं कि वे इस बात से पूरी तरह सहमत नहीं हैं। फिर भी वे इसको नकारती हैं, उन अनुभवों को याद करके आज भी काँप उठती हैं, यह एक तरह का हॉरर है। पिटाई के फलस्वरूप वे स्वयं को बेकार-नकारा अनुभव करती थीं। मगर यह एक सच्चाई है जिससे इंकार नहीं किया जा सकता है। उस समय यह होता था क्योंकि बच्चों की जरूरतें पूरी करने के लिए न तो समय था न ही आर्थिक स्थिति इसकी इजाजत देती थी। माता-पिता समझ नहीं पाते थे कि बच्चे ऐसा व्यवहार क्यों करते हैं। बच्चे उलटकर जबाव नहीं दे सकते थे। सब लोगों के लिए लगातार काम करना जरूरी था, परिवार के लिए सबको उपयोगी होना होता था। बचपन में वे बहुत विद्रोही प्रकृति की थीं जिसका नतीजा मार-पीट में होता।

एलिस मनरो का अपनी माँ से अच्छा सम्बन्ध न था, यह बहुत जटिल रिश्ता था। क्योंकि वे अपने पिता की तरह थीं और माँ के लिए यह उदास करने वाली बात थी। उनकी माँ सदा बीमार रहती थीं। रिश्ते की जटिलता उनकी बीमारी के कारण न थी। मुनरो का मानना है यदि वे बीमार न होतीं तो यह रिश्ता और अधिक जटिल होता। उनकी माँ एक अच्छी, बात मानने वाली, उलट कर प्रश्न न करने वाली बेटी

चाहती थीं जबकि ये गुण एलिस में सिरे से नदारत थे। वे होशियार लेकिन आज्ञाकारिणी बेटी की आशा करती थीं। वैसे उनकी माँ खुद समय से आगे की स्त्री थीं। वे स्त्री के अधिकारों के विषय में जागरूक थीं, बहुत शुद्धतावादी, जैसाकि उन दिनों बहुत सारी स्त्रियाँ होती थीं।

उनकी माँ उस समय के अनुसार सेक्स को लेकर काफ़ी फ्रस्ट्रेटेड थीं। वो महत्त्वाकांक्षी थीं, उन्हें लगता था कि शादी महत्त्वाकांक्षा के रास्ते की सबसे बड़ी अड़चन है, समाप्ति है। शादी का मतलब था सेक्स, अत: वे सेक्स को अपना दुश्मन मानती थीं। स्त्री के लिए सबसे बुरी बात शादी थी। इसलिए वे कहती कि सेक्स को नियन्त्रित करना बहुत आवश्यक है। सेक्स के प्रति उनकी माँ का रवैया बहुत संत्रास भरा था।

एलिस मनरो स्मृति के महत्त्व को स्वीकारती हैं, अपनी बाद की एक कहानी 'फ़ाइनल' में वे इसका सचेतन रूप से उपयोग करती हैं। ज्यों-ज्यों उम्र बढ़ती जाती है दूर की स्मृति बहुत स्पष्ट होती जाती है। यह सदा व्यक्ति के संग रहती है। बचपन, माता-पिता के विषय में लिखते समय सच्चाई के निकट रहना जरूरी है, स्मृति कई बार ट्रिक करती है, इसलिए लिखते समय वही लिखना चाहिए जो हुआ था न कि जो स्मृति कहती है। लेकिन स्मृति से छुटकारा नहीं है लिखते समय भी नहीं। यह एक ओर की कहानी होती है, जो लेखक याद कर पाता है, जरूरी नहीं कि वही सत्य हो।

वे कहती हैं कि हम उन्हीं बातों को दोहराते रहते हैं जो हमारे लिए कठिन होती हैं, तब तक दोहराते हैं जब तक उनसे पीछा नहीं छूट जाता है। खासकर ये बातें बचपन की स्मृति के विषय में अधिक सही हैं। बचपन की दुखद बातों को हम तब तक दोहराते हैं जब तक वे हमें चोट पहुँचाना बन्द नहीं कर देती हैं। अगर आप लेखक हैं तो लिखकर कटु स्मृतियों की चोट से निजात पाते हैं, दूसरे उन्हें पढ़ते हैं। कभी-कभी सारी ज़िन्दगी हम वही लिखते हैं मगर यह असफलता नहीं है, यह लिखना सार्थक है। सुनने में यह बड़ा निराशाजनक लगता है मगर कटु स्मृतियों को धोते जाने के लिए लिखती रहने वाली एलिस मनरो निराश नहीं हैं।

वे कहानी कहना चाहती हैं, पुराने तरीके से कहानी कहना चाहती हैं, किसी के साथ क्या हुआ, यह क्या हुआ, वे बहुत धीरे-धीरे, ठहर-ठहर कर यह सब कहना चाहती हैं। अनोखेपन से बताना चाहती हैं कि क्या हुआ। वे चाहती हैं कि यह अनोखापन उनका पाठक अनुभव करे क्या हुआ से अधिक जाने कि यह किस तरह हुआ।

कहानी और किसी चरित्र का विचार उन्हें कभी स्मृति से मिलता है कभी किसी एनेकडॉट से। मगर कहानी पूरी होते-होते यह पूरी तरह से बदल चुका होता

है। कम्प्यूटर लेने के बाद भी पहले वे हाथ से लिखती हैं तब उसे कम्प्यूटर पर चढ़ाती हैं। एक कहानी तैयार करने में अपनी बार-बार सुधारने की आदत के चलते उन्हें करीब सात-आठ महीने लग जाते हैं। कैथरीन एन पोटर, पीटर टेलर, जॉन अपडाइक जैसे बहुत सारे लेखकों से प्रभावित होने के बावजूद वे कोई सूची नहीं बनाना चाहती हैं उन्हें डर है कई ऐसे लेखक छूट जाएँगे जिन्हें उन्होंने खूब मजे लेकर पढ़ा है।

ओन्टारिओ को प्यार करने वाली, उसे कहानी में साकार करने वाली, ज़िन्दगी भर कहानियाँ लिखने वाली और कहानियाँ लिखकर नोबेल के मंच तक पहुँचने वाली एलिस मनरो को सिन्थिया ओज़िक यूँ ही 'हमारी चेखव' सम्बोधित नहीं करती हैं। एलिस मनरो मानती हैं कि आदमी कहीं रहे, कहीं का रहने वाला हो, किसी सभ्यता-संस्कृति, रीति-रिवाज को मानने वाला हो उसके अनुभव बहुत भिन्न नहीं होते हैं। इसीलिए उनकी कहानियाँ स्थान विशेष के लोगों से सम्बन्धित होने के बावजूद सब देशों, सब भाषाओं के लोगों को पसन्द आती हैं। अपनी कहानियों में वे अपने तईं ज़िन्दगी के अनोखेपन और सत्य का उद्घाटन करती हैं।

वे कहती हैं, 'मैं ब्रिज नहीं खेल सकती। मैं टेनिस नहीं खेलती। वो सारी चीजें जो लोग सीखते हैं, मैं उनकी प्रशंसा करती हूँ, लगता है मेरे पास उनके लिए समय नहीं है। लेकिन खिड़की से बाहर देखने के लिए समय है।' यह कहने वाली एलिस मनरो को 2013 का साहित्य का नोबेल पुरस्कार प्राप्त हुआ। उन्होंने ज़िन्दगी भर केवल कहानियाँ लिखीं, छोटे शहर के जीवन पर कहानियाँ लिखीं। मात्र कहानी विधा अपनाने के कारण उन्हें 'कनाडा का चेखव' नाम से नवाजा जाता है। नोबेल समिति ने उन्हें 'समकालीन कहानी का शिखर' कहा है। इंटरनेशनल मैन बुकर ने भी उनके नाम की घोषणा करते हुए कहा, 'ये हर कहानी में इतनी गहराई, बुद्धिमानी और सटीकता लाती हैं' जितनी अधिकतर उपन्यासकार अपने जीवन भर के काम में लाते हैं। एलिस की गिनती थॉमस हार्डी, जेम्स जॉयस, ओ हेनरी, एडगर एलन पो, रडयॉर्ड किपलिंग, समरसेट मॉम, कैथरीन एन पोर्टर, ब्लादीमीर नाबोकोव, डी.एच लॉरेंस, फ्रांस काफ़्का, जॉर्ज लुई बोर्खेज, विलियम फ़ॉक्नर, अर्नेस्ट हेमिंग्वे, स्कॉट फिटज़ेरॉल्ड, मोपांसा, साकी (एच.एच. मनरो) आदि की भाँति उच्च कहानीकारों में होती है।

माता-पिता की पहली सन्तान एलिस मनरो का जन्म कनाडा के साउथवेस्ट के एक छोटे-से शहर ओन्टारिओ में 10 जुलाई, 1931 को हुआ। उनके पिता रॉबर्ट एरिक लैडलॉ ऊन के लिए सिल्वर लोमड़ी पालन का व्यवसाय करते थे जिसमें उन्हें कभी बहुत लाभ नहीं हुआ। व्यापार में असफल होकर उन्होंने पास की फ़ाउंड्री में वाचमैन का काम किया साथ ही टर्की पालन भी करते रहे। अपने जीवन के अन्तिम

हिस्से में उन्होंने 'द मैक्ग्रेगर' नाम से एक उपन्यास भी लिखा। माँ एन चमनी लैडलॉ स्कूल शिक्षिका थीं। मात्र 20 साल की उम्र में 22 साल के जेम्स आर्मस्ट्रॉन्ग मनरो से उन्होंने विवाह किया तथा 1976 में उनका तलाक हो गया। दूसरे पति जियोग्राफ़र जेरॉल्ड फ्रेमलिन उनके कॉलेज के दिनों के मित्र थे। 1968 में 'डॉन्स ऑफ़ द हैप्पी सेड्स', 1971 में 'लाइफ़्स ऑफ़ गर्ल्स एंड वीमेन', 1974 में 'समथिंग आईहैव बीन मीनिंग तो टेल यू', 1978 में 'हू डू यू थिंक यू आर?', 1982 में 'द मून्स ऑफ़ जूपिटर', 1086 में 'द प्रोग्रस ऑफ़ लव', 1990 में आए 'फ्रैंड ऑफ़ माई यूथ', 1998 में 'द लव ऑफ़ अ गुड वूमन', 2001 में 'हेटशिप, फ्रैंडशिप, कोर्टशिप, लवशिप, मैरेज', 2004 में आया उनका अगला कहानी संग्रह 'रनअवे', 2006 में 'द व्यू फ्रॉम केसल रॉक', 2009 में 'टू मच हैप्पीनेस' (मैन ब्रूकर इंटरनेशनल पुरस्कार) कहानी-संग्रह प्रकाशित हुए। 2012 'डीयर लाइफ़' कहानी संग्रह के प्रकाशन के साथ उन्होंने लेखन से संन्यास लेने की बात कही और अगले साल उन्हें साहित्य का नोबेल पुरस्कार प्राप्त हुआ। ऑन्टारियो को उन्होंने अपनी कहानियों के माध्यम से साहित्य में अमर कर दिया है।

मो यान

फर्श से अर्श तक

आज भूमंडलीकरण का युग है। विश्व एक छोटा-सा गाँव बन गया है। सम्प्रेषण के तीव्र गति के तमाम साधन आज उपलब्ध हैं। फिर भी हम दावा नहीं कर सकते हैं कि हम सब कुछ जानते-समझते हैं, सब कुछ से परिचित हैं। इसीलिए जब इस साल 2012 का साहित्य का नोबेल पुरस्कार घोषित किया गया तो बहुत कम लोग मो यान के विषय में जानते थे। मैं खुद को बड़ा पढ़ाकू मानती हूँ, मुझे भी जीतेन्द्र भाटिया के सौजन्य से उन पर मात्र एक रचना पढ़ने को मिली थी। हाँ, एक काम किया था विभिन्न अटकलों की बनाई शॉर्ट लिस्टेड साहित्यकारों के विषय में जानकारी जमा करनी शुरू कर ली थी। यह भी इंटरनेट की कृपा से हुआ। और एक बार नाम की घोषणा होते ही तत्काल पुरस्कृत साहित्यकार की पूरी जन्म कुंडली कई साइट पर पल भर में उपलब्ध थी। यह बात दीगर है कि नोबेल की घोषणा के पहले ही मो यान के नाम पर सट्टेबाजों ने सबसे ऊँची बोली लगानी शुरू कर दी थी। अक्सर जिसकी बोली ऊँची लगती है उसे नोबेल नहीं मिलता है। मगर इस बार अपवाद था। पुरस्कार चीन के मो यान की झोली में ही आया।

यह पहला मौका है जब किसी चीनी नागरिक को साहित्य का नोबेल पुरस्कार प्राप्त हुआ है। इसके पहले 1938 में पर्ल बक को नोबेल मिला था, वे बरसों-बरस से चीन में रह रही थीं। उन्होंने चीन के जन-जीवन को विश्व साहित्य में स्थान दिलाया। अपने नोबेल भाषण को भी उन्होंने चीन के साहित्य के इतिहास पर केन्द्रित किया। 'ईस्ट विंड-वेस्ट विंड', 'गुड अर्थ', 'संस', 'ए हाउस डिवाइडेड' की लेखिका जब पुरस्कार ग्रहण कर रही थीं तब वो चीन की नागरिक नहीं थीं, वे उस समय यूनाइटेड स्टेट्स ऑफ़ अमेरिका की नागरिक थीं। इसी हैसियत से उन्होंने पुरस्कार ग्रहण किया। 2000 में जिन गाओ जिंग्जियान को साहित्य का नोबेल पुरस्कार मिला वे चीन के मूल निवासी थे। उन्होंने चीन के समय-समाज और जन-जीवन पर आधारित लेखन कार्य किया। विश्व को 'सिग्रल अलार्म', 'वाइल्ड मैन' नाटक तथा 'सोल माउंटेन' जैसा प्रसिद्ध उपन्यास देने वाले इस लेखक को चीन से निर्वासित होना पड़ा था। सांस्कृतिक क्रान्ति के दौरान उन्हें एक सूटकेस भर कर

अपनी पांडुलिपि जलानी पड़ी थी। अफसोस जब वे पुरस्कार ले रहे थे वे चीन के नहीं वरन् फ्रांस के नागरिकथे। उन्होंने चीन से निर्वासित होकर फ्रांस में शरण ले ली थी। सो मो यान पहले लेखक हैं जिन्होंने इस वर्ष का साहित्य का नोबेल पुरस्कार चीन के नागरिक की हैसियत से ग्रहण किया।

कौन हैं ये मो यान? कल तक हिन्दी जगत को इनकी और इनके साहित्य की बहुत कम जानकारी थी। तो आइए, शुरू से शुरू करते हैं। 17 फरवरी, 1955 को सैंडोग नामक स्थान में एक किसान परिवार में इनका जन्म हुआ। सैंडोग प्रान्त चीन के पूर्वोत्तर में स्थित है। यहीं मो यान का बचपन बीता, इनकी किशोरावस्था में ही चीन का सांस्कृतिक क्रान्ति का आन्दोलन प्रारम्भ हो गया। नतीजन इन्हें स्कूल छोड़कर पहले खेतों में और फिर फैक्ट्री के काम में लगना पड़ा। 1976 में इन्होंने पिपुल्स लिबरेशन आर्मी में काम शुरू किया। इसी समय इन्होंने साहित्य पढ़ना और रचना प्रारम्भ किया। इनकी पहली कहानी एक साहित्यिक पत्रिका में 1981 में प्रकाशित हुई थी। मगर इनकी ख्याति 1986 में आए इनके उपन्यास से हुई। इनका वास्तविक नाम ग्वान-मोये है लेकिन ये मो यान के उपनाम से ही अपना लेखन कार्य करते हैं। इस शब्द (मो यान) का चीनी भाषा में अर्थ है, 'मत बोलो' यानी कि चुप रहो।

अपने लेखन में मो यान अपने बचपन-किशोरावस्था के अनुभवों से खाद-पानी ग्रहण करते हैं। साथ ही अपने जन्म स्थान को चित्रित करते हैं। 1987 में आए उपन्यास में यह नज़र आता है। इस उपन्यास का 1993 में 'द रेड सोर्घम' नाम से इंग्लिश अनुवाद आया है। इस उपन्यास में चीन में बीसवीं सदी के हलचल भरे कई दशकों का बड़ा सजीव चित्रण है। पाँच कहानियों में अपने जन्म स्थान गाओमी को केन्द्र में रखकर उन्होंने यह कथा कही है। 'द रेड सोर्घम' के अलावा 'द गार्लिक बालाड्स', 'एक्सप्लोशन एंड अदर स्टोरीज', 'द रिपब्लिक ऑफ़ वाइन', 'फ्रॉग', 'मीटिंग द मास्टर्स', 'व्हाइट डॉग एंड द स्विंग', 'जॉय', 'द वूमन विथ फ़्लावर्स', 'शीफ़ू : यू विल डू एनीथिंग ऑफ़ ए लाफ़', 'लाइफ एंड डेथ आर वीयरिंग मी आउट', 'बिग ब्रेस्ट एंड वाइड हिप्स', 'सैंडलवुड डेथ', 'पॉ!', 'मैन एंड बीस्ट', 'आयरन चाइल्ड', 'द क्योर', 'शेन गार्डन', 'लव स्टोरी' आदि इनकी किताबों के शीर्षक हैं। 'द रेड सोर्घम', 'शीफ़ू : यू विल डू एनीथिंग फॉर ए लाफ़', 'व्हाइट डॉग एंड द स्विंग' पर फ़िल्में भी बनी हैं। नोबेल की विज्ञप्ति के अनुसार, वर्ष 2012 के साहित्य में नोबेल पुरस्कार के लिए इन्हें (मो यान) काल्पनिक वास्तविकता को परी कथाओं, इतिहास एवं समसामयिक विषय-वस्तुओं में गुम्फ़ित साहित्य का सृजन करने के लिए चुना गया।

मो यान के अनुसार नोबेल पुरस्कार ने चीन के साहित्य जगत में हलचल मचा दी है। यहाँ के नए लेखक काफ़ी उत्साहित हैं। अब विश्व भर में चीनी साहित्य पढ़ा

जाएगा। इससे दूसरे लेखकों और पाठकों को खुशी मिलेगी। मगर वे यह भी भलीभाँति जानते हैं कि सारा उत्साह और उमंग मात्र एक महीने या उससे भी कम रहने वाली है। इसके बाद फिर सब सामान्य हो जाएगा। उनका मानना है कि उनके बचपन में जब ध्यान बँटाने का कोई और साधन न था तो उन्होंने 12 साल की उम्र से पढ़ना शुरू कर दिया था और पढ़ने का ऐसा चस्का लगा कि उसके लिए कुछ भी कर सकते थे। आटा चक्की तक चलाने को राजी थे। जब गाँव की किताबें समाप्त हो गई तो उन्होंने डिक्शनरी पढ़ना शुरू कर दिया। डिक्शनरी इतनी बार पढ़ी कि उसमें गलतियाँ तक छाँटने लगे। ऐसा था वो समय बिना इंटरनेट और बिना आईपॉड के। आज जब ऑनलाइन इंटरनेट चैटिंग और संगीत की सुविधा उपलब्ध है जाहिर सी बात है पढ़ना कम हो गया है। चीन को पहली बार नोबेल पुरस्कार मिलने पर पढ़ने का जो उत्साह जगा है वह भी ज्यादा दिन नहीं ठहरेगा।

मगर इससे मो यान हताश-निराश नहीं हैं। वे बहुत आशावादी हैं। वे कहते हैं कि बीसवीं सदी के तीसरे दशक में जब हॉलीवुड की फ़िल्मों की बाढ़ आ गई तब कुछ निराशावादियों ने कहा कि अब साहित्य गया काम से। मगर ऐसा नहीं हुआ। मो यान के अनुसार साहित्य कभी समाप्त नहीं होगा। यह सही है कि फ़िल्म और अन्य जनसंचार के माध्यमों जैसा आकर्षक माध्यम साहित्य नहीं है। यह क्षेत्र एकाकी है। मगर साहित्य भाषा की कला है और भाषा की सुन्दरता का स्थानापन्न अन्य कोई कला नहीं है। अगर आप किसी कालजयी रचना को बार-बार पढ़ते हैं तो हर बार आप उसके सौंदर्य और चरित्रों के भाग्य से अभिभूत होते हैं। यह भाषा का सौंदर्य और आकर्षण है जो कभी समाप्त नहीं होगा। अपने पुरस्कृत होने को मो यान साहित्य की विजय मानते हैं। किसी राजनीति के सुधार की जीत की उपलब्धि में पाया हुआ सम्मान नहीं। उनके अनुसार उनके उपन्यास राजनीति से बड़े हैं। ये कम्युनिस्ट पार्टी के समय में लिख रहे हैं लेकिन इनका कार्य पार्टी तक सीमित नहीं है। उनका कहना है कि वे बहुत पहले ही वर्ग और राजनीति की सीमाएँ पार कर आए हैं। लेकिन आलोचक मो यान को सत्ता से बनाकर रखने वाला लेखक मानते हैं। चीन अब भी एक रहस्यमय और विचित्र देश है। उसने अपने सर्च इंजिन और सोशल साइट्स पर 'मो यान' और 'नोबेल साहित्य पुरस्कार' को उपलब्ध करा दिया है, लेकिन 'लियु जियओबो' तथा 'नोबेल शान्ति पुरस्कार' अभी भी प्रतिबन्धित हैं। लियु को शान्ति का नोबेल पुरस्कार मिला मगर वे और उनकी पत्नी नज़रबन्द हैं। सत्ता कहीं की भी हो अपनी दोमुँही नीति से बाज नहीं आती है।

मो यान को पुरस्कार मिलने की उम्मीद न थी क्योंकि लाइन में अन्य कई बहुत अच्छे रचनाकार थे। पुरस्कार मिलने पर वे खुश थे। उनके अनुसार वे इस जीत से काफ़ी खुश और आश्चर्यचकित हैं क्योंकि उन्हें लगता है कि दुनिया में काफ़ी

अच्छे और उनसे श्रेष्ठ रचनाकार मौजूद हैं। क्योंकि योग्यता के मामले में अन्य चीनी लेखकों के सामने ये खुद को बहुत वरिष्ठ नहीं मानते हैं। चीन में ही काफ़ी अच्छे लेखक हैं और ये मानते हैं कि ये इतनी उच्च श्रेणी के लेखक नहीं हैं। इस सम्मान के साथ एक बहुत बड़ी राशि (1.2 मिलियन अमेरिकी डॉलर) जुड़ी हुई है। मो यान का इस राशि से राजधानी बेजिंग में एक बड़ा घर खरीदने का इरादा है। मगर बेजिंग में घरों की कीमत इतनी ज्यादा है कि पूरी राशि लगाकर भी वे बड़ा घर नहीं खरीद पाएँगे।

एक साक्षात्कार में उन्होंने बताया कि उनके जीवन में ऐसे पल भी आए जब अपनी भूख मिटाने के लिए उनके पास पेड़ों की छाल के अलावा कुछ और न था। चीन की सांस्कृतिक क्रान्ति के दौरान उन्हें अपना स्कूल छोड़ना पड़ा और पशुओं को चरा कर अपना गुजारा करना पड़ा। उस समय अकेलापन और भूख उनके साथी थे और इसने उन्हें लिखने के लिए प्रेरित किया। भूख और अकेलापन इनके कथानक में भी आते हैं। चीन में भ्रष्टाचार, सामाजिक पतन, ग्रामीण समाज और चीनी सरकार की नागरिकों के लिए एक सन्तान की कठोर नीति मो यान के लेखन के प्रमुख विषय रहे हैं। उन्होंने अपनी पैनी दृष्टि सदैव बीसवीं सदी के काले और बदसूरत चीनी समाज पर टिकाई। चीन में लेखन के लिए सबसे मशहूर लेकिन प्रतिबन्धित लेखकों में मो यान को शुमार किया जाता है।

मो यान का साहित्य पढ़ना शुरू करने वालों के लिए उनका सुझाव है कि वे 2006 (इंग्लिश अनुवाद 2008) में लिखी किताब 'लाइफ़ एंड डेथ आर वीयरिंग मी आउट' से शुरू करें। इसे उन्होंने मात्र 43 दिन में लिखा है। इसे ही स्वीडिश अकादमी ने इसी साल प्रकाशित किया है। वे यह सुझाव इसलिए देते हैं क्योंकि यह उपन्यास इनकी लेखन शैली को समग्रता में प्रस्तुत करता है। साथ ही इसमें उन्होंने उपन्यास कला का अन्वेषण किया है। यह चीन के इतिहास और यथार्थ के प्रमुख मुद्दों को उठाता है। इसमें जमीन, किसान के मुद्दे शामिल हैं। इसमें मनुष्य और पशु आसानी से एक-दूसरे में आवाज़ाही करते हैं। पिछले 150 सालों में चीनी समाज जिस हालात से गुजरा है सब पशु के नजरिए से दिखाया गया है। एक अच्छा और उदार जमींदार 1948 के जमीन सुधार आन्दोलन के वक्त मारा जाता है। और वह फिर से एक पशु (गधा) बनकर 1950 में ग्रामीण चीन में जन्म लेता है। बाद में वह सूअर, कुत्ता, बन्दर और फिर मनुष्य के रूप में जन्मता है। उपन्यास में कम्युनिस्ट शासन में चीन, चीन का भयंकर अकाल, सांस्कृतिक क्रान्ति, यहाँ तक कि नई सदी का आगाज भी चित्रित है। वे खुद भी इसमें एक प्रमुख पात्र हैं। इसमें उन्होंने पूर्व के प्रचलित अतियथार्थवादी शब्दों का प्रयोग किया है। स्वतन्त्र भाषा शैली का प्रयोग करते हुए हृदय से बिना रुकावट के अपने विचारों को खुले रूप में

व्यक्त किया है। ये सोचते हैं कि इनका कार्य यथार्थ और सृजनात्मक शैली के बीच का परफ़ैक्ट और यूनीफ़ॉर्म समन्वय है। इस उपन्यास की ख्याति एक अन्य कारण से भी है। इसकी मूल पांडुलिपि चीन के परम्परागत कागज पर स्याही से ब्रश द्वारा रची गई है। भविष्य में यह एक ऐतिहासिक-साहित्यिक-सांस्कृतिक धरोहर बनेगी इसमें शक नहीं है। अन्य किताबों की भाँति इनकी इस किताब का भी इंग्लिश अनुवाद हॉवर्ड गोल्डब्लाट ने ही किया है।

पूछने पर कि कैसे इतने कम दिन में 'लाइफ़ एंड डेथ आर वीयरिंग मी आउट' लिख पाए, उनका उत्तर है कि पहली बात कि यह यथार्थ पर आधारित है। जब वे 6-7 साल के थे तब इनके स्कूल के पास एक किसान रहता था। वह सारे समाज के विपरीत कार्य करता था। अकेले ही 'पीपुल्स कम्यून' और 'समूहवाद' के विरुद्ध। उस समय ऐसे लोग विरल थे। उसे राक्षस मानकर लोग गालियाँ देते, मारते-पीटते, यहाँ तक कि उसके बेटे-बेटी भी उससे अलग कर दिए गए। पर उसने हार नहीं मानी। अपने विचार पर डटे रहने के लिए उसने बहुत त्याग किए। बाद में जैसा कि इतिहास ने सिद्ध किया वह सही था। जब वे यह उपन्यास लिखने बैठे तो उन्हें लगा कि आगे-पीछे इसे तो इसमें अवश्य आना ही चाहिए। इसीलिए उपन्यास खूब जल्दी लिखा गया। 43 दिन में ड्राफ़्ट बन गया। लेकिन वास्तविकता यह है कि उपन्यास के चरित्र दशकों से इनके मन में रह रहे थे। इसीलिए लिखना त्वरित गति से हो सका। 'लाइफ़ एंड डेथ वीयरिंग मी आउट' के बाद ये अपने काम जैसे 'द रेड सोर्घम' तथा 'बिग ब्रेस्ट एंड वाइड हिप्स' पढ़ने की सलाह देते हैं। 'बिग ब्रेस्ट एंड वाइड हिप्स' की सेक्स चित्रण के कारण खूब आलोचना हुई। पी एल ए ने इन पर दबाव बनाया कि ये इसका प्रकाशन वापस ले लें। मगर इन्होंने ऐसा नहीं किया। उपन्यास 'फ़्रॉग' चीन की एक बच्चा नीति पर आधारित है। 'द रेड सोर्घम' एक पोते द्वारा अपनी दादी की कही गई कहानी है। दादी जिसकी बहुत कम उम्र में एक वृद्ध कोढ़ी से शादी करवा दी गई थी। 'द रिपब्लिक ऑफ़ वाइन' एक अलग मिज़ाज़ की कहानी का उपन्यास है। इसकी शैली व्यंग्यात्मक है। यह उपन्यास चीनियों के जीवन में उनके खान-पान के रिश्तों को व्याख्यायित करता है। साथ-साथ सरकार के भ्रष्टाचार और बेइन्तहाँ खर्च पर टिप्पणी भी करता चलता है। उपन्यास में दो भिन्न कथानक चलते हैं। एक में एक जासूस की कथा है जबकि दूसरे हिस्से में लेखक मो यान और उनके एक प्रशंसक नवलेखक के बीच पत्राचार चलता है। उपन्यास खंडों में विभक्त है और हर खंड के कई-कई खंड हैं। जासूस वाला कथानक एक विशेष खोजी डिंग गौर को लेकर चलता है, जिसे चीन के ग्रामीण क्षेत्र में जासूसी करनी है, क्योंकि वहाँ से मनुष्य भक्षण की खबर मिली है। पत्राचार वाले खंड में स्थापित और नए लेखक के बीच पत्राचार के अलावा समय-समय पर नए

लेखक द्वारा भेजी गयी कहानियाँ भी शामिल हैं। कुछ चरित्र दोनों खंडों में उपस्थित हैं।

अक्सर लेखक से पूछा जाता है कि उसने लिखना कैसे प्रारम्भ किया? मो यान से भी यह प्रश्न पूछा गया। इस पर वे कहते हैं कि उन्होंने लिखना इसलिए प्रारम्भ किया क्योंकि इन्हें लगा कि कहने के लिए इनके पास बहुत कुछ है। और साहित्य द्वारा अपनी बात मजबूती और सर्वाधिक खुले तरीके से कही जा सकती है। कुछ लोग मानते हैं कि मो यान गैब्रियल गार्षा मार्केस के जादुई यथार्थवाद से प्रभावित हैं। मगर नोबेल समिति के अनुसार ऐसा नहीं है। मो यान का अपना स्टाइल है। उन्होंने जो अनुभव किया, जो देखा उसे ही चीन की भाषा में लिखा है।

इनके अनुसार यह भी सही है कि लिखकर ये खुद को साबित करना चाहते थे और अपना भाग्य बदलना चाहते थे। साहित्य लिखकर सच में उनका भाग्य बदला, नोबेल मिलना और क्या है। साहित्य लेखन के बल पर ही एक दिन दानेदाने को मोहताज व्यक्ति आज नोबेल पुरस्कार का हकदार बना, नोबेल के मंच पर खड़ा हुआ। फ़र्श से अर्श तक का मो यान का जीवन स्वयं उपन्यास का एक मजबूत कथानक है।

मो यान ने दिसम्बर में नोबेल समारोह में हिस्सा लिया और अपना नोबेल भाषण भी दिया।

टॉमस ट्रांसट्रोमर

खुलेपन का एहसास

इस वर्ष 2011 के साहित्य के नोबेल पुरस्कार को लेकर भारतीय साहित्य जगत में काफ़ी हलचल थी। कई नामों को लेकर सम्भावनाएँ जताई जा रही थीं। विशेष रूप से दो साहित्यकारों को लेकर लोग बहुत आश्वस्त थे। राजस्थान के विजयदान देथा तथा मलयाली कवि के. सच्चिदानन्दन। उधर इंग्लिश समाचार एजेंसियाँ स्वीडिश टॉमस ट्रांसट्रोमर तथा सीरियन एडोनिस, दो कवियों को लेकर दावेदारी कर रही थीं। तीसरा नाम जो विश्व समाचारों में उछल रहा था वह था जापान के हारूकी मुराकामी का। खूब कयास लगाए जा रहे थे। सब बेसब्री से नोबेल समिति की घोषणा का इन्तजार कर रहे थे। नोबेल समिति की घोषणा से कुछ लोगों को अवश्य निराशा हुई होगी पर किसी को भी अकादमी द्वारा टॉमस ट्रांसट्रोमर के नाम को चुने जाने पर आपत्ति नहीं हुई होगी।

टॉमस ट्रांसट्रोमर इस समय विश्व के सर्वाधिक उम्र दराज और सक्रिय रचनाकारों में से एक हैं। अक्सर उनकी तुलना चिली के कवि और 1971 के नोबेल पुरस्कार विजेता पाब्लो नेरुदा से की जाती है। वैसे दोनों की तुलना करना थोड़ा अजीब है क्योंकि दोनों में समानताओं से ज्यादा असमानताएँ हैं। सबसे बड़ी असमानता है कि टॉमस ने ज़िन्दगी भर में जितना लिखा है उतना तो नेरुदा एक साल में लिख लेते थे। सबसे बड़ी समानता यह है कि दोनों ने अपने-अपने रहने के स्थान को साहित्य में अमर कर दिया है। दोनों ने अपने जीवन का एक लम्बा समय टापुओं पर गुजारा। दोनों ने टापू पर घर बनाए। नेरुदा का 'इसला नेग्र' तथा टॉमस का रनमारो का 'नीला घर' आज साहित्य प्रेमियों के तीर्थस्थल बन चुके हैं। दोनों ने इनको केन्द्र में रखकर भरपूर कविताएँ लिखीं।

टॉमस ट्रांसट्रोमर ने कम लिखा इससे उनका महत्त्व कम नहीं हो जाता है। उन्होंने महत्त्वपूर्ण लिखा है। मुख्य रूप से काव्य विधा में रचना करने वाले टॉमस ने 1993 में 'द मेमोरीज आर वाचिंग मी' नाम से अपनी संक्षिप्त आत्मकथा भी लिखी है। उन्होंने स्टॉकहोम के सोड्रा लैटिन स्कूल में पढ़ते हुए ही कविताएँ करना प्रारम्भ

कर दिया था। 1954 में मात्र 23 वर्ष की उम्र में उनका पहला काव्य संग्रह 'सेवेनटीज पोयंस' के नाम से प्रकाशित हुआ। 1956 में स्टॉकहोम यूनिवर्सिटी से उन्होंने मनोविज्ञान की डिग्री ली और एक प्रशिक्षित मनोवैज्ञानिक के रूप में काफ़ी समय तक प्रैक्टिस भी की। वे किशोर अपराधियों खासकर नशे की लत से ग्रस्त, सजायाफ़्ता तथा विकलांगों के साथ काम करते थे। 1990 में उन्हें हृदयाघात हुआ जिससे उनकी आवाज़ चली गई और उन्होंने प्रैक्टिस बन्द कर दी। मगर उनका लिखना जारी रहा। उस समय से उनकी पत्नी मोनिका उनका स्वर बन गई हैं। वे ही पत्रकारों और मिलने वालों के प्रश्नों के उत्तर देती हैं, कवि तो एकाध शब्द बोलकर चुप हो जाते हैं। मोनिका सत्रह वर्ष की उम्र में उनसे इसी टापू पर मिली थी। इस टापू पर उनका पसन्दीदा नीला घर है। दोनों ने इतना लम्बा समय साथ गुजारा है कि वे एक दूसरे को बहुत अच्छी तरह जानते-समझते हैं। मोनिका बहुत कुशलता और प्रेम से उनके लाचार मौन को मुखर करती हैं। नोबेल मिलने पर वे बहुत प्रसन्न थे। मुस्कराते हुए बोले, 'बहुत अच्छा'।

15 अप्रैल, 1931 को स्टॉकहोम में जन्में टॉमस ट्रांसट्रोमर के बचपन में ही उनके पत्रकार पिता और स्कूल टीचर माँ एक दूसरे से अलग हो गए थे। अतः बालक टॉमस का एकाकी बचपन अपनी माता और उनके परिवार वालों के साथ गुजरा। अपनी माँ के विषय में उनका कहना है कि वे बहुत अच्छी स्त्री थीं। उनके अनुसार उनकी माँ का ईश्वर के साथ बच्चों जैसा सम्बन्ध था इसी कारण उनकी कविताओं में भी बहुत आध्यात्मिक भाव मिलते हैं। नेरुदा और ट्रांसट्रोमर में यह भी एक अन्तर है। नेरुदा मार्क्सवाद के प्रवक्ता थे। राजनीति से नेरुदा की कविताएँ प्रेरित होती हैं, जबकि टॉमस के यहाँ यह नदारद है। नेरुदा की ईश्वर या धर्म में कोई खास आस्था नहीं थी। इतना ही नहीं वे धर्म से घृणा करते थे जबकि टॉमस के यहाँ आध्यात्मिक अनुभवों के लिए आदर भाव दीखता है। टॉमस को चर्च की बिल्डिंग अच्छी लगती है, उसमें जाने से होने वाली फीलिंग्स अच्छी लगती है। मगर वे किसी चर्च के सदस्य नहीं हैं। अगर वे किसी धार्मिक समूह से निकटता अनुभव करते हैं तो वह 'क्वाकर्स' है। जिसमें प्रवेश पाना बहुत कठिन काम है। टॉमस अपनी कविता 'गोल्डेन वास्प' में संस्थागत धर्म के विरुद्ध अपने विचार प्रकट करते हैं। वे एक समूह के सदस्य हैं जो बाइबिल का नया अनुवाद कर रहा है। धार्मिक समूहों की सत्ता और धन के नकारात्मक प्रभाव से वे चिन्तित हैं। शायद यह सब मनोविज्ञान के अध्ययन का असर है। टॉमस स्वयं को युंग स्कूल के निकट पाते हैं, मगर उसके भी सदस्य नहीं हैं। पाब्लो नेरुदा तथा टॉमस ट्रांसट्रोमर, दोनों के पास एक सम्पन्न भाषा और शब्दावली देखने को मिलती है। दोनों की छवियाँ प्राकृतिक जगत से आती हैं। समीक्षक डेव बोंटा के अनुसार नेरुदा सागर और तट के कवि है,

जो कभी-कदा जंगल के विषय में भी लिखते हैं। जबकि ट्रांसट्रोमर एक जंगल कवि हैं। भले ही जंगल से घिरे हों या न हों। वैसे उनकी कुछ कविताओं में बाल्टिक सागर भी आता है।

उन्हें अच्छी माँ, अच्छी पत्नी मिली। बचपन में उन्हें नाना-नानी भी ऐसे मिले जो बहुत अच्छे स्वभाव के थे। नाना शिप पायलेट थे। सब बालक को उसके मन लायक काम में खूब बढ़ावा देते। लेकिन कुछ ऐसे भी लोग थे जो उन्हें बच्चे की तरह ट्रीट करते। उनकी भावनाओं को ठेस पहुँचाते थे जबकि उस समय भी वे खुद को एक वयस्क मानते थे। स्कूल उनके लिए कोई सुखद अनुभव नहीं था। उन्हें बारह-तेरह साल की उम्र में कीट-पतंग जमा करने का शौक लगा। आज भी उनके पास उस समय का जमा किया हुआ कीट-पतंगों का एक बड़ा खजाना है । उनकी कविताओं में भी तितली, टिड्डे और ततैया मिलते हैं। 'द क्लियरिंग' कविता में यह मिलता है। बचपन में वे इन कीट-पतंगों को सौन्दर्य के लिए नहीं देख रहे थे। उस समय वे सोचते थे कि वे एक वैज्ञानिक हैं मगर सौंदर्य उनकी आत्मा में प्रविष्ट हुआ, अचेतन ने जो ग्रहण किया वह काव्य में आया। उनके ही टापू पर रहने वाले जीव-वैज्ञानिक फ्रेडरिक श्यबेरी ने ट्रांसट्रोमर द्वारा संग्रहित कीड़ों पर एक मोनोग्राफ लिखा है। आगन्तुकों को मोनिका बहुत चाव से यह संग्रह दिखाती है।

ट्रांसट्रोमर के अतियथार्थवादी कार्य में बहुत सशक्त बिम्ब मिलते हैं। अकसर उनकी कविताएँ उनके अपने अनुभवों का प्रतिनिधित्व करती हैं जिसमें उनका प्रकृति और संगीत के प्रति प्रेम झलकता है। प्रतिदिन के जीवन को इनमें देखा जा सकता है। वैसे उनकी बाद की कविताओं का मूड बदला है अब वे जीवन, मृत्यु, बीमारियों (जब एक बार उनके बच्चों को गर्मियों में चिकेन पॉक्स हुई तब भी उन्होंने एक कविता लिखी थी 'स्टैंडिंग अप') आदि पर लिखते हैं। 1989 में वे स्वयं कहते हैं कि बाद की उनकी कविताएँ ज्यादा जटिल हैं, कारण उनमें ज्यादा अनुभव हैं। जब उन्होंने शुरुआत की तब भी उनकी भाषा कठिन थी और वे परम्परागत काव्य नियमों का बहुत अधिक पालन करते थे। वे यह भी कहते हैं कि उनकी पहले की कविताओं का इंग्लिश अनुवाद बहुत सरल भाषा में हुआ है। बाईस-तेइस साल के युवक और साठ साल के प्रौढ़ के कार्य में अन्तर होना स्वाभाविक है। बाद के जीवन में उन्होंने गद्य-काव्य भी लिखा है। अपनी माँ की मृत्यु के बाद जब वे माँ के अपार्टमेंट में बुककेस के सामने खड़े थे तो उस अनुभव को उन्होंने 'द बुककेस' गद्य-काव्य शैली में लिखा। उनकी 'द नाइटिंगल इन बादेलुन्डा', 'बिलो फ्रीजिंग', 'स्टैंडिंग अप' तथा 'मैड्रिगल' नामक कविताएँ भी गद्य-काव्य का नमूना हैं। उन्हें लगता है कि गद्य-काव्य में एक तरह का प्रवाह होता है।

एक साक्षात्कार में हॉरवाथ ने बताया है कि उनके काव्य में वैश्विक जागरूकता

और जगत की यंत्रणा की संवेदना उन्हें इस कवि की ओर आकर्षित करती है। उनकी इमेजरी के वे कायल हैं। उदाहरणस्वरूप उन्होंने टॉमस की कविता 'स्केच इन अक्टूबर' की प्रसिद्ध पंक्तियाँ उद्धृत कीं, जहाँ मशरूम जमीन से अँगुलियाँ निकाल कर सहायता की गुहार लगा रहे हैं। मानो कोई एक लम्बे समय से नीचे अँधेरे में सिसकता रहा हो। लगता है कवि शान्ति के लिए तड़फ रहा है। फिर भी उनकी ये कविताएँ मानवीय हैं, राजनीतिक नहीं। जब हॉरथाथ ने उनसे इस पर टिप्पणी करने को कहा तो टॉमस ने कहा कि तुमने बहुत सुन्दर बातें कही हैं, मैं उनको डिस्टर्ब नहीं करना चाहता हूँ। और वे खूब खुलकर हँसें। इससे कवि की विनम्रता पता चलती है। बात-बात पर हँसना उनका स्वभाव है। बचपन से ही उन्हें संगीत का शौक़ रहा है और वे एक बहुत अच्छे पियानोवादक हैं। पक्षाघात से उनका दाहिना अंग निष्क्रिय हो गया तब भी उन्होंने पियानो बजाना नहीं छोड़ा। अब वे अपने वाम हाथ से बजाते हैं।

उनके काम में मनुष्य मस्तिष्क के रहस्यों को उजागर होते देखा जा सकता है। नोबेल समिति की घोषणा में उनके लिए कहा गया है, 'इंसानी दिमागी रहस्यों को अपनी लेखनी से पिरोने वाले' समिति ने 80 वर्षीय स्वीडिश कवि को चुना क्योंकि 'वे अपनी ठोस और स्पष्ट कल्पनाओं से यथार्थ को नया आयाम देते हैं।' पिछले कुछ दशकों से वे स्कैंडिनेवियन लोगों के सर्वाधिक प्रभावकारी कवि हैं। मगर दुनिया में उनकी ख्याति पहुँचाने का श्रेय उनके अमेरिकी दोस्त रॉबर्ट ब्लाई को जाता है। ब्लाई स्वयं भी एक कवि हैं। 1950 के दशक में प्रारम्भ हुई दोनों की दोस्ती अभी भी कायम है। ब्लाई ने ही उनके पहले संग्रह की कविताओं का इंग्लिश में अनुवाद किया। एक लम्बे समय से नॉर्वे में रह रहे स्कॉटिश कवि रोबिन फ़ल्टन ने भी उनके कार्य का इंग्लिश अनुवाद किया है। ट्रांसट्रोमर की बाद की रचनाओं का अनुवाद 'द ग्रेट अनिग्मा' नाम से इंग्लिश में प्रकाशित है। इसमें 1966 में लिखी 'विंडोज एंड स्टोन्स' तथा 1974 की 'बाल्टिक्स' भी शामिल हैं। 'विंडोज एंड स्टोन्स' तथा 'बाल्टिक्स' के कारण उन्हें सर्वाधिक प्रसिद्धि मिली है। रॉबर्ट ब्लाई और ट्रांसट्रोमर, दोनों मित्रों के बीच खूब पत्राचार होता रहा है। ये पत्र 'एयर मेल' नाम से उपलब्ध हैं। हिन्दी के साथ-साथ विश्व की पचास अन्य भाषाओं में टॉमस के कार्य का अनुवाद हो चुका है।

इतने बड़े कवि को नोबेल पुरस्कार मिलने में इतनी देर क्यों हुई? जबकि पिछले कई वर्षों से इस पुरस्कार के उम्मीदवारों की सूची में उनका नाम रहता आया है। नोबेल समिति उन्हें पुरस्कार देने से हिचकिचा रही थी, कारण उनका अपना था। 1974 में समिति ने हैरी मार्टीसन तथा एविंड जॉनसन को पुरस्कृत किया था। दोनों बहुत उच्च कोटि के रचनाकार थे लेकिन दोनों स्वीडन के थे। अतः समिति पर

भाई-भतीजावाद का लांछन लगा। आरोपों-प्रत्यारोपों की बौछार में दोनों पुरस्कृत साहित्यकरों के काम का मूल्यांकन उपेक्षित रह गया। इन आलोचनाओं से समिति बहुत सजग हो गई। तबसे अब तक किसी स्वीडिश अथवा स्कैंडिनेवियन को नोबेल पुरस्कार नहीं मिला है। खामियाजा टॉमस ट्रांसट्रोमर जैसे साहित्यकारों को भुगतना पड़ा। इस वर्ष समिति ने अपना मोचन किया है। टॉमस को नोबेल नहीं मिलने का एक अन्य प्रमुख कारण और भी रहा है। इधर के कई दशकों में नोबेल पुरस्कार साहित्य से ज्यादा राजनैतिक कारणों से प्रेरित रहे हैं। टॉमस हेराल्ड पिंटर की भाँति मुखर राजनैतिक प्रवक्ता नहीं हैं। वैसे द्वितीय विश्वयुद्ध से लेकर आज तक की राजनैतिक घटनाओं पर टॉमस की बहुत करीब से दृष्टि रही है। उनके अनुसार वे राजनीति में रुचि रखते हैं मगर एक मनुष्य के नाते, किसी विचारधारा के तहत नहीं। वैसे कहने वालों का मुँह कौन बन्द कर सकता है, आलोचक कह रहे हैं कि इस बार भी नोबेल समिति ने न्याय नहीं किया है। इन आलोचकों के अनुसार टॉमस ट्रांसट्रोमर को नोबेल पुरस्कार नहीं मिलना चाहिए क्योंकि उनके कार्य में सामाजिक प्रतिबद्धता नहीं दिखाई देती है। इन लोगों के विचार से साहित्य में मानवीय मूल्य और संवेदनाएँ होना पर्याप्त नहीं हैं।

वैसे ट्रांसट्रोमर का अपना देश स्वीडन द्वितीय विश्वयुद्ध के दौरान निरपेक्ष था पर आसपास के देश नॉर्वे तथा डेनमार्क जर्मनी के कब्जे में थे। अत: परोक्ष रूप से विश्व युद्ध का उन पर प्रभाव पड़ा। उस समय उनके आसपास के लोग बहुत तनाव में थे। मन ही मन स्वीडन के कुछ लोग जर्मनी के साथ थे कुछ मित्र राष्ट्रों के साथ। वे छोटे थे पर अखबार पढ़ते थे। युद्ध की गतिविधियों में रुचि लेते थे। वैसे बचपन में वे घुमक्कड़ बनने का ख्वाब देखते थे। लिविंगस्टन और स्टैनली उनके आदर्श थे। कल्पना में वे बराबर अफ़्रीका और दुनिया के अन्य तमाम हिस्सों में घूमा करते थे। जबकि वास्तविकता में वे स्टॉकहोम में रह रहे थे और गर्मियों में आर्कीपेलागो टापू जाया करते थे। उनके देश के आसपास बहुत बड़ी संख्या में टापू हैं। उनकी माँ कभी कहीं नहीं गई थीं पर वे खूब यात्रा करना चाहते थे। 1951 में पहली बार वे एक दोस्त के साथ आइसलैंड गए। इसका अनुभव बहुत गहन था। जो थोड़ी-सी धनराशि वे लेकर गए थे सब समाप्त हो गई। और जब 1954 में उनकी पहली कविता पुस्तक प्रकाशित हुई और उसे पुरस्कार मिला तो वे पुरस्कार राशि से घूमने निकल पड़े। वे पूर्व में टर्की गए और वहाँ उन्होंने खूब मजे किए। बाद में उन्हें बहुत सारे पुरस्कार और सम्मान मिले हैं।

कविता के विषय में स्वयं उनका कहना है कि कविता अन्तस से होती है। कविता स्वप्न की बहुत अच्छी सहेली होती है। अन्दर से जिसका विभाजन नहीं हो सकता है उस बात को क्या बौद्धिक है और क्या नहीं, इसे अलग बता पाना उनके

लिए कठिन है। वे कहते हैं कि कविता यही पकड़ना चाहती है, ये न बौद्धिक है और न अबौद्धिक है। इस साक्षात्कार में आगे वे कहते हैं कि अक्सर उनका काम सामान्य तर्कपूर्ण विश्लेषण को नकारता है। वे पाठकों को आनन्द उठाने की अधिक स्वतन्त्रता देना चाहते हैं। उनके काव्य में हृदयस्पर्शी भाव मिलते हैं जो सूक्ष्म, बिम्बात्मक होने के साथ-साथ तटस्थ होते हैं। उनकी कविता का उत्स प्रकृति, दृश्य, अनुभव और मौसम है। मौसम क्योंकि उनके देश का मौसम दुनिया के अन्य स्थानों से भिन्न है। कभी बहुत ज्यादा रोशनी कभी बहुत अँधेरा। शान्त शब्दों में आन्तरिक दुनिया को चित्रित करते हुए उनकी कविता को देखा जा सकता है। हम उनकी कविता 'द हाउस ऑफ़ हेडेक' में देख सकते हैं, कैसे उनकी कविता भीतर से प्रारम्भ होती है और बाहर फैलती जाती है। अपने आप में सारे शहर, देश और विश्व को समेटती हुई।

उनकी निकटता खुलेपन का एहसास देती है। 1989 में उनका साक्षात्कार लेते हुए टैन लिन नेविले को लगता है कि ट्रांसट्रोमर के आसपास का परिवेश बहुत एकाकी है, लेकिन साथ ही बहुत शान्त और खुला-खुला। वे लोगों से मिलकर खूब प्रसन्न होते हैं जो कि एकाकी लोगों के सन्दर्भ में बहुत विरल होता है। नेविले ने लिखा है कि उनका व्यक्तित्व बहुत सन्तुलित है। गम्भीर हैं पर खूब हँसते हैं। उनके पास जाने से लगता है कि आप खुली हवा में आ गए हैं, जहाँ खुलकर साँस लेने का स्पेस है। यह उनकी कविताओं की तरह ही है, जहाँ खूब खुलापन है। कविता को वे नैसर्गिक गुण मानते हैं उन्हें नहीं लगता है कि क्रिएटिव राइटिंग को पढ़ाया जा सकता है और कविता लिखना सिखाया जा सकता है। हाँ, टीचर ऐसा वातावरण अवश्य तैयार कर सकता है जहाँ कविता फलित हो सके। जैसे कि समीक्षक या मित्र कर सकते हैं। रवींद्रनाथ टैगोर भी अपने विचारों में शिक्षक की कुछ ऐसी ही भूमिका प्रस्तावित करते हैं। टॉमस को लेखन के अपने शुरुआती दिनों में कुछ ऐसे ही मित्र मिले थे। उनके ये मित्र भी उस समय लिखा करते थे। उनमें से अधिकांश ने लिखना बन्द कर दिया है। वे इस बात से उदास हैं कि उनकी ख्याति उनकी दोस्ती के आड़े आती है। पर वे इस बात से खुश और सन्तुष्ट हैं कि उनकी पत्नी उनकी सबसे अच्छी आलोचक है। वह उन्हें बहुत अच्छी तरह जानती है जब कहीं कुछ गलत होता है वह पकड़ सकती है।

एक समय वे विश्व के कई देशों का भ्रमण करते थे और अपना कविता पाठ करते थे। उनके अनुसार जब एक रचनाकार की रचनाएँ दूसरी संस्कृति में पढ़ी जाती हैं तो उसका परिचय उस संस्कृति से होता है। दूसरी संस्कृति के लोग उनके पाठक-श्रोता हैं, यह बात लेखन को प्रभावित करती है। उन्हें अफसोस है कि उनके देश के बहुत सारे अच्छे रचनाकार अनुवाद न होने के कारण दूसरे देशों और भाषाओं में

अनजाने रह गए हैं। इसका एक कारण स्वीडिश भाषा की संरचना भी है, उसे ट्रांसलेट करना आसान नहीं है और अनुवाद में उसका बहुत कुछ नष्ट हो जाता है। वैसे यह बात हर भाषा के लिए सही है।

जब नोबेल समिति की घोषणा होने वाली थी टॉमस और मोनिका दोनों टीवी के सामने बैठे हुए थे। तभी टेलीफ़ोन पर उन्हें समाचार दिया गया। मोनिका के अनुसार यह बहुत बड़ा सरप्राइज था। कई बार सूची में नाम होने के बावजूद टॉमस इस बारे में बहुत गम्भीर नहीं थे। इसलिए मोनिका के अनुसार उनके लिए भी यह बहुत बड़ा सरप्राइज था। वे लोग इसलिए भी बहुत खुश हैं क्योंकि 1996 के बाद यह कविता के लिए पहली बार मिला है। उस साल यह पोलैंड की कवयित्री बिस्लावा सिम्बोर्स्का को दिया गया था। वैसे अभी भी समिति की आलोचना हो रही है कि उनका पलड़ा सदैव यूरोप की ओर ही झुका रहता है। पिछले दस पुरस्कृत साहित्यकारों में से सात यूरोप से हैं।

टॉमस ट्रांसट्रोमर भारत भी आ चुके हैं। वे 1989 में भोपाल के भारत भवन में आयोजित 'विश्व कविता' के आयोजन में आए थे। उनके देश में उनकी किताबें हजारों की संख्या में बिकती हैं। नोबेल पुरस्कार मिलने के बाद विश्व में उनकी पुस्तकों की बिक्री की संख्या निःसन्देह बढ़ेगी। उन्हें नए-नए पाठक मिलेंगे। उनकी 'द सोरो गोंडोला' (2010), 'न्यू कलेक्टेड पोयम्स' (2011), 'द ग्रेट एनिग्मा : न्यू कलेक्टेड पोयम्स' (2003), 'द हाफ फिनिश्ड हैवन' (2001), 'न्यू कलेक्टेड पोयम्स' (1997), 'फोर द लिविंग एंड द डेड' (1995), 'बाल्टिक्स' (1974), 'पाथ्स' (1973), 'विंडोज एंड स्टोन्स' (1972) और 'द हाफ फिनिश्ड स्काई' (1962) पुस्तकें इंग्लिश में उपलब्ध हैं। नोबेल समिति के अनुसार टॉमस ट्रांसट्रोमर बड़े प्रश्नों के विषय में लिखते हैं। वे मृत्यु के विषय में लिखते हैं, इतिहास, स्मृति और प्रकृति के विषय में लिखते हैं। ऐसे बड़े प्रश्न जो प्रत्येक मनुष्य को कुरेदते रहते हैं पर जिन पर कुछ विरले ही लिख पाते हैं, जिन पर कोई-कोई ही कविता कर पाता है। टॉमस ट्रांसट्रोमर उनमें से एक हैं।

मारियो वर्गास लोसा

लिखने के लिए पढ़ना आवश्यक है

किसी ने ठीक कहा है, लिखने के लिए पढ़ना आवश्यक है. जो लिखना हो उससे सम्बन्धित विषय को पढ़ना भी जरूरी है। साहित्य सृजन के लिए साहित्य पढ़ना अति आवश्यक है। इस वर्ष (2010) के साहित्य के नोबेल पुरस्कार विजेता मारियो वर्गास लोसा अपने नोबेल पुरस्कार भाषण में पढ़ने और साहित्य से जीवन में होने वाले परिवर्तनों की बातें करते हैं, उसकी सराहना करते हैं। उनके भाषण का शीर्षक ही है, 'पठन और साहित्य की सराहना में'। उन्होंने बहुत कम उम्र में, मात्र पाँच वर्ष की उम्र से पढ़ना प्रारम्भ कर दिया। पढ़ना एक चस्का है, एक लत है। एक बार जिसे यह लत लग गई वह इसकी गिरफ़्त से कभी नहीं निकल सकता है। कभी नहीं निकलना चाहता है। क्यों निकलना चाहे, जब यह पढ़ने वाले को एक नई ज़िन्दगी जीने का अवसर देती है। प्रतिदिन एक नई दुनिया की सैर कराती है। यह ज़िन्दगी को स्वप्न और स्वप्न को ज़िन्दगी में परिवर्तित करती है। लोसा कहते हैं कि यह उनके जीवन की सर्वाधिक महत्त्वपूर्ण बात है। आज सत्तर (हाँ, वे पचहत्तर साल के ऊपर हैं) सालों के बाद भी वे स्पष्ट रूप से स्मरण कर पा रहे हैं कि कैसे किताबों के शब्द जादुई तरीके से मूर्त रूप धारण करते थे और उनके जीवन को समृद्ध बनाते थे। आज भी यह प्रक्रिया जारी है। बचपन में यह उन्हें काल और स्थान की सीमा का अतिक्रमण कर सारी दुनिया की सैर कराते थे। कभी वे कैप्टन नेमो के साथ हजारों मील नीचे समुद्र में होते, कभी कार्डिनल रिचलू के समय में महारानी के दुश्मनों को छका रहे होते, कभी पेरिस के सीवर में मैरियस का निर्जीव शरीर लिए भाग रहे होते। साहित्य के माध्यम से सारी दुनिया उनकी मुट्ठी में थी। हाँ, यह गौरतलब है कि उनकी इस दुनिया में हम भारतीय या भारतीय साहित्य कहीं नहीं था और शायद आज भी नहीं है। काश! उन्होंने भारत का साहित्य पढ़ा होता वे इसकी विपुल सम्पदा से परिचित होते। वैसे लोसा का पढ़ना आज भी जारी है।

कुछ लोगों के लिए पढ़ना अपने आप में एक उद्‌देश्य होता है। ऐसे लोग केवल पढ़ते हैं। कुछ लोग पढ़ने से शुरुआत करते हैं, बाद में भी पढ़ना चलता रहता

है। परन्तु पढ़ने के साथ एक अन्य क्रिया-प्रक्रिया प्रारम्भ हो जाती है। सृजन का वायरस (बहुत अच्छा शब्द नहीं है, यह वायरस शब्द) जिनके भीतर होता है वे पढ़ने पर इति नहीं करते हैं। असल में वहाँ से उनका श्रीगणेश होता है। यही हुआ लोसा के साथ। वे पढ़ने के साथ लिखने लगे। पढ़े हुए का विस्तार करने लगे। उनकी माँ के अनुसार वे जो पढ़ते थे उसी को आगे बढ़ाते थे। ऐसा इसलिए हुआ क्योंकि वे जो पढ़ते उससे असन्तुष्ट रहते। जब पढ़ते हुए कहानियाँ समाप्त हो जाती तो उन्हें दुख होता। कारण या तो कहानियाँ उन्हें अधूरी लगतीं अथवा उनका अन्त उन्हें पसन्द न आता। सो वे उन्हें पूरा करने में जुट जाते या फिर उनका मनचाहा अन्त करते। और यह कार्य आज भी जारी है। पढ़े हुए साहित्य का विस्तार, अपनी शैली में पुनर्निर्मिति, उनका मनचाहा समापन वे आज भी कर रहे हैं।

उपलब्धियों को सामाजिक पहचान अक्सर तब मिलती है, जब उसकी प्रेरणा देने वाले हमसे दूर जा चुके होते हैं। यह दुनिया छोड़ चुके होते हैं। जिनकी प्रेरणा से हम अपने मनचाहे क्षेत्र की सैर को निकलते हैं। प्रतिष्ठा मिलने पर अपनी ख़ुशी में उन्हें शामिल करने की बलवती इच्छा होनी स्वाभाविक है। मगर अक्सर हम उनसे यह ख़ुशी साझा नहीं कर पाते हैं। इस कसक का उल्लेख कई अन्य नोबेल पुरस्कृत साहित्यकारों ने किया है। 2003 के नोबेल पुरस्कृत साहित्यकार जे. एम. कोट्ज़ी कहते हैं कि बेटे को नोबेल पुरस्कार मिलने की बात जानकर उनकी माँ बहुत प्रसन्न और गर्वित हुई होती। भला माँ के लिए नहीं तो आख़िर हम किसके लिए काम करते हैं जो हमें नोबेल के मंच तक पहुँचाता है। वे आहत थे कि जब उन्हें पुरस्कार मिला उनकी माँ जा चुकी थीं। 2006 के विजेता ओरहान पामुक को बहुत कम उम्र में यह पुरस्कार मिल गया था और उनकी माँ जीवित थीं। बहुत खुश भी थीं मगर उनकी माँ उनके लिखने को लेकर कभी खुश न थीं। हाँ, पिता अवश्य कहा करते थे कि उन्हें एक दिन नोबेल पुरस्कार मिलेगा और जब पुरस्कार मिला उसके ठीक एक साल पहले वे गुजर चुके थे। नोबेल पुरस्कार की प्रथम महिला विजेता सेलमा लेगरलॉफ के पिता ने उन्हें लिखने के लिए सदा उत्साहित किया। वे साहित्यकारों का बहुत सम्मान करते थे। लेकिन जब उनकी बेटी को 1909 में यह पुरस्कार मिला, वे जीवित न थे। सेलमा पुरस्कार की खबर सबसे पहले अपने पिता को देना चाहती थीं। पिता से उनका बहुत निकट का सम्बन्ध था। वे यह सूचना उन्हें एक भिन्न तरह से देना चाहती थीं। सेलमा अपनी इस अनुभूति को बहुत सुन्दर फ़ंतासी के रूप में नोबेल प्रीति भोज के अवसर पर प्रस्तुत करती हैं। इन लोगों के मन में जो कसक थी, वही कसक लोसा के मन में भी इस अवसर पर है।

वे न केवल अपनी माँ को याद करते हैं, जो एमाडो नेर्वो और पाब्लो नेरुदा की कविताएँ पढ़ते हुए रोया करती थी, बल्कि अपने नाना, मामा को भी स्मरण करते

हैं। उनके प्रति कृतज्ञता ज्ञापित करते हैं। मामा ने उन्हें जी-जान से साहित्य में जुटने के लिए प्रेरित किया था। वे सौभाग्यशाली हैं, उन्हें ताउम्र ऐसे लोगों का सान्निध्य मिलता रहा है जो उन्हें साहित्य लेखन के लिए उकसाते रहे हैं। जब भी वे, उनकी आस्था लडखड़ाई, सहारा देने वाले लोग उन्हें मिलते रहे हैं। लेकिन इसके साथ लिखने की अपनी ज़िद और अपने भाग्य को भी इसका श्रेय वे देते हैं। सारी ज़िन्दगी उन्होंने लेखन किया है, कभी अपनी दुनिया रचने के लिए, कभी कठिन और विपरीत परिस्थितियों से लड़ने के लिए, कभी पलायन के लिए।

मगर लिखना सरल न था। मात्र लिखकर जीवनयापन करना और भी कठिन था। तानाशाही के दौर में लिखना, अपनी शर्तों पर लिखना और जीना बहुत कठिन था। प्रतिरोधी लेखन कभी आसान नहीं होता है। ऐसा लेखन करके आसानी से नहीं जीया जा सकता है। मगर लोसा यह करते रहे, नतीजा है 2010 का नोबेल पुरस्कार। वैसे यह उनका पहला पुरस्कार नहीं है। वे अपनी पहली पुस्तक 'द टाइम ऑफ़ हीरो' से ही पुरस्कार बटोर रहे हैं। उन्हें अपनी पहली किताब के लिए जितनी आलोचना मिली, वह उन्हें उनके पथ से न डिगाकर और शक्ति दे गई। इसके लिए उन्हें 'प्रेमियो द ला क्रिटिका एस्पानोला' पुरस्कार मिला। अब तक उन्हें 'रोमूलो गाइलिओस', 'नेशनल क्रिटिक्स', 'पेरुवियन नेशनल', 'क्रिटिक्स एनुअल', 'प्रिंस ऑफ़ अस्टूरीआज', और उनके देश का सबसे सम्मानित पुरस्कार 'मिग्युल डे सर्वान्टिस' पुरस्कार भी प्राप्त हो चुका है। अपने नोबेल भाषण में लोसा स्वीकारते हैं कि पिछली और समकालीन पीढ़ी के तमाम लेखकों ने हाथ पकड़कर उन्हें लिखना सिखाया और वे उनके प्रति कृतज्ञ हैं। प्रत्येक से उन्होंने अलग-अलग बातें ग्रहण कीं। फ़्लॉबेयर ने उन्हें राह दिखाई, फ़ॉक्नर से उन्होंने शैली पाई, सर्वांटिस, डिकेंस, बाल्ज़ाक, टॉल्सटॉय, कोनराड, थॉमस मान, कामू, ऑर्वेल, होमर सबके वे ऋणी हैं। लिस्ट इतनी लम्बी है कि यदि वे सबको बुलाएँ तो उनकी छायाएँ सबको ढँक लेंगी। इतने लोगों का देनदार होने के बावजूद लोसा किसी की नकल नहीं हैं। उनकी अपनी एक निजी शैली है, अपनी भाषा और अपने अनूठे कथानक हैं।

हमारे यहाँ भी यह प्रश्न जब-तब उठाया जाता है कि जिस देश की अधिकांश जनता गरीब और अनपढ़ है, पाठकों की संख्या न के बराबर है, क्या लिखना वहाँ एक तरह की ऐय्याशी नहीं है? लोसा भी खुद को सम्बोधित करते हुए यह प्रश्न पूछते हैं। फिर स्वयं ही उत्तर भी देते हैं। वे कहते हैं कि इन शंकाओं ने उनके लिखने में कभी बाधा नहीं डाली। वे तब भी लिखते रहे और विश्वास के साथ कहते हैं कि उन्होंने सही काम किया क्योंकि अगर हम समाज के सभ्य, समृद्ध और पढ़े-लिखे होने का इन्तजार करते रहेंगे तो साहित्य कभी होगा ही नहीं। असल में साहित्य समाज को सम्मृद्ध बनाता है, सुसंस्कृत बनाता है। साहित्य चेतना का निर्माण करता

है, आशाओं-आकांक्षाओं को प्रेरित करता है, फन्तासी के माध्यम से हमें यथार्थ के प्रति सम्मोहित करता है। आदिकाल में जब मनुष्य ने कथा कहने के द्वारा जीवन को मानवीय बनाने का प्रयास प्रारम्भ किया तबसे आज सभ्यता काफ़ी विकसित हो चुकी है। पहले से कई मायनों में कम क्रूर बन चुकी है। यदि अच्छी किताबें नहीं होंगी तो हम और बुरी स्थिति में होंगे। ज्यादा आज्ञापालक, ज्यादा दब्बू होंगे। हमारे भीतर कोई बेचैनी नहीं होगी, कोई आलोचनात्मक, क्रान्तिकारी भावना न होगी और प्रोन्नति के इंजिन का अस्तित्व ही नहीं होगा। वे कहते हैं कि लिखने की भाँति पढ़ना भी जीवन की अपूर्णता के विरुद्ध प्रतिरोध है। जब हम साहित्य में देखते हैं कि ज़िन्दगी में कौन-कौन सी कमी है तो हम जानते हैं कि ज़िन्दगी जैसी है वह पूर्णता की प्यास नहीं बुझा रही है। मनुष्य की स्थिति की बुनियाद बेहतर होनी चाहिए। हम साहित्य रचते हैं ताकि हम कई ज़िन्दगी जी सकें। वरना एक मुकम्मल ज़िन्दगी भी कहाँ है हमारे पास।

बिना साहित्य के हमें स्वतन्त्रता का मूल्य ज्ञात नहीं होगा। खासकर जब हम किसी तानाशाह के पैरों तले कुचले जा रहे हों। लोसा सदा से और सब तरह और सब स्थानों पर तानाशाही के विरुद्ध रहे हैं। उसके ख़िलाफ़ उन्होंने सदैव आवाज़ उठाई है। अपने लेखन में भी वे यही करते हैं। अपने राजनैतिक विचारों से भी उन्होंने यही किया। इसीलिए एक बार वे राष्ट्रपति पद की उम्मीदवारी के लिए चुनाव में भी खड़े हुए। यह दीगर है कि वे जीते नहीं। उनका मानना है कि किसी भी लैटिन अमेरिकी साहित्यकार के लिए राजनीति को अनदेखा करना बहुत कठिन कार्य है। साहित्य जीवन की एक सशक्त अभिव्यक्ति है और राजनीति को जीवन से कदापि विलग नहीं किया जा सकता है।

साहित्य केवल हमें सौंदर्य और प्रसन्नता के स्वप्नों में ही नहीं सराबोर करता है, वह हमें हर प्रकार के दमन के विरुद्ध सचेत करता है। अगर ऐसा न होता तो सत्ता में बैठे लोग उसे प्रतिबन्धित करने की न सोचते। जो जन्म से लेकर मृत्यु तक जनता की ज़िन्दगी को नियन्त्रित करना चाहते हैं, वे इसीलिए स्वतन्त्रचेता लेखकों की कृतियों को जनता की आँख से दूर रखने के लिए सेंसरशिप का प्रावधान रचते हैं। सत्ताधीश जानते हैं यदि पुस्तकों में कल्पना को खुली छूट दे दी तो उनके झूठ और दिखावों, भुलावों के वायदों का महल भरभरा कर गिर जाएगा। जनता जागरूक होकर उनसे सवाल पूछेगी, जिनके उत्तर देने में उनकी नानी मरेगी। रचनाकार पाठकों में असन्तोष उत्पन्न करता है. वह दिखाता है कि दुनिया बहुत खूबसूरत हो सकती है। बहुत समृद्ध हो सकती है। जब लोगों को यह पता चलेगा तो सत्ताधारियों के लिए जनता को बरगलाना और उनका दुरूपयोग करना कठिन हो जाएगा। उनके लिए अपना खोटा सिक्का चलाना मुश्किल हो जाएगा।

आगे वे कहते हैं कि सत्साहित्य विभिन्न लोगों के बीच सेतु का कार्य करता है। वे उदाहरण देते हैं कि कैसे जब कैप्टन अहाब को श्वेत व्हेल दबोच लेता है तो टोकियो, लीमा और टिम्बक्टू सब स्थानों के पाठकों का हृदय समान रूप से धड़कने लगता है। जब एम्मा बोवरी जहर फाँकती है, एना कैरेनीना ट्रेन के सामने कूदती है, जब 'एल सुर' में शहरी डॉक्टर जुआन डालमैन पाम्पा के सराय से निकल कर ठग के चाकू का सामना करता है, कोमाला के सारे ग्रामीण मरे पड़े हैं, तब पाठक चाहे कन्फ़ूशियस, बुद्ध या क्राइस्ट, अल्लाह किसी के भी पुजारी हों, एक ही तरह से सिहर जाते हैं। समान रूप से थरथरा उठते हैं। चाहे वे पाठक किमोनो पहनते हों अथवा जैकेट-टाई या बोम्बाचाज पर उन्हें एक जैसा ही रोमांच होता है। यह है साहित्य का प्रभाव जो बिना किसी भेद-भाव के लोगों को प्रभावित करता है।

लोसा कहते हैं कि हर युग की अपनी भयंकरता होती है। हमारा युग फ़ैनेटिक लोगों का है। यह सुसाइडल बम, टैरिरिस्ट का युग है। एक आदिम विचार कि मासूमों का खून बहाकर सामूहिक पापों को धोया जा सकता है, अन्याय को सही किया जा सकता है। जो सोचते हैं कि वे सत्य के ठेकेदार हैं, उनके द्वारा प्रतिदिन सारी दुनिया में अनगिनत लोगों की बलि चढ़ाई जाती है। एक समय हमने सोचा था कि शान्ति, बहुवाद और मानवाधिकारों के साथ हम मिलजुल कर रहेंगे। दुनिया होलोकास्ट, अतिक्रमण, और युद्ध को पीछे छोड़कर आगे बढ़ेगी। पर असल में हुआ क्या? इनमें से कुछ न हुआ बल्कि बर्बरता फल-फूल रही है, कट्टरवाद बढ़ रहा है, विध्वंस के नए-नए हथियार बन रहे हैं। किसी दिन कोई न्यूक्लियर विस्फोट विश्व को नष्ट कर सकता है। किधर जा रही है मनुष्यता? वे रचनाकारों से सक्रिय प्रतिरोध की अपेक्षा करते हैं।

वे विस्तार से बताते हैं कि मार्क्सवाद से उनका मोहभंग कैसे हुआ। आज वे स्वयं को उदार जनतन्त्रवादी बताते हैं। शुरू में वे मार्क्सवाद के समर्थक थे। क्यूबा में फिडेल कैस्ट्रो की क्रान्तिकारी सरकार को उन्होंने पूरा-पूरा समर्थन दिया था। पर जब कैस्ट्रो ने अपने देश क्यूबा के कवि हर्बर्टो पैडिल्ला को कारावास में डाल दिया तो अन्य बुद्धिजीवियों के साथ लोसा ने भी उसकी आलोचना की। और उसी समय से वे वामपन्थ से विमुख हो गए। इस बात को लेकर बुद्धिजीवी वर्ग में लोसा की भरपूर आलोचना भी हुई है। मगर इन सबसे विचलित हुए बिना वो निरन्तर लिखने में जुटे हुए हैं। उन्होंने सदैव वही किया जो उन्हें उचित जान पड़ा। वे पिछले करीब पाँच दशकों से धुआँधार लिखते आ रहे हैं। उन्होंने उपन्यास, कहानी, नाटक और साहित्यिक निबन्ध लिखे हैं। फ़िल्म और नाटकों पर भी हाथ आजमाया है। साहित्य पर अपने विचार वे बहुत पुख्ता ढंग से रखते हैं।

अपने भाषण में वे उन स्थानों के प्रति कृतज्ञता प्रकट करते हैं, जिन स्थानों ने

उन्हें लिखने की प्रेरणा दी। किशोरावस्था से वे पेरिस जाने के ख्वाब देखा करते थे क्योंकि फ्रांसिसी साहित्य ने उन्हें चमत्कृत किया हुआ था। वे सोचते थे कि जिस हवा में बाल्ज़ाक, बौदलेयर, प्रूस्त, स्टेन्थाल ने साँस ली है, उसमें साँस लेकर वे भी असल लेखक बन जाएँगे। और ऐसा हुआ भी। अगर वे पेरु न छोड़ते तो शायद एक छोटे-मोटे लेखक बनकर रह जाते। क्योंकि फ्रांस और फ्रांसिसी साहित्य ने उन्हें सिखाया कि साहित्य न केवल एक विषय, एक काम और हठ है वरन् यह एक पुकार है, जिसको अनदेखा नहीं किया जा सकता है। वे जब वहाँ गए उस समय सार्त्र और कामू वहाँ सक्रिय रूप से लेखन कर रहे थे। वहाँ लोसा ने थियेटर, फ़िल्म और राजनीति के पाठ पढ़े। लेकिन वे फ्रांस के सबसे ज्यादा अनुग्रहीत हैं कि उसने लैटिन अमेरिकी साहित्य को खोज निकालकर विश्व मंच पर स्थापित किया। वहीं उन्होंने जाना कि पेरु एक बड़े समाज का हिस्सा है। समाज जो इतिहास, भूगोल, सामाजिक और राजनैतिक समस्याओं से समान रूप से जुड़ा हुआ है। जहाँ एक खास प्रकार की जीवन शैली है, जो बोलने और लिखने के लिए एक विशिष्ट प्रकार की भाषा बोली का उपयोग करता है। और उस काल में पूरा लैटिन अमेरिका एक नया और प्रभावशाली साहित्य रच रहा था। फ्रांस में रहते हुए लोसा ने बोर्गास, ओक्टोवियो पाज़, मार्केस, रुल्फो, ओनेटी, एडवर्ड्स और न जाने कितने रचनाकारों को पढ़ा और जाना। ये स्पैनिश भाषा में विस्मयकारी और परिवर्तनकामी रचनाएँ कर रहे थे। इसी समय दुनिया का लैटिन अमेरिका के प्रति नजरिया बदल रहा था। अब वह मात्र रातोरात तख्ता पलटने वालों, गुरिल्लाओं, चा चा चा नृत्य का महाद्वीप न होकर विचारों, कलात्मक और साहित्यिक फ़ंतासियों के द्वारा बदलाव के स्वप्न देखने वाला और वैश्विक भाषा का महाद्वीप बन रहा था। भारत की छवि अभी हाल तक ऐसी ही थी और शायद अभी भी कुछ लोग ऐसा ही सोचते और ऐसा ही प्रोजेक्ट करते हैं। उन्होंने एक साक्षात्कार के दौरान कहा है, 'जब अपनी जवानी में मैं पहली बार यूरोप गया तो उस समय लोग लैटिन अमेरिका को तानाशाहों, क्रान्तिकारियों और प्राकृतिक आपदाओं के महाद्वीप के रूप में ही जानते थे, लेकिन अब सब लोग यह स्वीकारने लगे हैं कि लैटिन अमेरिका कलाकार, चित्रकार, चिन्तक और उपन्यासकार भी उत्पन्न कर सकता है।' उस समय से लैटिन अमेरिका निरन्तर प्रगति कर रहा है। हालाँकि अभी काफ़ी कुछ करना होना बाकी है। लोसा लैटिन अमेरिका को भविष्य का नहीं वर्तमान का महाद्वीप बनता देखना चाहते हैं।

लोसा को यूरोप में कभी अजनबीपन न लगा। वे पेरिस, लन्दन, बारसीलोना, मैड्रिड, वाशिंग्टन, न्यूयॉर्क, ब्राजील और न मालूम कहाँ-कहाँ रह चुके हैं। जब उन्हें नोबेल पुरस्कार मिलने की घोषणा हुई उस समय भी वे शिक्षण के सिलसिले में अमेरिका में थे। उन्हें सब स्थानों पर अपनापन लगता है, सब स्थानों पर वे दोस्त बना

लेते हैं और सब जगह वे अपना लिखना जारी रख पाते हैं। सब जगह लिखने-पढ़ने का अवसर निकाल लेते हैं। वे कहते हैं कि अनायास वे विश्व नागरिक बन गए हैं। मगर इससे वे अपने मूल से कटे नहीं हैं। जहाँ उनका जन्म हुआ, जहाँ वे पले-बढ़े, वहाँ से वे अब भी जुड़े हैं। आज भी उन्हें अपनी जड़ों से अपनी रचना के लिए सत्व प्राप्त होता है। उनकी कहानियों में पेरु किसी न किसी रूप में चला ही आता है। दूर रहने पर अपने देश से उनके सम्बन्ध और ज्यादा मजबूत हो गए हैं। उनके देश में कुछ भी होता है, वे कहीं रहें वह उन्हें अवश्य प्रभावित करता है।

ऐसा इसलिए होता है क्योंकि वे पेरु को अपने भीतर लिए चलते हैं। पेरु जहाँ वे पैदा हुए, जिसने उन्हें ढाला है, जहाँ वे बच्चे से एक किशोर और किशोर से युवा हुए। पेरु में उन्हें प्रेम, घृणा, स्वप्न, प्रसन्नता मिली और इन विभिन्न अनुभवों से मिलकर उनका व्यक्तित्व निर्मित हुआ है। उनके समकालीनों ने उन्हें देशद्रोही तक कहा मगर उन्हें इसकी परवाह नहीं है। वे सदा तानाशाही, दमन का विरोध करते आए हैं और आगे भी करते रहेंगे। यह दमन-शोषण दुनिया में कहीं हो चाहे उनके अपने देश में अथवा अफ़गानिस्तान में या फिर दक्षिण अफ़्रीका में, वे चुप नहीं रहेंगे। उन्हें यह नागवार गुजरता है कि प्रजातन्त्र तानाशाही का साथ देता है। वह तानाशाही के समक्ष झुकता है। उनके अनुसार जो भी तानाशाही के विरुद्ध खड़ा होता है वह न केवल अपनी स्वतन्त्रता के लिए संघर्ष करता है, वरन् हम सबकी स्वतन्त्रता के लिए भी संघर्ष करता है।

उनके एक समकालीन होसे मरिया अरगुएडास ने कहा है कि पेरु में सब तरह के रक्त का मिश्रण है। भारत की भाँति पेरु में भी तमाम तरह की परम्परा, नस्ल, विश्वास, संस्कृतियाँ मिलती हैं। यह तमाम संस्कृतियों का मिश्रण है। लोसा इस बात को लेकर गर्वित हैं कि उनके भीतर प्राक हिस्पैनिक, मोहीकन, इन्का का रक्त प्रवाहित हो रहा है। इन्का लोगों ने माचू पीचू जैसी वास्तु कला की रचना की। स्पेन के लोग अपने साथ पेरु में तलवार, घोड़े के साथ यूनान, रोम और ईसाइयत की परम्परा तथा पुनरुत्थान लेकर आए। लेकिन कैस्टाइल की कठोर भाषा एन्डेस में आकर नरम और मीठी हो गई। स्पेन के साथ अपनी ताकत और संगीत तथा कल्पना लेकर अफ़्रीका भी उनके देश में आया। पेरु अपने आप में एक पूरी दुनिया है। इतनी विभिन्नताओं को ग्रहण करने के बावजूद इसकी अपनी विशिष्ट पहचान है।

वे कहते हैं कि सब आक्रमणों की भाँति अमेरिका की विजय भी क्रूर और अत्याचारों से भरपूर थी। हमें इसकी भर्त्सना करनी चाहिए लेकिन यह नहीं भूलना चाहिए कि जिन्होंने ये जुर्म किए वे हमारे ही पूर्वज थे। जो स्पिनियार्ड अमेरिका आए और जिन्होंने अमेरिकी जीवन पद्धति अपना ली वे हमारे ही पूर्वज थे। वे नहीं जो अपने ही देश में रह गए। ऐसी आलोचना उचित है. यह स्वालोचना है। क्योंकि जब

दो सौ साल पहले पेरु ने स्पेन से अपनी स्वतन्त्रता पाई तब जिन्होंने सत्ता सम्भाली, उन्होंने इन्डियन लोगों को मुक्त नहीं किया। पुरानी गलती को ठीक नहीं किया। न्याय नहीं किया। विजेता जैसे दोहन कर रहे थे, लालच में आकर बाद के लोग भी उनका उसी तरह शोषण करते रहे। उपनिवेशों का अन्त होने के बाद भी कई देशों में दमन और शोषण जारी रहा। आदिवासियों की मुक्ति दो सौ साल में भी न हुई। यह बहुत बड़ी ज़िम्मेदारी है जिसे अब तक पूरा नहीं किया गया है। पूरे लैटिन अमेरिका का यह अनसुलझा मुद्दा है। इस शर्मनाक और अपमानजनक स्थिति का कोई अपवाद नहीं है। यह एक कटु सत्य है कि सारे देशों में स्वतन्त्रता के बावजूद मूल वासियों का हाल वही है। उसमें तनिक भी सुधार नहीं हुआ है। क्या हमारे अपने देश, भारत में सत्ता का भी यही हाल नहीं है? स्वतन्त्रता के इतने दशकों के पश्चात भी आदिवासी पिछड़े हुए हैं। उनके कल्याण की योजनाएँ फाइलों में धूल से दबी ढँकी पड़ी हैं। उसके लिए आवन्टित राशि कहीं और समा जाती है। नेता भूखी-नंगी जनता की परवाह न करके करोड़ों हजम कर जाते हैं और डकार भी नहीं लेते हैं।

लोसा पेरु और पेरिस के साथ-साथ स्पेन के भी देनदार हैं, वे उसके भी कृतज्ञ हैं। अगर स्पेन न होता तो वे कभी नोबेल के मंच तक न पहुँचते। उनकी सारी किताबें स्पेन में प्रकाशित हुई हैं। वहाँ उन्हें भरपूर पहचान मिली और मिले तमाम दोस्त। पाठक भी उन्हें वहाँ मिले। जब उनके अपने देश से उनकी नागरिकता छिनने की नौबत आई तो स्पेन ने उन्हें नागरिकता प्रदान करने की पेशकश की। पेरु का होते हुए सदा उनके पास स्पेन का पासपोर्ट भी रहा है। उन्हें लगता है कि पेरु और स्पेन एक सिक्के के दो पहलू हैं। क्योंकि दोनों देशों में इतिहास, भाषा और संस्कृति का साझापन है। पिछली सदी के सत्तर के दशक में स्पेन के बार्सिलोना में बिताया समय उन्हें सबसे ज्यादा स्मरण आता है। यह फ्रैंको की तानाशाही के उतार का काल था। स्पेन का समाज नए विचारों, नई किताबों, नई लहर से गुजर रहा था। बार्सिलोना पर इसका सबसे ज्यादा प्रभाव नज़र आया। विचारों और सृजनात्मकता के विस्फोट के चलते उस समय यह स्पेन की सांस्कृतिक राजधानी बन गया। यह पूरे लैटिन अमेरिका की भी सांस्कृतिक राजधानी था। पूरे लैटिन अमेरिका के कलाकार, रचनाकार, प्रकाशक सब वहाँ जमा हो रहे थे। अगर लेखन करना था तो इससे अच्छी जगह और कौन-सी हो सकती थी और उस समय लोसा वहाँ थे। लोसा के लिए वे दिन अविस्मरणीय है। क्योंकि उस समय उनके लिए वहाँ दोस्ती थी और बौद्धिक विमर्श की गुंजाइश थी। यह काल बार्सिलोना का बहुत उर्वरक काल था, जैसा कि एक समय पेरिस था। यह कॉस्मोपोलिटन शहर था। जहाँ काम करना, जीना और रहना एक भिन्न अनुभव था। गृहयुद्ध के बाद पहली बार सारे लैटिन अमेरिका के लेखक वहाँ जुट रहे थे। उनमें भाईचारा और विश्वास था। वे एकजुट होकर

तानाशाही को समाप्त करने का प्रयास कर रहे थे। उस समय स्पेन में संस्कृति प्रमुख नायक थी। सब उसके समर्थन में थे। स्पेन का तानाशाही से प्रजातन्त्र में रूपान्तरण आधुनिक युग की सर्वोत्तम कहानी है। बिलकुल जादुई यथार्थवाद का नमूना। अधिनायकतन्त्र से स्वतन्त्रता, अविकसित से समृद्ध बनना, तीसरी दुनिया की आर्थिक असमानता से मध्यम वर्गीय समाज में बदलना, यूरोप से समन्वय, स्पेन का तेजी से आधुनिक बनना, इन सबसे दुनिया चकित थी। लोसा इन सबके गवाह रहे हैं और वे इस बात को बहुत गर्व के साथ अपने भाषण में बताते हैं। वे उम्मीद करते हैं कि आधुनिक युग का प्लेग—राष्ट्रवाद—इसे नष्ट नहीं करेगा।

लोसा सब तरह के राष्ट्रवाद के ख़िलाफ़ हैं। धर्म को भी वे संकीर्ण नजरिए का वाहक मानते हैं। राष्ट्रवाद नस्लवाद को बढ़ावा देता है। बौद्धिकता को नष्ट करता है। इतिहास गवाह है कि इसने कैसे मनुष्यता को समाप्त करके नर संहार किया है। विश्वयुद्ध और तमाम देश इसके उदाहरण हैं। संहारक और विस्फ़ोटक जमा करने में जो धन जाया किया जाता है क्यों न उसे स्कूल, पुस्तकालय, और अस्पताल बनाने में लगाया जाए। अपनी जन्मभूमि के प्रति प्रेम और लगाव एक बात है और अन्धराष्ट्रवाद एक अलग बात है। जहाँ हम जन्म लेते हैं, जहाँ हमारे पूर्वज रहते रहे हैं, हमारे स्वप्न निर्मित हुए हैं, प्रियजन रहते हैं, उससे जुड़ी खट्टी-मीठी स्मृतियाँ हम कहीं भी रहें हमारे साथ होंगी। उस भूमि के प्रति एक ऊष्मा हमारे हृदय में सदैव रहती है। और इस रूप में पेरु लोसा के दिल में बसता है। वे पेरु में रहे नहीं मगर पेरु जहाँ वे पैदा हुए, जहाँ उनकी माँ, नाना-नानी, मामा-मामी मौसी और तमाम परिवार रहता है। वे कहीं जाएँ, कहीं रहें, पेरु उनके साथ चलता है। वहाँ के रेगिस्तान, पेड़ पौधे, गधे सब उनके साथ होते हैं। वहीं उन्होंने बचपन छोड़ा, किशोर हुए। उन्होंने वहीं जाना कि बच्चे पक्षी नहीं लाते हैं, वह स्त्री पुरुष के उस कार्य से बनते हैं जिसे पाप कहा जाता है। यहीं के एक थियेटर में उनकी एक रचना का मंचन हुआ। उन्होंने अपनी पहली सिगरेट पी, नृत्य करना, लड़कियों को लुभाना सीखा। यहीं उन्होंने पत्रकारिता का पाठ पढ़ा।

पत्रकारिता सदैव उनके साथ रही? शुरू में उन्होंने 'ला इंडस्ट्रिया' न्यूजपेपर के लिए काम किया बाद में मैड्रिड के प्रसिद्ध दैनिक पत्र 'अल पायस' में एक स्तम्भ लिखने लगे। उनका 'टचस्टोन' स्तम्भ खूब लोकप्रिय था। इसमें वे साहित्य, राजनीति, पर्यटन आदि विभिन्न विषयों पर लिखते थे। पत्रकारिता पाठकों से सीधे जोड़ती है। इस कारण लोसा भी स्पैनिस भाषा-भाषी लोगों से बहुत गहराई से जुड़े। पुस्तकों, साहित्य के साथ पत्रकारिता ने उन्हें दुनिया को जानने-समझने में मदद की। इसके चलते वे पूरी दुनिया के अच्छे-बुरे लोगों से जुड़े रह सके। यहीं की मिलिट्री अकादमी में उन्हें कुछ ऐसे अनुभव मिले जिसने उनके जीवन की दिशा मोड़ दी।

स्वतन्त्रता आन्दोलन के समय उनके लिए पेरु मित्र की भाँति रहा। तीन साल तक बम, ब्लैक आउट, आतंकवादी राजनैतिक हत्याओं के बीच उन्होंने संस्कृति की स्वतन्त्रता और प्रजातन्त्र की स्थापना के लिए काम किया। पेरु उनके लिए ज़िन्दगी की तमाम बातों का प्रतीक है। वह उनके लिए उनकी कजिन पैट्रिशिया है। जिससे बाद में उन्होंने विवाह किया। पत्नी की आदतें, बातें उन्हें लिखने में सहायता देती हैं, लिखने के लिए उकसाती हैं, उत्साहित करती हैं। पत्नी के अनुसार वे एक काम को छोड़कर किसी काम के नहीं हैं। वह काम है, केवल लिखना। पत्नी को भी वे कृतज्ञता के साथ स्मरण करते हैं। क्योंकि वही सारे काम सम्भालती है। सारी समस्याएँ सुलझाती है, आर्थिक व्यवस्था की देखभाल करती है और तमाम उन लोगों से उन्हें दूर रखती है जो उनके काम में बाधा पहुँचा सकते हैं। वही उनकी यात्राओं का प्रबन्ध करती है। वे ज़िन्दगी की कई बातों के लिए अपनी पत्नी पर निर्भर हैं और उसके कृतज्ञ हैं। उन्होंने अपना पहला विवाह 19 वर्ष की उम्र में किया था, अपनी मामी की बहन जूलिया यूरक्यूडी के साथ। यह शादी करीब नौ साल चली। बाद में उन्होंने जूलिया को 1964 में तलाक दिया और एक साल बाद अपनी कजिन पैट्रिशिया लोसा से शादी की। उनके आत्मकथात्मक उपन्यास 'ऑन्ट जूलिया एंड द स्क्रिप्टराइटर' की कथावस्तु काफ़ी कुछ इन्हीं अनुभवों पर आधारित है। वैसे जूलिया इससे बहुत खुश न थीं। क्योंकि जूलिया के अनुसार लोसा ने तथ्यों को पूरी तरह से, ईमानदारी के साथ नहीं लिखा है। जूलिया ने अपनी तरफ़ की कहानी 'व्हाट लिटिल वर्गास डिन्ट से' में लिखकर प्रकाशित कीं। वैसे ध्यान देने की बात है कि लोसा ने 1977 में लिखा अपना यह उपन्यास जूलिया को ही समर्पित किया है।

अपने भाषण में वे फिर साहित्य पर लौटते हैं। बचपन से साहित्य ने उन्हें स्वर्ग की अनुभूति दी है। बचपन में वे एक बड़े घर में रहते थे। संयुक्त परिवार था। खूब सारे रिश्तेदार, खूब सारे हम उम्र बच्चे थे। परिवार के बच्चों और स्कूल के मित्रों के साथ मिलकर वे खूब पढ़ते। पढ़ी हुई कहानियों को फिर से जीते। उस परिवार में लिखना एक उत्सव की तरह था। एक खेल था। कारण उन्हें बताया गया था कि उनके पिता गुजर चुके हैं और जब एक बिन बाप का बच्चा लिखता है तो नाना, मामा, नानी सब खूब तारीफ़ करते। उन्होंने अपने पिता का फ़ोटो देखा था जिसमें वे बहुत खूबसूरत नज़र आते थे। वैसे भी जब आदमी सामने न हो तो बच्चे को पिता की केवल अच्छाइयाँ ज्ञात होती हैं। पर एक सुबह उनकी यह आदर्श मूर्ति भग्न हो गई। उन्हें मालूम हुआ कि उनके पिता जीवित हैं। और अब उनको अपनी माँ के साथ पिता के पास रहना था। इस बात से उन्हें जो झटका लगा उससे आज भी वे उभर नहीं पाए हैं। उनका जीवन बदल गया। पिता बहुत उग्र और कठोर स्वभाव के थे। उन्हें लोसा या उनकी माँ का किसी से भी मिलना-जुलना पसन्द न था।

परिवारवालों से भी नहीं। वैसे खुद पिता ने लोसा की माँ से दूर रहते हुए एक और विवाह रचा लिया था। अचानक हुए इस परिवर्तन से बालक लोसा अकेला पड़ गया। ग्यारह साल की उमर में उनका बचपन समाप्त हो गया। उनके अन्दर बड़ों को लेकर एक तरह का भय समा गया। वे अपने आपमें सिकुड़ गए और तब उन्हें उबारने का काम किताबों ने किया। पढ़ना उनकी शरणस्थली बना।

आसपास की कटुता, एकाकीपन को वे किताबों की दुनिया में रह कर भुलाने लगे। कल्पना की दुनिया उन्हें रास आने लगी। इस दुनिया में वे स्वतन्त्र और प्रसन्न थे। अब वे छिपकर लिख रहे थे। क्योंकि लिखना अब एक खेल न था। अब वह विद्रोह, पलायन, विरोध और जीने का पर्याय था। तब से लेकर आज तक जब भी वे निराश, हताश होते हैं, खुद को लिखने में झोंक देते हैं। लेखन में उन्हें अपूर्व शान्ति और सहारा मिलता है। इसी में उन्हें कूल किनारा नज़र आता है। लिखने के बीच में सूखे दिन भी आते हैं, कल्पना अनुर्वरक हो जाती है। वे महीनों–सालों एक कहानी को लिखने में खुशी के साथ लगा सकते हैं। उसमें उन्हें आनन्द आता है। कहानी की शुरुआत में सब कुछ अनिश्चित रहता है, वे काफ़ी बेचैन लेकिन उत्साहित रहते हैं फिर धीरे–धीरे चीजें आकार लेने लगती हैं। कहानी जब आगे बड़ती है खुद ब खुद सब तय होने लगता है। लिखना उनके लिए रति सुख की भाँति है। दिन, सप्ताह, महीनों किसी स्त्री को निरन्तर प्यार करते चले जाने के समान।

अपने भाषण में आगे वे कहते हैं कि उन्होंने साहित्य की काफ़ी बात की, मगर थियेटर की बात बहुत कम की है। जबकि थियेटर उनका पहला प्यार है। एक किशोर के रूप में उन्होंने लीमा में ऑर्दर मिलर का लिखा एक नाटक 'डेथ ऑफ़ ए सेल्समैन' देखा था। जिसने उन्हें इतना चकित किया कि उन्होंने इंका को लेकर एक नाटक रच डाला। मगर पचास के दशक में लीमा में नाटक को लेकर कोई आन्दोलन नहीं था। अगर ऐसा हुआ होता तब शायद वे उपन्यासकार न बनते, नाटक लिख रहे होते। नाटक में उनकी रुचि आज भी कम नहीं हुई है। जब भी वे कोई अच्छा नाटक देखते हैं उनके अन्दर नाटक लिखने की इच्छा हिलोरें लेने लगती है। उनकी एक सौ साल की उम्र वाली एक ग्रेट ऑन्ट अपने अन्तिम दिनों में अपने आसपास के यथार्थ से पूरी तरह कट कर स्मृतियों की दुनिया में रहने लगी थी। लोसा को लगा कि यह कहानी मात्र स्टेज के लिए ही उपयुक्त है और उन्होंने उस पर नाटक लिखा। तबसे अकसर उपन्यास और आलेखों के बीच वे नाटक लिखते रहते हैं। और सत्तर की उम्र में उन्होंने मंच पर अभिनय का आनन्द भी उठाया। इसके लिए वे अपने मित्र निर्देशक जोआन ओले और एक्ट्रेस ऐताना सैन्चेज़ गिजोन के कृतज्ञ हैं।

वे कहते हैं कि साहित्य जीवन का मिथ्या प्रतिनिधि है, जो हमें जीवन को

बेहतर ढंग से समझने में सहायता करता है। यह वास्तविक ज़िन्दगी के फ्रस्ट्रेशन और कमियों की क्षतिपूर्ति करता है। हम पैदा होते हैं, जीते हैं और मर जाते हैं। यथार्थ जीवन हमारे ऊपर जो विडम्बना और फ्रस्ट्रेशन लादता है उनके लिए साहित्य एक तरह का मलहम, एक तरह का मुआवजा है। साहित्य के कारण हममें से अधिकतर लोग ज़िन्दगी की दुरूहताओं को आंशिक रूप से ही सही मगर समझ पाते हैं। खासकर ऐसे लोग जो अपने विचारों से सन्देहों को पैदा करते हैं और ऐसे विषयों—व्यक्तिगत और सामूहिक नियति, और आत्मा परमात्मा, इतिहास का अर्थ या अर्थ शून्यता, तर्कसंगत ज्ञान—के आवागमन के सामने भ्रमित हो जाते हैं, उनके लिए साहित्य से बढ़कर कौन-सी शरणस्थली हो सकती है। लोसा अपने नोबेल भाषण में साहित्य की भरपूर सराहना करते हैं। साहित्य से होने वाले लाभों पर अपने विचार रखते हैं। उनकी दृष्टि में साहित्य हमें जीने का सलीका सिखाता है। ज़िन्दगी को समझने का अवसर प्रदान करता है। हमें सभ्य बनाता है। यह हमें बताता है कि ज़िन्दगी खूबसूरत हो सकती है। ज़िन्दगी में जो होना चाहिए यह उसकी ओर इंगित करता है। साहित्य उसे पाने की आकांक्षा हमारे भीतर उत्पन्न करता है।

हमारे पूर्वजों की ज़िन्दगी बहुत कठिन थी। इस बात की कल्पना लोसा को चमत्कृत करती है कि फिर भी रात को दामिनी की चमक से भयभीत, जानवरों की गुर्राहट से डरे हुए वे गुफाओं, अलाव के इर्द-गिर्द बैठकर नई-नई खोजी भाषा में कहानियाँ बनाते और कहते होंगे। यह हमारी नियति का बहुत महत्त्वपूर्ण समय था क्योंकि घेरे में बैठे हुए कहानी कहने वाले इन्हीं लोगों के साथ सभ्यता प्रारम्भ हुई। वहीं से विज्ञान, कानून, स्वतन्त्रता, अन्तरिक्ष यात्रा प्रारम्भ हुई। वो कहानियाँ, मिथक, गाथाएँ जो श्रोताओं के लिए संगीत समान थीं। जिन्होंने उनके सामने एक अज्ञात और खतरों भरी दुनिया खोल दी। इसके पहले केवल खाना, प्रकृति की कठिनाइयों से अपनी रक्षा, शिकार और सम्भोग ही ज़िन्दगी रही होगी। मनुष्य जीवन पशु जीवन से बहुत भिन्न न रहा होगा। कहानी कहने वालों के असर से वे सामूहिक स्वप्न देखने लगे। स्वप्नों को साझा करने लगे। तबसे ज़िन्दगी मात्र किसी तरह जीने के लिए न होकर स्वप्नों को साकार करने के लिए होने लगी। ज़िन्दगी स्वप्न, प्रसन्नता और कल्पना की उड़ान, एक आन्दोलनकारी योजना बन गई। ज़िन्दगी के पार जाने की जद्दोजहद, उसे बदलने, बेहतर करने की ललक और महत्त्वाकांक्षा उत्पन्न हो गई। आसपास के रहस्यों को भेदकर फन्तासी रचने की आकांक्षा जाग्रत हो गई। और जब लेखन प्रारम्भ हुआ तो यह कभी न टूटने वाली प्रक्रिया और समृद्ध हुई। अब कहने के साथ कहानियाँ पढ़ी जाने की सम्भावना उत्पन्न हो गई. साहित्य में स्थायित्व आ गया। लोसा कहते हैं कि इसीलिए हमें इसे तब तक दोहराते रहना है जब तक कि नई पीढ़ी यह न जान-मान ले कि साहित्य मनोरंजन से बहुत ज्यादा

कुछ है। यह मात्र बौद्धिक कसरत नहीं है। यह संवेदना को धार देता है। आलोचना को जागरूक करता है। सभ्यता के अस्तित्व के बने रहने के लिए इसका होना परम आवश्यक है। हमारे अन्दर जो सर्वोत्तम है, उसे बचाए और सँजोए रखने के लिए साहित्य का होना बहुत जरूरी है।

साहित्य आवश्यक है ताकि हम फिर से एकाकीपन की पशुता की ओर न लौट जाएँ। ज़िन्दगी विशेषज्ञों की प्रयोजनमूलकता में सिमटकर न रह जाए। ऐसा न हो कि चीजों को एक खास कोण से ही देखा जाता रहे। वातावरण में उसके आसपास, उसके आगे-पीछे जो कुछ है उस सबको उपेक्षित न छोड़ दिया जाए। साहित्य जरूरी है ताकि जिन मशीनों को हमने अपनी सुख सुविधा के लिए आविष्कृत किया है, हम उनके गुलाम बनकर न रह जाए। साहित्य के बिना दुनिया बिना इच्छाओं, बगैर आदर्शों और अश्रद्धा की दुनिया होगी। रोबोट की दुनिया होगी। साहित्य हमें मनुष्य बनाता है, हमें हमारे पार ले जाता है। हमें दूसरों से जोड़ता है। हमें दूसरों में ढलने की कूबत देता है। यह हमें हमारे स्वप्नों को साकार करने की शक्ति देता है। गुफा से गगनचुम्बी इमारतों, गदा से जन संहारक हथियारों, कबीले से विश्वग्राम तक साहित्य ने मनुष्य के अनुभवों को बहुगुणित किया है। इसने हमें हमारी काहिली, आलस्य और आत्म तल्लीनता में डूबने से बचाया है। किसी अन्य चीज ने हमें इतना व्याकुल नहीं बनाया है, हमारे जीवन में, हमारी कल्पना में इतनी खलबली नहीं मचाई है जितनी साहित्य ने मचाई है। साहित्य जीवन में कल्पना को जोड़ता है जिसके कारण हम महान रोमांचक यात्रा के नायक बनते हैं। यह हमें वह महान आवेश देता है जो वास्तविक जीवन हमें कभी नहीं दे सकता है। साहित्य के अनृत, असत्य हमारे द्वारा सत्य में परिणत हो जाते हैं। पाठक को लालसा का संक्रमण लग जाता है और ज़िन्दगी की मिडियोक्रिटी पर सदैव प्रश्न उठाने लगते हैं। यह जादू हमें आशा बँधाता है कि हम वो बनें, जो हम नहीं हैं, हमारे पास वो हो जो हमारे पास नहीं है। यह पैगन देवताओं की भाँति एक ही समय में हमें अमर्त्य और मरणशील दोनों बनाता है। हमारे भीतर विद्रोह जगाता है। समस्त बहादुरी के कारनामों के पीछे जिसका हाथ होता है। जिस बहादुरी के कारण मनुष्यों के सम्बन्ध कम क्रूर हुए हैं। अत्याचार घटा है, अत्याचार घटा है, मगर समाप्त नहीं हुआ है। लोसा कहते हैं कि सौभाग्य से हमारी कहानी कभी समाप्त नहीं होगी। यह अधूरी है। इसीलिए हमें इसे जारी रखना है। साहित्य की भरपूर प्रशंसा करते हुए अपने भाषण की समाप्ति पर लोसा कहते हैं कि हमें स्वप्न देखना, पढ़ना और लिखना जारी रखना है। हमारी मरणशील स्थिति से ऊपर उठने की, समय की छीजन को पराजित करने की और असम्भव को सम्भव बनाने की यही सर्वाधिक प्रभावशाली राह है।

हेरटा मुलर

भाषा की विविध दृष्टियाँ

(हेरटा मुलर 2009 की साहित्य की नोबेल पुरस्कार विजेता से नोबेल पुरस्कार की घोषणा के तत्काल बाद 8 अक्टूबर, 2009 को मूल जर्मन भाषा में मारिका गृहसेल द्वारा टेलीफ़ोन पर लिया गया साक्षात्कार)

हेरटा मुलर : हेलो...

मारिका गृहसेल : मिस मुलर, बधाई हो। मेरा नाम मारिका गृहसेल है और मैं नोबेल फाउंडेशन की वेबसाइट के ऑफ़िस से बोल रही हूँ। एक बार फिर से हमारी बधाई...

हेरटा मुलर : धन्यवाद

मारिका गृहसेल : आप जर्मन भाषा में लिखती हैं और आपने एक बार कहा था कि लेखन आपके लिए आवश्यक है, अस्तित्व की तरह...

हेरटा मुलर : वेल, लेखन ही केवल वह चीज थी जहाँ मैं स्वयं होती, क्योंकि तानाशाही के नीचे...और, वेल, यह मुझे सहारा देता...क्योंकि असल में वह तब उतना महत्त्वपूर्ण नहीं होता जब मैं काम कर रही थी—जब मेरे पास नौकरी थी—मैं सदैव निकाली जाती थी, सब जगहों से। और मैं सब स्थानों पर निरन्तर इस सारी चालबाजी का विषय थी; पूछताछ और उत्पीड़न। कभी-कभी ऐसा लगता मानो लेखन थोड़ा-सा सनकीपन है...क्योंकि देश गरीब था और इतना दुख देखा और कभी-कभी आदमी खुद से सोचता कि ऐसा ही है...इन बातों का दुनिया में कोई स्थान नहीं है।

मारिका गृहसेल : लेकिन आपने जो किया सदा दूसरा पक्ष देखने के लिए किया, ऐसा ही था न?

हेरटा मुलर : ताकि मैं पक्का कर सकूँ कि अभी भी मैं हूँ, कि मेरा अस्तित्व है।

मारिका गृहसेल : आप 1987 में जर्मनी में रहने गईं?

हेरटा मुलर : हाँ।

मारिका गृहसेल : लेकिन आप अपने पुराने देश के विषय में निरन्तर खूब लिखती रहीं...ऐसा क्यों, आप क्या सोचती हैं?

हेरटा मुलर : वेल, मैं सोचती हूँ वह बोझ है...साहित्य वहीं जाता है जहाँ बोझ है। और तीस साल से ज्यादा मैं तानाशाही में रही और जहाँ चोट और थीम थी...मैंने इस थीम को नहीं चुना, सदैव थीम ने मुझे खोजा। यह थीम मैं नहीं...अभी भी मैं इस थीम से उबरी नहीं हूँ। और आदमी को वही लिखना है जो निरन्तर उसे घेरे रहता है, कचोटता है। और यह महत्त्वपूर्ण है, तानाशाही...दुर्भाग्य से वह तानाशाही अन्तिम नहीं थी। दुनिया में अभी भी इतनी सारी हैं।

मारिका गृहसेल : जब आपने लिखना प्रारम्भ किया, आप किसके लिए लिखती थीं, और अब आप किसके लिए लिखती हैं?

हेरटा मुलर : वेल, असल में, मैंने सदैव खुद के लिए लिखा। चीजों को स्पष्ट करने के लिए, चीजों को अपने लिए स्पष्ट करने के लिए। आन्तरिक रूप से समझने के लिए कि वास्तव में क्या हो रहा है। या मेरा क्या हो गया है। मैं एक बहुत छोटे गाँव से आती हूँ, और तब शहर में आई और वहाँ सदा विच्छिन्नता थी और मैं एक अल्पसंख्यक थी, जर्मन...और किसी तरह वहाँ बिलॉन्ग नहीं करती थी, उनका हिस्सा नहीं थी। मेरा मेरे देशवासियों से यह बड़ा संघर्ष था, जर्मन अल्पसंख्यक होने के कारण उन्होंने मुझे निकाल बाहर किया। जब मैंने अपनी पहली किताब लिखी, मानो कोई अपना ही घोंसला दूषित कर दे। क्योंकि मैंने नेशनल सोशिलिज्म में घुल-मिलकर स्थिति के विषय में लिखा था। गाँव के पुरातनपन्थी जीवन के विषय में लिखा था। उसका अपनी संस्कृति के प्रति अति लगाव के विषय में लिखा था। और इसके लिए उन्होंने मुझे माफ़ नहीं किया।

वे अपने होमलैंड के विषय में जैसा साहित्य 'हैमैटलिटरेचर' (Heimatliteratur) चाहते थे। और उन्होंने समझा कि मैं, वेल कि मैंने उन्हें कॉम्प्रोमाइज किया। यह समाज बहुत परम्परावादी अल्पसंख्यक है अतः मुझे बाहर कर दिया। और राजनैतिक कारणों से मैं रोमानिया के समाज से निकाली गई। और तब मैं जर्मनी आई और यहाँ जर्मनी में मैं सदा रोमानियन थी, और रोमानिया में सदा जर्मन। अतः सदैव पराई...

मारिका गृहसेल : हाँ, ऐसा ही है। क्या यह महत्त्वपूर्ण है, क्या आपने अनुभव किया कि आप बाहरी हैं, पराई हैं?

हेरटा मुलर : मुझे ज्ञात नहीं कि यह महत्त्वपूर्ण है। यह पक्का है कि इसके बिना चल सकता है। और कभी-कभी यह तकलीफ़ देता है। लोग किसी तरह बिलॉन्ग करना चाहते हैं लेकिन ऐसा ही था और मैं इसकी अभ्यस्त हो गई और कभी यह मात्र सच्चाई था। और ऐसा ही है। हर व्यक्ति जैसा सोचता है, कोई किसी पर खुद को लाद नहीं सकता है। और धोखा नहीं दे सकता है। यदि मैं अपनी सोच के कारण और अपने विचारों के कारण बिलॉन्ग नहीं करती तो न सही, ऐसा ही ठीक है। कोई इसके विषय में क्या कर सकता है? आदमी बिलॉन्ग करने के लिए झुक तो

नहीं सकता है या कोई और होने का दिखावा नहीं कर सकता है। और किसी भी हालत में यह काम नहीं आता है। एक बार आप बिलॉन्ग नहीं करते तो नहीं करते, तो बस बात खतम।

मारिका गृहसेल : आपके लिए साहित्य में...लेखन में...व्यक्ति को बहुत ईमानदार होना है?

हेरटा मुलर : हाँ, व्यक्ति को खुद के प्रति ईमानदार होना ही है। पाँचों ज्ञानेंद्रियों से जो अनुभव होता है, लेखन के द्वारा उससे थोड़ा भिन्न अनुभव होता है। क्योंकि भाषा एक अलग व्यापार है, कार्यकुशलता है। और लेखन में व्यक्ति खोजता है इसीलिए लिखता रहता है। व्यक्ति एक बिल्कुल दूसरे नजरिए से देखता है और अनुभव करता है। लेखन की प्रक्रिया के दौरान व्यक्ति खुद को अनुभव करता है। लिखते समय पता नहीं चलता है कि लेखन कैसा होगा। केवल समाप्त होने पर ज्ञात होता है। जब तक मैं लिख रही होती हूँ तब तक मैं सुरक्षित होती हूँ। उस समय मेरे पास विचार होता है कि जीवन कैसे चलना चाहिए और जब मैं लिखना समाप्त करती हूँ मैं इसे और नहीं जानती हूँ।

मारिका गृहसेल : यह बड़िया लग रहा है। 'एटमशोकेल' (इस शब्द का शाब्दिक अर्थ होता है, साँस का ऊपर-नीचे होना)—क्या आप सोचती हैं कि यह मुश्किल है—आपके पास लोगों का एक ग्रुप है, जर्मन। जो जेल में थे; वे पसन्द नहीं किए जाते थे। किए जाते थे क्या? द्वितीय विश्वयुद्ध के बाद किसी ने उनके बारे में नहीं सोचा...इससे आपका क्या तात्पर्य है?

हेरटा मुलर : हाँ, वेल,...1945 के बाद का निर्वासन स्वाभाविक रूप से द्वितीय विश्वयुद्ध से जुड़ा हुआ है... ओह, दरवाजे की घंटी, यहाँ घर में भयंकर पागलपन मचा हुआ है...वे लोग पहले से ही सामने के दरवाजे पर हैं। वेल, वे सामूहिक अपराध के तहत निर्वासित हुए थे। जर्मन अल्पसंख्यक उसमें शामिल थे। वे एसएस या जर्मन सेना में थे। रोमानिया एंटनेस्कू के शासन में एक फासिस्ट राज्य था...

जरा शान्त रहो, वरना मैं फ़ोन पर बात नहीं कर सकती हूँ...यह मेरे एक मित्र हैं...ओह, मुझे आपकी बात समझ में नहीं आ रही है...

मारिका गृहसेल : ओ. के. मुझे लगता है कि एक बड़ी पार्टी शुरू होने वाली है—जल्दी से : आपने कहा है कि यह सामूहिक अपराध था, जल्दी से।

हेरटा मूलर : हाँ, और मेरे विचार से सामूहिक अपराध सदैव अन्याय होता है। क्योंकि जिन्हें निर्वासित किया गया था वे दूसरे थे। युद्ध से लोग अभी लौटे नहीं थे। जनवरी 1945 में पहले निर्वासन प्रारम्भ हो गया था जबकि युद्ध मई तक समाप्त नहीं हुआ था। मेरे पिता एसएस में थे। वे सीमा से लौटे भी नहीं थे। अतः वे

नागरिकों को उठाकर ले गए। सच में युवाओं को ले गए। सत्रह साल के युवा जैसे ऑस्कर पैसीओर, जो कि अपराधी नहीं था। और रोमानिया भी एंटनेस्कू के साथ हिटलर की ओर एक फासिस्ट राज्य था और उसने अन्तिम क्षणों में पाला बदल लिया था। या उससे पाला बदलवाया गया था। क्योंकि सोवियत ने रोमानिया का पाला बदलवाया था। और इसने भी जर्मन अल्पसंख्यकों के नेशनल सोशिलिज्म में शामिल होने के विचार को हठी बना दिया था। क्योंकि रोमानियन लोग भी एंटनेस्कू के साथ स्टालिनगार्ड में थे। और बाद में 1945 के बाद, केवल अल्पसंख्यकों को ज़िम्मेदार ठहराया गया। होर्टी के साथ हंगेरियन अल्पसंख्यक, होर्टी के अनुयायी, और हिटलर के समर्थक जर्मन। लेकिन उस समय रोमानिया की समस्त जनता नाजी जर्मनी के साथ थी। बाद में, 1945 के बाद इतिहास झुठला दिया गया।

हाँ, मेरी माँ भी पाँच साल के लिए निर्वासित कर दी गई थी। मगर मैं इन बातों को सन्दर्भ में देखती हूँ। यदि नाजी जर्मनी ने ऐसे अपराध नहीं किए होते तो निर्वासन न होता। इसे सदैव ध्यान में रखना होगा। यह कहीं शून्य से नहीं हुआ। यह एक परिणाम था जिसमें अल्पसंख्यक भी भागीदार थे।

मारिका गृहसेल : आपका क्या विचार है, आपकी किताबें रोमानियन भाषा में अनूदित होंगी? आपका वहाँ कैसा स्वागत होगा?

हेरटा मुलर : वेल, यह भिन्न-भिन्न होगा। सामान्यत: किताबें अच्छी तरह ली गई हैं। लेकिन वह मात्र एक हिस्सा है। शायद यदि कोई समीक्षा के लिए किताब चुने। तब शायद वे इसे पसन्द करें। लेकिन रोमानियन समाज में मैं खास पसन्द नहीं की जाती हूँ। मुझे अकसर निमन्त्रण नहीं मिलते हैं। क्योंकि आज भी मेरे पास रोमानिया की स्थिति के विषय में कहने के लिए बहुत-सी नकारात्मक बातें हैं। यह ऐसा ही है। क्योंकि पुराने समूह के सारे लोगों ने और सीक्रेट सर्विस ने देश के समस्त पदों को आपस में अपने लिए ही बाँट रखा है। यह एक पूरा नेटवर्क है। वे अपनी ही सहायता करते हैं और एक-दूसरे की सहायता करते हैं। और यही कारण है कि रोमानिया में भ्रष्टाचार सर्वव्यापी है। दुखद है कि रोमानिया अभी भी प्रजातन्त्र से कोसों दूर है।

रोमानिया में वे ये बातें सुनना पसन्द नहीं करते हैं। यह सदा की समस्या है। जो देश के बाहर हैं उन्हें अपनी जुबान बन्द रखनी चाहिए और उन्हें कहना चाहिए कि इस विषय में अब वे कुछ नहीं जानते हैं।

मारिका गृहसेल : आपकी भाषा जर्मन है लेकिन आप पर रोमानिया की भाषा का भी प्रभाव है...यह कैसे स्पष्ट होगा?

हेरटा मुलर : वेल, जर्मन मेरी देसी भाषा है। मैंने रोमानियन भाषा बहुत देर से सीखी। जब मैं पन्द्रह साल की थी। शहर में। मैं इसे सीखना चाहती थी।

मुझे भाषा बहुत अच्छी लगती है। रोमनियन एक बहुत सुन्दर, माँसल, काव्यात्मक भाषा है। और उसके बाद से—यह शायद अच्छा हुआ कि मैंने इसे देर से सीखा—तब मेरे पास इसे देखने की दृष्टि थी—मैंने जाना कि रोमानियन भाषा बिम्ब में बहुत समृद्ध है, कैसे खूबसूरत रूपक इसमें हैं। सामान्य रूपक जिन्हें लोग अपनी प्रतिदिन की भाषा में, अपने अन्धविश्वासों में, अपनी अभिव्यक्ति में प्रयोग करते हैं। बहुत सारी बातें विरोधाभासी हैं। पेड़ों के नाम जर्मन में उनका बिलकुल भिन्न अर्थ है। यह एक ही चीज का भिन्न नजरिया है...मैंने सदैव देखा है कि दो स्टेशन हैं। किसी चीज के लिए मेरी भाषा में एक स्टेशन और दूसरा स्टेशन उसी चीज के लिए। यह केवल भिन्न शब्द नहीं हैं। यह भिन्न दृष्टिकोण है। भाषा की विविध दृष्टियाँ होती हैं। मेरे सन्दर्भ में रोमानियन सदा मेरे साथ लिखती है। जब मैं रोमानियन में लिख रही होती हूँ तब भी। क्योंकि यह मेरे मन में है।

मारिका गृहसेल : हम आपकी कौन-सी किताब पहले पढ़ें? आप क्या सलाह देती हैं?

हेरटा मुलर : पता नहीं, वेल, जर्मन में मैं अपना नवीनतम काम पढ़ने की सिफारिश करूँगी। आदमी अपने नवीनतम काम के करीब होता है। 'डाई एटमशोकेल'।

मारिका गृहसेल : 'डाई एटमशोकेल'। वेल, अब बहुत जोर-शोर से प्रचार होगा; आप इसके विषय में कैसा अनुभव करती हैं?

हेरटा मुलर : वेल, मुझे नहीं मालूम, क्या कहूँ।

मारिका गृहसेल : (हँसी)

हेरटा मुलर : आदमी नहीं बदलता है। असल में इस सबका लेखन से कुछ लेना-देना नहीं है। मैं खुश हूँ, मगर मैं सामान्य रहूँगी। अतः कुछ समय के लिए इसे मैं पीछे सरका दूँगी। और एक इस पल मैं इसे जानती हूँ लेकिन विश्वास नहीं होता है। मेरे भीतर अभी यह सींझा नहीं है। यह ऐसा ही होना चाहिए। मैं नहीं जानती हूँ कि मैं इतनी प्रसन्नता की अधिकारी क्यों हूँ। कभी-कभी सोचती हूँ कि खुशी ने गलती की है। शायद मैं इसकी अधिकारिणी नहीं हूँ। मुझे इतनी प्रसन्नता क्यों मिली है?

मारिका गृहसेल : मिस मुलर, बहुत, बहुत धन्यवाद और बधाइयाँ...

हेरटा मुलर : मैं आपको धन्यवाद देती हूँ। —ऑल द बेस्ट।

मारिका गृहसेल : ऑल द बेस्ट टू यू। थैंक यू वेरी मच, बॉय।

(मूल जर्मन से इंग्लिश में ग्लोरिया कस्टैंस के अनुवाद पर आधारित।)

जीन मारी गुस्तॉव ले क्लेजियो

संस्कृति की विभिन्नता के गायक

इस वर्ष 2008 का साहित्य का नोबेल पुरस्कार फ्रांस के जीन मारी गुस्तॉव ले क्लेजिओ के नाम रहा। फ्रांस के साहित्य जगत में उनका विशिष्ट स्थान है। तीस से अधिक पुस्तकों के इस रचयिता को फ्रांसिसी पाठक वहाँ का महानतम् जीवित लेखक का खिताब देते हैं। फ्रेंच और मॉरिशस साहित्य-संस्कृति दोनों पर अपना अधिकार जताने वाले इस लेखक का पालन-पोषण फ्रेंच संस्कृति और एंग्लोसेक्सन साहित्य पर हुआ है। उन्होंने अपनी प्रेरणा न केवल लौट्रीमोंट और एमिल ज़ोला से ग्रहण की है वरन् वे आर एल स्टीवेंसन और जेम्स जॉयस के भी ऋणी हैं। आलोचकों के लिए उन्हें किसी एक विधा में बाँधना कठिन रहा है। 'द इंटरोगेशन', 'फ़ीवर', 'द फ़्लड', 'बीलवड अर्थ', 'द बुक ऑफ़ फ्लाइट्स : एन एडवेंचर स्टोरी', 'वार', 'जर्नीज बियॉन्ड' आदि उपन्यास, आलेख, कहानी और अनुवाद को मिला कर तीस से अधिक पुस्तकें उनकी झोली में हैं। लिखना उन्होंने बहुत बचपन में प्रारम्भ कर दिया था, लेकिन ख्याति उन्हें 1963 में आए अपने पहले उपन्यास 'द इंटरोगेशन' से मिली। इसके लिए उन्हें तेईस वर्ष की कम उम्र में प्रतिष्ठित पुरस्कार 'थोग्रास्ट रेनॉडॉट' मिला। स्विस लेखक डैगरमैन के प्रशंसक क्लेजिओ को इसी वर्ष 'स्टिग डैगरमैनप्रिसेट' पुरस्कार भी प्राप्त हुआ। इसके अलावा उन्हें फ्रांस अकादमी द्वारा 'साहित्य का ग्रॉ पी', 'ग्रॉ पी जीन गिओनो', 'प्री प्रिंस डे मोनाको' आदि पुरस्कार भी प्राप्त हुए हैं। समय के साथ उनके विषय और लेखन शैली में भी परिवर्तन आया है। आज वे पर्यावरण को लेकर खासे चिन्तित नज़र आते हैं।

पश्चिम के असहनशील, तार्किक विचारों के इस कटु आलोचक को अपनी युवावस्था में अमेरिकन इंडियन्स के संग रहने का अवसर मिला जिसने उनकी जीवन पद्धति और दुनिया के प्रति उनके नजरिए में परिवर्तन ला दिया। उनके अनुसार यह उनके लिए एक ऐसा अनुभव था जिसने उनका पूरा जीवन बदल दिया। अमेरिकन इंडियन्स के धार्मिक रीति-रिवाजों पर अपनी एक पुस्तक 'ला फीट शैंटी' में वे लिखते हैं, 'दुनिया और कला के बारे में मेरे विचार, मैं दूसरे लोगों से कैसे जुड़ता

हूँ, कैसे चलता, खाता, सोता और प्रेम करता हूँ, यहाँ तक कि किस तरह के स्वप्न देखता हूँ, सब बदल गया।' एक साक्षात्कार में वे मॉरिशस की अपनी जड़ों, भिन्न नस्लों के सम्बन्ध में अपने विचारों, उपन्यास और साहित्य सम्बन्धी अपने ख्यालों के विषय में संवाद करते हुए कहते हैं कि आप क्या करते हैं, यह खुद बताना कठिन है। यदि उन्हें अपनी किताबों का स्वयं मूल्यांकन करना पड़े तो वे कहेंगे कि उनकी अधिकांश रचनाएँ उनकी तरह ही हैं। अपने विचारों से ज्यादा वे अपने विश्वासों को अभिव्यक्त करना आवश्यक मानते हैं। जब वे लिखते हैं तो मुख्य रूप से दैनन्दिन घटनाओं से अपने जुड़ाव को रूपान्तरित करने का प्रयास करते हैं। उनका मानना है कि हम एक मुसीबतजदा युग में रह रहे हैं जहाँ हम पर गड़बड़ विचारों और अव्यवस्थित आकारों की बमवर्षा होती रहती है। शायद आज साहित्य की भूमिका इस बेतरतीबी को प्रतिध्वनित करती है। सार्त्र के समय में जिस तरह लोगों का विश्वास था कि उपन्यास और साहित्य जगत को बदल सकता है, वैसा घंमड आज नहीं किया जा सकता है। यदि सार्त्र, कामू, पेसो को आज पढ़ें तो देखा जा सकता है कि इन महान प्रतिबद्ध लेखकों को मनुष्य के भविष्य पर असीमित भरोसा था और लिखित शब्दों पर इन्हें अपरिमित आस्था थी। अट्ठारह वर्ष की उम्र में क्लेजियो ने इन लेखकों को पहली बार पढ़ा था। इन लेखकों के आलेख उस समय के लोगों को जीवन का रास्ता दिखाते थे। आज कोई लेखक या सम्पादक यह कल्पना भी नहीं कर सकता है कि जो समस्याएँ जीवन को बरबाद कर रही हैं, उन पर लिखकर वह इनका हल निकाल सकता है।

नोबेल समिति ने क्लेजियो को विश्व नागरिक की संज्ञा से विभूषित किया है। क्लेजियो ने कभी मात्र फ्रांस से प्रेरणा नहीं ग्रहण की है। उनके साहित्य में पूरी दुनिया का अक्स मिलता है। जैसे आलोचकों के लिए रिम्बॉर्ड या सेगालेन के लेखन को किसी एक खाने में बिठाना कठिन रहा है यही स्थिति आलोचकों के लिए क्लेजियो को लेकर रही है। क्लेजियो इससे परेशान नहीं हैं। उनका मानना है कि उपन्यास की प्रमुख विशेषता ही है कि इसे किसी खाँचे में फिट नहीं किया जा सकता है। यानी उपन्यास विधा बहुरूपात्मक विधा है। यह हमारी बहध्रुवीय दुनिया को प्रतिबिम्बित करता है। इसमें विचारों का रिसाव होता है। वे आलोचकों के इस विचार से सहमत नहीं हैं कि फ्रांसिसी लेखन एक प्रकार का 'एक्जोटिक' लेखन है। फ्रांस में अक्सर वही लेखक प्रकाशित होते हैं जिनका लेखन 'एक्जोटिक' श्रेणी में आता है। एक बार जब क्लेजियो प्रकाशक गैलीमार्ड से जुड़े हुए थे उन्होंने प्रकाशन के लिए मॉरिशस की लेखिका आनन्दा देवी की सिफारिश की लेकिन प्रकाशकों की आपत्ति थी कि वे उतनी एक्जोटिक नहीं हैं।

वे तमाम दूसरी संस्कृतियों से प्रभावित हैं। इसका एक प्रमुख कारण उनका

विश्वास है कि पश्चिमी संस्कृति आज एक तरह की हो गई है। यह अपनी शहरी और तकनीकी पद्धति पर बहुत ज्यादा बल देती है। इसकी अभिव्यक्ति भी एक तरह की और बड़ी नीरस है। यह किसी भी अन्य प्रकार की अभिव्यक्ति को बाधित करती है। पश्चिमी साहित्य एक तरह के व्यवहार, एक तरह के खान-पान को प्रस्तुत करता है जब कि सच्चाई यह नहीं है। उनका कहना है कि पाश्चात्य और यूरोप की संस्कृतियाँ अन्य सब संस्कृतियों पर अपना आधिपत्य कायम करती हैं और उन्हें समाप्त करने का पूरा-पूरा इन्तजाम करती हैं। वे उदाहरण देते हैं कि कैसे मीडिया पर दुनिया की मात्र चार-पाँच भाषाओं का कब्जा है। इसी कारण अन्य भाषाएँ चाहे कितनी भी समृद्ध हों उन्हें प्रदर्शन का अवसर ही नहीं मिलता है। इस कारण भिन्न-भिन्न भाषाओं के विलुप्त हो जाने का खतरा है।

आज भी विश्व में तमाम तरह की विविधताएँ हैं। पश्चिमी सभ्यता-संस्कृति तार्किकता के आधार पर अन्य सबको खारिज करती है जबकि बात ऐसी नहीं है। क्लेजियो इस तथ्य से परिचित हैं। इसी जानकारी के कारण उन्हें अन्य सभ्यताएँ-संस्कृतियाँ आकर्षित करती हैं। दुनिया विविधताओं से भरी हुई है। इस विविधता को वे प्रस्तुत करना चाहते हैं। इसे ही वह साहित्य और साहित्यकार का दायित्व मानते हैं। स्वयं उन्होंने अमेरिकन इंडियन्स पर काफ़ी लिखा है। और तो और उन्होंने अपना नोबेल भाषण कई अन्य लेखकों के अलावा इसी संस्कृति की एक बंजारन (घुमक्कड़) गायिका एल्वीरा को समर्पित भी किया है। क्लेजियो को प्रारम्भ से यात्रा-साहित्य पढ़ने का मौका मिला। वे इससे अभिभूत हैं और स्वयं उन्हें यात्रा करने का भरपूर अवसर प्राप्त हुआ है, कभी अपने पिता के कारण, कभी स्वयं अपने कारण।

1940 में उनका जन्म नाइस (फ्रांस) में हुआ। उनके पिता मॉरिशस के अंग्रेज थे। जल्द ही वे अपने पिता के पास नाइजीरिया आ गए जहाँ उनके पिता डॉक्टर थे। बाद में मिलिट्री सेवा के लिए उनका मैक्सिको जाना हुआ, वहाँ वे करीब दो साल रहे और इस बीच खूब घूमे। वे पनामा गए जहाँ उन्हें एम्बेरा (अमेरिकन इंडियन्स) लोगों से मिलने का अवसर मिला। वे इन लोगों के बीच ज़ंगल में 1970 से 1974 तक, करीब चार साल रहे। यह अनुभव उनके लिए बहुमूल्य साबित हुआ क्योंकि इस अनुभव ने उनके जीवन और जीवन के प्रति नजरिए को पूरी तरह बदल दिया। उनका व्यक्तित्व सम्पूर्ण रूप से परिवर्तित हो गया। ऊपर बताया जा चुका है कि कैसे इससे उनके स्वप्न तक प्रभावित हुए हैं। इस बात का जिक्र वे अपने नोबेल भाषण में करते हैं और अपने सब साक्षात्कारों में भी इस अनुभव का उल्लेख करते हैं।

उनका पालन-पोषण जिस फ्रांसिसी संस्कृति में हुआ वह अमेरिकन इंडियन्स संस्कृति से बिलकुल भिन्न थी। उन्होंने पाया कि यह यूरोप की संस्कृति से एकदम

जुदा है। एम्बेरा आदिवासी प्रकृति से तालमेल रखकर जीवन यापन करते हैं। वे किसी कानूनी या धार्मिक अधिसत्ता को नहीं मानते हैं, न ही उन्हें इसकी आवश्यकता है। पर्यावरण से अभिन्न रूप से जुड़े और उसी पर आश्रित ये लोग अत्यंत सरल हैं। जब क्लेजियो वहाँ से लौटे और उन्होंने इन लोगों की जीवन पद्धति की जानकारी लोगों को दी, लोगों को बताया कि ये आदिवासी कितने मेल-मिलाप से रहते हैं तो लोगों ने इनका उपहास किया और इन्हें अनाड़ी कहा। पश्चिमी आलोचकों के अनुसार क्लेजियो मिथ को सत्य मान बैठे और आदिवासियों की नृशंसता के बारे में कुछ नहीं जानते हैं। ये केवल कल्पना की दुनिया में रह रहे हैं। आदिवासी जीवन की रोमांटिक कल्पना कर रहे हैं। परन्तु क्लेजियो मानते हैं कि वे जिन लोगों के संग-साथ रहे वे लोग कतई नृशंस नहीं हैं। ये लोग कुलीन भी नहीं हैं। इनकी एक अलग संस्कृति है जो हमारी संस्कृति से भिन्न है। इन आदिवासियों के जीवन मूल्य भिन्न हैं। ये भिन्न तरह से जीवन जीते हैं और यही मुख्य बात है। इसे जानना-समझना आवश्यक है।

आजकल क्लेजियो अपना समय नाइस, न्यू मैक्सिको के अलबर्करक तथा मॉरिशस में व्यतीत करते हैं। आज भी उनका परिवार मॉरिशस में रहता है। उनकी तरह ही उनके चरित्र भी विभिन्न देशों से आते हैं, विभिन्न देशों में रहते हैं। उनके उपन्यास 'द प्रॉस्पेक्टर' एक अ-नायक अलेक्सिस है, एक अन्य पात्र उमा है जिसकी माँ भारत से है। 'द बुक ऑफ़ फ्लाइट्स' का पात्र वियतनाम से है। नजीब महफ़ूज, ओरहान पामुक की भाँति क्लेजियो भी अपने साहित्य में संस्कृतियों के टकराव की बात करते हैं। विभिन्न संस्कृतियों का चित्रण करते हैं। वे दिखाते हैं कि कैसे मैक्सिकन संस्कृति तात्कालिकता में विश्वास करती है और सड़क पर जीती है। जबकि यूरोप की संस्कृति घर में, स्कूलों में नियमबद्ध जीवन जीती है। उन्होंने जो देखा उसे ही साहित्य में पिरो दिया है। उनके एक कहानी-संग्रह 'बर्न्ट हार्ट एंड अदर रोमांसेस' में सात कहानियाँ हैं जिसकी पहली कहानी दो स्त्रियों की है जिनका यातनापूर्ण बचपन मैक्सिको में बीता है। बाद में भी वे इस अनुभव से उबर नहीं पाती हैं। इस संग्रह की सारी कहानियाँ सत्य हैं, सत्य घटनाओं पर आधारित हैं और विभिन्न संस्कृतियों को दिखाती हैं।

क्लेजियो का मानना है कि उपन्यास मुख्यतः बुर्जुआ शैली है। पूरी उन्नीसवीं सदी की दुनिया के बुर्जुआ भाग्य और दुर्भाग्य को इसमें देखा जा सकता है। और तभी सिनेमा का आगमन होता है। सिनेमा ने ज्यादा अच्छी तरह से जीवन को अभिव्यक्त करना प्रारम्भ किया और इसने उपन्यास की भूमिका को धूमिल कर दिया। इसीलिए लेखक उपन्यास को विस्तारित कर उसकी सीमा को खींचकर विचारों और भावनाओं की अभिव्यक्ति तक ले गए। तब लेखकों को लगा कि अरे

यह विधा तो काफ़ी लचीली है, इसमें शैली (फ़ॉर्म) के प्रयोग आसानी से किए जा सकते हैं। तब से प्रत्येक पीढ़ी उपन्यास में नए-नए प्रयोग कर रही है। इसमें नए तत्त्व जोड़ रही है। इस बात को कहते हुए क्लेजियो के मन में मॉरिशस के लेखक अभिमन्यु अनत हैं। जिनके 'लाल पसीना' को उन्होंने कुछ दिन पहले अनुवाद के माध्यम से जाना। वे महाभारत से खासे प्रभावित है। अभिमन्यु अनत उपन्यास के पारम्परिक कलेवर को बनाए रखते हैं लेकिन उसमें महाकाव्य के तत्त्व जोड़ते हैं। गीत, लय जोड़ते हैं जो भारतीय काव्य परम्परा का अंग है। क्लेजियो अपने लेखन में कई स्थानों पर भारतीय संस्कृति का उपयोग करते हैं। उनका लेखन विभिन्न संस्कृतियों का गायन है।

क्लेजियो के अपने पसन्दीदा उपन्यासकार आर एल स्टीवेंसन और जेम्स जॉयस हैं। दोनों अपने प्रारम्भिक अनुभवों से प्रेरणा ग्रहण करते हैं। वे अपने लेखन में 'क्यों?' और 'कैसे?' को समझने का प्रयास करते हैं। जॉयस अपने 'यूलिसस' में वर्तमान पल की कहानी को नहीं वरन् जो कुछ उनमें था उसे अभिव्यक्त करते हैं। सब कुछ वह जिसने उन्हें बनाया जो वे हैं। जेम्स जॉयस गली की हलकी-से-हलकी आवाज़, बातचीत के अंश, स्कूल में मिले शारीरिक दंड—जिससे वे कभी उबर न पाए—सबकी बात करते हैं। नॉयपॉल भी अपनी कल्पना में अपनी प्रारम्भिक शिक्षा के अनुभवों को स्मरण करते हैं। क्लेजियो के अनुसार जब साहित्य प्रथम सिहरन, प्रथम अनुभव, प्रथम विचार, प्रथम निराशा को अभिव्यक्त करता है तभी वह विशिष्ट होता है। अपने नोबेल भाषण में वे उस अनुभव को साझा करते हैं जो उन्हें करीब तीस साल पहले जैक लंडन की पुस्तक, 'द कॉल ऑफ़ द वाइल्ड' पढ़ते हुए हुआ था। इसे पढ़ते हुए उन्होंने सबसे पहले जाना कि साहित्य क्या हो सकता है। खासकार उस स्थान पर जहाँ एक चरित्र बर्फ़ में खो जाता है और उसे चारों ओर से भेड़िए घेरते जा रहे हैं। ठंड उसे दबोचती जा रही है। वह अपने हाथ देखता है जो पहले ही सुन्न हो चुके हैं। एक-एक करके अपनी हरेक अँगुली हिलाने की वह कोशिश करता है। उनके लिए इस खोज में कुछ जादुई है। एक बच्चे के रूप में यह सब कुछ क्लेजियो के लिए आत्म-चेतना थी। संवेदनशीलता को जगाने का काम साहित्य का है।

सलमान रुश्दी 'इमेजनरी होमलैंड' की बात करते हैं, वे अपने वतन से दूर हैं और कहीं भी उन्हें अपना वतन नहीं मिलता है, अपने वतन में भी नहीं। इसी तरह क्लेजियो भी स्वयं को निष्कासित मानते हैं क्योंकि उनका परिवार पूरी तरह से मॉरिशस का है। यह सही है कि उनका जन्म फ्रांस में हुआ, उसी सभ्यता-संस्कृति में उनका पालन-पोषण हुआ है लेकिन वे कई अन्य स्थानों पर रहे हैं। जैसे कि पहले लिखा जा चुका है उन्होंने अमेरिकन इंडियन्स से भी काफ़ी कुछ ग्रहण किया है।

उन्होंने बैंकॉक, मैक्सिको, बोस्टन आदि शहरों में शिक्षण कार्य भी किया। अत: उन्हें सदैव लगता है कि उनका वास्तविक देश कहीं और है, जहाँ कभी वे जाएँगे। वे उसे जानेंगे-सामझेंगे। इसीलिए फ्रांस में वे स्वयं को थोड़ा-सा अजनबी, तनिक बाहरी आदमी मानते हैं। दूसरी ओर फ्रांसिसी भाषा उन्हें अपनी लगती है। वे इसी में सोचते-विचारते हैं, यही उन्हें अपना संसार लगती है। वे मानते हैं कि शायद यही उनकी असली दुनिया है। फ्रांस से वे स्वयं को पूरी तरह जोड़ नहीं पाते हैं, मगर फ्रांसिसी भाषा से वे पूर्णरूपेण जुड़े हुए हैं। फ्रेंच के साथ-साथ उन्हें इंग्लिश भाषा पर भी पूरा अधिकार है। उनका पोषण मॉरिशस के लोकगीतों, खानपान, वीरगाथाओं और संस्कृति पर हुआ है। मॉरिशस की संस्कृति मिश्रित संस्कृति है। यह भारत, अफ्रीका और यूरोप की मिली-जुली संस्कृति है। अपने साहित्य में क्लेजियो विभिन्न संस्कृतियों के प्रवक्ता हैं।

जो बालक अपने पुरखों की गाथा सुन कर बड़ा होता है उनके विद्रोह, उनके साहस की कहानियाँ सुन कर बड़ा होता है, वह स्वयं भी साहसी, निडर और विद्रोही प्रवृत्ति का बनता है। क्लेजियो इसी प्रकार बड़े हुए। अपने एक साहसी और विद्रोही पूर्वज की विद्रोहपूर्ण शौर्यगाथा सुनते हुए उनका बचपन बीता। वे अपने इस पूर्वज की बात नोबेल भाषण में बताते हैं। अपने इस पूर्वज से उन्हें प्रेरणा मिलती है, इतना ही नहीं यह पूर्वज उनके एक उपन्यास का नायक भी है क्योंकि वे उसे अपने बहुत निकट पाते हैं। वे उसे समझते हैं। उनके पूर्वज ब्रिटनी के मोर्बीहान नामक स्थान से आते हैं। क्रान्ति के दौरान उनके एक पूर्वज को क्रान्ति-सेना में भर्ती होना था, लेकिन भर्ती होने की शर्त थी कि उन्हें अपने लम्बे बाल कटवाने होंगे। यह इस पूर्वज को मंजूर न था। इसी कारण उन्हें फ्रांस छोड़ने पर मजबूर होना पड़ा। वे अपने परिवार को लेकर 'ले कोरियर देस इंडस' नामक नौका में सवार हुए और भारत के लिए चल पड़े। यह संयोग ही था कि उनकी नौका मॉरिशस तट पर रुकी और यहीं उन पूर्वज की पत्नी का परिवार रहता था सो वे वहीं रुक गए। इस तरह क्लेजियो का बचपन भारत की संस्कृति की छाप लिए बीता। उन्होंने प्रारम्भ से भारत के विषय में सुना और जाना है इसीलिए उनके लेखन में भारतीय संस्कृति की झलक मिलती है। वे भाषण में सार्त्र, जॉयस, डैगरमैन, ऑटोवियो पॉज के साथ-साथ अभिमन्यु अनत, कुर्तुलएन हैदर का नाम भी लेते हैं।

जब यह हवा चली कि क्लेजियो का नाम नोबेल के लिए प्रस्तावित है तो उनसे किसी ने पूछा कि यदि उन्हें पुरस्कार मिलता है तो वे इस अवसर पर दुनिया से क्या कहना चाहेंगे? तो उनका उत्तर था, नोबेल पुरस्कार का तो पता नहीं लेकिन वे लोगों से युद्ध की बात करना चाहेंगे, उसकी भयावहता, उससे होने वाले विनाश की बात करना चाहेंगे। उनके लिए आज की सबसे भयंकर बात है कि युद्ध में बच्चे मर

रहे हैं। वे साहित्य की बात करना चाहेंगे। साहित्य द्वारा लोगों को युद्ध के परिणामों से परिचित कराया जा सकता है। लोग इसकी बात नहीं करते हैं। वे लोगों का ध्यान इस ओर आकर्षित करना चाहेंगे। वे इस त्रासदी को मुख्य रूप से लोगों के समक्ष लाना चाहते हैं। वे बताते हैं कि हाल ही में पेरिस की समस्त स्त्री मूर्तियों को परदों से ढ़ँक दिया गया था, यह जताने के लिए कि अफ़गान में स्त्रियों की स्वतन्त्रता को नकारा जा रहा है। यह उनके विरोध का एक तरीका था। बच्चों के लिए भी लिखने वाले क्लेजियो का कहना है कि हमें बच्चों की मूर्तियों के सीने पर बड़ा लाल निशान बनाना चाहिए जो बच्चों को लगने वाली गोलियों का प्रतीक होगा। आज प्रत्येक पल पैलेस्टीन दक्षिण अमेरिका और अफ़्रीका में बच्चे गोलियों का शिकार हो रहे हैं। लोग इन बातों के विषय में बात नहीं करते हैं। क्लेजियो इसके विषय में दुनिया को बताना चाहते हैं। आज जब उन्हें नोबेल पुरस्कार मिल चुका है, वे नोबेल भाषण दे चुके हैं, तो हम पाते हैं कि उन्होंने अपने नोबेल भाषण में युद्ध की बातें की हैं। साहित्य और साहित्यकार की बातें की हैं। क्लेजियो को लगता है कि लेखक को कभी भी ताकतवर की तनिक भी प्रशंसा नहीं करनी चाहिए, सदा कमजोरों का पक्ष लेना चाहिए वे अपने इस भाषण में विभिन्न संस्कृतियों के पक्ष में भी बोले। गुंटर ग्रास की भाँति क्लेजियो को पूरा-पूरा विश्वास है कि साहित्य सदैव जारी रहेगा, जब तक मौखिक अभिव्यक्ति की परम्परा दुनिया के किसी भी कोने में जीवित है साहित्य का अस्तित्व बना रहेगा।

क्लेजियो को पढ़ना, यात्रा करना, नए-नए स्थान देखना अच्छा लगता है। उन्हें लगता है कि यूरोपवासी अन्य संस्कृतियों से काफ़ी कुछ सीख सकते हैं। दुनिया में अनेक स्थानों पर जीती-जागती संस्कृतियाँ उपलब्ध हैं। इनमें कला के अद्‌भुत नमूने बिखरे हुए हैं। संचार की सम्पूर्ण प्रणाली इन लोगों ने विकसित की हुई है। जरूरत है इनको जानने-सनझने की, इनसे ग्रहण करने की, इनकी कला को सब देशों, सब लोगों तक पहुँचाने की। इनको नकार करके, इनके अस्तित्व के प्रति आँखें मूँदकर मात्र अपनी संस्कृति का ढिंढोरा पीटने से आज काम नहीं चलेगा। क्लेजियो मानते हैं कि यूरोप और अमेरिका की सम्पत्ति और उससे स्थापित उद्योग उपनिवेशों से प्राप्त पूँजी के कारण सम्भव हुए हैं। अत: आज समय आ गया है जब इन देशों को इस ऋण को चुकाने की बात सोचनी चाहिए। ये देश उन देशों के कर्जदार हैं जिन्हें इन्होंने उपनिवेशकाल में गुलाम बनाकर रखा था और जिनसे इन देशों ने अपनी भौतिक समृद्धि प्राप्त की है।

क्लेजियो को पढ़ना, उन्हें सुनना एक भिन्न दुनिया की सैर करना है। विभिन्न संस्कृतियों को जानना-समझना है, उनसे परिचित होना है, उनसे जुड़ना है।

डारियो फ़ो

नाटककार का विट

मैंने दुनिया के बहुत सारे नाटककारों को पढ़ा है। कालीदास, भास, जयशंकर प्रसाद, द्विजेंद्रलाल, जगदीश चन्द्र माथुर, मोहन राकेश, धर्मवीर भारती, रवींद्रनाथ ठाकुर, शेक्सपीयर, बर्नार्ड शॉ, सैमुअल बेकेट, हेरॉल्ड पिंटर, टेनेसी विलियम्स, टॉम स्पॉपर्ड, लुई पिरांडलो, इब्सन, लोर्का (ये नाम किसी खास क्रम में नहीं लिखे हैं बस जैसे याद आते गए लिखती गई)। इनमें से एक-एक अपने आप में अनोखा और महान है। इसी तरह बहुत सारे साहित्यकार जिन्हें नोबेल पुरस्कार मिला है उनके नोबेल भाषण को भी पढ़ा-सुना (अब यह सुविधा उपलब्ध है), उनमें से कई भाषणों पर किताब (अपनी धरती, अपना आकाश : नोबेल के मंच से) के सिलसिले में काम किया। आज जिस नाटककार और उसके नोबेल भाषण पर यह आलेख है वह दुर्लभ और विशिष्ट विट का कलाकार है। मैं बात कर रही हूँ 1997 के साहित्य के नोबेल पुरस्कार विजेता नाटककार डारिओ फ़ो की। 7 दिसम्बर, 1997 को दिया गया उनका नोबेल भाषण जीवन्तता, कटाक्ष और उनकी अपनी विधा नाटक के प्रति प्रतिबद्धता का एक नायाब नमूना है।

वे नाटककार हैं, अत: बिना दर्शकों को साथ लिए उनका काम सफल नहीं हो सकता है। अपने भाषण के दौरान भी वे अपने श्रोताओं को अपने साथ लेकर चलते हैं, उन्हें अपने भाषण में शामिल करते हैं। भाषण को वे बातचीत कहते हैं और इस बातचीत में साझेदारी के लिए श्रोताओं को आमन्त्रित करते हैं। उनकी कल्पना को पंख लगाकर अपने साथ-साथ उन्हें एक दूसरे लोक की सैर पर ले जाते हैं। सत्ता और शक्ति की पट्टी खोलते हैं, उस पर जमकर प्रहार करते हैं, श्रोताओं-पाठकों की आँख में अँगुली डालकर उन्हें उनके समय और समाज से रू-ब-रू कराते हैं। हमें हमारे दायित्व से अवगत कराते हैं। इस भाषण के दौरान वे कई लोगों के प्रति कृतज्ञता अभिव्यक्त करते हैं। पूरा भाषण हास्य-व्यंग्य (विट) का एक बेमिसाल नमूना है। उन्होंने अपने भाषण का शीर्षक सम्राट फ्रेडेरिक द्वितीय के समय के एक कानून से उठाया है। भाषण का शीर्षक (Contra Jogulatores Obloquentes) लैटिन भाषा में है, जिसका इंग्लिश अनुवाद Against Jesters Who Defame and Insult अगर

इसका हिन्दी अनुवाद किया जाए तो शीर्षक 'मसखरा जो निन्दा और अपमान करता है' कुछ इस तरह होगा।

उनका भाषण पूर्व में श्रोताओं के बीच बाँटा जा चुका है। वहीं से वे अपनी बात शुरू करते हैं और कहते हैं कि आप लोग भाषण की मुद्रित प्रति में जो रेखांकन देख रहे हैं वे खुद उनके द्वारा बनाए गए हैं। कुछ समय से उनकी आदत हो गई है कि वे जो भी कहना चाहते हैं उसे रेखांकन में तैयार करते हैं, सीधे-सीधे भाषण नहीं लिखते हैं। ऐसा वो इसलिए करते हैं ताकि अवसरानुकूल उसे विकसित किया जा सके, परिवर्तित किया जा सके, उसके सन्दर्भगत अर्थ निकाले जा सकें। ऐसा करने से उनकी कल्पना को पंख फैलाने का अवसर मिलता है और वे यही अपने श्रोताओं से भी अपेक्षा करते हैं कि वे भाषण की प्रति में उपयुक्त रेखांकन में अपनी कल्पना का रंग भरेंगे। मुद्रित प्रति में पहला चित्र एक मसखरे के जन्म को दिखा रहा है।

वे यह भी बताते हैं कि भाषण के बीच-बीच में बताते चलेंगे कि कब किस रेखांकन पर ध्यान केन्द्रित किया जाए ताकि प्रवाह भंग न हो। ऐसा वे खास तौर पर इसलिए भी करेंगे क्योंकि श्रोताओं में से बहुत सारे लोग इटैलियन अथवा स्वीडिश भाषा नहीं जानते हैं। वे कटाक्ष करते हुए कहते हैं कि इंग्लिश भाषा-भाषी दूसरों से अधिक फ़ायदे में रहेंगे क्योंकि वे वह भी कल्पना करेंगे जो न तो उन्होंने कहा है और न ही जिसे उन्होंने सोचा है। समस्या दो अलग-अलग समय पर हँसने वालों की है, जो इटैलियन समझते हैं, वे तुरन्त हँसेंगे, जो नहीं जानते हैं उन्हें एना बारोस्टी के स्वीडिश अनुवाद का इन्तजार करना होगा। नोबेल भाषण का साथ-साथ विभिन्न भाषाओं में अनुवाद चलता रहता है। डारिओ फ़ो अपना भाषण अपनी मातृ भाषा इटैलियन में दे रहे थे। एना उसका अनुवाद स्वीडिश में कर रही थीं। आगे वे मज़ाक करते हुए कहते हैं कि आप में से कुछ लोग होंगे जो समझ नहीं पाएँगे कि पहले वालों के साथ हँसें अथवा दूसरे समूह के साथ। इस भूमिका के साथ वे अपना नोबेल भाषण प्रारम्भ करते हैं।

वे शीर्षक से अपनी बात शुरू करते हैं। भाषण को बातचीत कहना पसन्द करते हुए बताते हैं कि उन्होंने अपने भाषण का शीर्षक मध्यकालीन लैटिन से उठाया है, 1221 में सिसली में स्वाबिया के सम्राट फ्रेडरिक द्वितीय द्वारा एक कानून पारित हुआ था। इस सम्राट को ईश्वर ने नियुक्त किया था ऐसा स्कूल में पढ़ाया जाता था ताकि लोग इस सम्राट, इस सर्वशक्ति मान को विशिष्ट सम्मान दें। स्कूल में सिखाया जाता कि यह महान सम्राट बहुत उदार हृदय और बुद्धिमान था। तो इस सम्राट ने एक कानून पास किया जिसका अर्थ था 'विदूषक जो निन्दा और अपमान' करता है उसे कोई भी अर्थात सारे नागरिक अपमानित कर सकते हैं, मार सकते हैं यहाँ तक कि अगर उनका मन करे तो हत्या भी कर सकते हैं। इस बात में लोगों को

कोई खतरा नहीं उठाना होगा क्योंकि इस कानून के अनुसार ऐसे लोगों पर कोई कार्यवाही नहीं होगी। उन पर कोई मुकदमा नहीं चलेगा, सजा नहीं मिलेगी, न ही जुर्माना होगा। डारिओ फ़ो तत्काल कहते हैं कि अब यह कानून समाप्त हो चुका है अत: वे सुरक्षित हैं और अपनी बात चालू रख सकते हैं। हम सब कानून के विद्रूप से अक्सर परिचित होते रहते हैं। सत्ताधारी कैसे-कैसे कानून गढ़ते हैं, कानून तारी करते हैं इसकी मिसाल हर युग और हर देश में मिलती है।

फ़ो को नोबेल पुरस्कार मिलने की घोषणा के तत्काल बाद क्या-क्या हुआ इसका अपने भाषण में वे एक बड़ा सरस चित्र खींचते हैं। उनके मित्रों, विशिष्ट रचनाकारों ने कई रेडियो और टेलीविजन साक्षात्कार में कहा है कि सर्वोच्च पुरस्कार नि:सन्देह स्वीडिश अकादमी को दिया जाना चाहिए क्योंकि इन लोगों ने एक मसखरे को नोबेल पुरस्कार देने का साहस दिखाया है। फ़ो अपने मित्रों से सहमत होते हैं और अकादमी के साहस को रेखांकित करते हुए कहते हैं कि इस साहस के काम ने उत्तेजना की लहर दौड़ा दी है। दूर-दूर तक काफ़ी हलचल मच गई है। जो खलबली मची थी उसका जायजा लेते हुए वे बताते हैं कि उदात्त कवि और लेखक जो सामान्यत: बहुत अभिमानी स्तर पर रहते हैं, जो शायद ही कभी जमीन पर रहने वालों की सुध लेते हैं वे अचानक एक तरह के तूफ़ान में पड़ गए, ये कलावादी अपने उच्च आसन से लुढ़कते हुए जमीन पर मुँह के बल सामान्यता की कीचड़ में आ गिरे। स्वीडिश अकादमी, इसके सदस्यों और उनकी सात पुश्तों पर अपमान और गालियों की बौछार होने लगी। सबसे बेतुका नारा था, 'नॉर्वे के ... राजा का नाश हो!' वो व्यंग्य करते हैं कि ये लोग अपने भ्रम में साम्राज्य भी गलत-सलत करने लगे। सामान्य ज्ञान से भी चूक गए। इस स्थान पर आकर वे श्रोताओं को रेखांकन की ओर इंगित करते हैं जहाँ तमाम नंगे कवि ऊपर से नीचे गिर रहे हैं। कुछ अपने पिछले भाग पर धड़ाम से आ गिरे। एक रपट के अनुसार इन लोगों का दिमाग और लीवर बुरी तरह खराब हुए। कई दिन तक इटली की दवा दुकानों में ट्रैंक्यूलाइजर्स खोजे से भी न मिली।

फ़ो स्वीडिश अकादमी की बहादुरी कर टिप्पणी करते हुए कहते हैं कि वास्तव में क्या आप लोगों का दिमाग फिर गया है पहले आपने एक अश्वेत को, फिर यहूदी लेखक (1966 में नेली ज़ाक्स तथा शम्यूएल योसेफ़ एगनॉन को दो यहूदी लेखकों को संयुक्त नोबेल मिला था, 1993 में अश्वेत रचनाकार टोनी मॉरीसन को मिला) को नोबेल सम्मान दिया और अब एक मसखरे लेखक को दिया है। उच्च क्लर्जी भी पागलपन के शिकार होते हैं। धर्माधिकारी—पोप के निर्वाचनकर्ता, बिशप्स, कार्डिनल्स और ईश्वर की विशेष कृति—सब। उन लोगों ने पिटिशन दायर किया है कि वह पुराना कानून फिर से लागू होना चाहिए। विदूषक

को पुआल में रखकर धीमी आँच पर जलाना चाहिए। उसे ज़िन्दा रहने का कोई हक नहीं है।

दूसरी ओर बहुत सारे लोग फ़ो को पुरस्कार मिलने की खुशी मना रहे थे इस कारण डारिओ फ़ो अकादमी को ढेर सारे मूक अभिनय करने वालों, मुखौटा नृत्य करने वालों, मसखरों, जोकरों, कहानी कहने वालों, नटों, कलाबाजों की ओर से खुशी से धन्यवाद देते हैं। वे भाषण की मुद्रित प्रति में रेखांकन इंगित करते हैं जिसमें इन विभिन्न कलाकारों को खुशी मनाते हुए उन्होंने दिखाया है।

कहानी कहना एक विशिष्ट कला है, समृद्ध मौखिक परम्परा का हिस्सा। हर देश में ऐसे लोग मिलते हैं, फ़ो के जन्मस्थान में भी ऐसे लोग थे जिनसे उन्होंने बचपन में कहानियाँ सुनी थीं और कहानी कला सीखी थी वे उनके प्रति अपनी कृतज्ञता जाहिर करते हैं। शीशे को फुला कर गुब्बारे बनाने वाले इन कहानी कहने वालों के बीच वे बड़े हुए थे। उनकी कहानियाँ सुनते, पेट पकड़कर, लोट-पोट कर हँसते हुए बड़े हुए हैं, आज भी फ़ो की स्मृति में ये कहानियाँ ताजा हैं। वे एक खास कहानी 'रॉक ऑफ़ काल्डे' अपने भाषण में समाहित करते हैं। बरसों पहले झील से निकल कर एक तीखी ढलान वाली चोटी पर काल्डे नामक एक छोटा पर विशिष्ट शहर स्थापित था। जैसा कि यह शहर भुरभुरी चट्टान पर था धीरे-धीरे, रोज-रोज नीचे की ओर सरकने लगा। इस शहर में एक घंटाघर, चोटी पर एक मजबूत टॉवर और एक के बाद एक घर थे। 15वीं सदी का यह शहर आज नहीं है।

नीचे घाटी के किसानों और मछुआरों ने शहर वालों को बताया कि वे लोग सरक रहे हैं, गिर रहे हैं। पर चोटी पर रहने वाले अपने मद में थे, वे क्यों किसी नीचे वाले की बात सुनते-गुनते? चोटी पर रहने वालों ने नहीं सुना, बल्कि वे लोग नीचे वालों पर हँसें और उन्होंने सावधान करने वालों का मज़ाक उड़ाया। कहा कि क्या तुम लोग हमें मूर्ख सोचते हो, हमें डराते हो ताकि हम घर-जमीन छोड़कर चले जाएँ और तुम इन्हें हथिया लो। वे लोग खेती करते रहे, मजे करते रहे, चर्च जाते रहे, उन्हें लगता कि चट्टान सरक रही है पर ज्यादा परवाह नहीं की। वे एक दूसरे को भरोसा दिलाते कि चट्टान का बैठना बड़ी सामान्य बात है। धीरे-धीरे चट्टान झील में समाने लगी, किनारे के लोगों ने चिल्लाकर सावधान करना चाहा, कहा कि तुम लोगों के टखने तक पानी आ गया है। शहर वालों ने कहा बकवास, यह तो नालियों का पानी है तनिक-सी नमी है। इस तरह पूरा शहर झील में समा गया। यहाँ पहुँचकर डारिओ फ़ो नादात्मक हो जाते हैं। ध्वन्यात्मक रूप से सुनाते हैं, घर, आदमी, औरतें, दो घोड़े, तीन खच्चर सब गड़प...गड़प...छपाक से पानी में डूब गए। इस हादसे के बीच वे हास्य का पुट मिलाते हुए कहते हैं कि इस सारे समय एक पादरी एक नन से कन्फ़ेशन करवा रहा था...गप्प...गड़ाप...टॉवर गायब, घंटाघर के घंटे नदारद...

डॉन्ग...डिन्ग...डोप...प्लोक... कहानी कहने वाला जारी रहता है, आज भी अगर आप पानी में झाँककर देखें और उसी समय बिजली चमकने लगे, बादल टूट पड़ें तो आप झील के तल में डूबा हुआ शहर, उसकी सड़कों और यहाँ तक कि उसके लोगों को देख सकते हैं। वे आज भी चल-फिर रहे हैं और चलते हुए खुद से कहते जाते हैं कि कुछ नहीं हुआ है। मछली उनकी आँखों के सामने से गुजर जाती है, उनके कान में चली जाती है, वे कहते हैं चिन्ता की कोई बात नहीं है, बस यह एक खास तरह की मछली है जिसने हवा में तैरना सीख लिया है। 'आक्छी! गॉड ब्लेस यू!' वे छींकेंगे तो कहेंगे कि आज सर्दी अधिक है कल से ज्यादा पर ठीक है। वे लोग तल में पहुँच गए हैं पर उनके तईं कुछ नहीं हुआ है उन्हें कोई परवाह नहीं है।

फ़ो कहते हैं कि यह कहानी डिस्टर्बिंग है, यह परेशान करने वाली है, इसमें कोई शक नहीं है। वे इन कहानी सुनाने वाले लोगों के ऋणी हैं और बताते हैं कि ये कहानी सुनाने वाले अकादमी के ऋणी हैं क्योंकि अकादमी ने उनके एक शिष्य को आज सम्मानित किया है। लोग कसम खाकर कहते हैं कि जब फ़ो के शहर में उनके एक कहानी कहने वाले को नोबेल पुरस्कार मिलने की खबर पहुँची तो पचास साल से बन्द-ठंडी पड़ी एक चिमनी अचानक जग गई और लपटें फेंकने लगी। लग रहा था आतिशबाजी कर रही हो, रंगीन शीशे की किरचें झील पर गिरने लगीं और बहुत प्रभावशाली भाप के बादल उड़ने लगे।

अपने भाषण में यहाँ पहुँचकर पानी पीने के लिए वे अल्पविराम लेते हैं। लोगों से कहते हैं कि तब तक वे लोग सराहना करें, अनुवादिका से भी पूछते हैं क्या वह पानी पीएगी? पानी पीते हुए भी वे लगातार श्रोताओं से मुखातिब रहते हैं, कहते हैं जब तक हम पानी पी रहे हैं, अच्छा मौका है तब तक आप लोग एक दूसरे का हालचाल पूछ लीजिए। पानी पीकर फिर से बातचीत शुरू करते हैं।

शेक्सपियर से पहले पुनरुत्थान काल के महान नाटककार रुज़ान्टे बेओल्को को मोलियर के साथ फ़ो अपना गुरु मानते हैं। रुज़ान्टे को न केवल स्वीडन और फ्रांस के लोग बल्कि नॉर्वे और फिनलैंड के लोग भी बहुत कम जानते हैं, यहाँ तक कि इटली में भी वह अनजाना रहा है। रुज़ान्टे और मोलियर अभिनेता और नाटककार दोनों थे। दोनों को उनके समय के अन्य साहित्यकारों से उपेक्षा मिली। कारण था ये दोनों रोजमर्रा के जीवन को मंच पर लाते थे, आम आदमी की खुशी और गम उनकी कथा होती थी, मिथ्याभिमान और दोमुँहेपन को उजागर करते थे, अन्याय का प्रतिकार करते थे। वे लोगों को हँसाते थे यही उनका अपराध था। हास्य दबंगों को प्रसन्न नहीं करता है। हास्य-व्यंग्य उन्हें चिढ़ाता है, परेशान करता है। रुज़ान्टे ने कई भाषाओं के आधार पर थियेटर के लिए और थियेटर की अपनी एक नई भाषा विकसित की थी। इसमें लैटिन, स्पैनिश, जर्मन के साथ उसने अपनी

अनुकरणात्मक ध्वनि मिलाई थी। डारिओ फ़ो ने खुद को परम्परागत लेखन की सीमाओं से मुक्त रखना और खुद को अनोखी ध्वनियों, शब्दों, लयों और श्वास के प्रवाह की विभिन्न तकनीकी में व्यक्त करना उसी से सीखा। वे अपने सम्मान का एक हिस्सा इसी अभिनेता-नाटककार रुज़ान्टे को समर्पित करते हैं।

भाषण को आगे बढ़ाते हुए वे बताते हैं कि एक दिन उनसे एक युवा एक्टर ने कहा कि गुरु क्यों नहीं आप अपनी ऊर्जा हमारी ओर बढ़ाते हैं, आपका उत्साह युवा लोगों की प्रेरणा बनेगा। आप उन लोगों से अपनी प्रतिभा और ज्ञान साझा कीजिए। इस बात को सुनकर फ़ो और उनकी पत्नी फ्रैंका एक दूसरे की ओर देखने लगे। युवक की बात में दम था। दोनों इस काम में जुट गए, वे विभिन्न विश्वविद्यालयों में जाने लगे। मगर उनका अनुभव बहुत निराशाजनक था क्योंकि न केवल युवा विद्यार्थी वरन् उनके प्राध्यापक भी बड़ी-बड़ी किताबी बातें शायद जानते थे पर अपने आसपास की घटनाओं से बेखबर थे। वर्कशॉप और सेमीनार के दौरान उनका पाला बड़े अज्ञानी लोगों से पड़ा। इस बात से दोनों को बहुत बेचैनी और आश्चर्य हुआ कि लोग सामान्य बातों को नहीं जानते हैं। फिर भी वे इस अभियान में जुटे हुए हैं।

एक बार वे लोग एक विश्वविद्यालय के छात्र और अध्यापकों के समक्ष सिवास नामक स्थान में हुए कत्लेआम के अपराधियों के ख़िलाफ़ चल रही कार्यवाही की चर्चा कर रहे थे। देश के सर्वाधिक प्रजातांत्रिक सैंतीस विद्वान एनाटोलिअन शहर में ऑटोमन काल के प्रसिद्ध मसखरे की स्मृति का उत्सव मनाने के लिए जमा हुए थे। इन्हें उनके होटल में रात के अँधेरे में ज़िन्दा जला दिया गया था। सरकारी संरक्षण पाए कुछ सिरफिरे कठमुल्लाओं ने इस जघन्य काम को अंजाम दिया था। एक रात में सैंतीस व्यक्ति, देश के सर्वोच्च कलाकार, लेखक, निर्देशक, अभिनेता और कुर्दिश नर्तक इस धरती से साफ़ कर दिए गए। एक झटके में इन ज़ैनेटिक लोगों ने टर्की संस्कृति के सर्वाधिक महत्त्वपूर्ण लोगों को नष्ट कर डाला।

ये बातें फ़ो और उनकी पत्नी फ्रैंका हजारों छात्रों के बीच कर रहे थे मगर इन छात्रों के चेहरे पर विस्मय और अविश्वास था। इन लोगों ने कभी इस कत्लेआम की बात नहीं सुनी थी। उनके प्राध्यापकों ने भी नहीं। टर्की उनके सामने भूमध्य सागर पार है, यूरोपियन कम्युनिटी में शामिल होने जा रहा था, और इन लोगों ने इस घटना को नहीं सुना-जाना था। शिक्षाविदों का काम है अपने छात्रों के अज्ञान को दूर करना, ऐसे लोग यह कैसे करेंगे जब वे खुद अज्ञान के अँधकार में हैं। शिक्षा की दयनीय दशा किसी से छिपी नहीं है, शिक्षा के सारे उच्च उद्देश्यों को भुला दिया गया है, मात्र तात्कालिकता पर बल है, शिक्षा आज मनी मेकिंग मशीन बनकर रह गई है। फ़ो के अनुसार युवा बड़ी जल्दी जनसंचार माध्यमों द्वारा हर दिन परोसी हुई कुत्सित और

घिसीपिटी बातों को आत्मसात कर लेते हैं। हृदयहीन टीवी एक्शन फ़िल्में जहाँ हर दस मिनट में तीन बलात्कार, दो हत्याएँ और दस कारों को पुल से गिरता दिखाया जाता है। उत्सुक देखने वाले खुश होते हैं, तालियाँ बजाते हैं।

शिक्षा की गिरावट से वे चिन्तित हैं, दुखी हैं। क्या सिखा रहे हैं हम अपनी नई पीढ़ी को? शिक्षा के नाम पर क्या परोसा जा रहा है? फ़ो एक विश्वविद्यालय में चल रहे एक प्रोजेक्ट का उदाहरण देते हैं, यहाँ जेनेटिक मटीरियल को मैनीपुलेट करने का काम चल रहा है। और अधिक गहराई में जाएँ तो पता चलता है कि यह यूरोपियन पार्लियामेंट का एक प्रपोजल है लिविंग ओर्गानिज्म पर पेटेंट राइट्स का। जब इसकी बात वे करते हैं तो श्रोताओं में सनसनी की लहर दौड़ जाती है। वे कहते हैं कि यह एक साइंस फिक्शन फ़िल्म के लिए बड़ा मौजू विषय रहेगा, फ़िल्म का नाम 'फ्रैंकेंस्टाइन्स पिग ब्रदर' हो सकता है। यहाँ 'बिग ब्रदर' की तर्ज पर 'पिग ब्रदर' के कटाक्ष को देखा जा सकता है। वे बताते हैं कि 'यूरोक्रेट' (ब्यूरोक्रेट की तर्ज पर) इंडस्ट्रीज को जीवित लोगों या उनके अंगों का पेटेंट लेने का निर्देश देंगे। एक वैज्ञानिक सूअर के जेनेटिक मेकअप का मैनीपुलेशन कर आदमी जैसा बनाने में सफल हो गया। अब सूअर से आपका मनपसन्द अंग—लीवर, किडनी आदि आदमी में आसानी से प्रत्यारोपित किया जा सकता है। सूअर का अंग शरीर द्वारा नकारा न जाए इसके लिए अति आवश्यक है कि सूअर के जेनेटिक सूचनाओं के कुछ टुकड़े भी मनुष्य के शरीर में स्थानान्तरित कर दिए जाएँ। नतीजा होगा एक 'सूअर-आदमी'। फ़ो व्यंग्य करने से बाज नहीं आते हैं वे कहते हैं कि पहले से ही बहुत सारे ऐसे लोग हैं। इस नए जीव, 'सूअर-आदमी' का हर अंग पेटेंट कानून के दायरे में होगा और जो भी अंग आप लेना चाहें उसका कॉपीराइट शुल्क आपको उस कंपनी को देना होगा जिसने इसे अन्वेषित किया है। राक्षसी विकलांगताएँ, साथ की बीमारियाँ, संक्रामक बीमारियाँ सब वैकल्पिक हैं, सब इस दाम में शामिल हैं। ये है हमारा ज्ञान, हमारे नए प्रोजेक्ट्स। बस मुनाफ़ा ही एकमात्र लक्ष्य है। लालच के आगे अन्य सारी बातें नज़र अन्दाज की जा सकती हैं। हालाँकि तत्कालीन पोप इस राक्षसी सूअर-आदमी प्रोजेक्ट के ख़िलाफ़ हैं, उन्होंने इसे अमानवीय, नैतिक मूल्यों से शून्य और मनुष्य की अस्मिता का विरोधी कहा है। मगर इसी पोप की नाक के नीचे इसी तरह के तमाम प्रयोग चल रहे हैं।

फ़ो को इस बात पर आश्चर्य होता है कि जब यह सब हो रहा है अमेरिका के एक वैज्ञानिक ने एक बबून का सिर ट्रांसप्लांट करने में सफलता हासिल की है। वे इस तरह के प्रोजेक्ट्स का न केवल मखौल उड़ाते हैं वरन् इनकी जमकर निन्दा भी करते हैं। हास्य व्यंग्य की चासनी में भिगोकर वे हमें हमारे समय और समाज की विद्रूपताओं को दिखाते हैं। अमेरिका के इस वैज्ञानिक के कारनामे की खूब जमकर

पब्लिसिटी हुई थी। इसने दो बबून के सिर काट कर सिल दिए। बबूनों को इस महान कार्य से कोई सुखद अनुभूति नहीं हुई असल में वे लकवाग्रस्त हो गए और जल्द ही मर भी गए परन्तु यह बड़ी बात है कि प्रयोग सफल रहा। यह वैज्ञानिक ऐसा-वैसा आदमी नहीं है, यह 'वैटीकन एकेडमी ऑफ़ साइंस' की एक जानी-मानी हस्ती है। फ़ो इसे आधुनिक फ्रैंकेन्स्टीन कहते हैं। फ़ो ने जब इन आपराधिक मामलों का विश्वविद्यालय के छात्रों के समक्ष पर्दाफाश किया तो छात्र दिल खोलकर हँसने लगे, उन्हें लगा कि फ़ो और फ्रैंका कोई मजेदार कहानी सुना रही हैं। उन्हें एक क्षण के लिए भी नहीं लगा कि उनके सामने एक सच्चाई बयान हो रही है।

अपने इन निराशाजनक अनुभवों से फ़ो का उत्साह कम नहीं हुआ बल्कि और जोर-शोर से वे अपने अभियान में लग गए। उनके अनुसार बौद्धिकों, धार्मिकों, मंच और जो भी युवा लोगों को सम्बोधित करते हैं उनका काम किसी विधि, शैली या तकनीक मात्र को पढ़ाना नहीं है, युवाओं को बताना है कि हमारे आसपास क्या चल रहा है, उनकी अपनी कहानी बताना है। थियेटर, साहित्य या कोई भी कलात्मक अभिव्यक्ति यदि अपने समय को व्यक्त नहीं करती है तो वह निरर्थक है। इन माध्यमों की सार्थकता, इनका दायित्व अपने समय को अभिव्यक्त करना है।

फ़ो अपने नाटकों की थीम वास्तविक घटनाओं से उठाते हैं, इसके लिए खूब शोध-अध्ययन-मनन करते हैं। फ़ो एक बार एक बहुत बड़ी कॉन्फ्रेंस में बोल रहे थे वे इटली के एक खास केस की बाबत बता रहे थे जिसमें इटली के लेफ़्ट-विंग के तीन राजनीतिज्ञों को 21 साल की सजा हुई, उन पर अभियोग था कि उन्होंने एक पुलिस कमीश्नर की हत्या की है। फ़ो ने केस के सारे पेपर्स का अध्ययन किया था क्योंकि इसी को आधार बनाकर उन्होंने अपना नाटक 'एक्सीडेंटल डेथ ऑफ़ एन एनार्किस्ट' तैयार किया था। जब वे इसकी बात कर रहे थे तो एक समय उन्हें लगा कि अपनी बात वे बहरों के सामने कह रहे हैं। श्रोताओं को मात्र पाँच-दस साल पूर्व हुई आतंकवादी घटना की कोई जानकारी न थी, कत्लेआम, ट्रेन उड़ने, बम गिरने या झूठे कोर्ट केस का कुछ पता न था। अतः उन्हें काफ़ी पीछे अतीत में जा कर अपनी बात समझानी पड़ी। ऐसे अनुभव उन्हें कई स्थानों—इटली, स्पेन, फ्रांस, जर्मनी सब जगह हुए।

फ़ो की जीवन साथी फ्रैंका रामे उनके हर काम में सहभागी हैं। खुद वे एक कुशल अभिनेत्री, नाटककार और साहित्यकार हैं, स्वीडिश अकादमी ने भी उनकी प्रतिभा का उल्लेख किया है। फ़ो अपना नोबेल मेडल उनके साथ साझा करते हैं। भाषण के इस हिस्से में लोगों को फ्रैंका के लिए नारे लगाता रेखांकन दिखाया गया है। जिस समय वे नोबेल सभागार में भाषण दे रहे थे फ्रैंका इटली के एक थियेटर में स्टेज पर कार्यक्रम दे रही थीं। फ़ो बताते हैं कि वो अगले दिन आएँगी और लोगों

को न्योता देते हैं कि अगर आप चाहें तो उन्हें लेने मेरे साथ एयरपोर्ट चल सकते हैं। इसके बाद वे फ्रैंका की खूबियाँ बताने लगते हैं। डारिओ फ़ो की बात बिना फ्रैंका रामे के नहीं हो सकती है। दोनों अलग नहीं किए जा सकते हैं। वे दो शरीर एक प्राण हैं। छः दशक से ऊपर हो गए दोनों को मिलकर अपने थियेटर 'फ़ो रामे' में काम करते, दोनों ने मिलकर न जाने कितने नाटक लिखे और खेले। रामे इनके नाटकों की प्रमुख नायिका होती हैं। जब फ़ो को पुरस्कार मिल रहा था वे भाषण दे रहे थे तब फ्रैंका इटली के एक मंच पर अभिनय कर रही थीं। जिस दिन पुरस्कार की घोषणा हुई उस दिन भी वे मिलान के एक स्टेज पर 'द डेविल बिथ टिट्स' में अभिनय कर रही थीं। फ़ो अपने भाषण में फ्रैंका की वाक्पटुता की बात करते हैं। फ्रैंका को अपने साथ न पाकर इस महत्त्वपूर्ण पल में इन्हें बहुत अजीब लग रहा है क्योंकि वे हर वक्त कंधे-से-कंधा मिलाकर उनके साथ खड़ी रहती हैं। दोनों साथ-साथ स्टेज के अलावा फ़ैक्टरी, यूनिवर्सिटी, चर्च, जेल, पार्क हर जगह थियेटर करते रहे हैं। साथ-साथ गालियाँ और पुलिस की मार खायी है। धूप-छाँव सबमें दोनों साथ रहे हैं। स्त्री होने के नाते फ्रैंका ने ज्यादा सहा है।

घोषणा होते ही वे मिलान के उस थियेटर में जा पहुँचे। उस दिन वहाँ क्या हुआ उसका एक चित्र वे अपने भाषण की प्रति में दिखलाते हैं। उस दिन फ़ो को पत्रकारों, फ़ोटोग्राफरों, टीवी वालों ने घेर लिया। रास्ते से जाती हुई एक ट्राम रुक गई, ड्राइवर उन्हें बधाई देने आया फिर तो ट्राम के यात्री और रास्ता चलता हर व्यक्ति उनसे हाथ मिलाकर बधाई देना चाहता था। चारों ओर खूब शोर-शराबा था अचानक सब चुप हो गए फिर किसी ने प्रश्न किया कि फ्रैंका कहाँ है? बस फिर क्या था सब एक स्वर में फ्रैंका के नाम का नारा लगाने लगे। 'फ्रैंका', 'फ्रैंका' पुकारने लगे और तब तक नारा लगता रहा जब तक वह थियेटर से बाहर नहीं आ गई। गद्गद आँसू भरी आँखों से आकर वे फ़ो के गले लग गई। उसी समय एक और चमत्कार हुआ।

फ़ो कहते हैं कि उसी समय कहीं से एक बैंड पार्टी आ गई वे लोग बच्चे थे, केवल पिपहरी और ड्रम बजा रहे थे। पहली बार गाने-बजाने निकले थे और सांभा बीट में 'पोर्टा रोमाना बेला, पोर्टा रोमाना' बजा रहे थे जो बिलकुल ट्यून में नहीं था। ट्यून में न होने के बावजूद फ़ो और फ्रैंका के लिए वह सबसे खूबसूरत संगीत था। इसी के साथ वे अपने भाषण का अन्त करते हुए कहते हैं कि यह पुरस्कार हम दोनों का है।

26 मार्च, 1926 को सेन गियानो में जन्मे डारिओ फ़ो के पिता फ़ेलिस स्टेशन मास्टर थे साथ ही वे शौकिया तौर पर थियेटर में अभिनय किया करते थे। इनकी माँ पिना रोटा की कल्पना शक्ति लाजवाब थी उन्होंने अपने शहर का इतिहास लिखा

था। इनके भाई का नाम फ़ुलविओ तथा बहन का नाम बिआन्का है। ये लोग अपने नाना के साथ रहते थे नाना का एक फ़ॉर्म था जहाँ कई चीजें पैदा होती थीं। नाना इन चीजों को अपनी एक बड़ी सी घोड़ा गाड़ी में लेकर बेचने गाँव-गाँव जाया करते थे। साथ होता था बालक डारिओ। नाना ग्राहकों को लुभाने के लिए अनोखी कहानियाँ सुनाया करते जो बालक के लिए आगे चलकर खाद-पानी बनी। यहीं से उन्हें लयात्मकता प्राप्त हुई। इन कहानियों में स्थानीय खबरों, घटनाओं की खासी मात्रा भी शामिल होती थी। नाना को लोग ब्रिस्टिन (मिर्च बीज) कहा करते। नाना के संग गाँवों में घूमना हुआ तो पिता के साथ कई शहरों में घूमें। वे जहाँ गए उन सब स्थानों की संस्कृति एक जैसी थी। लोग खूब गप्पें मारते, खूब काम करते। लोगों के पास समय था वे सराय, चौक, गलियों सब जगह चटखारेदार, राजनीतिक व्यंग्य से भई हुई कथाएँ कहा करते। बात को चोखी बनाकर सुनाना फ़ो ने इन्हीं लोगों से सीखा। हर काल और हर देश के मेहनतकश लोग सामाजिक बुराइयों को हास्य की चाशनी में लपेट कर प्रस्तुत करने में माहिर होते हैं।

इसी तरह फ़ो अपनी गम्भीर बात को हास्य-व्यंग्य के साथ कहते हैं। नोबेल पुरस्कार समारोह में होने वाले प्रीतिभोज में कृतज्ञता ज्ञापित करते हुए भी अपनी बात बहुत चतुराई से कहते हैं। नॉर्वे की एक समय की महान रानी क्रिस्टीना के लिए अपना टोस्ट उठाते हुए कहते हैं कि जैसे क्रिस्टीना ने सत्रहवीं सदी में इटली पहुँचकर पोप—एलेक्जेंडर छठवें से जान-पहचान बनाई वैसा ही थियेटर प्रेमियों को करना चाहिए। उस समय का पोप उदार विचारों वाला था, इसने कई समाज सुधार किए, इटली से निष्कासित थियेटर वालों को वापस बुलाया। क्रिस्टीना ने कई मसखरों से दोस्ती कर ली। जब फ्रांस गई तो मोलियर से मिली, मोलियर ने उसे अपना कॉमेडी नाटक 'टारटफ़' भेजा। क्रिस्टीना इस नाटक को इटली में मंचित करवाना चाहती थी और इसके लिए उसने पोप को भी सहमत करवा लिया। मगर पता नहीं क्यों मोलियर ने इसके मंचन की सहमति नहीं दी। इस नाटक में मोलियर ने तत्कालीन समाज की विडम्बनाओं—खासकर कैथोलिक धर्म के मिथ्याचार—को हास्य-व्यंग्य के रूप में उघाड़ा है। बाद में जब मोलियर ने इसे मंचित करवाया तो बहुत हड़कम्प मचा, कुछ समय के लिए नाटक प्रतिबन्धित हो गया। कुछ समय बाद जब फिर खेला गया तो फिर रोक दिया गया। फ़ो के अनुसार यदि यह क्रिस्टीना को दे दिया जाता तो पोप के संरक्षण के कारण हंगामा नहीं होता। भला पोप के सामने किसकी हिम्मत होती इसे रोकने की। फ़ो प्रीतिभोज में आई हुई रानी-राजकुमारियों से गुजारिश करते हैं कि यदि वे लोग थियेटर से लगाव रखती हैं तो इसे सहारा दें। जब थियेटर व्यंग्यात्मक, विलक्षण, एबसर्ड हो तो उसे बचाना बहुत जरूरी है। फ़ो के अनुसार जो नाटक हँसाता है वही मानवीय है। ऐसे नाटकों को डूबने से बचाने के

लिए पोप जैसे शक्तिशाली लोगों की सहायता लेने का प्रयास करना चाहिए।

फ़ो की साथिन फ्रैंका विलक्षण महिला हैं। उनके परिवार का थियेटर से कई सदी पुराना रिश्ता है। परिवार सत्रहवीं सदी से कभी अभिनय करता, कभी नाटक को अभिनीत करवाता आया है। नाटक की दुनिया में इन लोगों का खासा नाम है। जब फ्रैंका का जन्म हुआ उस समय उनका सारा परिवार—माता-पिता, भाई, चाचा-चाची, चचेरे भाई-बहन—सब एक घुमंतु नाटक कंपनी से जुड़े हुए थे। फ्रैंका के पिता डोमेनिको रामे कवि और सोशलिस्ट पार्टी के सदस्य थे। वे अपनी आमदनी कामगारों की हड़ताल और अन्य सामाजिक कामों के लिए दे दिया करते थे। फ्रैंका की माँ नाटक के लिए पोशाक बनाती थी, उसने अपने चारों बच्चों को स्टेज के लिए तैयार किया और बाद में थियेटर की सारी जिम्मेदारी सम्भाल ली। आठ दिन की उम्र से फ्रैंका मंच का हिस्सा रही। 1950 से उसने मिलान के थियेटर में काम करना शुरू किया।

फ़ो 1940 में पढ़ने के लिए मिलान आ गए, सेना में भर्ती हुए, वहाँ से भाग कर एक परछत्ती में छिपे रहे, युद्ध के बाद वास्तुकला की पढ़ाई करने लगे, लेकिन परीक्षा न दी और डिग्री न मिली। माता-पिता प्रतिरोध राजनीति में सक्रिय थे, विद्वान पिता यहूदियों को स्वीट्ज़रलैंड भेज रहे थे, माँ घायलों की सेवा कर रही थी। 1945-46 से फ़ो स्टेज डिफायनिंग और थियेटर सजावट के काम में जुट गए, साथ-साथ एकालाप (मोनोलॉग) भी करने लगे। इस समय फ़ो खूब जमकर पढ़ रहे थे, ग्राम्सी, मार्क्स, ब्रेख्त, मयाकोव्स्की, लोर्का सबको पचा रहे थे।

इसी समय इटली में एक नए प्रकार के थियेटर 'स्मॉल थियेटर' का जन्म हुआ जो बाद में 'पोपुलर स्टेज' बना। फ़ो के पास थियेटर देखने के पैसे न होते वे इसके लिए तरह-तरह का जुगाड़ करते। 1950 में वे फ्रैंका के पिता फ्रैंको पारेंटी से मिले। फ़ो ने केन और एबक की कथा अपने खास अन्दाज में फ्रैंको पारेंटी को सुनाई, जिससे वे इतने प्रभावित हुए कि फ़ो को तत्काल अपने थियेटर में बुला लिया। वहाँ काम करते हुए वे फ्रैंका रामे से मिले और दोनों में प्रेम हो गया। फ्रैंका ज्यादा फ्रैंक थी, एक दिन उसने फ़ो को पकड़ कर उन्हें चूम लिया। नतीजन 24 जून 1954 को दोनों ने शादी की और फिर कभी एक-दूसरे से अलग नहीं हुए।

डारिओ फ़ो ने इटली राष्ट्रीय रेडियो के लिए करीब दो दर्जन व्यंग्यात्मक एकालाप नाटक बनाए। नतीजा वही हुआ जो होना अपेक्षित था। सत्ता में बैठे लोग इसे कैसे सहन करते, अत: जल्द ही यह कार्यक्रम बन्द कर दिया गया। फ़ो ने इन्हें अपनी खास शैली में बाद में विकसित किया। ये नाटक बाइबिल की कहानियों का रूपान्तरण हैं, साथ ही साथ रोमिओ-जूलिएट, ओथेलो, हेमलेट, जूलियस सीजर आदि को भी इसमें लिया गया है। खासतौर पर 'पोएर नेनो' (पूअर लिटिल थिंग)

मोनोलॉग बहुत प्रसिद्ध हुआ। फ़ो ने अनुवाद कार्य भी खूब किया। नाटक के अलावा फ़ो फ़िल्म लाइन से भी जुड़े और कई फ़िल्मों में काम किया, कई फ़िल्मों में फ्रैंका के साथ भी अभिनय किया।

जो व्यक्ति समाज की बुराइयों पर अँगुली रखेगा जनता उससे खुश होगी पर वह खुद सत्ता की आँख की किरकिरी बन जाएगा, फ़ो के साथ यही हुआ। उन्हें मंचन के लिए स्थान नहीं दिया जाता, उनके नाटक रुकवा दिए जाते। मगर आदमी का काम अच्छा हो तो उसे कभी न कभी मान्यता मिलती ही है। 'फ़ो रामे' कम्पनी को पहली बार 1959-60 में मिलान के ओडियन थियेटर में 'आर्कएन्जल्स डोन्ट प्ले पिनबॉल' मंचित करने के लिए राष्ट्रीय प्रसिद्धि मिली और नाटक आर्थिक दृष्टि से सफल रहा। फिर तो ये लोग विदेश जाने लगे और टीवी पर भी प्रस्तुति देने लगे। टीवी एक सशक्त माध्यम है, इन्होंने इसके माध्यम से सामान्य जन की कठिनाइयों को प्रस्तुत किया। इनके माध्यम से एकल स्त्री, राजमिस्त्री जैसों की समस्याओं को दर्शकों ने जाना। शो इतने ज्यादा प्रसिद्ध हुए कि प्रसारण के समय ट्रैफ़िक रुक जाता, बार में भीड़ जमा हो जाती। जब फ़ो रामे ने एक पत्रकार की हत्या की अन्दरूनी बातें दिखाईं तो तहलका मच गया। मगर इसके लिए इन लोगों को खून से लिखे और छोटे ताबूतों में रखकर धमकी भरे पत्र मिलने लगे। प्रशंसा और धमकी दोनों भरपूर मिल रही थीं फलतः सात साल के बेटे के साथ दम्पत्ती को पुलिस सुरक्षा लेनी पड़ी। प्रोड्यूसर शो बन्द नहीं करना चाहता था लेकिन काट-छाँट करना चाहता था। ये इसके लिए राजी न थे, विरोध में इन लोगों ने बॉयकॉट कर दिया, मुश्किल यह थी कि दर्शक किसी और को इनके स्थान पर देखने को राजी न थे। अभिनेता संघ ने भी साथ दिया और फ़रमान जारी किया कि इनका स्थान कोई और अभिनेता नहीं लेगा। पाँच साल तक मुकदमा चलता रहा, इन्हें काफ़ी हर्जाना भरना पड़ा, पन्द्रह साल के लिए इन्हें रेडियो-टीवी पर प्रतिबन्धित कर दिया गया। मगर क्या दिवानों को इस तरह सता कर, धमकी देकर काम करने से रोका जा सकता है?

क्रिस्टोफ़र कोलम्बस के ऊपर फ़ो ने 1962 में 'इसाबेला, थ्री टॉल शिप्स, एंड अ कोन मैन' बनाया, रोम में प्रदर्शन होते ही फ़ासिस्टों ने इन पर आक्रमण कर दिया, लेकिन इटली की कम्युनिस्ट पार्टी ने इन लोगों की सुरक्षा की। कलाकार हर अनुभव को सृजन का बायस बना सकता है। फ़ो ने इस घटना को 'जोहान पाडन एंड द डिस्कवरी ऑफ़ दि अमेरिका' की भूमिका में गूँथ दिया। कम्युनिस्ट पार्टी ने इनकी रक्षा की मगर ये उसके गुलाम नहीं बने, उसकी कमजोरियों को भी इन्होंने अपने नाटक का अंग बनाया। स्टालिन की गलती दिखा कर पार्टी के कोपभाजन बने। पार्टी अपनी आलोचना न सह सकी और इन्हें खामियाजा भुगतना पड़ा मगर ये अपने रास्ते से डिगे नहीं। फ़ो कभी पार्टी के सदस्य न थे, फ्रैंका ने पार्टी की सदस्यता

त्याग दी।

एक आदमी अपने आप में आन्दोलन बन सकता है। फ़ो जीते-जी आन्दोलन बन गए। जब 1967 में फ़ो ने वियतनाम युद्ध, ली हारवे ओसवाल्ड तथा जॉन एफ़ कैनेडी की हत्याओं को अपने नाटकों में पिरोया, तब नतीजा हुआ अमेरिका में इन लोगों का प्रवेश निषेध। भ्रष्टाचार के विरुद्ध 'क्लीन हैंड्स' लिखकर आन्दोलन का सूत्रपात कर दिया, फ़ो आन्दोलन का प्रतीक बन गए। इस बार धमकी नहीं सीधे शारीरिक आक्रमण हुआ। जब चेकोस्लोवाकिया पर सोवियत रूस मे आक्रमण किया तो प्रतिरोध में फ़ो ने चेक थियेटर में अपने नाटकों का प्रदर्शन रोक दिया और दूसरी ओर सोवियत ब्लॉक ने इनके नाटकों को प्रतिबन्धित कर दिया। राजनीतिक घटनाओं के चलते फ़ो ने अपनी थियेटर कम्पनी भंग कर के अपने ग्रुप के तीस युवाओं को लेकर एक संगठन बनाया और घूम-घूम कर प्रदर्शन करने लगे। इस संगठन में अभिनेता, तकनीशियन सब शामिल थे। छात्रों और मजदूर-कामगारों से सहायता मिलने लगी। अपने समाज पर इनकी नज़र बराबर थी, इन्होंने समाज को न केवल समझा वरन् उसमें हमेशा सार्थक हस्तक्षेप भी किया।

1969 में फ़ो ने मध्ययुगीन नाटकों और तत्कालीन मुद्दों के सम्मिश्रण से '*मिस्टेरो बुफ़ो*' (कॉमिक मिस्ट्री) प्रस्तुत किया, इसकी लोकप्रियता का अन्दाज इसी बात से लग सकता है कि इस नाटक के 5,000 शो हुए और हर बार हॉल खचाखच भरा रहता जबकि इसे स्पोर्ट्स एरीना में किया जाता था। यह कहानी कहने की कला पर आधारित नाटक है कोई चरित्र इसमें नाटकीय भूमिका नहीं करता है। इसी तरह 1971 में पैलेस्टीन स्वतन्त्रता सेनानियों पर लिखा 'फ़ियादीन' और 1973-74 में लिखा 'बैंग बैंग, हू इज देयर' भी खूब लोकप्रिय हुआ।

पता नहीं बदले के लिए स्त्री को ही क्यों निशाना बनाया जाता है। फ़ासिस्टों के कारनामों का खुलासा करने का नुकसान फ़ो से ज्यादा फ्रैंका को भुगतना पड़ा। आठ मार्च अन्तर्राष्ट्रीय महिला दिवस है, इसी दिन 1974 में फ़ासिस्ट लोगों ने फ्रैंका रामे का अपहरण कर लिया, उसे सताया और उसके साथ बलात्कार किया। पूरी इटली में तहलका मच गया। इस जघन्य अपमान के बाद भी फ्रैंका की जिजीविषा और लगन कायम रही वह टूटी नहीं, फ़िनिक्स की भाँति पुनः उठ कर अपने काम में लग गई। दो महीने बाद वह नाटक कर रही थी दर्शकों की वाहवाही लूट रही थी। अमानवीय तत्त्वों के मुँह पर इससे बढ़ कर क्या कोई और तमाचा लग सकता है!

इन दोनों की राह में तमाम अड़चनें आईं पर इन्हें इनके लक्ष्य से डिगा न सकीं। दोनों ने जमकर काम किया। एलेंडेल की हत्या के बाद इन लोगों ने अपना नया नाटक खेला और उसकी सारी आमदनी सासारी में प्रतिरोध के लिए दान कर दी। इन लोगों ने तलाक और मजदूरों के पक्ष में प्रदर्शन किए, गर्भपात को कानूनी

जामा पहनाने के लिए मात्र चार दिन में 'फ़नफ़नी रैपोटो' लिखा और खेला। बराबर इन्हें गिरफ़्तार किया जाता रहा, 'नॉन सी पागा, नॉन सी पागा' (कान्ट पे, वोन्ट पे) को लिखा पर प्रदर्शन शुरू होते ही रोक दिया गया। समाज की हर खबर पर फ़ो निगाह रखने और नाटक के रूप में अपनी टिप्पणी करने के लिए प्रसिद्ध हैं। गर्भपात पर कैथोलिक धर्मनीति, राजनैतिक हत्याएँ, संगठित जुर्म, भ्रष्टाचार, औरत की समाज में स्थिति हर बात पर इनके नाटक मिलते हैं। 15 साल के बाद 1977 में दोनों टीवी पर लौटे तो फिर अपने नाटक में राजनैतिक अधिकारों को लेकर आए। फ्रैंका को सर्वोत्तम नायिका का पुरस्कार प्राप्त हुआ। फ़ो की रचनाएँ 50 देशों में तीस से अधिक भाषाओं में अनुवादित और प्रकाशित हैं। 1979 में इन लोगों ने बर्लिन में अन्तर्राष्ट्रीय थियेटर समारोह में भाग लिया। इटली की क्रिश्चियन डेमोक्रेटिक पार्टी की घटनाओं को सोफ़ोक्लीज के 'फ़िलोक्टेट्स' के आधार पर 'ला ट्रेजेडिया दि अल्डो मोरे' लिखा पर यह नाटक कभी मंचित न हो सका। फ़ो खुद इंप्रोवाइजेशन करते हैं और जिस नाटककार को मंचन का अधिकार देते हैं उसे भी इंप्रोवाइजेशन करने देते हैं। इसी कारण इनके नाटक समयानुकूल और विश्वसनीय होते हैं।

बर्लिन से इन्हें ब्रेख्त के नाटक खेलने का निमन्त्रण मिला। फ़ो ने अपनी विशिष्ट छाप में 'थ्री पेनी ऑपेरा' लिखा, उसकी राजनैतिक टोन इतनी मुखर थी कि इसे अस्वीकृत कर दिया गया, खुद ब्रेख्त की बेटी ने आपत्ति की। फ़ो को चिन्ता नहीं हुई क्योंकि तमाम और स्थानों से निमन्त्रण मिलते रहे। कनाडा, स्वीडन, क्यूबा, अर्जेंनटीना, कोलम्बिया, फिनलैंड, स्पेन, मास्को सब बुला रहे थे मगर न्यू यॉर्क डिपार्टमेंट ऑफ़ स्टेट को इनसे खतरा लगा इन्हें वहाँ प्रवेश की अनुमति नहीं मिली। लेकिन कब तक? इनके पक्ष में कई अमेरिकी रचनाकार उठ खड़े हुए। ऑर्दर मिलर, नॉर्मन मिलर, इव मेरीअम सबने माँग की। कई साल बाद 1986 में इन्हें अमेरिका प्रवेश की अनुमति मिली। हार्वर्ड, मेसाचुशेट्स और न्यू यॉर्क विश्वविद्यालयों में अपना काम दिखाने का, वर्कशॉप करने का मौका इन्हें मिला। इतना ही नहीं अमेरिका ने इन्हें पुरस्कृत भी किया। अपने समारोहों में निमन्त्रित किया। इन दोनों ने मिलकर 'कोपिआ अपेटा' (दि ओपेन कपल) लिखा, मंचित होने पर दर्शक और समीक्षक दोनों ने सराहा। कोपेनहेगन विश्वविद्यालय ने फ़ो को सम्मानित किया। इनके एकालाप की माँग बढ़ती चली गई।

1989-90 में एक नाटक माफ़िया थीम पर लिखा जिसके मंचन की अनुमति न मिली पर एक दूसरे 'द पोप एंड द विच' पर 'गोल्डेन टिकट' मिला। पेरिस में इनका नाटक देखने राष्ट्रपति मितरांड आए और इन्हें प्रशंसा पत्र दिया। 1991 में लिखे 'ल' एरोनिआ' की थीम आज की समस्या पर आधारित है। इसमें एक माँ के तीन बच्चे हैं, तीनों ड्रग्स के आदि हैं, एक मर जाता है दूसरे को एड्स है वह भी मर

जाता है, तीसरे को जिलाए रखने के लिए माँ देह व्यापार करने लगती है। नृत्य, मूक अभिनय, गीत के मिश्रण से पार्लियामेंट के भीतर-बाहर के भ्रष्टाचार को दिखाता एक और नाटक लिखा। अब उम्र का प्रभाव दीखने लगा था। 1994-95 में ये अपने नाटकों के साथ विश्वभ्रमण पर जाने वाले थे कि तभी फ़ो की आँख की 80 प्रतिशत रोशनी चली गई, फ्रैंका इटली में ही काम करती रहीं। करीब दो साल में फ़ो फिर से काम करने लगे, सेमीनार, वर्कशॉप, मंचन की गाड़ी फिर से चल पड़ी। 1997 में बेल्जियम के एक विश्वविद्यालय ने फ़ो को डॉक्टरेट की उपाधि दी और फिर मिला नोबेल। अक्सर नोबेल देर से मिलता है, जब रचनाकार अपना सर्वोत्तम दे चुका होता है। उसकी सृजनात्मकता चुक चुकी होती है। फ़ो नोबेल के बाद भी सक्रिय रहे। 2009 में फ़ो का नाटक 'सेंट फ्रांसिस—द होली जेस्टर' इंग्लिश में अनुवादित हुआ और इंग्लैंड में इसके प्रदर्शन हुए।

फ़ो की निगाह से कुछ नहीं छूट पाता है। जिस पर्यावरण को लेकर हम आज चिन्तित हैं, उसके लिए फ़ो बहुत पहले ही अपनी प्रतिबद्धता दिखा चुके हैं। 1980 में ही इन्होंने अपने बेटे के साथ मिलकर पर्यावरण संरक्षण का काम प्रारम्भ कर दिया था। प्राकृतिक घाटी, प्राचीन धरोहरों के संरक्षण में इन लोगों ने खुद को झोंक दिया। इनके द्वारा संरक्षित घाटी संस्कृति का अड्डा बन गई, यहाँ कलाकारों-संस्कृतिकर्मियों का आना-जाना शुरू हो गया। थियेटर, कार्टून, नृत्य, लेखन, मनोविज्ञान, शिक्षा की कार्यशालाएँ आयोजित होने लगीं। समाज के बहिष्कृत, अपंग, हाशिए के लोगों के लिए कार्यक्रम होने लगे। फ़ो समाज और प्रकृति दोनों के प्रति सजग हैं। थियेटर के प्रति इनके समर्पण की मिसाल हैं इनके द्वारा जगह-जगह पर किए जाने वाले पेंटिंग्स, मुखौटों, स्टेज डिजाइनिंग के रेखाचित्र, डायरेक्शन के नोट्स, विभिन्न पोशाकों के प्रदर्शन।

डारिओ फ़ो के नाटक हमारे यहाँ भी कभी-कदा मंचित होते हैं। रायपुर इप्टा के 13वें मुक्तिबोध राष्ट्रीय नाट्य समारोह में शाइस्ता रसीद ने पटना के नटमंडप द्वारा फ़ो के नाटक 'सवेरा' की प्रस्तुति की थी। इसका निर्देशन परवेज अख्तर ने किया था। नाट्य समीक्षक हृषिकेश सुलभ के अनुसार इस एकल प्रस्तुति में शाइस्ता रसीद ने एक कामकाजी स्त्री की दिनचर्या के कई बारीक पलों को जीवन्त कर दिया था। उनकी देह की लोच, सशक्त अभिनय क्षमता, सधी हुई गति के साथ मंच पर उनकी उपस्थिति, संवाद अदायगी ने दर्शकों को बाँधे रखा। यह नाटक अपनी थीम के लिए भी याद किया जाता है। मगर हमारे यहाँ डारिओ फ़ो को बहुत कम लोग जानते हैं। उनके सशक्त नाटकों की प्रस्तुति भारत के नाट्य जगत में बढ़ोतरी कर सकती है।

टिप्पणी : फ्रैंका रामे की मृत्यु मई 2013 में हुई।

टोनी मॉरीसन

अफ़्रो-अमेरिकन ला योरोना

'जब तुम्हें एक औरत मिलती है जो तुम्हारे मन की दोस्त है, तुम जानते हो, यह अच्छा।'

—टोनी मॉरीसन 'बिलवड'

जब किसी ने एक साक्षात्कार के दौरान टोनी मॉरीसन से कहा कि वे आत्मकथा क्यों नहीं लिखती हैं तो उनका उत्तर था कि उनके जीवन में आत्मकथा योग्य कोई सामग्री नहीं है, यह तो उनकी कल्पना है जो ध्यान देने योग्य है। उनकी कल्पना वास्तव में अभूतपूर्व है लेकिन उनका जीवन भी कम दिलचस्प नहीं है। उनके जीवन में आत्मकथा के योग्य भरपूर सामग्री उपलब्ध है। उनके कुछ उपन्यासों में उनके जीवन की झलकियाँ मिलती हैं। शायद किसी दिन वे आत्मकथा लिखें अभी तो उनकी कल्पना उपन्यास विधा को समृद्ध करने में जुटी हुई है।

टोनी मॉरीसन का जन्म ओहायो के लोरैन नामक स्थान में 18 फरवरी, 1931 को हुआ। उनका जन्म का नाम चोल एंथोनी वोफ़ोर्ड है। उनके पिता का नाम जॉर्ज रमाह वोफ़ोर्ड और माँ का नाम एला रमाह वोफ़ोर्ड है। वे चार बच्चों में से दूसरे नम्बर पर हैं। उनका बचपन काफ़ी गरीबी में बीता, एक बार वे लोग घर का किराया न दे पाए तो मकान मालिक ने उनके घर में आग लगा दी। मगर परिवार हँसमुख और उत्साही था। वे एक नए घर में रहने चले गए। उनके पिता खूब मेहनती व्यक्ति थे। वे यू एस स्टील में वेल्डर का काम करते थे। उन्होंने टोनी की पढ़ाई का खर्च निकालने के लिए तीन-तीन स्थानों पर काम करना शुरू कर दिया। उनकी माँ भी काम करने लगीं क्योंकि उस समय उनकी बहन भी पढ़ रही थी। टोनी मॉरीसन ने अपनी हाईस्कूल की शिक्षा लोरैन हाई स्कूल से पाई और कॉलेज की शिक्षा हॉवर्ड विश्वविद्यालय तथा कॉर्नेल विश्वविद्यालय से प्राप्त की। उन्होंने टैक्सस, हॉवर्ड विश्वविद्यालयों में शिक्षण कार्य किया। बारह साल की उम्र में कैथोलिक धर्म स्वीकारते समय उन्हें एंथोनी नाम मिला उसी के संक्षिप्त रूप टोनी का वे उपयोग करने लगीं। उन्होंने एक जमैकन आर्किटेक्ट हेरॉल्ड मॉरीसन से 1958 में विवाह किया। उनके बेटों के नाम हेरॉल्ड फ़ोर्ड तथा स्लेड केविन हैं। बरसों तक टोनी मॉरीसन ने रैंडम हाउस में एडीटर की हैसियत से काम किया। टोनी मॉरीसन अश्वेत

गुलामों की वंशज है, उन्होंने गुलामों के दारुण दुख-कष्ट, आशा-निराशा, जीवन-मरण को अपने साहित्य में वाणी दी है। अपने सृजनात्मक कार्य के द्वारा अफ़्रो-अमेरिकन इतिहास को नवीन रूप दे कर दुनिया के समक्ष पहुँचाने का महती काम किया है। शुरू-शुरू में उनकी और उनके साहित्य की खूब उपेक्षा हुई। उनके पहले उपन्यास 'द ब्लूएस्ट आई' को प्रकाशित करने के लिए कोई राजी न था, उन्हें कई प्रकाशकों के पास से निराश लौटना पड़ा परन्तु बाद में प्रकाशक उनके चक्कर काटने लगे। मॉरीसन ने अफ़्रो-अमेरिकन साहित्यकारों को आगे बढ़ाने में भरपूर सहायता की, उनके काम प्रकाशित करने में महत्त्वपूर्ण भूमिका अदा की है।

'द ब्लूएस्ट आई', 'सूला', 'सॉन्ग ऑफ़ सोलोमन', 'टार बेबी', 'बिलवड', 'पैराडाइज़', 'लव', 'जाज़' तथा 'द मर्सी' उनके नौ उपन्यास हैं। इसके अलावा उन्होंने तमाम आलेख लिखें हैं और बच्चों के लिए लेखन किया है। 1965 में अपने दूसरे बेटे के जन्म के समय ही उनका अपने पति से तलाक हो गया। टोनी मॉरीसन को नोबेल पुरस्कार के अलावा इतने ज्यादा पुरस्कार-सम्मान मिले हैं अगर सूची बनाई जाए तो कई पन्ने भर जाएँगे। अफ़्रो-अमेरिकन लेखकों के बीच वे मातामही के रूप में सम्मानित हैं। जीवन के आठवें दशक में भी वे खूब सक्रिय हैं। उनके नाम पर बनी टोनी मॉरीसन सोसाइटी साहित्य के क्षेत्र में खूब सक्रिय है। उन पर और उनके काम पर आज सैकड़ों किताबें उपलब्ध हैं। तमाम लोग उनके काम पर शोध कार्य कर रहे हैं। वे अपने साहित्य में अफ़्रीकी, इंडियन-अमेरिकी, यूरोपियन मिथकों का भरपूर प्रयोग करती हैं। मिथकों को वे ज्यों-का-त्यों लेती हैं, साथ ही जरूरत पढ़ने पर उसका पुनर्सृजन करती हैं इतना ही नहीं यदि जरूरत पड़ी तो नए मिथकों का निर्माण भी करती हैं। वे स्वयं कहती हैं कि उन पर विलियम फ़ॉक्नर, वर्जीनिया वुल्फ़ तथा जेम्स जॉयस का प्रभाव है। मगर उन्होंने अपनी स्वतन्त्र शैली विकसित की है जो एक ओर तो बहुत सरल और आकर्षक है, दूसरी ओर कई स्तरों पर चलने वाली जटिल शैली है। 'बिलवड' उनका सर्वाधिक लोकप्रिय, सम्मानित और प्रसिद्ध उपन्यास है। यह मानवता, मातृत्व की पराकाष्ठा को प्रदर्शित करने वाला कार्य है। उनकी इस एक किताब पर अब तक न मालूम कितनी समीक्षाएँ, आलोचनाएँ तथा अध्ययन हो चुके हैं। इस पर फ़िल्म भी बनी है।

उनका 1979 में आया उपन्यास 'द ब्लूएस्ट आई' एक छोटे से अश्वेत समुदाय की कहानी है। इसमें सारे पात्र अश्वेत हैं। वे 1966 में लेखकों के एक समूह के साथ काम कर रही थीं। यहीं पढ़ने के लिए उन्होंने इसे एक कहानी के रूप में लिखा था, बाद में उसका विस्तार कर उपन्यास का रूप दिया। अश्वेत कैसे खुद को श्वेत मूल्यों पर तौलते हैं, कैसे उन्हें अपने से बेहतर मानते हैं यही इस दर्दनाक कहानी के पीछे की सच्चाई है। जब उन्होंने इसे कहानी के रूप में लिखा था उस

समय मॉरीसन तलाक और उससे उत्पन्न प्रभाव को झेल रही थीं। इस उपन्यास की पिकोला ब्रीडलव अभिनेत्री शर्ली टेम्पल की नीली आँखों से प्रभावित है वह खुद वैसी ही आँखें पाने की प्रार्थना रोज रात को किया करती थी। उसका विश्वास था कि यदि उसे नीली आँखें मिल गईं तो उसकी और उसके परिवार की सारी समस्याएँ मसलन माता-पिता की नित दिन की तकरार, भाई का घर से बार-बार भागना, पिता का पीना सब सुधर जाएगा, वह सुन्दर हो जाएगी। ग्यारह बरसों में किसी ने उस पर ध्यान नहीं दिया है वह चाहती है कि लोग उस पर ध्यान दें, सब उसे देखने लगें। कथावाचिका मैक्टीर पिकोला नायिका के नष्ट होते जाने की प्रक्रिया की गवाह है वह इस प्रक्रिया को समझने का यत्न करती है।

टोनी मॉरीसन गुलाम परिवार की सन्तान हैं मगर वे खुद कभी गुलाम नहीं रहीं। आज भी वे अमेरिका के सामाजिक जीवन से बहुत प्रसन्न नहीं हैं। यहाँ तक कि बराक ओबामा के राष्ट्रपति बनने से भी उनके अनुसार रंगभेद की समस्या समाप्त नहीं हुई है। अपने प्रसिद्ध उपन्यास 'पैराडाइज' में वे एक ऐसे शहर की कल्पना करती हैं जहाँ मात्र अश्वेत लोग रहते हैं। काफ़ी समय तक अमेरिका में ऐसा ही था। अश्वेतों के पढ़ने-लिखने पर पाबन्दी थी। बाद में भी इसके लिए कोई सुविधा नहीं थी। 1907 के आसपास अश्वेत बच्चों के लिए वाशिंग्टन में पहला स्कूल बना। खुद मॉरीसन जब हॉवर्ड विश्वविद्यालय गई तो यह केवल अश्वेत छात्रों के लिए आरक्षित था। बाद में यह प्रथा टूटी। मॉरीसन ने 'विलियम फ़ॉक्नर तथा वर्जीनिया वुल्फ़ के कार्यों में आत्महत्या' विषय पर अपना डॉक्टरेट किया है। खुद उन्होंने फ़िक्शन राइटिंग पर अध्यापन किया है मगर मानती हैं कि लेखन के कुछ आयामों का शिक्षण किया जा सकता है मगर प्रतिभा नहीं सिखाई जा सकती है, न ही किसी को जबरदस्ती नजरिया प्रदान किया जा सकता है। सीखने वालों की सहायता की जा सकती है। ये खुद खूब मेहनती हैं अपने छात्रों से भी ऐसी ही अपेक्षा करती थीं। खुद उन्होंने जीवन भर मल्टीटास्किंग की है। एक साथ लेखक, शिक्षक, सम्पादक, माँ, नेत्री की भूमिकाएँ सफलतापूर्वक निबाही हैं।

टोनी मॉरीसन का पाँचवाँ उपन्यास 'बिलवड' एक गाथा है, अश्वेत गुलाम स्त्री के मातृत्व, शिशु हत्या, बलात्कार, क्रूरता, अत्याचार, पागलपन, अलगाव, शक्तिहीनता, पश्चाताप, बुद्धिमत्ता, प्रेम, आशा-निराशा, संस्कृतियों, मिथकों और आध्यात्म की। इसमें जहाँ तमाम नकारात्मक बातें हैं, वहीं कुछ सकारात्मक बातें भी हैं। दुनिया के हर देश की भाँति अमेरिका में भी सत्ताहीन लोगों को हाशिए पर ढकेलने की प्रवृत्ति रही है मगर अपने व्यक्तित्व, लेखन और अपने साक्षात्कारों के द्वारा टोनी मॉरीसन ने सिद्ध कर दिया है कि यह गलत है। ये लोग वास्तविक रूप से प्रमुख समुदाय होते हैं। इनके बिना अमेरिका का अस्तित्व नहीं है। इसी तरह इनके

बारे में अथवा इन पर लिखना बहुत समय तक कमतर माना जाता रहा है। यहाँ भी अपने काम से टोनी मॉरीसन ने दिखा दिया है कि ऐसा है नहीं। उनका और उन जैसे कई अश्वेत साहित्यकारों का काम मात्र अश्वेत पाठकों के बीच ही लोकप्रिय नहीं है वरन् यह नस्ल और देश के पार जाता है। सार्वकालिक तथा सार्वदेशीय है। वे दिखाती हैं कि जिन्हें हाशिए पर ढकेला जाता रहा है वे भी मनुष्य हैं, इन्हें भी दुख-दर्द व्यापता है, उनके भीतर भी आशा-निराशा व्याप्ति है और ये भी प्रेम-घृणा करते हैं, पैदा होते-जीते और मरते हैं। आज यह सिद्ध हो चुका है कि अश्वेत नस्ल हाशिए पर रहने वाली नहीं है न ही इनका साहित्य किसी अन्य साहित्य से किसी तरह कम है।

ओप्रा विन्फ़े ने जबसे 'बिलवड' पढ़ा वे उसे परदे पर लाने के लिए बेताब थीं। 1996 में उन्होंने अपना प्रसिद्ध और लोकप्रिय बुक क्लब प्रारम्भ किया और तभी घोषणा कर दी कि उनके क्लब का दूसरा चुनाव टोनी मॉरीसन का 'सॉन्ग ऑफ़ सोलोमन' होगा। तुरन्त मॉरीसन की किताबों की बिक्री बढ़ गई। ओप्रा के बुक क्लब की यह खासियत है उनके यहाँ नाम आते ही रचनाकार का सम्मान बढ़ जाता है, उसकी किताबों की बिक्री तेज हो जाती है। मॉरीसन के प्रकाशक ने भी चमत्कार दिखाया, उसने सजिल्द प्रतियों का दाम कम कर दिया ताकि ज्यादा-से-ज्यादा पाठकों तक किताब की पहुँच हो सके। ओप्रा और मॉरीसन का एक साझा और लम्बा सम्बन्ध कायम हुआ। 1998 में इस क्लब ने टोनी मॉरीसन के एक और उपन्यास 'पैराडाइज' को चर्चा के लिए चुना, 2000 में इस क्लब की नज़र में 'द ब्लूएस्ट आई' और 2002 में इस क्लब ने 'सूला' को अपने टॉक शो में रखा। हर बार टोनी मॉरीसन स्टूडिओ में ऑनलाइन उपस्थित होकर चुने हुए अपने पाठकों से विमर्श करती हैं।

1974 में टोनी मॉरीसन ने एक योजना पर काम करना प्रारम्भ किया। यह योजना थी तीन सौ साल की अमेरिकी अश्वेत गुलामी का लेखा-जोखा तैयार करना। यह स्मृति एलबम उन्होंने 'द ब्लैक' नाम से बनाया। इस इतिहास को दर्ज करने का अनुभव उनके आगे के कामों की पूँजी बना। यहाँ से उन्हें अपने लेखन की थीम, भाव, प्रतीक, बिम्ब, छवि, प्रतिमाएँ प्राप्त हुए। यहीं से उन्हें 'बिलवड' के बीज मिले। इसी शोध के सिलसिले में उन्हें उन्नीसवीं सदी की एक पत्रिका की कतरन मिली जिससे 'बिलवड' की सेथ का जन्म हुआ। दस साल की मेहनत, चिन्तन-मनन का परिणाम है यह उपन्यास 'बिलवड'।

साहित्य की आलोचना एक बहुत बड़ा उत्तरदायित्व है। हर विधा और हर तरह के साहित्य की आलोचना के लिए भिन्न प्रकार के उपकरण की आवश्यकता है। अमेरिकी साहित्य और अफ़्रो-अमेरिकी साहित्य को एक ही तुला पर नहीं तौला

जा सकता है। इसके लिए एक अलग कसौटी की जरूरत है। यही कारण है कि प्रारम्भ में अक्सर मॉरीसन के काम का उचित मूल्यांकन नहीं हुआ और कई बार अपने काम की समीक्षा देखकर वे बहुत दुखी, परेशान और निराश हुई। उनके 'बिलवड' की तुलना एक टीवी धारावाहिक से कर दी गई। वे अपनी तुलना अन्य अफ़्रो-अमेरिकी साहित्यकारों से किए जाने का भी बुरा मानती हैं। बात सही है जैसा वे लिखती हैं वैसा दूसरे अफ़्रो-अमेरिकन साहित्यकार नहीं लिखते हैं। कोई भी दो रचनाकार एक जैसा नहीं लिखते हैं। जरूरी नहीं पर जाहिर सी बात है जब तुलना होगी तो किसी एक को कमतर दिखाया जाएगा। मॉरीसन को आलोचकों की बुद्धि पर तरस आता है। समीक्षक तय कर लेते हैं तब उसी बँधी-बँधाई बातों को रचना में देखना चाहते हैं। प्रारम्भ में मॉरीसन से वे चाहते थे कि वे अश्वेत चित्रण उनके मनमाफिक करें, अपने अनुभव और कल्पना के आधार पर नहीं। कुछ आलोचक उनके काम से खुश नहीं थे क्योंकि मॉरीसन अश्वेतों को प्रचलित मान्यता के अनुसार कमजोर, बुद्धिहीन, दबा हुआ, डरा हुआ, गुलामी में ही खुश नहीं दिखाती थीं। उनके अश्वेत गुलाम जिजीविषा से भरपूर, स्वतन्त्रचेता, स्वतन्त्रता के आकांक्षी, स्वतन्त्रता के लिए संघर्ष करने वाले, दमन-शोषण का विरोध करने वाले होते हैं। उन पर लगने वाले आरोप पहले की बातें हैं। आज स्थिति पूरी तौर पर बदल चुकी है। अपने लेखन की गुणवत्ता से उन्होंने खुद को सिद्ध कर दिया है, अब ऐसी बेवकूफ़ी भरी हिमाकत करने की किसी की हिम्मत नहीं होगी। इसी तरह जब आलोचक बिना पुस्तक पढ़े समीक्षा करते हैं तो मॉरीसन को बड़ी निराशा होती है, एक बार 'द न्यू यॉर्क टाइम्स' में ऐसा ही हुआ। इसे वे अपना अपमान मानती हैं, यह उन्हें व्यथित करता है। वक्त बदलने के साथ अश्वेत लेखन को परखने की स्वतन्त्र कसौटियाँ बन गई हैं। मॉरीसन के साथ अन्य अफ़्रो-अमेरिकन लोगों के कार्य पर भी बौद्धिक विमर्श होने लगा है। मॉरीसन की हस्ती आज इतना ऊँचा स्थान रखती है कि उनके द्वारा समलिंगी, अश्वेत, अश्वेत महिला साहित्य सबके लिए नई कसौटियाँ बन रही हैं और इन्हें मान्यता मिल रही है।

टोनी मॉरीसन कभी अपने लिखे से सन्तुष्ट नहीं रहीं, उन्हें सदैव लगा कि काफ़ी कुछ जोड़ा-घटाया जा सकता है, जोड़ा-घटाया जाना चाहिए, सुधार किया जाना चाहिए। अगर एक बार सन्तुष्टि आ जाए तो विकास रुक जाता है। वे खुद को किसी वाद में नहीं बाँधना चाहती हैं, वाद रचनाकार को संकुचित करता है। नारीवादी कहलाना उन्हें पसन्द नहीं है, वे किसी वाद का माउथपीस नहीं बनना चाहती हैं। जब 'पैराडाइज' पर नारीवाद का ठप्पा लगा तो उन्होंने जोरदार तरीके से इसका खंडन किया, कहा, 'बिलकुल नहीं। मैं कभी भी किसी वाद' में नहीं लिखूँगी। मैं 'वाद' के उपन्यास नहीं लिखती हूँ। वे स्वतन्त्र रहना चाहती हैं, जो भी

लिखती हैं विस्तार से लिखती हैं, द्वार खोलने के लिए लिखती हैं इसी कारण वे अपने उपन्यासों का अन्त खुला रखती हैं जहाँ पाठक को अपनी कल्पना की उड़ान भरने की सुविधा रहती है। वे खुद कहती हैं कि वे पितृसत्तात्मकता को मान्यता नहीं देती हैं, लेकिन इसका मतलब यह नहीं है कि वे मातृसत्तात्मकता को मानती हैं। उनके अनुसार पितृसत्तामकता का स्थानापन्न मातृसत्तात्मकता नहीं है।

उनके लिए उपन्यास सदैव एक खोज का विषय रहा है, वे लिखने के पहले काफ़ी शोध करती हैं। अतीत में ज़िन्दगी कैसी थी, वर्तमान पर अतीत का कितना और कैसा असर पड़ा है यह सब वे अपने कार्य में दिखाती हैं। उनके अनुसार जीवन एकरेखीय नहीं होता है। जीवन की जटिलता उनकी विषय वस्तु होती है। उनकी माँ श्वेत-अश्वेत, स्त्री-पुरुष के भेदभाव के विरुद्ध थीं, थियेटर में भी यह भेदभाव नहीं होने देती थीं। ऐसी माँ की बेटी कैसे नारीवादी हो सकती है। बच्चे पैदा करना, उनका पालन-पोषण करना, घर चलाना ये सब काम उन्हें नारीवादी काम नहीं लगते हैं। बचपन से वे भरे-पूरे घर में अपनी माँ, दादी-नानी को सब काम करती देखती आई हैं, उन्होंने देखा है कि औरतें पुरुषों की बनिस्बत औरतों का साथ अधिक खोजती हैं। वे जब दोस्ती करती हैं तो यह देखकर नहीं करती हैं कि सामने वाला स्त्री है अथवा पुरुष है। उनकी कुछ महिला मित्र भी हैं, कुछ लेखक मित्र हैं, ये लोग मित्र हैं क्योंकि ये विशिष्ट हैं इसलिए नहीं कि ये स्त्री या पुरुष हैं। हेमिंग्वे को जब पुरुषवादी नहीं माना जाता है, केवल रूस पर लिखने के लिए जब सोल्ज़ेनित्सिन पर आरोप नहीं लगता है तो वे पूछती हैं वे कैसे नारीवादी हो गईं।

मॉरीसन का उपन्यास 'सुला' (1973) ओहियो शहर में रहने वाली दो अश्वेत लड़कियों, सहेलियों की कहानी है। शैशव, बचपन, किशोरावस्था तथा बाद में भी वे संग रहती हैं। लेकिन जीवन में दोनों बिलकुल अलग राह चुनती हैं। नेल राइट ओहियो में ही रह जाती है। शादी करती है, उसके बच्चे होते हैं। वह अपने अश्वेत समुदाय की रीढ़ बन जाती है। दूसरी ओर सुला पीस विद्रोह में इन सबको त्याग देती है। वह कॉलेज जाती है, और शहर के जीवन में खुद को डुबो देती है। एक विद्रोही, अपने समुदाय का मखौल उड़ाने वाली, बिना नैतिकता के सेक्स का प्रयोग करने वाली के रूप में वह अपनी जड़ों की ओर लौटती है। दोनों के अपने दुख हैं, संघर्ष और परेशानियाँ हैं। दोनों अपनी विपरीत जीवन शैली के बावजूद एक-दूसरे से बेहद प्रेम करती हैं। इसमें मॉरीसन दिखाती हैं कि अमेरिकी समाज में एक अश्वेत स्त्री के लिए अस्तित्व बचाए रखना का क्या अर्थ है, इसके लिए उसे कौन-कौन से मूल्य चुकाने पड़ते हैं। इस उपन्यास के लिए उनको नेशनल बुक क्रिटिक्स अवॉर्ड मिला था।

गुलामी आदमी के लिए भयंकर है लेकिन औरत के लिए और अधिक

भयंकर है। मनोवैज्ञानिक दृष्टि से समृद्ध उपन्यास 'बिलवड' ने कृतिकार को प्रसिद्धि दी और चर्चित कर दिया। उन पर पुरस्कारों और सम्मानों की वर्षा होने लगी हालाँकि उन्हें यह सब आसानी से न मिला। उनसे ज्यादा उन्हें चाहने वाले लोगों ने उनके पुरस्कारों के लिए प्रयास किया। 1988 में उन्हें रिज़-हेमिंग्वे, नेशनल बुक, नेशनल बुक क्रिटिक पुरस्कारों के लिए नामित किया गया, मगर मिला एक भी नहीं। एक साहित्यकार के रूप में उनको अनदेखा किया गया इससे तमाम पाठक, आलोचक और अन्य कई साहित्यकार क्षुब्ध हुए। वे लोग चुप नहीं बैठे। कवयित्री जून जोर्डन के नेतृत्व में सारे प्रमुख अखबारों में विरोध दर्ज कराया गया। एलिस वॉकर, माया एंजेलो और तमाम लेखकों ने खुले पत्र लिखे। इसके अलावा 42 अन्य सहयोगियों ने विरोध प्रदर्शित किया। टोनी मॉरीसन इस सहयोग से अभिभूत और चकित दोनों थीं।

अन्तत: 18 सप्ताह तक बेस्टसेलर की सूचि में रहने वाले 'बिलवड' को 31 मार्च 1988 को पुलित्ज़र दिया गया। फिर तो जैसे पुरस्कारों-सम्मानों की झड़ी लग गई। उनके अनुसार पुरस्कार मिलना उन्हें अच्छा लगा, उन्हें लगा कि उनकी ताजपोशी हुई है। टोनी मॉरीसन 1993 में साहित्य का नोबेल पुरस्कार ग्रहण करने वाली प्रथम अश्वेत साहित्यकार थीं। उस अवसर पर उन्होंने कहा कि यह पुरस्कार वे केवल अपने लिए न लेकर तमाम अश्वेत और महिला रचनाकारों के लिए ग्रहण कर रही हैं। यह मात्र उन्हें नहीं बल्कि 'हमें' मिला है। आज उनके साहित्य का श्वेत और अश्वेत दोनों तरह के छात्रों के पाठ्यक्रम में अध्ययन के लिए प्रयोग होता है। वैसे कुछ लोगों को लगता है कि 'द ब्लूएस्ट आई' और 'बिलवड' जैसी क्रूर अत्याचार की रचनाएँ बच्चों को पढ़ने के लिए नहीं देनी चाहिए। उनका उपन्यास 'सॉन्ग ऑफ़ सोलोमन' और 'पैराडाइज़' कई जेलों की लाइब्रेरी में आज भी प्रतिबन्धित है, कारण बताया जाता है कि इसके पढ़ने से कैदी विप्लव कर सकते हैं। टोनी हँसते हुए कहती हैं कि इससे अच्छी बात एक लेखक के लिए क्या हो सकती है। एक कृति यदि विप्लव करा दे तो यह उसकी सबसे बड़ी सफलता कहलाएगी। एक प्रकाशान ने 'पैराडाइज़' की पांडुलिपि पाँच कारण बताते हुए नकार दी थी, उसमें एक कारण यह था। अस्वीकृति के इस पत्र को उन्होंने मढ़ाकर अपने घर में टाँग रखा है, दूसरी दीवाल पर टोनी मॉरीसन ने नोबेल पुरस्कार के सम्मान पत्र को मढ़ा कर टाँग रखा है।

कई अफ़्रो-अमेरिकन महिला रचनाकार सिविल राइट्स मूवमेंट में शामिल थीं, टोनी मॉरीसन ने उसमें शारीरिक रूप से भाग नहीं लिया। इसका मतलब यह नहीं था कि वे इसके विरोध में थीं अथवा इससे अपरिचित थीं। असल में उनके छात्र इसमें प्रमुख भूमिका निभा रहे थे। स्टॉकली कारमाइकल उनका छात्र था, वे उसकी मेंटर थी। आगे चलकर वह 'स्टूडेंट नॉनवायलेंट कॉ-ओर्डिनेटिंग कमेटी' का प्रणेता

बना। यह कमिटी 'सिविल राइट्स आन्दोलन' का प्रमुख अंग थी। उनके इसी पूर्व छात्र ने 'ब्लैक पावर' का कान्सेप्ट भी दिया। जिसका अर्थ था अश्वेत गर्व, अलग अश्वेत समाज की स्थापना, अश्वेत राष्ट्रीयता, अश्वेत स्वायत्ता। इस अलग अश्वेत समाज, अलग अश्वेत राष्ट्रीयता के विचार से टोनी मॉरीसन सहमत नहीं थीं। वे अलगाव नहीं समन्वय चाहती हैं। वे 'ब्लैक इज़ ब्यूटीफ़ुल' नारे के भी ख़िलाफ़ थीं क्योंकि उन्हें लगता था कि ऐसा कह करके वे लोग श्वेत परिभाषा को पूरी-पूरी छूट दे रहे हैं। इससे श्वेत लोगों की दी परिभाषा अश्वेतों के लिए महत्त्वपूर्ण हो जा रही है। ऐसी दिखावटी सुन्दरता मूल मुद्दों से ध्यान बँटाती है। टोनी मॉरीसन का विचार है कि शारीरिक सौंदर्य को खोजना अच्छा है और यह करने योग्य कार्य है। लेकिन इसके लिए दूसरों के विचारों को आँख मूँद कर स्वीकारना उचित नहीं है।

'ब्लैक पॉवर' के विपरीत टोनी मॉरीसन ने अफ़्रो-अमेरिकन इतिहास को पुनर्भासित, पुनर्परिभाषित किया। उन्होंने अपनी जड़ों को तलाशा और अपनी सभ्यता-संस्कृति को साहित्य में उचित स्थान दिलाने का अथक प्रयत्न किया। इन्होंने दिखाया कि जब तक हम दूसरों की निगाह से खुद को देखते-तौलते रहेंगे हमारी समस्याएँ बढ़ेंगी, घटेंगी कदापि नहीं। अमेरिका का ओहायो राज्य जहाँ उनका बचपन बीता 1803 से ही गुलामी के विरोध में रहा। यह स्थान 'अंडरग्राउंड रेलरोड' से भागते समय गुलामों की शरणस्थली था। बाद में यहाँ तमाम स्थानों के अनेक लोग आकर बसे। अफ़्रो-अमेरिकन जब तक दक्षिण में गुलाम के रूप में थे वे कठिन परिश्रम करते थे और उनका जीवन दमन, असुरक्षित और अस्थिर था। अफ़्रो-अमेरिकन गुलाम स्त्रियाँ ओवरसीयर, मालिक तथा अन्य गोरे और अकसर काले लोगों के बलात्कार का भी शिकार होती थीं। वे अपने मालिकों के लिए खेतों में कपास, भुट्टे की खेतीं करतीं, उनके घर में खाना बनाती, आया का काम करतीं। जब भागकर या गुलामी की प्रथा समाप्त होने के बाद ये उत्तर की ओर बढ़े तब भी इनका जीवन आसान न हुआ। इनके लिए खासकर स्त्रियों के लिए कोई सुनिश्चित कार्य उपलब्ध न था। ये लोग ज्यादातर अशिक्षित थे, किसी काम में प्रशिक्षित न थे अत: इनमें से बहुत सारी स्त्रियों के लिए क्लब-बार में गाना, नाचना और वेश्यावृत्ति जैसे काम ही उपलब्ध थे। यहाँ भी इनका अपने लोगों द्वारा शोषण होता था। बहुत कम गुलाम ऐसे थे जिन्हें 'बिलवड' की सेथे की भाँति उत्तर दिशा ओहाओ राज्य के सिनसिनाटी के एक कस्बे में आने पर घर नसीब होता था, प्रेम मिलता था, परिवार मिलता था। मॉरीसन अश्वेतों को अपने लेखन द्वारा आमन्त्रित करती हैं कि वे अपने परिवारों में, अपने समुदाय में और सबसे ज्यादा जरूरी है कि खुद अपने आप में ताकत खोजें।

खुद टोनी मॉरीसन ने यही किया। जब उनका दूसरा बच्चा गर्भ में था उनका

तलाक हो गया वे अपने परिवार में लौट आईं। उनका परिवार उनके इस निश्चय के साथ था। जब वे अपने दो छोटे बेटों को लेकर नौकरी करने न्यूयॉर्क गईं तो बहुत सारे लोगों को लगा कि वे अकेलापन अनुभव करेंगी। मगर उनका कहना था कि आप अपने साथ अपना गाँव लेकर चलते हो। अगर समुदाय की अनुभूति आपके भीतर है तो किसी बाह्य समुदाय की जरूरत नहीं है। उन्होंने अपने भीतर ताकत खोजी और इस ताकत ने उन्हें दुनिया का एक सबसे बड़ा रचनाकार बनने में सहायता दी। उन्होंने फिर दोबारा कभी शादी न की। उनका छोटा बेटा लिखने में उनके साथ है दोनों ने मिलकर बच्चों के लिए खूब लिखा है। पीछे छोड़ आए परिवार और समुदाय से निकटता स्थापित करने की इच्छा का परिणाम है उनका लेखन । जब भी वे दो छोटे बच्चों, अपनी नौकरी के तथा अन्य उत्तरदायित्वों को लेकर परेशान होतीं तो सदा अपनी दादी को याद करतीं। उनकी दादी ने अपने सात बच्चों को लेकर अकेले संघर्ष किया था। तब उन्हें लगता कि दादी की अपेक्षा उनकी कठिनाइयाँ कुछ नहीं हैं। इस सोच से उन्हें साहस और बल मिलता।

बहुत सारे लोग टोनी मॉरीसन के तलाक लेने और दोबारा शादी न करने के निश्चय से प्रसन्न नहीं हैं। अकसर वे अपने विचारों में शादी और परिवार संस्था के पक्ष में नहीं है, स्त्री–पुरुष के यौन सम्बन्ध की आलोचना करती हैं। इसलिए कुछ लोग मानते हैं कि उनके काम में चेतन या अचेतन रूप से स्त्री समलैंगी सम्बन्ध दिखाई पड़ते हैं। उनका उपन्यास 'सूला' स्पष्ट रूप से स्त्री समलैंगी सम्बन्धों को चित्रित करता है। सूला और नेल का सम्बन्ध ऐसा ही है जबकि वे पुरुषों से भी यौन सम्बन्ध कायम करती हैं। अफ़्रो–अमेरिकन महिला रचनाकारों के काम में यह नज़र आता है। एलिस वॉकर के उपन्यास 'द कलर पर्पल' में भी सीली और शुग आपस में यौन सम्बन्ध रखती हैं, इसी सम्बन्ध के कारण सीली अपनी यौनिकता को पहचानती है, अपने नारीपन को अनुभव करती है। अन्यथा बलात्कार के बाद उसे यौनक्रिया से अरुचि हो गई थी, अलबर्ट जब भी उसके पास आता उसे कोई अनुभूति नहीं होती थी। टोनी मॉरीसन के यहाँ यह केवल 'सूला' में ही नज़र आता है।

'बिलवड', 'जाज़' और 'पैराडाइज़' उनकी उपन्यास त्रयी है। उपन्यास त्रयी की पहली कड़ी 'बिलवड' में टोनी मॉरीसन विस्तार से दिखाती हैं कि गुलामी मनुष्य की कोमल भावनाओं को नष्ट कर देती है। स्त्री से उसके माँ बनने का नैसर्गिक अधिकार छीन लेती है। बलात्कार से उपजी सन्तान के प्रति मातृत्व भावना वही नहीं होती है जो प्रेम से उत्पन्न सन्तान के प्रति होती है। अत्याचार–गुलामी में स्त्री की भावना अपनी सन्तान के प्रति मिश्रित होती है। जहाजियों, ओवरसीयरों, मालिकों के लिए गुलाम स्त्रियाँ मनुष्य न होकर बच्चे पैदा करने वाली मशीन होती

थीं। उन्हें सीधे-सीधे 'ब्रीडर' कहा जाता था। गुलाम स्त्री से जितने अधिक बच्चे पैदा होते मतलब उतने अधिक गुलाम, अर्थात उतने अधिक काम करने वाले लोग, काम करने के लिए उतने अधिक हाथ। 'बिलवड' एक जटिल उपन्यास है। यह रहस्य-रोमांच का उपन्यास नहीं है, स्वीकार तथा सहन करने की पराकाष्ठा का उपन्यास है। यह उपन्यास पूछता है कि एक आदमी को कितना सहन करना चाहिए, कितना लेना चाहिए, कहाँ हद होती है। इस उपन्यास को समझने के लिए पृष्ठभूमि चाहिए। अमेरिकी-अफ़्रीकी इतिहास की थोड़ी-बहुत जानकारी होनी आवश्यक है। इसके लिए गुलामी की क्रूर दास्तान से परिचित होना जरूरी है।

हालाँकि टोनी मॉरीसन पहली रचनाकार नहीं हैं जिसने अपने उपन्यास में ममता की पराकाष्ठा में माँ को अपने बच्चे की जान लेते हुए दिखाया है। यह सही है कि इस उपन्यास के बीज सच्ची घटना में निहित हैं। साहित्य में इसके पूर्व ऐसी घटनाओं का विवरण मिलता है। 1861 में हैरिएट जैकब्स ने आत्मकथात्मक लेखन किया था। वह स्वयं गुलाम थी उसने 'इंसिडेंट्स इन द लाइफ़ ऑफ़ ए स्लेव गर्ल' नाम से आत्मकथा लिखी। इस किताब में उसने अपनी पहचान छुपाने के लिए एक दूसरा नाम लिंडा ब्रेंट रखा। लिंडा ब्रेंट पूरी ज़िन्दगी अपने बच्चों की स्वतन्त्रता के लिए काम करती है। वह अपने बच्चों की सुरक्षा के बिना खुद पलायन नहीं करना चाहती है। बराबर सोचती है कि यदि वह अपने बच्चों को मार डाले तो वे गुलामी की गलीच ज़िन्दगी से बच सकते हैं। लिंडा ऐसा सोचती है पर अपने विचार को अन्त तक कार्य रूप में परिवर्तित नहीं करती है। इसी किताब में प्रु का बच्चा जब मर जाता है तो वह सोचती है कि चलो अच्छा हुआ मर कर गुलाम ज़िन्दगी बिताने से बच गया। वह खुद मर कर इस क्रूरता भरे जीवन से छुटकारा पाना चाहती है। लेकिन सेथे अपने बच्चों को गुलामी की जंजीर से दूर रखने के लिए मार डालती है, यह दीगर बात है कि दोनों बेटे और डेनवर बच जाती है और घुटनों चलने वाली बच्ची (बिलवड) मारी जाती है। इस तरह वह अपने बच्चों पर अपना दावा सिद्ध करती है। एक अन्य लेखिका ऐसी ही स्थिति अपने उपन्यास में दिखाती है। यह रचनाकार अश्वेत नहीं है पर इसने अश्वेतों के दुख को अनुभव किया। इसके लेखन का अमेरिका में बहुत गहरा प्रभाव हुआ। अश्वेतों को गुलामी से उबारने वालों के लिए इस स्त्री का लेखन प्रेरणा बना। एक पादरी की बेटी हैरिएट बीचर स्टोव ने विश्व प्रसिद्ध उपन्यास 'अंकल टॉम्स केबिन' लिखा। इस उपन्यास की एक पात्र केसी अपने दो बच्चों के बिक जाने के बाद अपने तीसरे बच्चे को मार डालती है। फ़र्क यह है कि केसी को अपना बच्चा मारने का कभी अफसोस नहीं होता है, बल्कि वह खुश है कि अब उसके इस बच्चे को कभी गुलामी का दर्द न होगा। वह अपने बच्चे की भलाई के लिए यह जघन्य कार्य करती है। सेथे भी बच्चों की भलाई के लिए

यह कदम उठाती है पर बाद में वह सदैव अपराधबोध से भरी रहती है। टोनी मॉरीसन मनोवैज्ञानिक दृष्टि से अधिक सटीक हैं। उनके और हैरिएट बीचर स्टोव के बीच एक सौ साल से अधिक का अन्तराल है। टोनी मॉरीसन ज्यादा शिक्षित हैं, समय बदल चुका है।

उपन्यास 'बिलवड' का यह समय उन्नीसवीं सदी का उत्तरार्द्ध है। 1808 में गुलामी के व्यापार को कानूनन रोकने की बात हुई। 1870 में पन्द्रहवें संशोधन द्वारा अमेरिकी संविधान ने अश्वेतों को अमेरिकी नागरिकता दी। मगर रंगभेद और नस्लवाद पूरी तरह कायम था। कानून बनाकर सामाजिक बुराइयों को रोकना आसान नहीं है। लोगों के नजरिए का बदलना प्रमुख बात है। अधिकांश अमेरिकी लोगों, खासकर अमेरिका के दक्षिण के श्वेत लोगों का नजरिया अश्वेतों के प्रति ज्यों-का-त्यों बना हुआ था। अगर अमेरिकी इतिहास पर दृष्टि डालें तो हम पाते हैं कि इस काल में 'द अण्डरग्राउंड रेलरोड' की सहायता से करीब 1,000 गुलाम प्रति वर्ष दक्षिण अमेरिका से उत्तर अमेरिका की ओर पलायन कर रहे थे। इनमें से बहुत सारे पुनः पकड़ लिए जाते, बहुत सारे रास्ते में भूख, सर्दी, बीमारी से नष्ट हो जाते, कुछ थोड़े से स्वतन्त्र जीवन का स्वाद चखने के लिए उत्तर पहुँच पाते। गुलामी प्रथा के विरोधी गुलामों की स्वतन्त्रता को लेकर बँटे हुए थे। कुछ लोग शान्तिपूर्ण आन्दोलन चाहते थे बाकी लोग सशस्त्र आन्दोलन के पक्ष में थे। हैरिएट बीचर स्टोव दासों की स्थिति दिखाने वाला अपना प्रसिद्ध काम 'अंकल टॉम्स केबिन' प्रकाशित कर चुकी थीं। श्वेत होते हुए भी उन्होंने अश्वेत गुलामों के जीवन का मार्मिक चित्रण किया था। 1860 में अब्राहम लिंकन के राष्ट्रपति चुनाव में जीतने से और सशस्त्र विद्रोह से दक्षिण के श्वेत गुलाम मालिकों को पता चल चुका था कि अब वे और उनकी गुलाम प्रथा पहले की तरह सुरक्षित नहीं है। पहली जनवरी, 1863 की लिंकन की 'मुक्ति घोषणा' से करीब तीन मिलियन लोग स्वतन्त्र हो गए थे। दक्षिण के लाखों गुलाम अमेरिकी सेना में भरती होकर गुलामी से छूट रहे थे। फिर भी दक्षिण में गुलामों की खाल उधेड़ने का काम बदस्तूर चल रहा था। सेथे की कहानी गुलामी से भाग निकली जिस वास्तविक स्त्री मार्गरेट गारनर पर आधारित है उसे 1850 में लागू काले एक्ट, 'फ़्यूजिटिव स्लेव एक्ट' के तहत दोबारा उसका मालिक पकड़कर ले गया था।

ऐसे नारकीय जीवन के बीच बाइबिल की कथाओं, अश्वेत लोकगीतों, मिथकों को कथा में समायोजन कर टोनी मॉरीसन लड़ाई-झगड़े, परिवार, उत्तरदायित्व की कथाएँ बुनती हैं और प्रेम एवं आशा का सन्देश देती हैं। उनका इथोज, नजरिया निराशा का न होकर आशा का है। टोनी मॉरीसन गुलाम मातृत्व की जटिलता को इस उपन्यास में विस्तार से दिखाती हैं। नायिका का नाम सेथे बाइबिल के सेथ से

मिलता-जुलता है। सेथ एडम और ईव का वह बच्चा है जो उनके पहले बच्चे एबेल का स्थान लेता है। एबेल को केन ने मार डाला था। ईडन का प्रतीक 'स्वीट होम' स्कूल टीचर के आने से दूषित हो गया है। स्कूल टीचर अपने साथ ज्ञान—लिखने-पढ़ने की सामग्री लिए चलता है। 'स्वीट होम' के दूषित होते ही एक-एक कर सब वहाँ से चले जाते हैं। पॉल डी, सेथे, तीनों बच्चे सब वहाँ से बच निकलते हैं और स्वतन्त्रता का स्वाद पाते हैं। उनको इसकी कीमत चुकानी होती है, वे यह कीमत चुकाते हैं। बाकी सब नष्ट हो जाते हैं। सिक्सो ज़िन्दा जला दिया जाता है। उम्मीद है कि पॉल ए तथा हाले जीवित हैं। दास प्रथा मनुष्य के साथ क्या करती है इसका एक उदाहरण बेबी शुग्स है। यह बेबी शुग्स की जिजीविषा है जो उसे बचाए रखती है वरना गुलामी ने उसके पैर, पीठ, सिर, आँखें, हाथ, किडनी, गर्भाशय, जीभ सब नष्ट कर दिया था। वह अपने हृदय के बल पर जीती है और दूसरों को भी यही उपदेश देती है कि अपने हृदय के लिए जीओ।

गुलामी की क्रूरता व्यक्ति से उसकी संवेदनशीलता छीन लेती है। वह अनुभव करने में असमर्थ हो जाता है। जब फिर से जीवन में कोमलता-प्रेम मिलता है तब भी व्यक्ति को उसकी अनुभूति नहीं होती है। पॉल डी को देखकर सेथे को स्कूल टीचर के भतीजों का अत्याचार याद आता है, वह एक लम्बे समय से पुरुष स्पर्श से वंचित है। पॉल डी जब उसे स्पर्श करता है, उसकी पीठ पर कोड़ों की मार से बने चोकचेरी पेड़ को चूमता है तो सेथे को कोई संवेदना नहीं होती है। बरसों से उसकी पीठ की त्वचा मर चुकी थी। पॉल डी के आने पर सेथे अतीत में उतरना शुरू करती है। पॉल डी उसके साथ 'स्वीट होम' में था। वे दोनों सह जीवन के भागीदार थे। अत: उसके आने पर वे लोग अपने पिछले जीवन की बातें करते हैं। सेथे पॉल डी को भी सारी बातें नहीं बताती है। बता नहीं पाती है। अतीत टुकड़ों-टुकड़ों में पाठक के सामने खुलता है।

यह एक निर्विवादित सत्य है कि मनुष्य के विकास में, उसके आत्मनिर्भर बनने में, उसके स्वतन्त्र होने में अपनी स्वतन्त्रता को बनाए रखने में शिक्षा का महत्त्वपूर्ण हाथ होता है। सत्ताधारी अपनी सत्ता की रक्षा के लिए जन को अनपढ़ बनाए रखना चाहते हैं। गुलामों के मालिक नहीं चाहते थे कि उनके गुलाम लिखना-पढ़ना सीखें। इसलिए बहुत दिनों तक अफ़्रो-अमेरिकन गुलामों के पास केवल वाचिक परम्परा थी। इन जीवन विरोधी स्थितियों में भी कुछ गुलामों ने लिखना-पढ़ना सीखा। लिख पढ़कर अपनी कहानी लिखी। अपनी बात को दुनिया के और लोगों तक पहुँचाया। फ्रेडरिक डगलस एक ऐसा ही व्यक्ति था जिसने गुलामी के दौरान खुद को शिक्षित किया और फिर अपनी कहानी लिखकर दुनिया तक पहुँचाई। एकाध नरम दिल मालिक की कृपा से किसी गुलाम का पढ़-लिख जाना

एक अपवाद की तरह था। अश्वेत गुलामों के बच्चों के लिए शिक्षा की संस्थागत कोई व्यवस्था न थी। वाशिंगटन में अश्वेत बच्चों के लिए पहला स्कूल 1807 में खुला था। दक्षिण में इनकी शिक्षा की कोई व्यवस्था न थी। उत्तर में भी श्वेत-अश्वेत का भेदभाव शिक्षा में बहुत काल तक बना रहा। खुद मॉरीसन अश्वेतों के विशेष कॉलेज हॉर्वर्ड विश्वविद्यालय गई, यह 1949 का काल था। एक साक्षात्कार में वे बताती हैं कि उनके लिए शिक्षा का क्या अर्थ है। उनके अनुसार शिक्षित होने का अर्थ मुद्रित सामग्री को पढ़ पाना, उसके शब्दों का अर्थ समझ पाना है। मगर शिक्षा का अर्थ मुद्रित सामग्री का पढ़ पाना ही नहीं है। शिक्षा का अर्थ विस्फ़ोटक है, यह विस्फ़ोटक कानून के विरुद्ध नहीं कानूनन सही, कानून के भीतर विस्फ़ोटक है। शिक्षा का अर्थ मुद्रित और गैर मुद्रित अर्थात संकेतों, स्वादों, ध्वनियों, स्पर्शों, सूँघने की संवेदना जाग्रत करना है। यह अशिक्षितों के लिए जरूरी है साथ ही शिक्षितों के लिए भी आवश्यक है। कई बार शिक्षित लोगों के लिए भी लिखा हुआ पढ़ना सम्भव नहीं होता है, जैसा कि खुद टोनी मॉरीसन के साथ ब्राजील में हुआ। वे वहाँ की भाषा और लिपि नहीं जानती थीं। उनके लिए शिक्षा का अर्थ मनुष्य का संवेदनशील होना है।

टोनी मॉरीसन अपने उपन्यास 'बिलवड' में शिक्षा को महत्त्वपूर्ण स्थान देती हैं। मिश्रित नस्ल की लेडी जोन्स स्कूल चलाती हैं। खुद उसकी शिक्षा पेन्सिलवेनिया के अश्वेत लड़कियों के स्कूल में हुई थी। उसने अपने पाँचों बच्चों को पहले खुद अन्य बच्चों के संग पढ़ाया फिर आगे पढ़ने के लिए विल्बरफ़ोर्स भेजा। अपने पार्लर में वह स्कूल चलाती जिसमें वे बच्चे आते जो अभी काम करने के लायक बड़े नहीं हुए थे। काम करने लायक होने से पहले अश्वेत बच्चे मिट्टी में लोटते-खेलते रहते। इन्हीं बच्चों को पढ़ाकर वह अपनी शिक्षा का ऋण अदा कर रही थी। मॉरीसन एक तरह से कटाक्ष करती हैं कि सिनसिनाटी में अश्वेतों के दो कब्रिस्तान और छः चर्च थे पर न तो एक स्कूल था न ही एक भी अस्पताल था। वे घर में ही जो सीखना होता सीखते और घर में ही बीमार पढ़कर अथवा ऐसे ही उम्र होने पर मर जाते। ऐसे वातावरण में लेडी जोन्स एक नियामत थी जो इन बच्चों को प्यार करती थी और शिक्षा देती थी। इसी के यहाँ बचपन में डेनवर पढ़ने जाती थी। जल्द ही समाज से काट दिए जाने के कारण उसका जाना रुक गया था। यहीं बाद में फिर वह सबसे पहले जाती है। यहीं से शिक्षा पाकर उसमें दुनिया का सामना करने का आत्मविश्वास पैदा होता है। मॉरीसन दूसरी ओर यह भी दिखाती हैं कि स्कूल टीचर के नाम पर ऐसे लोग भी होते हैं जो मनुष्यता के नाम पर कलंक हैं।

टोनी मॉरीसन अश्वेत कला के लिए पूर्वजों की उपस्थिति को प्रमुखता देती हैं। उनके लिए पूर्वज समयातीत लोग हैं जिनका कथा के पात्रों से मासूम सम्बन्ध

बना रहता है। वे निर्देश देते हैं, सुरक्षा करते हैं और खास तरह का ज्ञान प्रदान करते हैं। उनके लेखन में एक प्रमुख पूर्वज पात्र 'सॉन्ग ऑफ़ सोलोमन' की पिलैट है। यह होशियार हीलर दूसरों को प्रेम करने वाली है। वह अपने परिवार से गहरा लगाव और सम्बन्ध रखती है और सामाजिक मान्यताओं के लिए उसके मन में खास सम्मान नहीं है। उसका अपने मृत पिता से निकट का सम्बन्ध है। वह लोककार्यों, रीति-रिवाजों की जानकार है, वह उन पर बल देती है। 'बिलवड' में सेथे निरन्तर अपनी सास के सम्पर्क में है। उसकी कही बातों को सदैव याद करती है। मॉरीसन का मानना है कि अफ़्रो-अमेरिकन उपन्यास में अफ़्रीकी जीवन, रीति-रिवाज, तौर-तरीके, मूल्य आने ही चाहिए। इन्हीं मूल्यों, विश्वासों ने इस समुदाय के लोगों को अमानवीय दमन की भयंकर परिस्थितियों में जिलाए रखा। शोषण के बावजूद उनकी जिजीविषा को कायम रखा।

अश्वेत कलाओं का आन्दोलन (ब्लैक आर्ट्स मूवमेंट) अफ़्रो-अमेरिकन जीवन को ताकत देने के लिए चलाया गया था मगर इस आन्दोलन में पुरुषों का वर्चस्व था। यह पुरुषों से जुड़े मुद्दों से सम्बन्धित था। इसीलिए इस आन्दोलन से टोनी मॉरीसन परेशान और ख़फ़ा थीं। यहाँ पुरुषों के बीच संघर्ष था। स्त्रियाँ और उनसे जुड़े मुद्दे की इन लोगों को परवाह नहीं थी। इन पुरुषों के लिए स्त्रियों से जुड़े मुद्दे मुद्दे ही नहीं थे। अमीरी बराका, विलियम वेल्स ब्राउन ('क्लोटल' या 'द प्रेसीडेंट्स डॉटर') जैसे लेखक पुरुषसत्ता के संकुचित घेरे में थे। ये लोग श्वेत समुदाय, श्वेत पाठकों के लिए लिख रहे थे। अश्वेत पाठक, खासकार अश्वेत स्त्री पाठक स्वयं को इनके साहित्य में अनुपस्थित पाता। रैल्फ़ एलीसन के उपन्यास पर टोनी मॉरीसन प्रश्न करती हैं कि 'इनविजिबल मैन' किसके लिए अदृश्य है? यह अश्वेत व्यक्ति श्वेत लोगों के लिए अदृश्य है, अश्वेतों के लिए नहीं। इस लेखन में अश्वेत समुदाय, उसकी आन्तरिक समस्याएँ नदारद हैं। टोनी मॉरीसन, एलिस वॉकर, टोनी कैड बाम्बारा, लूसील क्लिफ़्टन, जून जोर्डन ने स्त्री से जुड़े मुद्दों को बाद में अपने साहित्य में उठाया। इन लेखिकाओं ने यह काम बीसवीं सदी के उत्तरार्द्ध में किया। इनके लेखन के विषय और शैलियाँ अश्वेत पुरुष रचनाकारों से भिन्न थीं फिर भी इन लोगों ने अपने तरीके से दमनकारी सामाजिक सिस्टम जैसे नस्लवाद, लिंगबद और वर्गवाद जैसे मुद्दे साहित्य में उकेरे। इन रचनाकारों के साथ बौद्धिक और सामाजिक कार्यकर्ता स्त्रियाँ और बाद में कुछ पुरुष भी जुड़े। इसका नतीजा हुआ सामाजिक परिवर्तन, स्त्री-पुरुष के सम्बन्धों में निकटता, अश्वेत अस्मिता, आत्मसम्मान, आत्मनिर्भरता का उदय। टोनी मॉरीसन का साहित्य इसका एक प्रमुख उदाहरण है।

टोनी मॉरीसन 'बिलवड' उपन्यास में एमी डेनवर को लाकर दिखाना चाहती

हैं कि श्वेत-अश्वेत का साझा जीवन सम्भव है। खासकर दोनों समुदाय की स्त्रियों का साझा जीवन सम्भव है। एमी डेनवर सेथे की उसके कठिन समय में, प्रसव में सहायता करती है, नवजात शिशु को अपने कपड़ों में लपेटती है। यह संकेत है भविष्य में श्वेत लोगों द्वारा अश्वेतों पर हुए अत्याचार के मोचन का। बाद में सेथे अपनी बेटी डेनवर के जन्म की बात पॉल डी को बताती है, वह बताती है कि एमी डेनवर ने मेरी सहायता की। इस पर पॉल डी कहता है कि ऐसा करके उसने अपनी सहायता की है। एमी डेनवर सेथे के साथ परिवार की भूमिका निभाती है, वह नवजात को अपना नाम देती है। सेथे की इस बेटी का नाम डेनवर है। डेनवर आगे चलकर एक स्वावलम्बी, स्वाभिमानी युवती के रूप में विकसित होती है। डेनवर का घर से बाहर निकलकर शिक्षा और काम प्राप्त करके आत्मनिर्भर होना इस उपन्यास को सकारात्मकता प्रदान करता है। वह कड़ी है अश्वेत-श्वेत के बीच की। वह शुभाकांक्षा है मनुष्यता के भविष्य की।

अश्वेत लोग श्वेत लोगों पर विश्वास नहीं करते थे। उनका अनुभव इसका प्रत्यक्ष कारण है। मगर श्वेत लोग भी अश्वेत लोगों पर विश्वास नहीं करते थे उनसे भयभीत रहते थे। हर दमनकारी भीतर से डरा रहता है। उसे सदैव लगता रहता है कि जिनका वह शोषण कर रहा है वे कभी भी उस पर आक्रमण कर सकते हैं। 'बिलवड' में टोनी मॉरीसन कहती हैं कि श्वेत लोग मानते थे कि हर काली चमड़ी के नीचे एक भयानक जंगल है, मतलब कि ये बहुत खतरनाक लोग हैं। मगर ये जंगल अश्वेत लोग अपने साथ लेकर नहीं आए थे। वे इसे अफ़्रीका से अपने साथ नहीं लाए थे। यह जंगल उनके भीतर श्वेत लोगों ने ही रोपा था। चीखता हुआ बबून श्वेत लोगों की चमड़ी के भीतर है, लाल मसूढ़े उनके ही हैं। श्वेत लोगों के दमन-शोषण और अत्याचार ने अश्वेतों को विद्रोह के लिए उकसाया, उन्हें श्वेत लोगों के ख़िलाफ़ उठ खड़े होने पर मजबूर किया।

कुछ श्वेत लोग भले ही अश्वेतों की सहायता करते हों, उनके साथ नरम-अच्छा व्यवहार करते हों। पर गुलामों के प्रति किए गए उनके क्रूर व्यवहार को कैसे भुलाया जा सकता है। जिन्होंने उस अमानुषता को भोगा है वे कैसे उन्हें माफ़ कर सकते हैं। अश्वेत बेबी शुग्स कहती है, श्वेत लोगों ने मुझसे सब छीन लिया, जो मेरे पास था, या जो स्वप्न मैंने देखा था। उन्होंने मेरा दिल तोड़ दिया। दुनिया में श्वेत लोगों से बढ़ कर कोई दुर्भाग्य नहीं है। इसी तरह सेथे बिलवड को अपने जघन्य कार्य की पीछे की अपनी मंशा स्पष्ट करती है, वह बताती है कि यदि वह अपनी बच्ची को न मार डालती तो इसकी पूरी-पूरी सम्भावना थी कि उसे गुलामी का जीवन और गुलामी के अत्याचार सहने पड़ते और वह यह कभी नहीं चाहती थी कि उसके बच्चे उसकी तरह का नारकीय जीवन बिताएँ।

ओप्रा विन्फ्रे़ ने 'बिलवड' पर अपने क्लब में विमर्श नहीं किया बल्कि इस पर फ़िल्म बनाने का निश्चय किया। खुद को उन्होंने प्रमुख भूमिका में तय किया और डैनी ग्लोवर को पॉल दी की भूमिका में रखा। ओप्रा ने टोनी के साथ मिलकर स्क्रिप्ट तैयार की और कई फ़िल्म निर्देशकों के पास भेजी। वे सेथ और गुलामी की कहानी वृहत्तर दर्शकों तक ले जाना चाहती थीं। अकादमी पुरस्कृत निर्देशक जोनाथन डेम ने इस पर फ़िल्म बनाने की हामी भरी। ओप्रा विन्फ्रे़ की फ़िल्म कम्पनी ने इस फ़िल्म को प्रोड्यूस किया। दस साल के एक लम्बे समय के बाद फ़िल्म बनकर तैयार हुई। फ़िल्म की शूटिंग के समय एकाध बार टोनी मॉरीसन सेट पर गई फिर उन्हें लगा कि वहाँ उनका कोई खास काम नहीं है। उन्होंने निर्देशक और ओप्रा विन्फ्रे पर सारा काम छोड़ दिया। ओप्रा विन्फ्रे और डैनी ग्लोवर ने बहुत अच्छा काम किया है। स्पेशल इफैक्ट कहानी को आधिकारिक बनाते हैं। पूरी फ़िल्म उपन्यास के प्रति ईमानदार है। अकोसुआ बुसिया, रिचर्ड लाग्रेवेंस, एडम ब्रुक्स तीन लोगों ने मिलकर फ़िल्म की कहानी लिखी। संगीतकार रेचल पोर्टमैन का काम फ़िल्म को विशिष्टता प्रदान करता है। मगर फ़िल्म को बॉक्सऑफ़िस पर पर्याप्त सफलता न मिली। फ़िल्म प्रदर्शन के पूर्व खूब पब्लिसिटी की गई थी। 'टाइम' तथा 'वोग' मैगज़ीन ने इसे अपनी कवर स्टोरी बनाया, ओप्रा विन्फ्रे़ ने अपने टॉक शो में इसे चर्चित किया फिर भी परिणाम कुछ खास न निकला। समीक्षकों का कहना है कि विषय की जटिलता के कारण ऐसा हुआ। हालाँकि फ़िल्म बहुत अच्छी बनी है फिर भी चली नहीं। जो भी हो टोनी मॉरीसन ने इसकी अधिक परवाह नहीं की और अपने लेखन के काम में जुटी रहीं।

टोनी मॉरीसन के अनुसार एक लेखक का जीवन और कार्य मानवता के लिए उपहार नहीं है। वह मानवता की आवश्यकता हैं। 'बिलवड' उपन्यास के विषय में उनका कहना है कि यह किताब किसी एक व्यक्ति के बारे में न होकर हर पढ़ने वाले के बारे में है। भले ही इसकी मुख्य घटनाएँ बहुत पहले घटी हों, जो पहले हुआ और जो बाद में हुआ वह हमारे सबके जीवन का अंग है। क्योंकि स्मरण करना समझने का पहला सोपान है। यह किताब इस तरह से डिजाइन की गई है कि यह पाठक को अमेरिकी जीवन के उस दौर में यात्रा पर ले जाती है जब जितनी घृणा थी उतना ही प्यार था, जितना क्रोध था उतनी ही आशा थी, जितने हीरो थे उतने ही कायर लोग भी थे।

टोनी मॉरीसन किसी वाद के तहत लिखना पसन्द नहीं करती हैं, उनके अनुसार वाद व्यक्ति को संकुचित कर देता है। आदमी के दृष्टिकोण को तंग बना देता है। यदि व्यक्ति रचनाकार हुआ तो उसकी रचनाएँ उस खास वाद का नारा बनकर रह जाती हैं। वे किसी वाद में विश्वास नहीं करती हैं, विशेष रूप से खुद को

नारीवादी तो बिलकुल नहीं मानती हैं। उनके न चाहने के बावजूद उनके उपन्यास 'पैराडाइज' पर नारीवादी उपन्यास होने की मोहर लगी। मॉरीसन ने इस ठप्पे का जोरशोर से खंडन किया। उस समय एक इंटरव्यू में उन्होंने कहा कि वे किसी वाद के तहत कभी नहीं लिखेंगी। वाद बाँधते हैं और वे स्वतन्त्र होना चाहती हैं, स्वतन्त्र रहना चाहती हैं। वे विस्तार के लिए लिखती हैं, बन्धन के लिए नहीं। अक्सर वे खोलने के लिए, चिन्तन-मनन को उकसाने के लिए लिखती हैं। इसीलिए उनके उपन्यासों का अन्त खुला होता है। पाठक अपनी कल्पना से, अपनी बुद्धि से उसे विस्तार देने को स्वतन्त्र होता है। अन्त में वे सोच-समझ कर पाठकों के लिए थोड़ी-सी गुंजाइश छोड़ती हैं। 'बिलवड' का अन्त भी खुला है, बहुत स्पष्ट रूप से इसे समाप्त नहीं किया गया है। क्या सेथे जीवित और स्वस्थ मानसिकता के साथ बची रहेगी? क्या उसके दोनों बेटे ज़िन्दा हैं? तमाम बातें पाठक के लिए छोड़ दी गई हैं।

वे खुद को 'काव्यात्मक लेखक' कहा जाना भी नापसन्द करती हैं। उनको लगता है कि जो लोग उन्हें काव्यात्मक लेखक मानते हैं वे उनकी प्रतिभा को कम करके आँकते हैं। उनकी कहानियों की शक्ति और उसकी प्रतिध्वनि को पूरी तरह समझते नहीं हैं, ठीक से मूल्यांकित नहीं करते हैं। अपने लेखन की लोकप्रियता और आलोचनात्मक प्रशंसा के कारण आज वे उस मुकाम पर हैं जहाँ वे चुनाव कर सकती हैं। वे चुन सकती हैं कि किस प्रशंसा को स्वीकारे और किसे नकारे। वे खुद पर बनाए सारे श्रेणीगत विभाजन को नहीं नकारती हैं। उन्हें खुद को 'ब्लैक वूमन राइटर' कहे जाने से कोई एतराज नहीं है। वे खुद भी अपने लिए इस विशेषण का प्रयोग करती हैं। कुछ आलोचक उन्हें अश्वेत चेतना का डी एच लॉरेंस कहते हैं। उनकी भाषा की प्रशंसा करते हुए नोबेल अकादमी ने अपनी अनुशंसा में मॉरीसन को 'प्रथम श्रेणी की साहित्यिक कलाकार' की संज्ञा दी है। समिति ने उन्हें भाषा में प्रवेश करने वाली, भाषा को नस्ल की जंजीरों से स्वतन्त्र कराने वाली तथा काव्य द्युति से सम्बोधित करने वाली कहा है। 'बिलवड' उनका ऐसा कार्य है जिसे 2006 में अमेरिका के साहित्य के पिछले पच्चीस वर्षों में सर्वोत्तम रचना के रूप में प्रतिष्ठा मिली।

टोनी मॉरीसन अपने विशिष्ट उपन्यासों के लिए जानी जाती हैं, उपन्यास लिखने के अलावा उन्होंने बहुत सारे दूसरे काम किए हैं। उनका आलोचनात्मक और कलात्मक क्षेत्र में अप्रतिम योगदान है। उनका कार्य अश्वेत लोगों के जीवन से जुड़ा है, फिर भी निराशा नहीं, आह्लाद उत्पन्न करता है। उन्होंने एडीटर का काम करते हुए तमाम अफ़्रो-अमेरिकन रचनाकारों का काम प्रकाशित कराने में सहायता की। ओप्रा विन्फ़्रे के बुक क्लब के द्वारा बहुत सारे अफ़्रो-अमेरिकन लेखकों के काम को

प्रचारित-प्रसारित किया। राष्ट्रीय स्तर पर नस्ल और शोषण के मुद्दों पर चल रहे विमर्श में सक्रिय भागीदारी की। अपनी सम्मानित बौद्धिक स्थिति से उन्होंने राष्ट्रीय पहचान में अफ़्रो-अमेरिकन की उपस्थिति दर्ज करवाई। अकादमिक और सामाजिक, कला और राजनीति, सैद्धान्तिकी और दैनान्दिन के जीवन को निकट लाने, उनके समायोजन का काम भी किया। उनका प्रभाव बहुत असरदार है, उनके नाम पर बिना लाभ वाली एक 'टोनी मॉरीसन सोसाइटी' है। यह सोसाइटी उन पर काम करने वाले स्कॉलर और उनके पाठकों ने मिलकर बनाई है। उनके 'बिलवड' लिखने का एक कारण यह भी क्योंकि अमेरिका में दासता का कोई स्मारक नहीं था। सड़क के किनारे कोई बेंच ऐसी नहीं थी जिस पर इन दमित-दुखी लोगों, दासता की क्रूरता से मरने वाले लोगों का उल्लेख हो। कहीं ऐसे लोगों का कोई चिह्न नहीं है, जो उनकी याद दिलाता हो। कोई ऐसा स्थान नहीं है, जो उनके संघर्ष, उनके दुख-दर्द-दमन को प्रदर्शित करता हो, जो बताता हो कि कितने इस राह से चले, कितने रास्ते में समाप्त हो गए, कितने अन्त तक पहुँच सके। यह उपन्यास खुद तो दासता का स्मारक है ही, 'टोनी मॉरीसन सोसाइटी' ने समुद्र तट पर भौतिक रूप से बेंच बनवाई हैं। जहाँ राहगीर बैठकर सुस्ता सकें। अमेरिका में गगनस्पर्शी इमारतें हैं, मगर कोई स्मारक, कोई पट्ट, कोई दीवाल, कोई पार्क, कोई लॉबी इन दमित-शोषितों के नाम पर कहीं नहीं है। कोई तीन सौ फ़ीट का टॉवर नहीं है इसलिए उन्होंने यह किताब लिखी और उनके नाम पर चलने वाली संस्था ने 2008 में 'बेंच बाई द रोड' बनवाई। यह दक्षिण कैरोलीना तट पर बनी और इसके उद्घाटन के लिए स्वयं टोनी मॉरीसन इस पर बैठीं। इस छः फ़ीट लम्बी, छब्बीस इंच गहरी काले स्टील की बेंच सोसाइटी ने नेशनल पार्क सर्विस के सहयोग से बनवा कर लगाई। इस स्थान के चुनाव करने का विशिष्ट कारण है। जब अफ़्रीका के लोग गुलाम बनाकर अमेरिका लाए जाते थे करीब 40 प्रतिशत लोग इसी स्थान से अमेरिका में दाखिल होते थे। यही वह प्रमुख सलीवान टापू था, गुलामों को अमेरिका में प्रवेश कराने का। सलीवान टापू की बेंच पहली थी, सोसाइटी इस तरह की दस और बेंच उन स्थानों पर लगाने वाली है जो अफ़्रो-अमेरिकन इतिहास में प्रमुख स्थान हैं। इनमें हारलम का फ़िफ़्थ एवेन्यू, मिसीसिपी में एमेट टिल का हत्या स्थान, अंडरग्राउंड रेलरोड की निशानी के तौर पर के ओबेर्लिन, ओहाओ में मॉरीसन के घर के निकट लोरैन चुने गए हैं। इन लोगों ने एक बेंच वाशिंगटन विश्वविद्यालय में भी प्रदान की है।

वॉशिंगटन डी सी के वाशिंगटन विश्वविद्यालय में पहले अश्वेत छात्रों का प्रवेश नहीं था, यह वर्जना बाद में टूटी, इस उपलक्ष्य में सोसाइटी ने एक बेंच वहाँ भी प्रतीक स्वरूप रखी है और इसके उद्घाटन अवसर पर टोनी मॉरीसन स्वयं वहाँ प्रमुख अतिथि और वक्ता थीं। उनका कहना है कि जीवितों के लिए ताली बजाना

और मृतकों का आदर करना कभी भी किया जा सकता है, जो लोग मृतकों का सम्मान करते हैं उनकी प्रशंसा की जानी चाहिए। मॉरीसन उस बेंच पर बैठीं जिसका उन्होंने स्वप्न देखा था। उन्होंने भाषा और अफ़्रो-अमेरिकन जीवन की प्रतिबद्धता के एवज में लिखा और इस तरह के प्रोजेक्ट को बढ़ावा दिया। बेंच उदाहरण और प्रतीक है मॉरीसन की लेखनशक्ति का और इस बात का कि कैसे उन्होंने अमेरिकी समाज और जीवन को प्रभावित किया है। ये बेंच केवल अश्वेतों के लिए ही नहीं हैं। ये बेंचें उनके उपन्यासों की भाँति सबके लिए उपलब्ध हैं। ये अतीत, मनुष्य के जटिल स्वभाव, और उन कहानियों का प्रतीक है जो हमें चिन्तन-मनन करने और सीखने का अवसर देता है।

टोनी मॉरीसन ने नौ उपन्यास, कई कहानियाँ, लेख, नाटक लिखे। एडीटर के रूप में कार्य किया। इसके अलावा उन्होंने टेक्सास सदर्न विश्वविद्यालय, हॉवर्ड विश्वविद्यालय, स्टेट यूनिवर्सिटी ऑफ़ न्यू यॉर्क, प्रिंसटन विश्वविद्यालय आदि विभिन्न विश्वविद्यालयों में शिक्षण कार्य किया। उन्होंने ओपेरा के लिए गीत-संगीत लिखा। 2009 में उन्होंने पी ई एन संस्था के लिए 'बर्न दिस बुक : पी ई एन राइटर्स स्पीक आउट ऑन द पॉवर ऑफ़ द वर्ड' का सम्पादन किया। उन्हें भाषण देने के लिए जगह-जगह से बुलावे मिलते हैं।

मॉरीसन का लेखन बताता है कि प्रकृति के प्रति मनुष्य की दो दृष्टि हो सकती हैं। एक है उसे समझने और उसका सम्मान करने की, दूसरी उसे वश में करने और अपने उद्देश्यों के लिए उसका शोषण करने की। पहली प्रवृत्ति दूसरे नजरिए से हर हाल में उत्तम है। प्रकृति के बिखराव में भी एक संतुलन है, प्रकृति को ज्यों-का-त्यों रहने देना चाहिए, उसे पालतू बनाने का, तोड़-मरोड़ कर सही करने प्रयास नहीं करना चाहिए। प्रकृति स्वयं में पवित्र और परिपूर्ण है, उसे छेड़ना नहीं चाहिए। इससे भी अधिक उनके सृजन में हमें यह दिखाई देता है कि अलग-अलग समुदाय द्वारा प्रकृति के प्रति विभिन्न दृष्टिकोण हैं। उनका लेखन दिखता है कि कई दबंग-बलशाली समुदाय इस दृष्टिकोण के तहत प्रकृति और मनुष्य को दमित कर अपना गुलाम बनाना चाहते हैं। वे प्राकृतिक दुनिया के प्रति सांस्कृतिक नजरिए के संघर्ष को निरन्तर अपने लेखन में दिखाती हैं और इस बात पर बल देती हैं कि प्रकृति के प्रति नजरिया सांस्कृतिक प्रभाव का प्रतिफल है, व्यक्ति का प्राकृतिक-स्वभावगत सत्य ऐसा नहीं है।

'बिलवड' नस्ल के एकाकीपन को दिखाता है। अफ़्रो-अमेरिकन अन्य लोगों से घुलमिल नहीं सकते थे। डेनवर ज़िन्दगी में अकेली है, 124 ब्लूस्टोन पूरे समाज से कटा हुआ है। बिलवड जन्म के समय से ही समाज से कट जाती है, उसके चलते सेथे का पूरा परिवार दुनिया से कट जाता है। पॉल डी बरसों बरस अकेला भटकता

है। मनुष्य सामाजिक प्राणी है वह अकेला नहीं रहना चाहता है। समाज उसकी इस कमजोरी को जानता है और सामाजिक नियन्त्रण के लिए समुदाय से बाहर करना सबसे बड़ी सजा है और इसकी धमकी इमोशनल ब्लैकमेल का साधन। 'बिलवड' में लोग अकेले नहीं रहना चाहते हैं। बेबी शुग्स अपने बेटे हाले के तीन बच्चों को रखती है। सेथे अपने बच्चों के साथ के लिए गर्भावस्था में अकेली निकल पड़ती है, रास्ते में तमाम कठिनाइयाँ झेलती हुई अपनी सास और बच्चों से मिलती है। पॉल डी का भटकना सेथे से मिलने के बाद रुकता है। वह डेनवर और सेथे के साथ परिवार बनाता है। वे लोग कार्नीवाल में अपने समुदाय से हँसी-खुशी से जुड़ते हैं। डेनवर पॉल डी को स्वीकार लेती है, बहुत प्रसन्न है। इसी समय बिलवड अपने एकाकीपन से घबराकर 124 ब्लूस्टोन में संग-साथ के लिए आती है। बिलवड पूरे परिवार को एक-दूसरे और दूसरों से दूर कर देती है। हॉवर्ड और बर्गलर उसके कारण घर छोड़कर भागते हैं। बिलवड के आने से एक बार फिर पॉल डी परिवार से दूर कर दिया जाता है। मगर फिर वह लौट आता है। डेनवर अन्ततः समुदाय से सहायता लेने जाती है और समुदाय से डेनवर और सेथे जुड़ती हैं। एकाकीपन व्यक्ति को तोड़ देता है यह व्यक्ति, परिवार, समुदाय और देश सबके लिए खतरा है। व्यक्तिवाद, लालच, हवस, स्वार्थ परिवार को तोड़ता है। 'बिलवड' उपन्यास के पात्र मिलकर रहना चाहते हैं। सामूहिक प्रयास से तोड़ने वाली शक्तियों को तोड़ा जा सकता है। पहले पॉल डी उस शक्ति की पहचान करके उसे अकेले भगाने का प्रयास करता है। इस प्रयास में वह सफल रहता है। पर पूरी तरह से इस विघटन करने वाली शक्ति से लड़ नहीं पाता है। जब पूरा समाज जुड़ता है, चाहता है, तभी विनष्टकारी शक्ति से छुटकारा मिलता है। टोनी मॉरीसन अफ़्रीका की संस्कृति की एक विशेषता सामूहिकता को यहाँ प्रस्तुत करती हैं यह 'बिलवड' उपन्यास की एक थीम है। एक बार बिलवड चली जाती है तो उसे कोई याद नहीं करता है। जिन लोगों ने उससे बात की थी, उसके साथ रहे थे, उसके प्रेम में पड़ गए थे वे भी उसे याद नहीं करते हैं। वह अतीत का प्रतीक है, उसे छोड़कर जीवन आगे बढ़ जाता है। आगे बढ़ने का ही नाम ज़िन्दगी है। रचनाकार अश्वेत लोगों की मुक्ति का उपाय सुझाती है।

टोनी मॉरीसन कहती हैं कि वे ग्रामीण साहित्य लिखती हैं, जो ग्रामीणों के लिए है, उनके कबीले के लिए है। अपने लोगों के लिए वे इस साहित्य का होना आवश्यक मानती हैं, उनके अनुसार यह न्यायसंगत है। उनका साहित्य इस बात का गवाह है और सुझाव देता है कि कैसे कानून उनके लोगों को समाप्त कर रहा था, निगलता जा रहा था। जिन लोगों ने कानून तोड़ा वे लोग बच निकले, उनमें से कुछ अन्त तक अपने लक्ष्य तक पहुँचे। कुछ रास्ते में समाप्त हो गए। वे दिखाती हैं कि ये लोग किन परिस्थितियों में रहते थे, क्यों ऐसे रहते थे। इस समुदाय के भीतर कानूनन

क्या सही था और इस समुदाय के बाहर का कानून कैसा था। वे अफ़्रो-अमेरिकन साहित्य को अमेरिकी राष्ट्रीय साहित्य का अनिवार्य अंग मानती हैं। उनके अनुसार अमेरिकी साहित्य और पहचान के केन्द्र में नस्लगत विभिन्नता है।

शुरू में लोग टोनी मॉरीसन से अपेक्षा कर रहे थे कि वे अश्वेत चरित्रों को वैसा दिखाएँगी जैसा वे देखना चाहते हैं, यानी असहाय, अनपढ़, असमर्थ। लोग चाहते थे कि वे पोलिटिकली करैक्ट उपन्यास लिखें। उनके अनुसार 'बिलवड' राजनैतिक उपन्यास नहीं है, यह गुलामी प्रथा को दिखाने वाला उपन्यास भी नहीं है। यह तो मानवता और अमानवीयता को दिखाने वाला कार्य है। यह उपन्यास टोनी मॉरीसन ने साठ मिलियन और उससे ज्यादा लोगों को समर्पित किया है। इस उपन्यास की प्रशंसा में पत्र-पत्रिकाओं के पन्ने रँगे हुए हैं। इस पर तमाम शोध हुए हैं, बहुत सारी किताबें लिखी गई हैं। टोनी मॉरीसन के काम पर बहुत काम हुआ है सबसे ज्यादा इसी उपन्यास पर काम उपलब्ध है। उन्होंने कभी आलोचकों की परवाह नहीं, वे सदैव अपनी संवेदना के प्रति ईमानदार रहीं। उन्होंने लेखन की चुनौतियों को स्वीकारा, अपने भीतर उठने वाले प्रश्नों का उत्तर अपने तरीके से पाना चाहा, अपने ढंग से दिया। सबसे बड़ी बात है अपनी रुचियों के अनुसार लिखा। किसी आलोचक अथवा पाठक को खुश करने के लिए लेखन नहीं किया। आजकल वे जानना चाह रही हैं कि गुलामों के मालिक का व्यक्तित्व कैसा होता था। इसके लिए वे इनमें से कुछ मालिकों की डायरी का अध्ययन कर रही हैं। जिसमें रोजमर्रा का जिंस का, काम-धन्धे का हिसाब-किताब है ऐसी डायरी नहीं हैं ये। इन डायरियों में दास मालिकों ने खुद को खोला है, अपनी भावनाओं को, अपनी संवेदनाओं को अभिव्यक्त किया है। इस अध्ययन से उन्हें ज्ञात हो रहा है कि गुलामी का, दूसरे मनुष्यों पर क्रूरता-अत्याचार करने वाले लोगों पर इसका क्या प्रभाव होता था। जब आप दूसरों को नष्ट कर रहे होते हैं आप खुद भी कहीं नष्ट हो रहे होते हैं। खुद भी कहीं अपना अपमान कर रहे होते हैं। जिस पर आप अत्याचार कर रहे हैं वे मनुष्य हैं, जानवर नहीं। डायरियाँ बताती हैं कि ये लोग क्रूरता करते थे पर ये सारे लोग क्रूर मनुष्य नहीं थे। आशा है शीघ्र हमें टोनी मॉरीसन से दास मालिकों के ईमानदार विचारों का पता चलेगा। वे जो भी लिखती हैं खूब शोध-अध्ययन करके प्रतिबद्धता और ईमानदारी के साथ लिखती हैं। इसी ईमानदारी, इसी प्रतिबद्धता, इसी शोध-अध्ययन का नतीजा है कि आज वे विश्व भर में समादृत हैं, अमेरिका में साहित्यकारों के बीच मातामही के रूप में आदर पाती हैं।

गैब्रियल गार्षा मार्केस

कहानी का जादूगर

कन्नड की एक लोककथा है :

एक स्त्री एक कहानी जानती थी। वह एक गीत भी जानती थी। लेकिन कभी किसी को न तो कहानी सुनाती थी न ही गाना। उन्हें केवल अपने पास रखती थी। उसके यहाँ कैद होकर कहानी और गीत बहुत घुटन अनुभव करते। वे छुटकारा पाना चाहते, भागना चाहते थे। एक दिन जब स्त्री सो रही थी उसका मुँह खुला हुआ था, कहानी उससे बाहर निकल भागी। वह एक जोड़ी जूतों के आकार में ढल गई और घर के बाहर जाकर बैठ गई। गीत भी निकल भागा और उसने एक कोट का रूप धारण किया और खूँटी पर टँग गया।

स्त्री का पति घर आया उसने कोट और जूते देखकर उससे पूछा, 'कौन आया है?'

'कोई नहीं।'

'पर कोट और जूते किसके हैं?'

'मुझे नहीं मालूम,' उसने उत्तर दिया।

उत्तर से वह सन्तुष्ट नहीं था। उसे शक था। यह वार्तालाप बुरा था। यह झगड़े में परिवर्तित हो गया। पति गुस्से में आग-बबूला हो गया, उसने कम्बल उठाया और मन्दिर में सोने चल गया।

औरत को पता नहीं चला कि क्या हुआ। वह अकेली लेट गई। किसके जूते और कोट है? वह बार-बार खुद से सवाल करती रही। परेशान और दुखी उसने दीया बुझाया और सो गई।

शहर के सारे दीये बुझने के बाद मन्दिर में जमा हुआ करते थे। और रात बातचीत करते हुए गुजारते थे। इस रात भी सारे दीये वहाँ पहुँचे एक को छोड़कर। देर से आने वाले दीये से सबने पूछा कि वह देर से क्यों आया? तुम इतनी देर से आज क्यों आए?

हमारे घर आज रात पति-पत्नी में झगड़ा हो गया, ' लौ ने कहा।

'वे क्यों लड़े?'

जब पति घर पर नहीं था तो एक कोट और एक जोड़ी जूते वारांडा और खूँटी पर। पति ने पूछा कि ये किसके हैं। पत्नी ने कहा कि उसे नहीं मालूम अत: वे झगड़े।'

'जूते और कोट कहाँ से आए?'

'घर की स्त्री एक कहानी और एक गीत जानती है। वह कभी कहानी नहीं कहती है और कभी गाती नहीं है किसी के लिए। कहानी और गीत का उसके अन्दर दम घुटने लगा, अत: वे बाहर आ गए और कोट तथा जूते बन गए। उन्होंने बदला लिया। औरत को पता भी नहीं है।'

कंबल के भीतर लेटे पति ने लौ की बात सुनी। उसका सन्देह समाप्त हो गया। जब वह घर पहुँचा सुबह हो चुकी थी। उसने अपनी पत्नी से कहानी और गीत के बारे में पूछा। मगर वह दोनों भूल चुकी थी। 'कौन-सी कहानी, कैसा गीत?' इसलिए अगर कहानी मालूम है तो उसे सुनाना आवश्यक है, गीत गाना जरूरी है। उसने कहा।

जादुई यथार्थवाद का जनक कौन है इस पर बहस हो सकती है कुछ लोग मिग्युएलईन्जेल अस्टूरिअस को इसका जनक मानते हैं तो कुछ अन्य मलयालम लेखक ओ वी विजयन को इसका प्रणेता स्वीकार करते हैं, लेकिन इस बात पर कोई विवाद नहीं है कि कोलम्बिया के उपन्यासकार, बीसवीं सदी के एक सबसे प्रमुख लेखक गैब्रियल गार्षा मार्केस ने जादुई यथार्थवाद को न केवल नई ऊँचाई दी वरन् इसे लोकप्रिय बनाने, इसके प्रचार-प्रसार में प्रमुख भूमिका निभाई। जैसा जादुई उनका लेखन है वैसी ही एक जादुई व्यक्तित्व एडिथ ग्रोसमैन जैसी अनुवादक भी उन्हें मिली जिसने उनके काम को इंग्लिश में अनुवादित करके विश्व के कोने-कोने तक पहुँचाया। ग्रोसमैन का काम मूल से किसी दृष्टि में कम नहीं है। वह वही आस्वाद देता है जो किसी सर्जना से प्राप्त होता है। मार्केस के लगभग सारे काम को उन्होंने अनुवादित किया है। मार्केस ने विपुल लेखन किया है और हिन्दी का पाठक उनसे और उनके काम से बखूबी परिचित है।

अभी हाल में 17 अप्रैल, 2014 को उनका निधन हो गया। विश्व की तमाम भाषाओं के साथ हिन्दी में भी उन पर श्रद्धांजलि लेखों की बाढ़-सी आ गई। 'एकान्त के सौ वर्षों' का अन्त निश्चित था फिर भी पाठक-आलोचक गमगीन थे। खुद मैंने तीन भिन्न पत्रिकाओं के लिए उन पर अलग-अलग श्रद्धांजलि लेख लिखे, जिन्हें पाठकों ने सराहा। लेकिन सबसे अधिक प्रसन्नता हुई जब एक गुणी सम्पादक ने कहा कि मेरा लेख पढ़ने के बाद उनके मन में मार्केस पढने की इच्छा फिर से जाग्रत हुई और उन्होंने अपनी लाइब्रेरी से निकाल कर उनकी आत्मकथा दोबारा पढ़नी शुरू की। ये सम्पादक हैं प्रयाग शुक्ल, वे न केवल एक कुशल सम्पादक हैं

वरन् बहुत उत्तम कोटि के लेखक और अनुवादक भी हैं। साहित्य के साथ-साथ संगीत तथा विभिन्न कलाओं पर उनकी पकड़ अनूठी है। मैंने पहले मार्केस की आत्मकथा 'लिविंग टू टेल द टेल' लाइब्रेरी से लाकर पढ़ी थी। मगर इस बार जमशेदपुर पुस्तक मेले में मेरी दोस्त ने यह पुस्तक मुझे भेंट की। पुस्तक दोबारा पढ़ी और जो समझ में आया, पढ़ते समय जो उद्गार मन में आए उन्हीं में से कुछ अंश यहाँ प्रस्तुत हैं।

वर्षों से कैंसर से जूझते गैब्रियल गार्षा मार्केस की जिजीविषा गजब की थी। इसके साथ ही उनके पास थी गजब की जीवन्तता। ऐसा मस्तमौला फ़क्कड़ व्यक्ति ही 'लीफ़ स्ट्रोम', 'नो वन राइट्स टू द कर्नल', 'वन हंड्रेड इयर्स ऑफ़ सोलिट्यूड', 'क्रोनिकल्स ऑफ़ ए डेथ फ़ोरटोल्ड', 'ऑटम ऑफ़ द पैट्रियार्क', 'लव इन टाइम ऑफ़ कॉलरा' जैसी महागाथाएँ लिख सकता है। मकांडो जैसे काल्पनिक स्थान को वास्तविक से अधिक वास्तविक रंग दे सकता है। उनका अन्तिम उपन्यास था 'लव एंड अदर डीमन्स'। मार्केस की कहानियों के अलावा उनका यही उपन्यास मैंने सबसे पहले पड़ा था और चकित रह गई थी। प्यार में पागल होने की बात को सिद्ध करता यह उपन्यास अपनी मार्मिकता में बेजोड़ है। इसी तरह उनकी कहानी 'सफ़ेद बर्फ़ पर लाल खून की लकीर' और 'संत' कहानी के अनुवाद के दौरान बहुत गहन और शब्दातीत अनुभव हुए। 'संत' एक पिता के सत्ता के गलियारों में भटकने की त्रासद कथा है। जबकि 'सफ़ेद बर्फ़ पर लाल खून की लकीर' एक मस्तमौला युवक-युवती की प्रेम में मरने-जीने की मार्मिक कहानी है। 'पानी जैसी बहती रोशनी' और 'सपनों की सौदागर' को नहीं भूल सकती हूँ। 'पानी जैसी बहती रोशनी' खेल-खेल में होने वाले हादसे से दहलाती है, तो 'सपनों के सौदागर' मार्केस के जादुई स्पर्श से साकार होती है। सुनामी का चित्रण सबसे पहले मैंने मार्केस के यहाँ ही पढ़ा-देखा बहुत बाद में टीवी, अखबारों में देखा-पढ़ा। एक बार मार्केस का चस्का लग जाए तो बस आप पढ़ते चले जाते हैं। आज तक तय नहीं कर पाई कि मुझे 'वन हंड्रेड ईयर्स ऑफ़ सोलिट्यूड' और 'लव इन द टाइम ऑफ़ कॉलरा' में से ज्यादा अच्छा कौन लगता है। 'लव इन द टाइम ऑफ़ कॉलरा' उपन्यास ज्यादा अच्छा लगता है या इस पर आधारित इसी नाम की फ़िल्म।

गैब्रियल गार्षा मार्केस के साक्षात्कारों तथा उन पर लिखे छिट-पुट लेखों से उनके उपन्यास से भी अधिक रोचक जीवन की झाँकी मिलती रही थी। मगर जब 2002 में उन्होंने खुद अपना जीवन शब्दों में पिरोना शुरू किया तो उनके जीवन की धूम मच गई। एक साल के भीतर यह किताब स्पेनिश भाषा से अनूदित होकर इंग्लिश में उपलब्ध थी। मार्केस अपनी कहानी तीन भागों में लिखने की योजना बनाए हुए थे। पाठकों को बेसब्री से बाकी के दो हिस्सों की प्रतीक्षा थी मगर कहानी

सुनाने वाला ही सो गया और अब कभी उन दो हिस्सों की भरपाई नहीं हो सकेगी। उनकी जीवनियाँ तो खूब लिखी जाएँगी मगर अब और आत्मकथा न होगी।

'लिविंग टू टेल द टेल' को पूरी तरह से आत्मकथा की श्रेणी में नहीं रखा जा सकता है, यह इसके पार जाती विधा है। इसमें संस्मरण और रेखाचित्र की झलक भी मिलती है। इसमें धड़कता है उस समय का बोगोटा और अराकटाका का इतिहास और भूगोल। खुद को राजनीति न जानने वाले का दावा करने वाले युवा मार्केस तत्कालीन राजनीति का शब्दशः चित्रण करते हैं। यह जीवनी मात्र एक परिवार की कथा न रह कर पूरे देश-समाज की कथा बन जाती है। बीसवीं सदी के तीसरे और चौथे दशक का पूरा करैबियन संसार यहाँ उपस्थित है। यहाँ हुई राजनैतिक हत्या और उसके बाद चली मारकाट की दास्तान कोलम्बिया के गृहयुद्ध की जीती-जागती तस्वीर प्रस्तुत करती है। मार्केस के अनुसार वे लोग स्पेन से स्वतन्त्रता के साथ शुरू हुआ वही गृहयुद्ध लड़ रहे थे। लिबरल्स और कंजरवेटिव्स के बीच की लड़ाई ने हजारों जाने ले लीं। गाबो के जीवन पर सबसे अधिक प्रभाव डाला लोकप्रिय नेता जॉर्ज एलिसर गैटान की हत्या ने। लेखक के अनुसार इसी दिन 9 अप्रैल, 1948 को कोलम्बिया में बीसवीं सदी प्रारम्भ हुई। इस दिन की आगजनी और लूटपाट में वे उपहार में प्राप्त अपना टाइपराइटर खो बैठते हैं। टाइपराइटर जिसे पहले ही दिन उन्होंने गिरवी रख दिया था।

ज़िन्दगी में प्रारम्भ से दोस्तों के बीच गैबिटो और गाबो के नाम से प्रेमपूर्वक पुकारे जाते मार्केस स्त्रियों से खूब प्रभावित रहे। उनकी माँ-नानी उनके जीवन को दिशा देने में प्रमुख भूमिका निभाती हैं। युवा मार्केस के जीवन में उनकी प्रेमिका-पत्नी की महत्त्वपूर्ण भूमिका रही। इस आत्मकथा का प्रारम्भ भी इसी बात से होता है जब 23 साल के मार्केस को उनकी माँ अपने घर अराकटाका का पैतृक मकान बेचने के लिए अपने संग ले जाती हैं। इस यात्रा ने उनका जीवन बदल दिया। उनके बचपन की स्मृतियाँ सजीव हो उठीं, पाठक उनके परिवार, बचपन और परिवार के बाहर उनके एक विस्तृत परिवार से परिचित होता है। और देखता है कि कैसे वे लेखन की ओर शिद्दत से जुड़ गए। वे यादों की रंगीन बारात सजाते चलते हैं जिसमें भूत-प्रेत और इंद्रियातीत अनुभव हैं साथ ही है उनके कवि-लेखक, गायक बनने की बारीक दास्तान। इस यात्रा और बाद के चित्रण में उनकी माँ एक ऐसी महिला के रूप में उभरती हैं जिसमें प्रतिउत्पन्नमतित्व, गर्व तथा विट का गजब संयोग है। माँ लुइसा अपने जमाने में इलाके की सबसे खूबसूरत युवती थीं। उनकी माँ की घ्राणशक्ति अनोखी थी और वे कहतीं कि ईश्वर उन्हें उनके लोगों के विषय में सब कुछ बताता रहता है। माता-पिता के प्रेम और विवाह पर मार्केस ने 'लव इन द टाइम ऑफ़ कॉलरा' की कथा बुनी है। इस नॉस्टाल्जिक यात्रा में वे अपने नाना को याद करते हैं

जो 'वन हंड्रेड ईयर्स ऑफ़ सोलिट्यूड' के कर्नल हैं। इस उपन्यास को सर्वांटिस के डॉन क्विक्सोट (किहोटे) के बराबर का सम्मान और लोकप्रियता प्राप्त है। यह उपन्यास बहुत सारी अन्य बातों के साथ-साथ स्मृति और विस्मृति का मिश्रण है। वे कहते हैं कि उनकी स्मृति बहुत कमजोर है मगर मार्केस कुछ नहीं भूलते हैं। नाना ने तीन-चार साल के मार्केस को समुद्र दिखाया था और उनके मासूम प्रश्न के उत्तर में कहा था कि समुद्र के उस पार कोई तट नहीं होता है। बच्चे ने एक बड़ी सच्चाई को जाना था। यहीं बचपन में उन्होंने कई स्त्रियों से कहानियाँ सुनी थीं। इन कहानियों में लोक होता था, विश्वास होता था और होता था कल्पना का विपुल संसार। लेखक मार्केस यह विपुल संसार बाद में खुद रचते हैं।

इस पूरी यात्रा के दौरान माँ परेशान है क्योंकि बेटा वह भी परिवार का सबसे बड़ा बेटा लेखक बनना चाहता है। वह क्या जवाब दे उसके पिता को? अराकटाका में रविवार 6 मार्च, 1927 को मार्केस को जन्म देने वाली माँ हर समय पिता-पुत्र के बीच ढाल बनकर खड़ी रहती है। यात्रा की समाप्ति पर वह बेटे की नियति स्वीकार चुकी है। मगर मुश्किल है कि यह बात वह अपने पति को कैसे बताएगी-समझाएगी। आत्मकथा में करीब एक सौ पन्नों के बाद वे खुद और परिवार के सामने घोषणा करते हैं कि वे एक लेखक बनने जा रहे है, कुछ और नहीं बस लेखक। वैसे उन्होंने एक साक्षात्कार में कहा था कि मैं लेखक बनना चाहता था यह बात मैं जब पैदा हुआ तब से ही जानता था।

इस किताब से गैब्रियल गार्षा मार्केस की स्मृति का कायल होना पड़ता है। वे एक-एक दिन का हिसाब सिलसिलेवार ढंग से कथा में पिरोते चलते हैं। इस जीवन्त कथा को शुरू करने पर पूरा किए बिना छोड़ना कठिन है हालाँकि हिन्दी के पाठक के लिए करैबियन लोगों और स्थानों के नाम थोड़ा अटकाव पैदा करते हैं। मार्केस का जीवन संयोगों, दोस्तों के संग-साथ से दशा-दिशा प्राप्त करता है। भयंकर गरीबी के बावजूद जीवन मस्ती में कटता है। उनके जीवन में आए दिन त्रासदी घटती रहती है। रात-रात भर दोस्तों के साथ गाते-पीते घूमा करते मार्केस के साथ परेशानियाँ थीं मगर वे भौतिक से ज्यादा मानसिक हैं। एक लेखक के संघर्ष की कहानियाँ हैं। उनके कई उपन्यासों और कहानियों के पीछे की सच्चाई, उसे लिखते समय उनकी मानसिक दशा को देखा जा सकता है। कई बार उन्हें अपने लिखे पर सन्देह होता मगर मित्रों का विश्वास उनके लेखक पर से नहीं डिगता। वे अपनी रचनाओं को प्रकाशन पूर्व कई मित्रों को पढ़ने के लिए दिया करते। पढ़कर मित्र बेवाक टिप्पणी किया करते। मित्र भी ऐसे-वैसे नहीं थे अपने समय और भविष्य के महत्त्वपूर्ण व्यक्ति थे। उन लोगों का एक गुट था जिसमें लेखक, फ़ोटोग्राफर और डांसर शामिल थे। इस समूह के लोग आजीवन उनके मित्र बने रहे। ज़बाला, जर्मेन

वर्गास, एलवारो सेपेडा सामुडिओ, एलवारो मुटिस, प्लिनिओ मेंडोज़ा से उनका सम्बन्ध सदैव बना रहा।

शर्मीले, नोबेल पुरस्कार से नवाजे मार्केस की पुस्तक 'लिविंग टू टेल द टेल' रोचकता में मार्केस के किसी उपन्यास की तुलना में उन्नीस नहीं ठहरती है। यहाँ भी पात्र पैशन और विचारों के गर्व से संचालित होते हैं, दोस्ती के लिए जान की बाजी लगा सकते हैं। यहाँ अनोखी बातें ज़िन्दगी की दैनन्दिनी का हिस्सा हैं। यह पहला भाग उनके पहली बार देश छोड़कर यूरोप (जेनेवा) जाने पर समाप्त होता है। मर्सडीज बार्चा जिसे वे तेरह वर्ष की उम्र से लुभाने का प्रयास कर रहे थे इस पुस्तक के अन्त में उनके विवाह प्रस्ताव को स्वीकार कर लेती है। 23 वर्ष के मार्केस की यह कहानी उनके बचपन की यादों से प्रारम्भ होकर उनके युवा और प्रौढ़ होने तक की कथा कहती है। लेखन व्यक्ति को अमरत्व प्रदान करता है। बचपन की एक-एक चीज और व्यक्ति को देखकर स्मरण कर मार्केस लिखने को व्याकुल हो उठते हैं, वे लिखने की ऐसी तलब अनुभव करते हैं ताकि मरे नहीं। और लिखकर मार्केस सच में अमर हो गए। वे लिखकर जीवन का कर्ज उतारते हैं। 'देयर आर नो थीव्स इन दिस टाउन' में अपना खाका खींचते हुए वे लिखने के दौरान अपने कठोर परिश्रम और अनुशासन की बात लिखते हैं। इसमें कोई शक नहीं कि इस संघर्ष में वे विजयी होकर निकलते हैं। लेखकीय जीवन के पहले बीस सालों में मात्र चार किताब लिखने वाले मार्केस कहते हैं कि वे साहित्य के बारे में बात नहीं करते हैं क्योंकि वे नहीं जानते हैं कि साहित्य क्या है। जीवन में जादूगर बनने की चाहत रखने वाले अन्ततः शब्दों के जादूगर बने वैसे उनका कहना है कि अच्छा होता यदि वे एक टेररिस्ट होते। बचपन से उनकी इच्छा थी कि मित्रों द्वारा प्यार किए जाए। उनकी यह इच्छा भरपूर पूरी हुई। वे कहते हैं कि शब्द मित्र हैं, इन्हीं शब्दों ने उन्हें ढेर सारे मित्र दिए। पुस्तक में समय-समय पर मित्रों के कहे कथन उद्धृत हैं जो दिखाते हैं कि मित्रों को मार्केस के महान लेखक होने में रत्ती भर भी शक नहीं था। ऐसा युवा सम्भावनाशील रचनाकार हवाई जहाज में बैठने से डरता था। वे अपने सेक्स सम्बन्ध को खुले में लाते हैं। शादीशुदा मार्टीना फ़ोन्सेका से उनका स्कूल के दिनों में ही सम्बन्ध बनता है मगर समाप्त भी हो जाता है। उनके समाज में यौन सम्बन्ध का हमारे देश जैसा निषेध नहीं है। इसीलिए वे अपने पिता के सम्बन्धों का भी जिक्र करते हैं। उनके एक सौतेले भाई को उनकी माँ ने अपने बच्चों की तरह पाला था।

खुद मार्केस को विश्वास नहीं होता है जब एक-के-बाद-एक उनकी दो कहानियाँ प्रकाशित हो जाती हैं और मित्र उन्हें सर्वोच्च लेखक के आसन पर बैठा देते हैं। लेकिन इससे भी अधिक आश्चर्य की बात होती है जब इन कहानियों की उस समय के कोलम्बिया के सर्वाधिक प्रसिद्ध आलोचक एडुअर्डो ज़लमिआ बोर्डा

नोटिस लेते हैं। बोर्डा ने 'नई और मौलिक प्रतिभा', 'गार्षा मार्केस एक नया और नोटेबल लेखक जन्मा है' जैसे शब्दों से नवाजा। 'इवा इज इन्साइड हर कैट', 'आईज ऑफ़ ए ब्लू डॉग' उनकी शुरुआती कहानियाँ हैं। उन्होंने अपनी एक कहानी 'वन डे आफ़्टर सटरदे' लिखकर एक प्रतियोगिता में भेज दी और उन्हें पुरस्कार स्वरूप तीन हजार पीसोज (वहाँ की करेंसी) मिले। शब्दों में जादू होता है यह देखना हो तो मार्केस को पढ़ना काफ़ी होगा।

बोगोटा और कार्टेजेना में प्रेस में काम करते हुए पत्रकारिता का जोखिम भरा जीवन जीते हैं। सेंसरशिप के बावजूद कभी नाम के साथ और कभी बेनामी लेखों में सत्ता-शक्ति की बखिया उधेड़ते हैं। पत्रकारिता करते हुए इस दौरान जो कालजयी काम उन्होंने किया वह है कोलम्बिया की नौसेना के एक जहाज के डूबने और 28 दिन बाद बच निकले व्यक्ति पर काम जिससे पत्रकार के रूप में उन्हें खूब प्रसिद्धि मिली। प्रसिद्धि के साथ-साथ उन्हें सत्ताधारियों का कोपभाजन भी बनना पड़ा। कई स्थानों पर भटकना पड़ा। यह लड़ाई करीब एक दशक तक चली और अखबार बन्द कर दिया गया। इस जहाज का एक नाविक तूफ़ान में बह गया था काफ़ी दिनों के बाद जब वह गाँव पहुँचा तो उसके परिवारजन चर्च में उसकी आत्मा के लिए प्रार्थना कर रहे थे। असल में मार्केस ने 'द स्टोरी ऑफ़ ए शिपरेक्ड सेलर' में खोज निकाला था कि कोई तूफ़ान नहीं आया था। जहाज गैरकानूनी सामान ले जा रहा था और उस पर जरूरत से अधिक सामान लदा हुआ था। अधिकारियों का संस्करण कुछ और था। मार्केस का संस्करण अधिकारियों को घेर रहा था, जिसे वे कैसे पसन्द करते। बात काफ़ी बढ़ गई और जब मार्केस यूरोप में थे तानाशाह गुस्टावो रोजस पिनिला (1953-57) की सरकार ने अखबार बन्द कर दिया। न रहेगा बाँस न बजेगी बाँसुरी। पत्रकारिता से वे शिद्दत से जुड़े थे और खुद को सदैव एक पत्रकार मानते थे। उन्होंने स्वीकार किया है कि पत्रकारिता ने उन्हें रोजमर्रा की घटनाओं-सच्चाइयों पर साहित्य रचने में मदद की है। दिन में वे रिपोर्टर का काम करते और रात को साहित्य रचते। बोगोटा, कार्टिजेना में वे पत्रकार रहे। बोगोटा के अखबार 'एल एस्पैक्टैडोर' के लिए काम करने लगे। उन्होंने 'एल यूनिवर्सल', 'एल हेराल्ड' आदि कई अखबारों में काम किया। उस समय तक पत्रकारिता कॉलेज में नहीं पढ़ाई जाती थी इसे काम करते हुए सीखना होता था। मार्केस का सौभाग्य था कि उन्हें इस क्षेत्र में बड़े अच्छे गुरु मिले जो किसी तरह की रियायत नहीं देते थे।

परिवार ने उन्हें कानून पढ़ने के लिए बोगोटा भेजा था और वे अच्छे नम्बरों से पास भी होते जा रहे थे मगर उनका मन कोर्स की पढ़ाई में न था। वे स्पैनिश भाषा में अनुवादित सारा साहित्य भकोस रहे थे। मार्केस ने सारे जीवन जितना लिखा उससे कई गुणा अधिक पढ़ा। उस समय वे स्पेनिश साहित्य के अलावा जॉर्ज लुई बोर्गेस,

डी.एच लॉरेंस, अडोल्फ़ हक्सली, ग्राहम ग्रीन, विलियम आइरिश, कैथरीन मैन्सफ़ील्ड, काफ़्का आदि पढ़ने में डूबे हुए थे। अराकटाका और बोगोटा एक ही देश के दो स्थान हैं मगर दोनों की भौगोलिक, सामाजिक और सांस्कृतिक तथा वैचारिक संरचना बिलकुल भिन्न है। मार्केस लिखते हैं कि अराकटाका ऊष्मा से भरपूर, परिवार और दोस्तों के प्रेम से लबरेज है जबकि बोगोटा एंडीज का एक सुदूर, विषादमय शहर है, जहाँ 16वीं शताब्दी से अनिद्रा से ग्रसित वर्षा निरन्तर गिर रही है। इसी विषादपूर्ण वातावरण में उनकी बौद्धिक और भावात्मक विकास की यात्रा प्रारम्भ होती है जो आजीवन चलती रहती है। जीवनानुभव, बालपन की स्मृतियाँ साहित्य की थाती बनकर खुलती-खिलती रहती हैं। वे कल्पना और वास्तविकता का ऐसा सम्मिश्रण करते हैं कि पढ़ने वाला चकित रह जाता है। 'वन हंड्रेड ईयर्स ऑफ़ सोलिट्यूड' का बनाना कत्लेआम वास्तविका होते हुए भी पाठक पर जादुई प्रभाव उत्पन्न करता है। मित्र की हत्या आगे चलकर 'क्रॉनिकल ऑफ़ ए डेथ फोरटोल्ड' में विकसित होती है। यहीं उन्हें 'द जनरल इन हिज लेबिरिंथ' का मसाला मिला था। इस आत्मकथा में वे एक पत्रकार और कहानीकार के रूप में दीखते हैं मगर इस दौरान हुए अनुभव उनके आगे के कई उपन्यासों का कथानक बनते हैं।

खुद गैब्रियल गार्षा मार्केस, उनका जीवन और उनका लेखन लार्जर दैन लाइफ़ फ़ोर्स है, 'लिविंग टू टेल द टेल' उनकी आत्मकथा भी लार्जर दैन लाइफ़ फ़ोर्स है। पाठक को वे वह अनुभव कराते हैं जो उन्होंने अनुभव किया, वो दिखाते हैं जो उन्होंने बचपन और युवावस्था में देखा। इसे पढ़ने के बाद एक बार फिर से गैब्रियल गार्षा मार्केस का समस्त साहित्य पढ़ने की इच्छा जाग्रत हो उठती है।

अलैक्ज़ेंडर सोल्ज़ेनित्सिन

भाषण जिसे देने में चार साल लगे

आग जिसे यातना शिविर भी न बुझा सका।

1970 का साहित्य का नोबेल पुरस्कार और उस अवसर पर दिया जाने वाला नोबेल भाषण दोनों ही नोबेल और साहित्य के इतिहास में एक विशिष्ट स्थान रखते हैं। दोनों कई मायने में विशिष्ट हैं। इसकी कुछ चर्चा उस वर्ष के पुरस्कृत साहित्यकार अलैक्ज़ेंडर सोल्ज़ेनित्सिन स्वयं करते हैं। अगर तुलना की जाए तो हम पाते हैं कि विलियम फ़ॉक्नर ने नोबेल पुरस्कार प्राप्ति के अवसर पर बहुत संक्षिप्त भाषण दिया, उसके विपरीत अलैक्ज़ेंडर सोल्ज़ेनित्सिन का नोबेल भाषण काफ़ी लम्बा है। पुरस्कार की घोषणा होने के चार साल बाद उन्हें यह भाषण देने का अवसर मिला था, वह भी बहुत विचित्र तथा विशिष्ट परिस्थितियों में। इन चार सालों में बहुत कुछ बदल गया था। इन चार सालों में उनके जीवन में तमाम उथल-पुथल होती रही, वैसे उनका पूरा जीवन ही उथल-पुथल भरा रहा है। इन चार सालों में अवश्य ही उन्होंने अपना भाषण कई बार बदला होगा, उसमें जोड़-घटाव किया होगा। और अपना यह संशोधित भाषण भी वे मात्र स्वीडिश अकादमी के समक्ष प्रस्तुत कर सके अन्य विजेताओं की भाँति उन्हें इसे भरी सभा में अभिव्यक्त करने का अवसर न मिल सका।

नोबेल भाषण किसी भी साहित्यकार का एक बहुत बड़ा स्वप्न होता है क्योंकि यह अवसर किसी को जीवन में एक बार ही मिलता है। और तब वह अपने विचार, अपने अनुभव विश्व के समक्ष रखता है। एक भाषण जिसका दुनिया को बेसब्री से इन्तजार रहता है। जो आगे चलकर विश्व साहित्य की धरोहर बन जाता है। ऐसा भाषण देने का अवसर अलैक्ज़ेंडर सोल्ज़िनित्सिन को पुरस्कार वर्ष 1970 में मिला था परन्तु रूस की तात्कालिक राजनैतिक नीतियों के तहत उनका रूस के बाहर आकर पुरस्कार लेना और उस अवसर पर भाषण देना जोखिम भरा कदम होता। वैसे वे सारी ज़िन्दगी खतरों से खेलते रहे परन्तु इस अवसर पर दूसरी किस्म के खतरे थे। अपने देश सोवियत रूस वापस न लौट पाने का खतरा था जिसे तब वे उठाना नहीं चाहते थे। अतः चाहते हुए भी वे अपना नोबेल भाषण आम-खास सभा

में प्रस्तुत न कर सके। बाद में उन्हें इसे मात्र नोबेल समिति के समक्ष प्रस्तुत करके सन्तोष करना पड़ा। इस बीच बहुत कुछ घटा था। नोबेल समिति ने रूस आकर एक निजी समारोह में उन्हें पुरस्कृत करने की अनुशंसा की थी जिसे उन्होंने यह कहते हुए अस्वीकार कर दिया कि नोबेल पुरस्कार एक सार्वजनिक पुरस्कार है जिसे निजी समारोह में ग्रहण करना इसकी आत्मा के ख़िलाफ़ जाना होगा और वे ऐसा नहीं करना चाहते हैं।

और अन्ततः जब अलैक्ज़ेंडर सोल्ज़ेनित्सिन 10 दिसम्बर, 1974 को स्टॉकहोम के सिटी हॉल में प्रीति भोज के अवसर पर बोलने खड़े हुए तो उन्होंने कहा कि इस हॉल में आप श्रोताओं के सम्मुख बहुत से नोबेल पुरस्कृत व्यक्ति खड़े हुए हैं, लेकिन स्वीडिश समिति और नोबेल फाउंडेशन को किसी ने इतना परेशान न किया होगा जितना मैंने किया है। एक बार तो तकरीबन मैं यहाँ आ चुका हूँ भले ही सशरीर नहीं। एक बार कार्ल रैग्नर गिरॉ मुझसे मिलने चले थे और अब अन्त में मैं स्वयं आपके समक्ष बिना अपनी बारी के खड़ा हूँ। चार साल बीत चुके हैं जब यह मंच मुझे तीन मिनट के लिए प्रदान किया गया था और अकादमी के सचिव को उसी लेखक को तीसरी बार सम्बोधित करना पड़ रहा है। वे नोबेल समिति से माफ़ी माँगते हैं और खासतौर पर 1970 के समारोह के लिए धन्यवाद देते हैं जब स्वीडन के राजा एवं अन्य सब लोगों ने रिक्त कुर्सी का स्वागत किया था। साथ ही वे बताते हैं कि पुरस्कृत व्यक्ति के लिए भी यह सब इतना आसान न था। न तो चार साल तक इस प्रीति भोज के वक्तव्य को लिए हुए घूमना न ही उस समय मेरे भीतर जो कुछ भी उमड़-घुमड़ रहा था उसे व्यक्त कर पाना। यह उनके लिए ज़िन्दगी का पहला स्वतन्त्र अवसर होता जब वे अपने मन को लोगों के सामने खोल पाते। एक ऐसे देश के लेखक के लिए जिसके यहाँ स्वतन्त्रता नहीं है। यह उनका प्रथम अवसर होता जब वे अपने देश की यातना को शब्द दे पाते।

विषय से यह भटकन माफ़ी के काबिल होता भले ही वह लेखक समारोह के अवसर पर उसके उद्‌देश्य को भूल जाता। वह वहाँ एकत्र हुए लोगों के प्रसन्नता से भरे गिलासों को कडुआहट से भर देता। परन्तु उसी साल से वे अपने देश में अपने विचारों को खुलेआम अभिव्यक्त करना सीख गए। इसीलिए अब उन्हें यहाँ वे सब बातें कहने की आवश्यकता नहीं है। वो भोज के लिए उपस्थित लोगों पर बोझ नहीं डालना चाहते थे। चार साल तक पुरस्कार लेने के लिए न आ पाने के फ़ायदे गिनाते हुए वे कहते हैं कि इस दौरान इस पुरस्कार ने उनके जीवन में अहम भूमिका अदा की है। इसने उन्हें उन कठोर यातनाओं से बचा लिया है जो उनके लिए निर्धारित की गई थीं। इसने उनकी आवाज़ वहाँ तक पहुँचाने में मदद की है जहाँ तक दशकों से उनके पूर्ववर्तियों की आवाज़ नहीं पहुँची थी। इसने उन्हें उन चीजों को अभिव्यक्त करने में

सहायता दी है जो अन्यथा सम्भव न होतीं। उनके सन्दर्भ में नोबेल समिति ने अपवाद कायम किया है। क्योंकि जब उन्हें पुरस्कार मिला वे प्रौढ़ थे लेकिन उनकी प्रकाशित साहित्यिक गतिविधियाँ अल्पायु, मात्र आठ वर्ष की थीं। समिति ने एक बहुत बड़ा जोखिम उठाया है क्योंकि तब तक उनके बहुत सारे लिखे में से बहुत थोड़ा ही प्रकाशित हो पाया था। परन्तु इससे आगे का रास्ता साफ़ हो गया। वे अकादमी को अपनी ओर से हार्दिक धन्यवाद देते हैं और उस विशाल गैरसरकारी रूस की ओर से भी जिसकी अभिव्यक्ति को प्रतिबन्धित रखा गया है। जिन्हें लिखने और पढ़ने दोनों से वंचित रखा जा रहा है।

उन्हें इस बात का भान है कि बहुत सारे अन्य लोग इस नोबेल पुरस्कार के हकदार थे और अभी भी हैं परन्तु उनमें से बहुत सारे लोग नष्ट हो गए। बहुत सारे लोग अँधेरे और भीषण शीत की बलि चढ़ गए। कठोर श्रम और दारुण परिस्थितियों के कारण समाप्त हो गए। वे स्वयं भाग्यशाली हैं कि इन भयंकर परिस्थितियों से बच कर जीवित हैं और आज यहाँ उपस्थित हो सके हैं। इसमें उन्हें शक नहीं है कि जो समाप्त हो गए उनमें से कई उनसे अधिक प्रतिभावान थे। वे रूस में स्टालिन युग की बात कर रहे हैं। स्वयं ख्रुश्चेव (जो बाद में स्वयं पार्टी के सर्वेसर्वा बन बैठे थे) ने स्टालिन को हजारों की संख्या में लोगों की गिरफ़्तारी और बिना सुनवाई के, बिना मुकदमे तथा सामान्य खोजबीन के हत्या का जिम्मेदार माना है। स्टालिन को मासूम और ईमानदार कम्युनिस्टों का हत्यारा कहा गया है। वह बीमार, शंकालू था और पोलित ब्यूरो के पुराने सदस्यों को समाप्त करना चाहता था। इसके लिए अभियान चला, स्टालिन के चित्र जगह-जगह से हटाए गए। पाठ्य-पुस्तकों का पुनर्लेखन किया गया। स्टालिन ने सार्वजनिक स्थानों, संस्थानों में अपने चित्र लगा रखे थे। कम्युनिस्ट सिद्धान्त मूर्ति पूजा और व्यक्ति पूजा का विरोध करता है। इससे सोवियत के कम्युनिस्टों और दुनिया के अन्य देशों के कम्युनिस्टों को बहुत धक्का पहुँचा।

कोई भी पुरस्कार विवादों से परे नहीं होता है। नोबेल पुरस्कार को लेकर भी समय-समय पर आपत्तियाँ उठती रही हैं। अकसर कहा जाता है कि यह पुरस्कार लेखक को उसकी लेखकीय गुणवत्ता से अधिक उसकी राजनैतिक गतिविधियों के लिए दिया जाता है। अलैक्ज़ेंडर सोलेनित्सिन के विषय में भी यह आरोप लगा था। परन्तु इस अवसर पर वे स्पष्ट रूप से बताते हैं कि जो लोग कहते हैं कि यह पुरस्कार राजनैतिक कारणों से दिया गया है वे बकवास करते हैं। ऐसे लोगों की रुचि किसी और बात में नहीं है। हम सब जानते हैं कि किसी कलाकार का कार्य राजनीति के बेकार आयाम को समाहित नहीं करता है क्योंकि यह आयाम हमारे जीवन को आधार नहीं देता है और हमें अपनी सामाजिक चेतना को इसके संकुचित दायरे में

सीमित नहीं करना चाहिए। ऐसा वे इसलिए कह रहे हैं क्योंकि जब 1970 में उन्हें नोबेल समिति ने पुरस्कार के लिए चुना था तब वे पुरस्कार समारोह में भाग लेने राजनैतिक कारणों से नहीं आ सके थे। उन्हें डर था कि एक बार वे अपने देश के बाहर आ गए तो उन्हें दोबारा उनके अपने देश में घुसने नहीं दिया जाएगा। 1970 में वे स्वयं उपस्थित न हो सके थे अतः उनके प्रीति भोज वक्तव्य को समिति के सचिव ने पढ़ा था।

कस्लोवोड्स्क में 1918 की 11 दिसम्बर को (पेंगुइन बुक्स द्वारा प्रकाशित 'कैंसर वार्ड' के अनुसार जन्म 1913 है।) पैदा होने वाले अलैक्जेंडर इसाएविच सोल्ज़ेनित्सिन के पिता उसके जन्म के छः मास पूर्व ही गुजर चुके थे। पिता एक पढ़े-लिखे व्यक्ति थे और प्रथम विश्वयुद्ध में तोपखाना के अफ़सर थे तथा जर्मनी की ओर से युद्ध कर रहे थे। पिता का साया सर पर न रहने के कारण माता ने बच्चे का अकेले पालन-पोषण किया। माता स्वयं शॉर्टहैंड और टाइप करके गुजारा करती थीं। माँ-बेटा डॉन के तट पर रोस्टॉव नामक स्थान में रहते थे। अलैक्ज़ेंडर सोल्ज़ेनित्सिन अट्ठारह साल की उम्र तक यहीं रहे। बचपन में उन्हें किसी ने इस बात के लिए बढ़ावा नहीं दिया परन्तु वे सदा से लेखक ही बनना चाहते थे। तीस के दशक में जब उन्होंने अपनी रचनाओं को प्रकाशित करवाना चाहा तो कोई प्रकाशक उनकी पांडुलिपि लेने को तैयार न था। इसी तरह वे साहित्यिक क्षेत्र में शिक्षा प्राप्त करना चाहते थे लेकिन उसके लिए उनके शहर में कोई गुंजाइश न थी और अपनी बीमार, गरीब, अकेली माँ को छोड़कर पढ़ने के लिए मास्को जाना उनके लिए सम्भव न था। आर्थिक अक्षमता भी इसके लिए एक बड़ा कारण बनी परन्तु आदमी एक बार सोच ले तो कुछ भी असम्भव नहीं रहता है। उन्होंने पत्राचार द्वारा मास्को से साहित्य अध्ययन किया।

रोस्टॉव यूनिवर्सिटी से उन्होंने गणित और भौतिकी की शिक्षा प्राप्त की, गणित पर उनकी पकड़ अच्छी थी उन्हें यह अच्छा भी लगता था लेकिन इसके लिए वे अपना पूरा जीवन लगाने को राजी न थे। जीवन में बहुत कुछ विचित्र तरीके से होता है, कब क्या काम आए पहले से बताना मुश्किल है। अलैक्ज़ेंडर सोल्ज़ेनित्सिन गणित में अपना जीवन न लगाना चाहते थे लेकिन इसी गणित ने उन्हें कम-से-कम दो बार मृत्यु के मुँह से बचा लिया। अगर वे गणित की जानकारी न रखते तो आठ साल यातना शिविर में कैद रह पाना उनके लिए असम्भव हो जाता, बाद में भी देश निकाले के समय उन्हें गणित और भौतिकी ने सहायता दी। वे इसी के साथ अपना लेखन कार्य भी करते रह सके। उनके अनुसार यदि उन्होंने साहित्य की शिक्षा ली होती तो शायद यह सारा समय कुछ अन्य अनुभवों के साथ गुजरता, जीवन का सामना वे किसी और तरीके से करते पर शक है कि वे अनुभवों के लिए जीवित रह

पाते। गणित ज्ञान ने उन्हें जीवित रखा।

1941 में रोस्टॉव यूनिवर्सिटी से गणित और भौतिकी में स्नातक करने के साथ ही उन्होंने 1939 से 1941 तक 'इंस्ट्यूट ऑफ़ हिस्ट्री, फ़िलॉसफ़ी एंड लिटरेचर' से पत्राचार द्वारा शिक्षा प्राप्त की और अपने प्रिय विषय साहित्य का अध्ययन किया। युद्ध प्रारम्भ होने पर सेना में भर्ती हुए। उन्हें सर्दियों में घोड़ागाड़ी चलाने के लिए नियुक्त किया गया परन्तु खराब स्वास्थ्य और गणित की जानकारी के कारण तोपखाना स्कूल में स्थानांतरित कर दिया गया जहाँ अल्पकालीन प्रशिक्षण के पश्चात उन्होंने 1945 तक सेना में काम किया और वहीं से वे गिरफ़्तार कर लिए गए। सेना में कार्य करते हुए उन्हें दो बार सम्मानित किया गया और वे कैप्टन पद के स्तर तक पहुँचे।

यातना शिविर कहते ही आँखों के सामने हिटलर के यातना शिविर कौंध जाते हैं, जहाँ यहूदियों को यंत्रणा दी जाती थी। कुछ लोगों की शिकायत है कि यहूदी यातना को इतना महत्त्व दिया जाता है लेकिन इन शिविरों में कम्युनिस्टों को भी रखा गया था। लेकिन यह जानकर आज कोई आश्चर्य नहीं होता कि स्वयं रूस में भी यातना शिविर चल रहे थे जिनमें अपराधियों से संग-संग बौद्धिक लोग रखे जाते थे। बहुत पहले 1937 में सोल्ज़ेनित्सिन ने 1914 के पूर्वी प्रशिया पर एक आलेख 'द सामसोनॉव डिसास्टर' शीर्षक से लिखा था। सेना में काम करते हुए वे इसी इलाके में तैनात थे और फरवरी में उन्हें यहीं से गिरफ़्तार किया गया था। जब वे पकड़े गए तो उन पर बहुत सारे इल्जाम लगे थे जिनमें से एक था 1944 में अपने मित्र से कहे वे वाक्य जिनमें उन्होंने स्टालिन के विषय में कुछ आपत्तिजनक शब्दों का प्रयोग किया था हालाँकि उन्होंने ये बातें स्टालिन का नाम लेकर नहीं कही थीं। इसके साथ ही उनकी कहानियों और अन्य लेखन पर भी उन लोगों को आपत्ति थी। यह सारी सामग्री सजा देने के लिए पर्याप्त न थी लेकिन उन दिनों एक तरीका था जिसमें व्यक्ति की गैरहाजरी में उसे सजा दी जा सकती थी। 1945 में सोल्ज़ेनित्सिन को भी उनकी अनुपस्थिति में आठ साल की नज़रबन्दी शिविर की सजा दे दी गई। वैसे उस समय यह बड़ी मामूली सजा मानी जाती थी। इस सजा के दौरान पहले कुछ समय के लिए उन्हें विभिन्न प्रकार के काम सौंपे गए जिनका वर्णन उन्होंने अपने नाटक 'द टेंडरफुट एंड द ट्रैंप' में किया है। 1946 में गणित की जानकारी के कारण उन्हें आन्तरिक मामलों के मन्त्रालय तथा राज्य सुरक्षा मन्त्रालय के तहत वैज्ञानिक शोध कार्य में लगा दिया गया। बीच का कुछ समय उन्होंने विशिष्ट जेलों 'शाराश्का' (पढ़े-लिखे लोगों के लिए बना जेल आहाता) में गुजारा, जिस अनुभव का उपयोग उन्होंने अपनी 'द फ़र्स्ट सर्किल' रचना में किया है।

इस उपन्यास का शीर्षक दांते की 'डिवाइन कॉमेडी' के 'द फ़र्स्ट सर्किल

ऑफ़ हेल' की तर्ज पर है। दांते ने दिखाया है कि यहाँ दार्शनिक एक हरे-भरे परन्तु बन्द बागीचे में रहते हैं और उन्हें नरक के मध्य एक सीमित स्वतन्त्रता मिली हुई है लेकिन वे स्वर्ग में प्रवेश नहीं कर सकते हैं। इसी तरह सोल्ज़ेनित्सिन का उपन्यास 'द फ़र्स्ट सर्किल' एक गुलाग (यातना शिविर) जेल में कैदियों के जीवन को प्रदर्शित करता है। यह जेल मास्को शहर के एक उपनगार में स्थित है। इसके कई कैदी या तो तकनीशियन हैं अथवा बौद्धिक व्यक्ति हैं जिन्हें द्वितीय विश्वयुद्ध के समय विशिष्ट कानून के तहत गिरफ़्तार कर लिया गया है। दूसरे शारीरिक कठोर श्रम वाले शिविरों की बनिस्बत इस जेल में कैदियों को अच्छा खाना मिलता है और उनकी स्थिति बेहतर है। मगर है तो यह जेल ही। ये कैदी तकनीकी योजनाओं पर काम करते हैं और इस योजना के तहत ये राज्य की सुरक्षा एजेंसियों की सहायता भी करते हैं, सामान्य रूप से स्टालिन के बढ़ते हुए व्यामोह की दलाली करते हैं। इन कैदियों में से अधिकांश जानते हैं कि उनकी स्थिति अन्य यातना शिविर के कैदियों से बेहतर है। यहीं कुछ ऐसे कैदी भी हैं जिनकी आत्मा एक दुष्ट सिस्टम की सहायता करने के कारण उन्हें चैन से नहीं रहने देती है। वे जानते हैं कि वे गलत काम कर रहे हैं। अनैतिक काम में संलग्न हैं। इसीलिए सुविधाओं में रहते हुए भी वे बेचैन हैं। मानसिक और आत्मिक रूप से यातना पाते हैं। यह उपन्यास मात्र तीन दिनों की कथा कहता है।

पुस्तक का अन्त आते-आते कथानायक ग्लेब नेरझिन सहित अन्य कई कैदी सिस्टम की सहायता करना बन्द कर देते हैं जबकि उन्हें यह अच्छी तरह ज्ञात है कि इसका नतीजा भयंकर होगा। (ऐन रैंड के 'एटलस स्रग्ड' में भी यही होता है, बुद्धिजीवी सिस्टम से हाथ खींच लेते हैं।) वे जानते हैं कि उन्हें बद्तर शिविरों में स्थानांतरित कर दिया जाएगा। दूसरे प्रकार की शारीरिक-मानसिक यातनाएँ झेलनी पड़ेंगी लेकिन वे अपनी आत्मा की आवाज़ सुनते हैं और काम करना बन्द कर देते हैं। उपन्यास में स्पष्ट रूप से कई रूसी नेताओं का चित्रण है। स्टालिन को प्रतिशोधी के रूप में चित्रित किया गया है जो अपने विरोधियों को सता कर प्रसन्नता अनुभव करता है। यह परपीड़क एक दिन दुनिया का बादशाह बनने का ख्वाब देखता है। वह इतना दुष्ट है कि अपने सहायक के विषय में सोचता है, 'क्या इसे समाप्त करने का समय आ गया है?' इसके साथ ही इस उपन्यास में बहुत सारे दार्शनिक प्रश्न और मानवता पर विस्तार से विचार किया गया है।

पोलिश फ़िल्म निर्देशक अलैक्ज़ेंडर फ़ोर्ड ने इस उपन्यास पर 1973 में इसी नाम, 'द फ़र्स्ट सर्किल' नाम से फ़िल्म बनाई लेकिन यह फ़िल्म उपन्यास के साथ न्याय न कर सकी और बॉक्स ऑफ़िस पर भी सफल न हो सकी। 2006 में रूसी टेलीविजन पर इसके आधार पर सीरियल बना जिसमें स्वयं सोल्ज़ेनित्सिन ने

सहायता की और उसके कथावाचक भी वे स्वयं बने। इस उपन्यास की विशेषता है कि इसमें स्थितियाँ बहुत बुरी हैं, लेकिन कोई बुरा चरित्र नहीं है यहाँ तक कि स्टालिन भी नहीं। बुरी स्थिति के बावजूद लेखक निरपेक्ष भाव से वर्णन करता है और इस किताब में हास्य का माद्दा भी भरपूर है। इस उपन्यास को ही 1970 में नोबेल पुरस्कार के लिए चुना गया था। 3 अगस्त 2008 को मास्को में अलैक्ज़ेंडर सोल्ज़ेनित्सिन की मृत्यु हुई।

यह उपन्यास शीत युद्ध के दौरान लिखा गया था जब रूस और अमेरिका दोनों सुपर पावर मनोवैज्ञानिक रूप से एक-दूसरे से लड़ रहे थे और हथियारों का जखीरा इकट्ठा कर रहे थे। यह तैयारी थी एक ऐसे वास्तविक युद्ध की जिससे दुनिया समाप्त होने में कोई शक नहीं था। उन्होंने इसे छिपा कर लिखा था और मात्र कुछ विश्वसनीय व्यक्ति ही इसकी पांडुलिपि को देख और पढ़ सके थे। किताब कितनी विस्फ़ोटक है इस बात का अन्दाजा इसी से लगाया जा सकता है कि जिन्होंने इसे पांडुलिपि के रूप में पढ़ा था उनका मत था कि अब दुनिया में तीन अणु बम हैं। एक व्हाइट हाउस के पास, एक क्रेमलिन के पास और तीसरा सोल्ज़ेनित्सिन के पास।

1950 में उन्हें राजनैतिक कैदियों के लिए नवगठित विशिष्ट शिविर में भेज दिया गया। यहाँ उन्हें कठिन शारीरिक श्रम करना पड़ता था। इन शिविरों को गुलाग कहा जाता है। इस तरह के एक शिविर के अनुभव 'वन डे इन द लाइफ़ ऑफ़ इवान डेनिसोविच' में पिरोए गए हैं। ईंट भट्टा मजदूर, लोहारगिरि आदि तरह-तरह के कार्य उन्हें करने पड़े नतीजन उन्हें ट्यूमर हो गया जो ऑपरेशन के बावजूद ठीक नहीं हुआ। इस किताब ने पश्चिम का ध्यान इन शिविरों की ओर खींचा। 1960 में उन्होंने इसकी पांडुलिपि कवि तथा साहित्यिक पत्रिका 'नोवी मीर (न्यू वर्ल्ड) के सम्पादक अलैक्ज़ेंडर वार्डोवस्की को दी। यह उपन्यास स्वयं ख्रुश्चेव की सहमति से 1962 में नोवी मीर में प्रकाशित हुआ और तत्काल बिक गया। अक्सर इसकी तुलना दोस्तोयवस्की के लेखन से की जाती है।

'वन डे इन द लाइफ़ ऑफ़ इवान डेनिसोविच' रूस के पाँचवें दशक के शिविरों के विषय पर है। इसका नायक इवान सुखोव के नाम से जाना जाता है जिसे द्वितीय विश्व युद्ध के समय गिरफ़्तार कर के दस साल के लिए यातना शिविर में भेज दिया जाता है। इन शिविरों से कोई लौट कर नहीं आता है। लेखक इसमें बताता है कि इन भीषण परिस्थितियों में, जंगल राज में भी कैसे जीवित बच रहने के उपाय आदमी खोज निकालता है। सारे दिन काम करके सुखोव का दिन तकरीबन अच्छा बीतता है। ठीक इसी तरह हिटलर के यातना शिविर से बच निकले प्रीमो लेवी भी अपने लेखन में बताते हैं कि इन अमानवीय परिस्थितियों में भी जिजीविषा कायम

रहती है और लोग बच रहने के नायाब तरीके खोज निकालते हैं। प्रीमो लेवी ने 'सर्वाइवल इन ऑश्वित्ज़', 'इफ़ दिस इज ए मैन', 'द सीज फायर', 'द ड्राउंड एंड द सेव्ड', 'मोमेंट्स ऑफ़ रिप्राइव', 'ए मेमोयर ऑफ़ ऑश्वित्ज़' आदि कई प्रमाणिक लेखन किया है। हिटलर के यातना शिविर से बच निकले एक और व्यक्ति विक्टर फ्रैंकल ने इन अनुभवों के निचोड़ स्वरूप 'मैन्स सर्च फॉर मीनिंग' लिखा और मन:चिकित्सा की 'लोगो थेरेपी' प्रणाली इजाद की। फ्रायड के 'विल टू प्लेजर', एडलर के 'विल टू पावर' के सिद्धान्त की तरह ही फ्रैंकल का लोगो थेरेपी 'विल टू मीनिंग' के सिद्धान्त पर आधारित है। इसे वियना के तीसरे स्कूल का दर्जा प्राप्त है। इसका उपयोग आजकल मैनेजमेंट संस्थानों में शिक्षण के लिए होता है। इसी तरह के अनुभव अन्य कई यातना शिविर से बचे हुए लोग भी बताते हैं।

और जब आठ साल पूरे हुए तो बिना किसी सबूत और मुकदमे के एक और फ़रमान आया कि सोल्ज़ेनित्सिन को छोड़ा न जाए बल्कि ज़िन्दगी भर के लिए कोक टेरेक (दक्षिण कजाकिस्तान) भेज दिया जाए। उन दिनों यह भी बड़ी सामान्य बात थी, मात्र उनको ही यह सजा नहीं दी गई थी। इस देश निकाले को उन्होंने मार्च 1953 से जून 1956 तक भोगा। इस बीच उनकी पत्नी को उनसे मिलने की इजाजत मिल गई थी। जब स्टालिन की मृत्यु को सार्वजनिक रूप से स्वीकारा गया तब जा कर सोल्ज़ेनित्सिन को पहली बार अकेले छोड़ दिया गया। 1953 के अन्त तक उनका कैंसर बड़ी तेजी से फैल गया था वे न खा सकते थे, न सो सकते थे। वे मृत्यु की कगार पर थे अत: उन्हें ताशकंद भेजा गया जहाँ उनका इलाज हुआ। इन सारे अनुभवों का निचोड़ है, 'द कैंसर वार्ड' तथा 'राइट हैंड'। देश बदर के सारे वक्त वे प्राइमरी स्कूल में गणित और भौतिकी का शिक्षण कर रहे थे। इसके साथ ही वे छिपा कर गद्य लिख रहे थे। कैंप में स्मरण से उन्होंने कविता लिखी। किसी तरह वे अपने लिखे को बचा सके और उसे अपने संग देश के यूरोप के हिस्से में ले जा सके। वाल्दीमीर और रियाजान में भी बाहरी दुनिया के लिए वे शिक्षण कर रहे थे और अपने लिए गुप्त रूप से लेखन। वाल्दीमीर में उन्होंने 'मैट्रियोनाज फ़ॉर्म' लिखा। अपने अनुभवों के आधार पर वे अस्पताल के 'द कैंसर वार्ड' में कैंसर वार्ड का जीता-जागता चित्रण करते हैं। अस्पताल जहाँ आसन्न मृत्यु का भय व्याप्त है। जहाँ कोई मानवीय संवेदना नज़र नहीं आती है, रोगी के साथ ऐसा व्यवहार किया जाता है मानो वह सजीव न होकर कोई निर्जीव जीन्स हो। उनके जैसे संवेदनशील व्यक्ति को डॉक्टरों, नर्सों का व्यवहार बड़ा बेजान लगता है। अस्पताल में चारो ओर गरीबी, गन्दगी और लापरवाही का साम्राज्य है कोई किसी की नहीं सुनता है। वहाँ का वातावरण इतना मनहूस है कि अच्छा भला आदमी बीमार पढ़ जाए फिर बीमार आदमी की तो बात ही क्या है। वहाँ तरह-तरह के मरीज हैं जिनका ज़िन्दगी और

मौत के बारे में भिन्न-भिन्न नजरिया है।

1961 तक ऐसा दौर था जब सोल्ज़ेनित्सिन किसी पर भरोसा नहीं कर सकते थे। दूध का जला छाछ भी फ़ूँक-फ़ूँक कर पीता है। अत: वे अपना लिखा किसी को दिखा नहीं सकते थे और न ही अपने लिखे की एक भी पंक्ति के प्रकाशन की उनको उम्मीद थी, फिर भी वे लिखते गए। उनके लिए जीवित रहने के लिए लिखते रहना अत्यावश्यक था। बयालीस वर्ष की उम्र आते-आते यह गुप्त लेखन उन पर एक बोझ बनने लगा। उन्हें एक और चिन्ता थी, वे अपना लिखा किसी साहित्यिक प्रशिक्षित व्यक्ति से मूल्यांकित भी नहीं करवा पा रहे थे। उन्हें नहीं मालूम था कि इसे पढ़ने वालों की क्या प्रतिक्रिया होगी। यूएसएसआर की कम्युनिस्ट पार्टी की बाइसवीं कॉंग्रेस के बाद 1961 में उन्होंने अपने लेखन को उजागर करने का निश्चय किया और वे 'वन डे इन द लाइफ़ ऑफ़ इवान डेनिसोविच' के साथ दुनिया के सामने आए। यह एक जोखिम भरा कदम था। लेकिन चारा क्या था। उनकी अपनी बरबादी के साथ-साथ उनकी समस्त पांडुलिपि के नुकसान होने का खतरा था। लेकिन उस समय परिणाम सकारात्मक रहा। एक साल बाद ए टी वार्डोवस्की ने उनका यह उपन्यास, 'वन डे इन द लाइफ़ ऑफ़ इवान डेनिसोविच' प्रकाशित किया। परन्तु प्रकाशन के तत्काल बाद इसे रोक दिया गया। इतना ही नहीं 1964 में उनके नाटक और 1965 में उनके उपन्यास 'द फ़र्स्ट सर्किल' को भी प्रतिबन्धित कर दिया गया और उनके पिछले काम को भी जब्त कर लिया गया। उन्हें अफसोस हुआ और लगा कि समय से पहले इस तरह अपने काम को उजागर नहीं करना चाहिए था। अब आगे काम जारी रखना कठिन हो गया था। वे स्वयं कहते हैं कि जब अनुभव होते हैं, घटनाएँ होती हैं उस समय उनका मूल्यांकन नहीं हो सकता है। यह सब तो आने वाला वक्त ही तय करता है।

1974 में सोल्ज़ेनित्सिन की सोवियत नागरिकता जब्त करके उन्हें पश्चिम जर्मनी भेज दिया गया, बाद में वे अमेरिका में बस गए। उन्होंने अपना लिखना जारी रखा। 1918 से 1956 तक को समेटती हुई उनकी त्रयी 'द गुलाग आर्किपिलागो' रूस के जेलखानों, आतंकवाद और खुफ़िया पुलिस का दस्तावेज है। 1991 में सोवियत ऑफ़ीसरों ने उन पर लगाए इल्जाम हटा लिए और 1994 में वे दोबारा रूस पहुँचे। जिन लोगों ने इस कठिन समय में उनकी सहायता की थी, उनके लेखन को देश के बाहर सुरक्षित पहुँचाया था, उन्हें वे भूले नहीं। उनके प्रति कृतज्ञता दर्शाते हुए 'इनविजिबल एलीज' लिखा। जब 1956 में बुदापेस्ट में सोवियत टैंकों ने हंगरी के प्रजातन्त्र आन्दोलन को कुचल डाला तो यूरोप में करीब एक तिहाई कम्युनिस्ट सदस्य पार्टी से अलग हो गए। इस अलगाव को 'बौद्धिकों का विद्रोह' कहा गया। हंगरी की घटना ने कम्युनिज्म की नैतिक आभा को ठेस पहुँचाई थी। सोवियत

यूनियन ने फ़ासिज्म के ख़िलाफ़ अपनी छवि निर्मित की थी, उसे धक्का लगा था। बहुत सारे बौद्धिक व्यक्ति जो पार्टी के सदस्य थे, उनके लिए कम्युनिज्म 'ईश्वर जो असफल हो गया' बन गया था।

'गुलाग' सम्भवत: रूस के जेलों पर सबसे अधिक आधिकारिक और प्रसिद्ध किताब है। यह तीन खंडों में लिखी गई सोल्ज़ेनित्सिन की आपबीती है। गुलाग सोबियत लेबर कैंप सिस्टम का पर्याय है और 'आर्किपिलागो' का अर्थ होता है टापुओं की शृंखला। यह लेनिन, स्टालिन और उनके उत्तराधिकारियों द्वारा फैलाए गए जेलों के सिस्टम का कच्चा चिट्ठा है, जिसे वे जानते थे और जिसे उन्होंने भोगा था। 'गुलाग' में कहीं आत्मदया नहीं है। इसकी लोकप्रियता का एक कारण इसमें निहित हास्य भी है। यह ब्लैक ह्यूमर बड़ा दर्दनाक, बड़ा मानवीय है। भाषा और गद्य के इस नायाब नमूने का अनुवाद में कितना अंश सुरक्षित रह पाता है, बताना मुश्किल है। चाहते हुए भी वे इसे पहले रूस में प्रकाशित न करा सके। पहले यह पेरिस में प्रकाशित हुआ। 'गुलाग' के प्रथम भाग की पांडुलिपि के.जी.बी. के हाथ लग गई नतीजा सोल्ज़ेनित्सिन को देश निकाला मिला। लेकिन अब पश्चिम अथवा रूस के लिए कम्युनिस्ट शासन की सच्चाइयों से मुँह फेरना सम्भव नहीं रह गया था। अब यह मात्र कम्युनिस्ट विरोधियों का भी मुद्दा नहीं रह गया था बल्कि सारे पश्चिम प्रजातांत्रिक देशों को भी इसका सामना करना था।

वे अपने नोबेल भाषण का प्रारम्भ कला के बारे में बोलते हुए करते हैं। वे बताते हैं कि कैसे यह नायाब चीज आदमी के हाथ लग गई है और इतनी रहस्यमयी है कि इसका उपयोग करते हुए भी आदमी न तो इसका सही अर्थ जानता है और न ही इसके असल उद्देश्य को पूरी तरह वह समझ सका है। वे कहते हैं कि हम स्वयं को कला का मालिक मानते हैं, उसे अपने हाथ में लेकर निर्देशित करना प्रारम्भ कर देते हैं। हम उसे नवीन करते हैं, परिवर्तित-परिवर्धित करते हैं, पैसों के लिए बाजार में बेचते हैं। जो शक्ति सम्पन्न हैं उन्हें खुश करने के लिए हम कला का उपयोग करते हैं। कभी इसका उपयोग प्रचलित गानों और नाइट क्बल में मनोरंजन के लिए करते हैं, कभी इसे राजनीति और संकीर्ण सामाजिक उद्देश्यों के लिए हथियार बन कर प्रस्तुत करते हैं। असल में हम इसे पूरी तौर पर जानते ही नहीं हैं। यह वैसे ही है जैसे असभ्य जंगली व्यक्ति समुद्र से कुछ पा जाए, बालू से उसे कुछ मिल जाए या आकाश से कोई अनोखी वस्तु उसके सामने गिरे और वह हैरान-परेशान उसे हाथ में लेकर उलटे-पुलटे, कभी उसकी चमक से चकित हो, कभी उसके बारीक फलकों को निहारे, कभी उसका उपयोग जीवन के सामान्य कार्यों के लिए करे, कभी सोचे कि उसका वह क्या करे। लेकिन उसका असली उपयोग कभी न जान सके। लेकिन कला हमारे प्रयास से दूषित नहीं होती है, न ही अपने मूल स्वभाव से विचलित

होती है, प्रत्येक अवसर पर और हरेक प्रयोग से यह हमें अपने आन्तरिक प्रकाश का एक छोटा-सा अंश दिखाती है।

हम कला का सम्पूर्ण और वास्तविक अर्थ कभी नहीं जान पाते हैं। वे पूछते हैं, क्या हम कभी इसकी समस्त द्युति को पकड़ पाएँगे? कौन यह कहने की जुर्रत कर सकता है कि उसने कला को परिभाषित कर लिया है, इसके सब आयामों को जान लिया है? शायद कभी कोई इसे समझ पाया और उसने हमें यह बताया, लेकिन हम उससे लम्बे समय तक संतुष्ट न रह सके; हमने सुना और उसकी उपेक्षा की और उसे वहीं-का-वहीं फेंक दिया, सदा की तरह जल्दबाजी में उससे बेहतर की खोज में लग गए, कि शायद हमें कुछ नया मिल जाए। आदमी सदा नए की तलाश में रहता है, नए के प्रति उसका आग्रह होता है और जब हमें पुनः पुरातन सत्य को बताया गया तब हमें याद भी न रहा कि कभी हम यह जानते थे।

कुछ कलाकार स्वयं को भगवान से कम नहीं सोचते हैं। एक कलाकार स्वयं को एक स्वतन्त्र आध्यात्मिक दुनिया के रचयिता के रूप में देखता है, वह अपने कंधों पर इस दुनिया के सृजन को उठाए फिरता है, लोगों को इसमें बसाता है, इसकी सारी जिम्मेदारी उठाता है। पर वह इसके बोझ तले दब कर भहरा जाता है। क्योंकि मर्त्य मनुष्य इस बोझ को उठाने के लायक नहीं है। जैसे कि सामान्य व्यक्ति स्वयं को अस्तित्व का केन्द्र घोषित करता है लेकिन आध्यात्मिक पद्धति का संतुलन कायम करने में सफल नहीं हो पाता है। और अगर उस पर दुर्भाग्य आता है तो वह सदियों पुराना फ़ार्मूला अपनाता है, दूसरों पर दोष मढ़ देता है। या तो आज के समय की जटिल चिथड़ी आत्मा या फिर लोगों की बेवकूफ़ी को दोष देता है।

परन्तु ऐसे भी कलाकार हैं जो स्वयं को कर्ता नहीं मानते हैं, वे सृजन का श्रेय ऊपर वाले को देते हैं। एक दूसरा कलाकार अपने से ऊपर एक शक्ति -सत्ता को स्वीकार करता है। खुशी से ईश्वर के सामने नतमस्तक होकर शागिर्द की मानिन्द कार्य करता है। जो उसका कार्य देखते हैं उनके प्रति अपने लिखे या रचे के लिए वह जरूरत से ज्यादा जिम्मेदार हो जाता है। परन्तु यह वह नहीं है जिसने यह दुनिया बनाई है, वह नहीं है जो इसे निर्देशित करता है। कलाकार को दूसरों से ज्यादा इस बात का शिद्दत से एहसास होना चाहिए कि दुनिया में समरसता, तालमेल है, खूबसूरती और बदसूरती दोनों अपना दाय इसमें डालती हैं। असल में यह उसे अपने लोगों तक संवादित करना है। दुर्भाग्य के समय और यहाँ तक कि अस्तित्व के निम्न तल, जेल, बीमारी और दीन-हीन दशा में भी उसकी तालमेल की संवेदना स्थिर रहती है। सोल्ज़ेनित्सिन गहन अर्थ में धार्मिक, आध्यात्मिक हैं और यह उनके भाषण में भी स्पष्ट रूप से दिखाई देता है।

कला की सारी अतार्किकता, इसकी चमक, इसकी अप्रत्याशित खोजें, इसका

मनुष्य पर प्रभाव ये सब कलाकार की दृष्टि की दुनिया से समाप्त नहीं होते हैं, न उसके कलात्मक पर्याय द्वारा, न ही उसकी अँगुलियों द्वारा किए गए कार्य द्वारा इसका चमत्कार समाप्त होता है। वे कहते हैं कि अभी तक पुरातत्ववेत्ताओं को मनुष्य के अस्तित्व का ऐसा कोई युग नहीं मिला है जब वह बिना कला के था। मानवता की भोर से जब हम इतने विवेकवान न थे तब भी हमने इसे 'उसके हाथों' से पाया। और हमने यह पूछने में बहुत देर लगाई कि यह उपहार हमें किस उद्देश्य से दिया गया है। हमें इससे क्या करना है। कुछ समय पहले हमारे यहाँ भी यह बहस चली थी कि क्या कला का कोई प्रयोजन होता है? अब भी जब तक यह प्रश्न उछलता रहता है। इस प्रश्न के मद्देजनर सोल्ज़ेनित्सिन का यह कथन चिन्तन योग्य है।

कुछ बैठे-ठाले लोग सदा किसी-न-किसी चीज की मृत्यु की घोषणा, भविष्यवाणी करते रहते हैं। कभी इतिहास का अन्त, कभी कविता का, कभी कुछ, कभी कुछ। ऐसे लोगों के लिए सोल्ज़ेनित्सिन का यह वक्तव्य काबिले गौर है। वे अपने नोबेल भाषण में कहते हैं कि वे लोग, गलत थे, सदा गलत होंगे, जो भविष्यवाणी करते हैं कि कला विच्छिन्न हो जाएगी, यह अपने आकार को पार कर जाएगी, मर जाएगी। वे लोग मर जाएँगे जो ऐसी बातें करते हैं। कला सदा रहेगी। इतना ही नहीं यदि हम समझ सकें तो जान लें कि हमारे नष्ट होने के दिन भी यह अपनी सारी सम्भावनाओं, अपने सारे आयामों के साथ विद्यमान रहेगी। कला सदा से थी, आज भी है और सदा रहेगी। यह हम हैं जो मिट जाएँगे। लेकिन न तो हम कला को पूरी तरह कभी समझे थे और न ही कभी समझ पाएँगे। यह शब्दहीन है, यह अँधेरे में पड़ी हुई आत्मा है, जमी हुई आत्मा को भी आध्यात्मिकता तक ले जाती है। कला से हमें ऐसा ज्ञान, ऐसा इल्हाम मिलता है जो शब्दातीत, तर्कातीत है।

आगे अपने भाषण में वे कहते हैं कि एक दिन दॉस्तॉवस्की ने एक पहेली उछाल दी: 'सौंदर्य संसार को बचाएगा।' कैसा कथन है यह? वे इस विषय पर काफ़ी दिनों तक विचार कर करते रहे। वे चिन्तन करते रहे कि यह कैसे सम्भव होगा? रक्त -रंजित इतिहास में क्या कभी सौंदर्य ने किसी चीज को बचाया है? उदात्त बनाया ठीक है, पर इसने किसको बचाया है? हालाँकि सौंदर्य में एक खास प्रकार की विचित्रता होती है, कला की स्थिति में एक अनोखापन होता है, जैसे कि कला एक सच्चा कार्य है जो आपको सहमत करता है, इससे कोई इंकार नहीं कर सकता है। और यहाँ तक कि यह एक विपरीत हृदय को भी समर्पण के लिए मजबूर कर देता है। यह सम्भव है कि झूठ और गलती दोनों के आधार पर एक चिकनी-चुपड़ी राजनैतिक भाषणबाजी तैयार की जा सकती है। एक तर्कपूर्ण आलेख बनाया जा सकता है, एक सामाजिक प्रोग्राम या एक दार्शनिक पद्धति तैयार की जा सकती है। जो छिपा है, जो तोड़ा-मरोड़ा गया है वह तत्काल पता नहीं चलेगा। और तब

एक विरोधी भाषण, एक आलेख, एक प्रोग्राम, एक भिन्न प्रकार का निर्मित दर्शन बनेगा। सब कुछ बिलकुल कुलीन, चिकना-चुपड़ा और एक बार फिर काम करेगा। इसी कारण दोनों पर विश्वास और अविश्वास दोनों किया जाता है। यह सब बार-बार दोहराया जाता है जो हृदय तक नहीं पहुँचता है। वह स्वयं भहरा कर गिर पड़ता है किसी को भी राजी नहीं कर पाता है। लेकिन कला का कार्य अपने आप में स्वयं ही सत्य है। वह स्वयं प्रमाणित होता है। कला का जो कार्य सत्य से उठ कर हमारे समक्ष एक जीवन्त शक्ति के रूप में प्रस्तुत किया जाता है वह हम पर छा जाता है और कोई उससे असहमत नहीं हो सकता है। आज भी नहीं और आने वाली सदियों में भी नहीं।

अत: शायद सत्यं शिवं सुन्दरं की प्राचीन त्रयी मात्र खोखला नारा नहीं है जैसा कि हम आत्मविश्वास से भरे हुए नौजवानी के दिनों में सोचते हैं। मान लो कि इन तीन पेड़ों की फुनगी अभिसार करें जैसा कि विद्वान कहते हैं लेकिन सत्य और शिवं जो बहुत भोथरा और तीखा है कुचल जाए, काट कर गिरा दिया जाए, बढ़ने न दिया जाए तब शायद सौंदर्य की अनोखी, अप्रत्याशित, अनपेक्षित डाल सबको ढकेलती हुई ऊपर निकल जाएगी। ऊपर बहुत ऊपर 'उस स्थान' तक और यह करते हुए क्या वह बाकी दोनों के कार्य बखूबी निभा सकेगी? वे पाते हैं कि दॉस्तॉवस्की की टिप्पणी 'सौंदर्य दुनिया बचाएगा' कोई चालू कथन न होकर एक भविष्यवाणी है। इस परिस्थिति में कला, साहित्य सच में आज की दुनिया की सहायता करने में सक्षम हैं। नोबेल पुरस्कृत गुंटर ग्रास भी अनुभव और विश्वास करते हैं कि साहित्य ही आज की समस्याओं को सुलझा सकता है।

जवानी के दिनों में हम इन बातों को समझ नहीं पाते हैं, इन पर ध्यान नहीं दे पाते हैं। सौंदर्य सत्य और शिव से ज्यादा शक्तिशाली है। बाकी दोनों उसमें समाए हुए हैं। सोल्ज़ेनित्सिन कहते हैं कि बरसों की सोच, चिन्तन-मनन से इस छोटी-सी सूझ ने उन्हें जो समझ की सफलता दी है उसे ही वे नोबेल भाषण के दौरान अपने श्रोताओं के सम्मुख साझा करने की कोशिश करना चाहते हैं। उन्होंने इस कथन पर बहुत समय तक चिन्तन-मनन किया और इसके फलस्वरूप जो पाया उसे अपने नोबेल भाषण में श्रोताओं से साझा कर रहे हैं।

यह प्लेटफ़ार्म, जहाँ से नोबेल भाषण दिया जाता है, एक ऐसा प्लेटफ़ार्म है जो किसी लेखक को जीवन में मात्र एक बार प्राप्त होता है। पर वे तीन बार या चार बार नहीं वरन् सैकड़ों बार हजारों सीढ़ियों पर चढ़े हैं, उन पर जमी हुई बर्फ़ीली सीढ़ियों पर जो अँधेरे और शीत से बाहर आती हैं, जहाँ से वे भाग्य से जीवित बचे हैं। जहाँ से लोग जिनके पास उनसे ज्यादा काबलियत थी जो उनसे ज्यादा मजबूत थे न बच सके। उन न बच पाने वालों में से कुछ ही लोगों से वे 'गुलाग के आर्कपिलागो' पर

मिले थे। इसके बिखरे हुए बहुत सारे टापुओं में जहाँ अविश्वास था वहाँ उन्होंने सबसे बात नहीं की, कुछ को केवल सुना और बहुत से लोगों के बारे में केवल अनुमान लगाया। बहुत से जो इस अथाह खाई में गिरे उनमें से जिनका साहित्य में पहले से नाम था कम-से-कम जाने जाते हैं। लेकिन कितने ही कभी भी नहीं जाने गए। एक बार भी उनका नाम जनता के बीच नहीं लिया गया। और उनमें से कोई नहीं लौटा। एक सम्पूर्ण राष्ट्रीय साहित्य वहीं रह गया, शून्य में दबा हुआ। यहाँ तक कि उन्हें कब्र भी नसीब नहीं हुई। नंगे, मात्र पैर के अँगूठे में एक चिप्पी चिपकी हुई। रूस का साहित्य एक पल के लिए भी रुका नहीं परन्तु बाह्य जगत के लिए यह एक वीराना था। जहाँ एक शान्तिपूर्ण वन उग-फैल सकता था वहाँ काट गिराने के बाद संयोग से एकाध वृक्ष बच रहे। और आज वे यहाँ नोबेल मंच पर इन गिरे हुए वृक्षों की छाया में खड़े हैं, उन लोगों के समक्ष सिर झुका कर खड़े हैं। जो इस स्थान पर खड़े होने के लिए इनसे ज्यादा योग्य थे। वे स्वयं को उन बातों में अभिव्यक्त करने में असमर्थ पाते हैं जो इन समाप्त कर दिए ज्यादा योग्य लोगों ने कही होतीं। यह कृतज्ञता उन पर एक जिम्मेदारी थी और इसे उनमें से एकाध जो बचे रहे वे समझते थे। यहाँ अपने भाषण में सोल्ज़ेनित्सिन वाल्दीमीर सोलोवेव को उद्धृत करते हैं: 'जंजीर में होने के बावजूद हमें वह वृत पूरा करना है जो देवताओं ने हमारे लिए खींच रखा है।'

अक्सर, जब लालटेन की रोशनी शाम को जंगल के अँधेरे चीरती तब कष्टकर खदबदाते शिविर में कैदियों की लम्बी कतार के भीतर शब्द उमड़ने लगते। उन्हें लगता कि उन लोगों को सारी दुनिया को चीख कर सुनाना चाहिए यदि सारी कायनात उनमें से एक को भी सुन सके। उनके राजदूत जो कहते थे और कैसे दुनिया तत्काल उत्तर देगी, तब यह बहुत स्पष्ट लगता था। उनका क्षितिज काफ़ी साफ़ तरीके से भौतिक चीजें और आध्यात्मिक पल रखता था और अविभाज्य दुनिया में उन लोगों को कोई उल्टी बात न दिखाई पड़ती। ये विचार किसी किताब से नहीं आते थे न ही किसी की संगति से आयातित किए हुए थे। वे उन लोगों से वार्तालाप के परिणाम थे जो आज मर चुके हैं। जेलों में, जंगलों की आग के बीच उनका इम्तिहान लिया गया। सोल्ज़ेनित्सिन के अनुसार वे लोग अस्तित्व की परीक्षा में खरे उतरे थे। जब भौतिक दबाव थोड़ा कम हुआ तो उन लोगों को दुनिया दिखाई पड़ी। उनका बाह्य दुनिया से थोड़ा सम्पर्क स्थापित हुआ। तब उन लोगों को ज्ञात हुआ कि सारी दुनिया उनकी इस भयंकर स्थिति को समान दृष्टि से नहीं देख रही थी। कुछ के लिए यह तफरी का मामला था, कुछ इसके प्रति गम्भीर थे। उन्हें यह जानकर आश्चर्य हुआ कि वे पूरी दुनिया को जैसा सोच रहे वह वैसी न थी। बाहरी दुनिया से कटे हुए जैसा वे सोच रहे थे सारी दुनिया वैसे ही नहीं चल रही थी। उनकी अपेक्षा

के विपरीत, उन लोगों की भयंकर शीत, बर्फ़ और कीचड़ से भरी हुई ज़िन्दगी कुछ लोगों के लिए 'खुशनुमा चहबच्चे' थे। बाहर एक ऐसी दुनिया थी जहाँ कुछ लोग लगातार रो रहे थे और कुछ लोग हल्के मन से संगीत की धुन पर नाच रहे थे। बाहर की दुनिया भिन्न-भिन्न विचारों से भरी हुई थी।

यहाँ आ कर वे प्रश्न पूछते हैं कि ऐसा कैसे हो सकता है? इतना भेदभाव कैसे? क्या हम असंवेदनशील हैं? क्या दुनिया असंवेदनशील है? या फिर यह भाषा वैभिन्नता के कारण हो रहा है? क्यों लोग दूसरों की पुकार नहीं सुन पा रहे हैं? क्या शब्द की ध्वनि समाप्त हो गई है? शब्द पानी की भाँति बह रहे हैं। स्वादहीन, रंगहीन, गंधहीन, बिना किसी छाप के। बरसों के अनुभव से जब ये बातें उनकी समझ में आई तो उनके भाषण का कथ्य, उसकी संरचना और लहजा बदला। और आज इसी बदले हुए कथ्य, संरचना और लहजे में वे लोगों से बात कर रहे हैं। बर्फ़ीले कैंप की शामों में उन्होंने जिस भाषण को तैयार किया था आज का भाषण उससे जुदा है। दोनों में शायद ही कोई साम्य है। पिछले चार सालों में उन्होंने बहुत कुछ नया जाना-समझा है।

अनादिकाल से मनुष्य ऐसा ही है, वह दुनिया को अपने निजी अनुभवों के तहत ही देखता, जानता-समझता है। यह तब होता है जब वे किसी खास मूल्य या प्रेरणा से ग्रसित न हों अथवा फिर सम्मोहन के प्रभाव न हों। तब आदमी के कार्य और उसके इरादे उसके अपने अनुभवों से ही निर्देशित होते हैं। वे एक रूसी कहावत प्रस्तुत करते हैं, 'अपने भाई पर विश्वास मत करो, अपनी ऐंची-तानी आँख पर विश्वास करो।' दुनिया में यही अधिकांश लोगों की जीवन और जगत के बारे में राय का बायस बनता है। लोग इसी के तहत व्यवहार करते हैं। तब यह ठीक था जब दुनिया बिखरी हुई थी, लोगों का एक-दूसरे से सम्पर्क का कोई साधन न था। स्थानों के बीच लोगों के लिए आवागमन का कोई साधन न था। जब लोग अलग-थलग कुनबों, समुदायों, गाँवों, कबीलों में रह रहे थे। सारी ज़िन्दगी लोग अपने ही लोगों के बीच बिता देते थे। बाहरी दुनिया से उनका कोई सम्पर्क स्थापित नहीं हो पाता था। सम्पर्क स्थापित करने का कोई उपाय न था। उस समय लोगों का दूसरों को अपने मूल्य पर तौलना, उन्हें अपने नियमों के आधार पर जाँचना समझ में आता है। तब अपनी सीमा के बाहर के लोगों को पराया समझना जायज था। उस समय लोग बहुत अलग-अलग तरह का जीवनयापन करते थे। उनके जीवन मूल्य, उनकी जीवन पद्धति भिन्न थी। तब दूसरों के साथ क्रूरता का व्यवहार सामान्य बात थी, यह समझ में आता है। तब दूसरा, दूसरों का सब कुछ विचित्र-अनोखा और अक्सर गलत लगता था। लोग अलग-अलग मत रखते थे और विभिन्नता लोगों को आश्चर्यचकित करती थी। लोगों के रहन-सहन में वैसे ही काफ़ी फ़र्क था जैसे तौल

के उनके बटखरे भिन्न थे। इन बातों का जिक्र यात्रियों के वृतांतों में मिलता है। लेकिन तब ये अचरज की बातें मानवता के लिए खतरा नहीं थीं।

लेकिन आज जब कुछ दशकों में संचार की सुविधाओं के चलते मनुष्य एक हो चुका है तब ऐसा कैसे हो रहा है? सोल्ज़ेनित्सिन इस एकीकरण को एक ओर आशापूर्ण कहते हैं दूसरी ओर खतरनाक। आज यदि दुनिया के किसी एक हिस्से में आघात होता है या आग लगती है तो उसी समय यह दूसरों तक तत्काल पहुँच जाती है। कई बार बिना किसी प्रतिरोध के। मनुष्य एक हुआ है परन्तु एक समुदाय या एक राष्ट्र के रूप में नहीं। वह सालों के साझा अनुभवों से एक नहीं हुआ है, न ही एक नजरिए से एक हुआ है। भले ही यह एक ऐंची-तानी आँख का नजरिया क्यों न हो। वे कहते हैं कि आदमी एक भाषा के कारण भी संगठित नहीं हुआ है। वह एक हुआ है, अन्तरराष्ट्रीय प्रसारण और प्रिंट मीडिया के कारण। हमारे ऊपर तूफ़ान बरपा है। एक मिनट में ये प्रसारण आधी दुनिया पर बरसते हैं। घटनाएँ लोगों के पास पहुँच रही हैं। लेकिन दुनिया के अनजाने हिस्सों के कानूनों के अनुसार जिन पैमानों पर इन घटनाओं को नापा जाना चाहिए, उनका मूल्यांकन होना चाहिए, यह ध्वनि तरंगों और अखबार द्वारा नहीं दिया जाता है। नहीं दिया जा सकता है। क्योंकि ये पैमाने इन देशों और समाजों में बरसों की एक खास परिस्थिति में बने हैं। दुनिया के विभिन्न हिस्सों में आदमी अपने ही बनाए मूल्यों के तहत घटनाओं का पक्के विश्वास और दृढ़ता से मूल्यांकन करता हैं। वे कभी भी दूसरे के मूल्यों के पैमाने से घटनाओं को नहीं तौलते हैं।

सोल्ज़ेनित्सिन कहते हैं कि दुनिया में मूल्यों के ऐसे बहुत से पैमाने हैं। एक पैमाना अपने लिए और दूसरा पैमाना दूसरों के लिए, परायों के लिए। पुराने समाजों के पास एक पैमाना है, नए समाजों के पास एक दूसरा पैमाना है। सफल लोगों का पैमाना असफल लोगों से भिन्न है। मूल्यों के भिन्न मापदंड असहमतियों में फ़लित होते हैं। यह उन्हें चकराता है। इसलिए नहीं चकराता है कि हम अन्य मूल्यों को बेदर्दी से खारिज कर देते हैं। हम मानो पागलपन, मानो भ्रम में ऐसा करते हैं बल्कि इसलिए चकराता है क्योंकि हम बड़े विश्वास के साथ सबको अपने ही मूल्यों से तौलते हैं। इसीलिए हम दूसरों के बड़े, दर्दनाक हादसों को महत्त्व नहीं देते हैं। और यदि कम बड़े, कम दर्दनाक हादसे हमारे अपने साथ होते हैं तो उन्हें बहुत महत्त्व देते हैं। जो भी चीज हमसे दूर है, जितनी ज्यादा दूर है, जो प्रत्यक्ष रूप से हमें खतरा नहीं पहुँचाती है, उसके प्रति हम असंवेदनशील बने रहते हैं। चाहे यह कितना भी भयंकर आर्तनाद कर रही हो, चीख-चीख कर पुकार रही हो, जिंदगियों को समाप्त कर रही हो, भले ही लाखों लोगों के जीवन का सवाल हो, हम आँखें मूँदे रहते हैं। उसे सहनीय मानते हैं। आज के युग में भी दूरी कैसे किसी घटना के महत्त्व को, उसकी

गुरुता को घटा-बड़ा देती है यह बात उनके गले नहीं उतरती है। उन्हें इस बात को लेकर बड़ी हैरानी होती है। जो बात अपने लिए असहनीय और मर्मांतक हो सकती है, वही बात दूसरों के लिए कैसे सहनीय और अमर्मांतक हो सकती है यह बात समझने में वे स्वयं को असमर्थ पाते हैं।

उन्नीसवीं सदी में जो कुछ भी हुआ वह वहीं समाप्त नहीं हो गया। वह बीसवीं सदी में भी वर्तमान है। वे सभ्य दुनिया को दब्बू मानते हैं। कहते हैं कि दब्बू सभ्य दुनिया ने आज भी बर्बरता को रोकने के लिए कुछ खास नहीं किया है। ज्यादा पुरानी बात नहीं है जब दुनिया के एक हिस्से में जो लोग प्राचीन रोमन से निम्न थे उन्हें मार डाला गया था। सैकड़ों हजारों मूक ईसाई लोगों ने ईश्वर में अपनी आस्था के चलते अपनी जान गँवाई। वहीं दुनिया के दूसरे गोलार्ध में एक पागल हमें धर्म से मुक्ति दिलाने के लिए दौड़ रहा है और धर्मगुरुओं के सीने में कटार भोंक रहा है। यह व्यक्ति हममें से हरेक को अपने निजी मूल्यों से आँक रहा है। वे कहते हैं यह पागल अकेला नहीं है ऐसे न जाने कितने पागल और भी हैं। उनका इशारा स्टालिनवाद और रूस में धर्म समाप्त करने की ओर है। बोल्शेविक क्रान्ति के फलस्वरूप धर्म (चर्च) और राज्य को विलग कर दिया गया था। हालाँकि व्यक्ति को धार्मिक स्वतन्त्रता थी परन्तु राज्य संगठित धर्म के ख़िलाफ़ था। एक अन्य नोबेल पुरस्कृत साहित्यकार ओरहान पामुक भी अपने देश में धर्म समाप्त किए जाने पर कटु टिप्पणी करते हैं। पामुक कहते हैं कि अतातुर्क पाशा द्वारा स्थापित आधुनिक तुर्की गणतन्त्र के धर्मनिरपेक्षता के पागलपन के वातावरण में धर्म से दूरी बना लेना आधुनिक और पाश्चात्य माना जाता है जो एक आत्मतोष का दंभ है। जीवन में धर्म का जो स्थान रिक्त हुआ था उसे भरने का कोई उपाय नहीं किया गया था। और प्रकृति शून्य को, खालीपन को बरदाश्त नहीं करती है। धर्म को विचित्र और मखौल मान लिया गया था।

सोल्ज़ेनित्सिन को यह देखकर आश्चर्य होता है कि एक मापदंड के अनुसार सुदूर स्वतन्त्र और खुशहाल दीखता है वहीं निकट में दूसरे मापदंड पर दमघोटूँ लगता है। दुनिया के एक हिस्से में जो खुशहाली का स्वप्न लगता है वही दूसरे हिस्से में शोषण का बायस बनकर हड़ताल की माँग करवाता है। यहाँ तक कि प्राकृतिक आपदाओं के लिए भी भिन्न-भिन्न मापदंड हैं। बाढ़ में दो हजार जानों की तबाही अपने इलाके की किसी छोटी-सी दुर्घटना की तुलना में नगण्य नज़र आती है। इसी तरह निजी अपमान के लिए भी अलग-अलग मापदंड हैं। किसी की तनिक-सी टेढ़ी व्यंग्यात्मक मुस्कान या कोई मुद्रा अपमान हो सकती है जबकि दूसरों की क्रूर पिटाई मात्र मज़ाक के तौर पर माफ़ की जा सकती है। सजा और दुष्टता के मूल्यों के पैमाने भी अलग-अलग हैं। एक के अनुसार एक महीने के लिए

गिरफ़्तारी, देश निकाला, या कालकोठरी में डालना जहाँ दूध-रोटी खाने को मिले लोगों की कल्पना को मात कर देता है। और अखबार के कॉलम गुस्से से चीत्कार करके लगते हैं। वहीं दूसरी ओर पच्चीस साल की कैद, एकान्त, जहाँ बर्फ़ीली दीवारों से बचाव के लिए अन्तरवस्त्र भी नहीं होते हैं। अच्छे-भले आदमी को पागलखाने में डालना, बिना किसी अपराध के सीमा पार भगाना, बेवजह गोली मारना सब सामान्य बातें मान कर स्वीकार कर लिया जाता है। यह सब कोई मुद्दा नहीं बनता है। बहुत से सुदूर क्षेत्रों के विषय में बहुत रोमांटिक कल्पना होती है जिसके विषय में हम वास्तव में कुछ नहीं जानते हैं। जहाँ की घटनाओं की कोई खबर हमें नहीं मिलती है लेकिन कभी-कदा कुछ पत्रकारों की भेजी कोई बासी खबर मिल जाती है, उनके विषय में हमारा मन शान्त रहता है।

फिर भी हम मानव के इस दुभाँति नजरिए की भर्त्सना नहीं कर सकते, आदमी बना ही ऐसा है। दूर के दूसरे लोगों का दुख-दर्द न समझ पाने वाला। परन्तु समस्त मानवता, एक राशि में समेटने पर, इस तरह की पारस्परिक नासमझी का होना भयंकर विनाश का खतरा प्रस्तुत करती है। मूल्यों के छः, चार या दो पैमानों के होने पर एक दुनिया, एक मानवता का अस्तित्व नहीं हो सकता है। हम इस असमानता में नष्ट होते रहेंगे। वे कहते हैं कि दो हृदय वाला व्यक्ति इस दुनिया के लिए नहीं है। दो दिल लेकर इस तरह हम एक धरती पर अलग-बगल नहीं रह पाएँगे। फिर वे प्रश्न पूछते हैं कि मूल्यों के पैमानों को कौन समन्वित करेगा? और इन्हें कैसे समन्वित किया जा सकता है? कौन मनुष्य के लिए अच्छे और बुरे कर्म के लिए एक वैध नियम को व्याख्यायित करेगा? मनुष्य को कौन बताएगा कि क्या सच में भयंकर और असहनीय है? कौन क्रोध को मात्र अपने निकट वालों के स्थान पर नहीं बल्कि जहाँ जरूरत है वहाँ निर्देशित करेगा? कौन केवल अपने निजी अनुभव की सीमा तोड़ कर एक सामान्य सर्व समझदारी कायम करेगा? कौन एक जिद्दी और कट्टर आदमी को दूर के दूसरे लोगों की प्रसन्नता और दुख से प्रभावित करने में सफल हो सकेगा? उन आयामों और वंचनाओं, जिससे वह स्वयं नहीं गुजरा का बोध करवाने में कौन सफल होगा?

प्रचार, प्रतिरोध, वैज्ञानिक सबूत सब व्यर्थ हैं। लेकिन हमारी दुनिया में सौभाग्य से एक साधन है। वह साधन कला है। वह साधन साहित्य है। ये साधन चमत्कार कर सकते हैं। ये साधन मनुष्य को मात्र अपने अनुभवों से सीखने के विचित्र तरीके और दूसरों के अनुभवों को नकार के पार ले जाते हैं। मनुष्य जब से इस पृथ्वी पर आया है तब से अब तक जो कहीं भी उसने अनुभव किया है उसे सारे रंगों, जीवन के हर आकार-प्रकार, अनजान लोगों के अनुभवों को इस रूप में प्रस्तुत करता आया है। यह हमें हमारा अपना लगता है। यह दूसरों के दुख-सुख को हमारा

बना देता है। सबसे हमारा तादात्म स्थापित कर देता है। यह इतना ही नहीं करता है, वरन् इससे कई गुणा ज्यादा करता है। यह अनुभवों का पुनर्सृजन कर ऐसी मांसलता प्रदान करता है कि वे हमारे अपने बन जाते हैं। जो हमने स्वयं अनुभव नहीं किया है, स्वयं नहीं जीया है, मात्र कला और साहित्य ही उसका स्थानापन्न है। बिना भाषा, रीति-रिवाजों, सामाजिक संरचना के भेदभाव के एक चमत्कृत करने वाली क्षमता इनमें है। ये एक राष्ट के समूचे जीवनानुभव को दूसरे राष्ट्र तक सम्प्रेषित करने में सक्षम हैं। एक अनुभवहीन राष्ट्र तक ये ऐसे कटु, कठोर अनुभव पहुँचा सकते हैं जो दशकों के अनुभव का प्रतिफल है और अनुभवहीन राष्ट्र को उन्हीं गलतियों को दोहराने से बचा सकते हैं। और इस तरह मानव इतिहास को भटकने से बचा सकते हैं। अपने नोबेल भाषण में सोल्ज़ेनित्सिन कला की इसी बहुमूल्य सम्पत्ति से लोगों को परिचित कराना चाहते हैं। साहित्य अखंड रूप से अनुभवों को एक पीढ़ी से दूसरी पीढ़ी तक हस्तांतरित करने का बहुमूल्य कार्य करता है। इस तरह यह एक राष्ट्र की जीवित स्मृति बन जाता है। इस तरह यह उसके इतिहास को जाग्रत रखता है, उसे विरूपित होने से बचाता है और इस तरह साहित्य भाषा के संग मिलकर राष्ट्र की आत्मा की रक्षा करता है।

आजकल राष्ट्रों को समान बनाने की बात करना फ़ैशनेबल हो गया है। नस्लों की विभिन्नता समाप्त करके तत्कालीन सभ्यता में विलीन करने की बात लोग कर रहे हैं। सोल्ज़ेनित्सिन इस विचार से सहमत नहीं हैं लेकिन उसकी चर्चा वे अपने नोबेल भाषण में नहीं करना चाहते हैं। इसके लिए वे फिर कभी और बात करेंगे। जैसे सब मनुष्यों का व्यक्तित्व एक नहीं हो सकता है वैसे ही सब राष्ट्रों का चेहरा एक नहीं हो सकता है। राष्ट्रों का उनकी विशेषताओं से विचलन कर संस्कृतियों की समानता लाना मानवता की हानि होगी। राष्ट्र अपनी-अपनी नस्लगत विशेषताओं के साथ मानवता, इसके सामूहिक व्यक्तित्व की सम्पत्ति हैं।

जिन राष्ट्रों के साहित्य में सत्ता का हस्तक्षेप है यह मात्र 'प्रकाशन की स्वतन्त्रता' का हनन नहीं है, यह राष्ट्र के हृदय को बन्द करना है। राष्ट्र की स्मृति को चाक-चाक कर डालना है। साहित्य में सत्ता के हस्तक्षेप से राष्ट्र का मस्तिष्क नष्ट हो जाता है, अपनी आध्यात्मिक एकता से वंचित हो जाता है। एक साझी भाषा के होते हुए भी अचानक एक-दूसरे को समझना बन्द हो जाता है। बिना अपने बारे में साझा किए पीढ़ियाँ चुप, बिना बोले बूढ़ी होकर मर जाती हैं। वे न तो एक-दूसरे से बात करती हैं, न ही अपने बाद आने वालों से। जब एख्माटोवा और जाम्जाअटिन जैसे लेखक अपने जीवन में चुप कर दिए जाते हैं, जब तक मर नहीं जाते हैं, चुप्पा लेखन करने के लिए मजबूर कर दिए जाते हैं, अपने लिखे की प्रतिध्वनि नहीं सुन पाते हैं तो यह मात्र उनकी निजी क्षति नहीं है, यह सम्पर्ण राष्ट्र की क्षति है। सम्पूर्ण

राष्ट्र का दुख है, सम्पूर्ण राष्ट्र के लिए खतरा है। कुछ अन्य मामलों में पूरे इतिहास की चुप्पी को इसकी सम्पूर्णता में नहीं समझा जाता है तो यह सम्पूर्ण मानवता के लिए खतरा है। समय-समय पर विभिन्न देशों में कला और कलाकार के उत्तरदायित्व को लेकर गर्मागरम बहस होती रही है। क्या कला और कलाकार को अपना जीवन जीने देने के लिए स्वतन्त्र छोड़ दिया जाए अथवा उन्हें समाज के प्रति उत्तरदायी होना चाहिए? और फिर सोल्ज़ेनित्सिन इस अवसर पर प्रश्न को किसी और समय के लिए छोड़ देते हैं, बहस में नहीं पड़ते हैं। यह अवसर बहस का है भी नहीं।

इस स्थान पर सोल्ज़ेनित्सिन अल्बर्ट कामू का उदाहरण देते हैं और कहते हैं कि इस विषय पर कामू ने अपने नोबेल भाषण में प्रकाश डाला है। वे कामू के निष्कर्ष से सहमत होते हैं। रूस का साहित्य कई दशकों से मध्यम मार्ग अपनाए हुए है, आत्मचिन्तन में स्वयं को खो नहीं दिया है। न ही वह सतही बातों पर रहा है। सोल्ज़ेनित्सिन को कोई शर्म नहीं है कि उन्होंने भरसक इसी परम्परा के पालन का प्रयास किया है। रूस का साहित्य इस बात को मानता आया है कि लेखक अपने समाज के भीतर बहुत कुछ कर सकता है। और यह उसका कर्तव्य भी है। सो वे कहते हैं कि कलाकार का अपने अनुभवों और चिन्तनों की अभिव्यक्ति के अधिकार का हनन मत करो। चाहे उसके अनुभवों के पार दुनिया में कुछ भी हो रहा हो उसे अपने तरीके से स्वयं को अभिव्यक्त करने दिया जाए। और यह उससे माँग के रूप में न होकर याचना के रूप में हो। किसी को अधिकार नहीं है कि वह कलाकार को आदेश-निर्देश दे या उससे किसी खास चीज की माँग करे। यह उसे करने दिया जाए। आख़िरकार अपनी प्रतिभा का केवल एक छोटा-सा हिस्सा ही वह खुद विकसित करता है बाकी का बड़ा हिस्सा अपने जन्म के साथ लेकर आता है। प्रतिभा का यह उपहार उसकी स्वतन्त्र इच्छा पर उत्तरदायित्व डालती है। मान लेते हैं कि कलाकार किसी का देनदार नहीं है; इसके बावजूद, यह देखना दर्दनाक है कि कैसे, अपनी व्यष्टिगत तरंग-मौज में बनाई दुनिया स्वनिर्मित दुनिया या स्थान के एकान्तवास के बावजूद वह अपनी वास्तविक दुनिया अगर पागल या बेकार लोगों के हाथ में नहीं सौंपता है तो स्वार्थी लोगों के हाथ में सौंप सकता है।

उनका विचार है कि हमारी बीसवीं सदी पिछली सब सदियों से ज्यादा क्रूर साबित हुई है। और पहले पचास सालों ने इसके सब संत्रासों को मिटाया नहीं है। हमारी दुनिया वर्ग संघर्ष, नस्ल भेदभाव, जनसंघर्ष, मजदूर संघ के विवाद जैसे छद्मों में उन्हीं पुरानी कन्दरा-भावनाओं, लालच, ईर्ष्या, नियन्त्रण का अभाव, आपसी रंजिश जैसी बातों में लगी हुई है। समझौते को नकारने के आदिम तरीके को बयानबाजी के सिद्धान्त में परिवर्तित कर दिया गया है। तथा इसे कट्टरपंथियों का उत्कर्ष करार दिया जाता है। गृहयुद्ध में लाखों लोगों की आहूति हमारे मन में ठोंक-

ठोंक कर बैठा देती है कि सार्वभौमिक, अपरिवर्तित अच्छाई तथा न्याय जैसी कोई चीज नहीं होती है। यह सब कुछ अस्थिर है अतः नियम है कि सदा वही करो जो तुम्हारी पार्टी के लिए सबसे ज्यादा फ़ायदेमन्द है। कोई भी पेशेवर समूह जरा-सा भी आसान अवसर मिलते ही एक टुकड़े के रूप में अलग हो जाता है। भले ही इसके लिए उस घटक ने खुद कोई काम न किया हो, भले ही यह अनावश्यक हो, वह वहीं-के-वहीं अलग हो जाते हैं चाहे इससे समूचा समाज भहरा कर गिर पड़े पर वे परवाह नहीं करते हैं। जैसा कि बाहर से नज़र आता है पश्चिमी समाज की यह उथल-पुथल उस बिन्दु तक पहुँच चुकी है जहाँ से सिस्टम अस्थिर हो जाता है और भहरा जाता है।

रूस के गृहयुद्ध के दौरान लाखों लोग मारे गए थे जिसमें निरीह जनता भी एक बड़ी संख्या में शामिल थी। गृहयुद्ध के समय प्रयुक्त बहुत सारी नीतियों को जोसेफ़ स्टालिन ने अपने कार्यकाल के समय अपनी महत्त्वाकांक्षा की पूर्ति के लिए पुनः लागू किया था। अत्याचार, सदियों के लगाए गए कानूनों को धीरे-धीरे समाप्त करना निर्लज्जता और सारी दुनिया को विजयी के रूप में लाँघना, बिना इसकी चिन्ता किए कि इसकी अनुर्वकता इतिहास में बहुत बार प्रदर्शित और सिद्ध हो चुकी है। मात्र इतना ही नहीं इसकी क्रूर शक्ति का प्रदर्शन ही नहीं बल्कि उसको न्यायोचित सिद्ध करना। दुनिया को इस बात के लिए छद्म रूप से कायल कर दिया गया है कि शक्ति कुछ भी कर सकती है। दोस्तोयवस्की का शैतान, जो पिछली सदी का क्षेत्रीय दुःस्वप्न था, आज हमारी आँखों के समक्ष सारी दुनिया में लोट रहा है, उन देसों को दूषित कर रहा है जहाँ उसकी कल्पना भी नहीं हो सकती थी। वह अपहरणों, विस्फ़ोटों और आगजनी के द्वारा यह कर रहा है। और इस तरह दुनिया को हिलाने और नष्ट करने की अपनी दृढ़ता दिखा रहा है। और सम्भव है कि वह सफल भी हो जाए। वे कहते हैं कि रूस ने जो गलतियाँ उन्नीसवीं सदी में की थीं उसे वे युवा लोग दोहरा रहे हैं। युवा जिन्हें अभी मात्र यौनानुभव हुए हैं जिन्होंने अभी निज दुख नहीं जाने हैं, न ही जिनका अभी कोई निजी बोध है। वे उन्हीं गलतियों को ऐसे दोहरा रहे हैं मानो उन्होंने कोई नई खोज कर ली हो। वे चीन के लाल गार्ड्स के नवीनतम नीचता की जयजयकार कर रहे हैं। सदियों पुरानी मनुष्यता के निचोड़ को बिना जाने हुए। अनुभवहीन हृदय से वे बचकाने विश्वास से चिल्लाते हैं कि 'उन' क्रूर, दमनकारी, लालची सरकारों को भगा दो और हम लोग न्याय तथा समझ से काम लेंगे। लेकिन जो ज्यादा अनुभव वाले लोग हैं जिन्होंने जीवन देखा है, जो इन युवाओं का विरोध कर सकते हैं, उनमें से बहुत से विरोध करने की हिम्मत नहीं करते हैं, वे निचुड़ चुके हैं। वे जो भी 'कट्टर' लगता है, उससे घबराते हैं, बचते हैं। यह उन्नीसवीं सदी के रूस का दूसरा व्यापार (प्रसंग) है जिसे

दोस्तोयवस्की 'प्रगति वितंडा की गुलामी' कहते हैं।

आज यूएनओ के खोखलेपन और उसका कुछ राष्ट्रों की कठपुतली बन जाने से सब लोग परिचित हैं परन्तु इसकी असलियत को सोल्ज़ेनित्सिन ने बहुत पहले पहचान लिया था। वे निर्भीक होकर इसकी चर्चा अपने भाषण में करते हैं। वे कहते हैं कि चौथाई सदी पहले मानवता की महान आशा के साथ संयुक्त राष्ट्र संघ जन्मा था। अफसोस अनैतिक दुनिया में यह भी अनैतिक हो गया। यह संयुक्त राष्ट्र संघ न होकर संयुक्त सरकारों का संघ बन गया है जहाँ सारी सरकारें एक समान हैं वे सब सरकारें जो जनता द्वारा चुनी जाती हैं। जो जबरदस्ती लादी जाती हैं। और जो शक्ति के बल पर छीनी जाती हैं। बहुसंख्यक के प्रचार के कारण यूएनओ कुछ राष्ट्रों की स्वतन्त्रता की प्राणप्रण से रक्षा करता है। और कुछ की स्वतन्त्रता को अनदेखा करता है। एक आज्ञाकारी वोट के चलते यह व्यक्तिगत अपील के आधार पर अंवेषण करने से इंकार करता है। सामान्य विनीत व्यक्ति की तकलीफ़ से बिलबिलाती चीखें इतने बड़े और महान संगठन के ध्यानाकर्षण के लिए काफ़ी नहीं है। यह पच्चीस वर्षों में मानवाधिकरों की घोषणा, अपने सर्वोत्तम दस्तावेज को सरकारों के सामना करने की दशा के लिए अनिवार्य नहीं बना सका है। इस तरह यह उन विनीत लोगों को उन सरकारों की इच्छा से धोखा दे रहा है जिन सरकारों को इन लोगों ने चुना नहीं है।

सोल्ज़ेनित्सिन के लेखन में कल्पना कम यथार्थ अधिक है। उन्होंने जो भी लिखा है वह उनके जीवनानुभवों पर आधारित है, स्वानुभूति है। चाहे वह 'वन डे इन द लाइफ़ ऑफ़ इवान डेनिसोविच' हो अथवा 'द फ़र्स्ट सर्किल' या फिर 'कैंसर वार्ड', 'द गुलाग आर्किपिलागो'। न केवल उनके भुक्त भोग का दस्तावेज है वरन् रूस के इतिहास, उसके समाजवाद, उसके जेल और सुधार पद्धति का कच्चा चिट्ठा है। सेंसरशिप का विरोध करने के कारण अलैक्ज़ेडर सोल्ज़ेनित्सिन को लेखक संघ से निकाल दिया गया। उनका लेखन दिखाता है कि कैसे रूस में अच्छे-भले बौद्धिक व्यक्ति को पागलखाने में सड़ाया जाता था। कैसे कोई कायदे की बात भी व्यक्ति के विरुद्ध जा सकती थी और उसे यातना शिविर में पहुँचा सकती थी।

इसी तरह प्रथम विश्वयुद्ध और रूस की क्रान्ति का महानायक है सोल्ज़ेनित्सिन का 'अगस्त 1914'। वे पूरे समाज का चित्रण करते हैं जो युद्ध की विभीषिका में फँसा हुआ है और ज़ार द्वारा शासित यह दुनिया परिवर्तन के कगार पर है। ऐसा परिवर्तन जो सारे विश्व को प्रभावित करेगा। इसमें भी वे विभिन वास्तविक चरित्रों को अंकित करते हैं। ज़ार निकोलस, उसका परिवार, लेनिन और भी बहुत से चरित्र इसमें जगह-जगह चित्रित हैं। यह रूसी इतिहास का जीता-जागता वर्णन है।

हेरॉल्ड पिंटर ने अपने नोबेल भाषण में अमेरिकी जेलों में होने वाले अत्याचारों

का उल्लेख भर किया है। वे अपने मित्रों से मिली सूचना के आधार पर वहाँ की अमानवीय परिस्थितियों का मात्र जिक्र करते हैं लेकिन भुक्त भोगी सोल्ज़ेनित्सिन अपने उपन्यास 'गुलाग आर्किपिलागो' में रूस के जेलों का रोंगटे खड़े कर देने वाला चित्रण करते हैं। वे लिखते हैं कि कैदी को यातना देने के लिए पूछताछ के दौरान लगातार खड़ा रखा जाता और उसे सोने नहीं दिया जाता। कैदियों के मनोबल को तोड़ने का एक सरल-सा तरीका है उन्हें निरन्तर खड़ा रखना और नींद से वंचित रखना। उन्हें लगातार एक स्थान पर कई दिन खड़ा रखा जाता। वे बताते हैं कि एक कैदी को छः दिन तक बराबर एक स्टूल पर बैठा कर रखा गया और उसके पीठ टेकने का कोई उपाय न था। न उसे सोने दिया गया न ही हिलने-डुलने की कोई गुंजाइश थी। इसी तरह वे 1952 में आना नामक एक कैदी की बात लिखते हैं। आना से पूछताछ करने वाले मुख्य अधिकारी ने कहा, 'जेल का डॉक्टर कहता है कि तुम्हारा ब्लडप्रेशर 240/120 है जो बहुत कम है, कुतिया! हम उसे 340 तक ऊँचा करने जा रहे हैं। तुम मरोगी, नागिन! और कोई निशान भी नहीं पड़ेगा। कोई मारपीट नहीं, कोई हड्डी नहीं टूटेगी। हम केवल तुम्हें सोने नहीं देंगे।' जब रात भर की पूछताछ के बाद वह अपनी कोठरी में जाती है और उसकी आँख झपकती है तो जेलर चिल्लाती है, 'आँखें खोलो नहीं तो मैं तुम्हारे हाथ-पैर उसी खाट से बाँध कर खाट दीवाल के सहारे खड़ी कर दूँगी।' शायद दुनिया के सब जेलों में इन नुस्खों का प्रयोग किया जाता है। वे लिखते हैं कि अनिद्रा से तर्क शक्ति धुँधला जाती है, इच्छा शक्ति कम हो जाती है और मनुष्य का स्व समाप्त हो जाता है, आत्मविश्वास डिग जाता है।

के.जी.बी. की निरन्तर निगरानी के कारण वे कभी भी 'गुलाग' की पूरी पांडुलिपि पर एक साथ कार्य न कर सके। एक बार में सदैव एक हिस्सा ही अपने पास रखते और उस पर कार्य करते। उन्हें भय था कि यदि वे गिरफ़्तार हो गए तो पांडुलिपि नष्ट कर दी जाएगी, अतः इसके विभिन्न हिस्सों को मास्को के अलग-अलग इलाकों में रहने वाले विश्वासपात्र मित्रों के पास सुरक्षित रखते और जब मौका मिलता वे इन मित्रों के घर मिलने के बहाने से जाते और वहाँ बैठकर इस पर काम किया करते। इस दौरान उनका काफ़ी समय अपने मित्र और विश्व प्रसिद्ध संगीतकार रोस्ट्रोपोविच के साथ गुजरा क्योंकि उसका दबदबा और ख्याति ऐसी थी कि के. जी.बी. भी वहाँ छापा मारने की हिम्मत नहीं कर पाती थी और वहाँ सोवियत अधिकरियों की छानबीन से उनका काम सुरक्षित था। काम समाप्त होने के बाद 1968 में इस पांडुलिपि को माइक्रो फ़िल्म बनाकर सोल्ज़ेनित्सिन ने इसे अपने कानूनी प्रतिनिधि डॉ. कर्ट हेब के पास गुपचुप तरीके से ज्यूरिख भेज दिया। बाद में कागज पर भी एक प्रति तस्करी से बाहर भेजी गई।

यह प्रति आधिकारिक है इसकी पुष्टि के लिए प्रत्येक पन्ने पर एक अन्य नोबेल पुरस्कृत लेखक हेनरिख बॉल ने हस्ताक्षर किया था। 'गुलाग' के सात भाग उपलब्ध हैं। लेखक स्वयं इस किताब के महत्त्व और भविष्य में होने वाले इसके उपयोग से भलीभाँति परिचित था लेकिन किताब चोरी से बाहर भेज कर उन्होंने मान लिया था कि उनका इस किताब से नाता पूरा हो गया है। बाद में इसकी बिक्री और रॉयल्टी से होने वाली आ-मद-नी को सोल्ज़ेनित्सिन फाउंडेशन को दे दिया गया जिससे शिविर के पूर्व कैदियों की सहायता की जा सके। यह सहायता कार्य उनके देश में छिपे तरीके से पिछली सदी के आठवें दशक तक होता रहा, जब तक कि वे वापस रूस नहीं लौट आए और उन्हें वहाँ मान्यता नहीं मिल गई। लिखने के साथ-साथ वे अपने लोगों के प्रति समर्पित भी थे। वे लोगों की हरसम्भव सहायता करते थे भले ही यह कार्य उन्हें चोरी-छिपे करना होता था। वे अपने लोगों के बीच ग्रासरूट लेबल पर काम कर रहे थे इसीलिए देश छोड़कर इतना बड़ा पुरस्कार लेने भी नहीं गए।

वे अपने नोबेल भाषण में सभ्य दुनिया को दब्बू कहते हैं जिसने बर्बरता का विरोध करने का कोई प्रयास नहीं किया, सिवाय कुछ छूट देने और मुस्कुराने के। भौतिक सुख सम्पन्न लोग अपने आप में डूबे हुए हैं और ये लोग अपनी सुविधा के लिए कुछ भी कर सकते हैं। परन्तु कायरता मात्र बुराई लाती है उन्हें विश्वास है कि जब हम बलिदान करने का साहस करते हैं तब विजय प्राप्त होती है। इस कायरता के ऊपर तुर्रा यह है कि आज की भौतिकता से दबी, तनावग्रस्त दुनिया में आध्यात्मिकता का अभाव है। ज्ञान और सहानुभूति को संक्रमित नहीं होने दिया जाता है। सूचना दबाने से अव्यवस्था आती है, अराजकता फैलती है। कभी-कभी सम्पूर्ण नाश भी होता है। तत्कालीन विज्ञान को भलीभाँति ज्ञात है कि सूचना दबाने से अन्तरराष्ट्रीय समझौते भ्रमित हो जाते हैं। एक खास हिस्से में ये समझौते अर्पित हो जाते हैं। बिना यह देखे कि औरों पर इसका क्या असर पढ़ेगा। दूसरों को ऐसे भुला दिया जाता है मानो उनका अस्तित्व ही न हो। जॉर ऑर्वेल ने इस बात को बहुत अच्छी तरह समझा था। सूचना छिपाने वाले लोग समझते हैं कि अन्य लोग बेवकूफ़ हैं। वे कुछ नहीं जानते हैं और ये लोग ऐसा व्यवहार करते हैं मानो वे सारी दुनिया का परम धार्मिक भावना से उद्धार करने आए हैं। इस उद्धार के नाम पर ये 'उद्धारकर्ता' लोगों को कुचल डालते हैं, रौंद डालते हैं।

ऐसा लगता है कि तत्कालीन दुनिया वैज्ञानिकों के हाथ में है। मानवता के सारे तकनीकी कार्य उनके द्वारा ही सम्पन्न होते हैं। ऐसा लगता है मानो वैज्ञानिकों के अन्तरराष्ट्रीय कल्याण पर ही सारी दुनिया टिकी हो, राजनीतिज्ञों की सद्दिच्छा पर नहीं। अगर वे सारे मिल जाएँ तो कितना कुछ हो सकता है, इसके उदाहरण देखने में

भी आए हैं। परन्तु ऐसा है नहीं वैज्ञानिकों ने कभी भी मानवता के हित के लिए महत्त्वपूर्ण, स्वतन्त्र सक्रिय इकाई के रूप में एकजुट होकर कोई कार्य नहीं किया है। वे अपने सारे सम्मेलनों में अपनी सारी शक्ति दूसरों के दुख से दूर रहने में ही लगाते हैं। विज्ञान की परिसीमा में स्वयं को सुरक्षित रखना बेहतर मानते हैं। वे कभी भी स्वतन्त्र शक्ति नहीं रहे हैं। वे सदा राजनीतिज्ञों के हाथ में खेलते रहे हैं और अपनी बन्द दुनिया में ही मस्त खोए रहते हैं।

सोल्ज़ेनित्सिन अपने भाषण में पूछते हैं कि तब फिर इस बँटी हुई, क्रूर, नाश के कगार पर पहुँची हुई दुनिया में लेखक का क्या स्थान है? इस विभाजित दुनिया में लेखक की भूमिका क्या है? वे कहते हैं कि हम न तो अन्तरिक्ष में रॉकेट छोड़ने में हाथ बँटाते हैं न ही सबसे निम्न कार्य रिक्शा खींचना करते हैं। जो लोग भौतिक शक्ति के पुजारी हैं उनकी दृष्टि में लेखक अवज्ञा का पात्र है। लेखक के लिए यह स्वाभाविक नहीं है कि वह पीछे हट जाए। कल्याण में विश्वास खो दे, सत्य से विमुख हो जाए और मात्र अपने कटु, निरपेक्ष अवलोकनों को दुनिया से साझा करे। बताए कि कैसे मानव आशातीत रूप से भ्रष्ट हो गया है। कैसे मनुष्य नीचे गिर गया है और कुछ सुन्दर आत्माओं का इस भ्रष्ट दुनिया में रहना कितना कठिन है। लेकिन इस पलायन से भी लेखक को मुक्ति नहीं है। एक बार जिसने शब्दों को अपनाया है वह इन्हें कभी भी नहीं छोड़ सकता है।

एक लेखक अपने समकालीनों और अपने प्रतिस्पर्धियों का मात्र न्यायधीश नहीं है वो केवल दूसरों के कार्य पर निर्णय दे कर छुटकारा नहीं पा सकता है। वह अपने देश और अपने लोगों पर होने वाले बुरे कार्यों का सह-अपराधी है। और अगर उसका देश दूसरों के खून से रंगा हुआ है तो इससे लेखक का मुँह भी सदैव के लिए काला होता है। और अगर किसी दुर्भाग्यपूर्ण रात में उसके सोए हुए विश्वासपात्र दोस्त के गले में उन लोगों ने फ़ंदा डाला है तो लेखक की हथेलियों पर उस रस्सी के फ़फ़ोले पड़ते हैं। अगर उसके युवा देशवासी ईमानदार कार्य के ऊपर अपनी बेहतरी दिखाते हुए बड़बोलेपन की घोषणा करते हैं, यदि वे स्वयं को तस्करी, नशीले पदार्थों के व्यापार में लगाते हैं, लोगों को बन्धक बनाते हैं तो इन बदबुओं की गंध लेखक की साँसों से मिलती है। वह भी इन दुष्कर्मों का भागीदार होता है। फिर वे पूछते हैं कि क्या हम लेखक यह घोषणा करने की घृष्टता करें कि आज की दुनिया की बुराइयों के जिम्मेदार हम नहीं हैं?

खैर वे इस बात से प्रसन्न हैं कि हमारी दुनिया की समस्याओं और उसकी देखरेख की चिन्ता करने के लिए विश्व साहित्य एक बड़े दिल के रूप में वजूद में है। वह हमारी दुनिया की फ़िक्र करता है और इसके सब कोनों की समस्याओं को भिन्न-भिन्न तरीके से देखता है तथा उसे अलग-अलग नजरिए से देखता है और

प्रस्तुत करता है। अपने भाषण में वे बताते हैं कि सदा से प्राचीन राष्ट्रीय साहित्य के अलावा राष्ट्रीय हितों से ऊपर उठ कर विश्व साहित्य का संकलन रहा है। यह संकलन आपसी समझ का, आपसी प्रभाव के साहित्य का रहा है। यह विश्व साहित्य मानवीय भावनाओं को प्रमुखता देता है। हाँ, इसमें समय का व्यवधान आ जाता है। दूसरी भाषा के लेखकों की कृतियों से अन्य लेखक और पाठक देर से परिचित हो पाते हैं। कभी-कभी सदियाँ लग जाती हैं एक-दूसरे को जानने-समझने-परिचित होने में। इसीलिए एक भाषा का साहित्य दूसरी भाषा के साहित्य को प्रभावित भी देर से कर पाता है। यही कारण है कि राष्ट्रीय साहित्य का संकलन बाद की पीढ़ियों की आँख में पड़ता तो है लेकिन अक्सर समकालीनों की नज़र से छूट जाता है।

आज स्थिति बदल गई है। आज एक देश के लेखकों और दूसरे देश के लेखकों और पाठकों के बीच तकरीबन तत्काल आदान-प्रदान सम्भव है। फिर वे कहते हैं कि यह मेरा अपना अनुभव है कि आज अन्य भाषा के लोगों से तुरन्त सम्पर्क साध सकता है। दुर्भाग्य से उनकी जो किताबें उनके अपने देश में छप न सकीं उन्हें जल्द ही सारी दुनिया के लोगों के बीच पाठक मिले। वे इसकी ओर भी इंगित करते हैं कि यह काम हुआ भले ही जल्दबाजी में और इस जल्दबाजी का खामियाजा यह रहा कि अक्सर अनुवाद उतना अच्छा न हो सका। पर बात लोगों तक पहुँची यह बड़ी बात है। वे हेनरिख बॉल जैसे उच्च पश्चिमी लेखकों का इस मंच से शुक्रिया अदा करते हैं जिन्होंने उनके कार्य का विश्लेषण किया। वे याद करते हैं कि कैसे जब उनके काम पर खतरा मंडरा रहा था, स्वतन्त्रता का दूर-दूर तक कहीं नामोंनिशान न था, उनका कार्य हवा में लटका हुआ था, उसका भविष्य निश्चित न था, मात्र कुछ लोगों की सहानुभूति उनके संग थी। उस कठिन समय में यह बहुत राहत देने वाली बात थी कि अन्तरराष्ट्रीय लेखक समुदाय ने उन्हें सहारा दिया। उस बुरे समय में यह भाईचारा उनके लिए आशातीत था। इसने उन्हें एक नई गर्मजोशी से भर दिया था। उनके पचासवें जन्मदिन पर जब कई पश्चिमी लेखकों की बधाई उन्हें मिली तो वे चकित और कृतज्ञ थे। उन लोगों की शुभकामनाओं को वे नोबेल के मंच से पुनः स्मरण करते हैं।

उस दौरान उनके संग जो भी घटित हो रहा था वे जिस तनाव में रह रहे थे उसकी खबर उनके अन्य देशों के शुभचिन्तकों को थी और वे लोग सहायता के लिए तत्पर थे। जब 1969 में सोवियत राइटर्स यूनियन ने उन्हें संघ से निष्कासित कर दिया उस समय भी विश्व के प्रमुख लेखकों ने उनकी रक्षा की। इन्हीं लेखकों के दबाव के कारण आज वे जिंदा हैं उन्हें समाप्त करने की इच्छा रखते हुए भी उनके देश की सरकार यह न कर सकी। देश निकाले की स्थिति में भी उन्हें नॉर्वेजियन

लेखकों और कलाकारों ने शरण दी और उनकी देखभाल की। और तो और वे बताते हैं कि नोबेल पुरस्कार के लिए उनके नाम की अनुशंसा भी उनके देश के लेखकों द्वारा नहीं की गई बल्कि यह कार्य भी बाहरी लोगों द्वार किया गया। पुरस्कार के लिए उनके नाम का प्रस्ताव फ्रांस के 1952 के साहित्य के नोबेल पुरस्कार विजेता फ्रांसुआ मौरियाक और उनके साथियों ने भेजा था। बाद में अन्य कई लेखक संगठनों ने इसका अनुमोदन किया।

लेखक बिरादरी की इस नि:स्वार्थ दोस्ती ने उन्हें अनुभव कराया और समझाया कि आज विश्व साहित्य एक संक्षिप्त संकलन मात्र नहीं है। और न ही साहित्य के इतिहासकारों द्वारा अंवेषित किया गया एक सामान्य संकलन है। बल्कि यह एक विशिष्ट धड़कती हुई एकता है। यह ठोस संस्था मानव की बढ़ती हुई एकता का प्रतीक है। यह प्रदर्शित करती है कि मानव मानव के प्रति कितना संवेदनशील है। जब कि आज भी बहुत से देशों के आन्तरिक मामलों के मन्त्री सोचते हैं कि साहित्य भी उनके अधिकार क्षेत्र में आता है और यह एक 'आन्तरिक मामला' है। अखबार अभी भी शीर्षक लगाते हैं, 'हमारे आन्तरिक मामलों में हस्तक्षेप का अधिकार नहीं है।' जब कि आज संचार माध्यमों के फलस्वरूप लोगों से लदी हुई इस पृथ्वी पर आन्तरिक मामलों जैसी कोई बात बची ही नहीं है। वे आगे कहते हैं कि अब वक्त आ गया है जब प्रत्येक व्यक्ति का यह कार्य है कि वह जाने कि दूसरों के संग क्या हो रहा है। इसी में मानवता का उद्धार है। पूर्व के लोग पूरी जागरूकता के साथ इस बात की चिन्ता करें कि पश्चिम का विचार क्या है। और पश्चिम के लोग इस बात की परवाह करें कि पूर्व में क्या चल रहा है। मनुष्य के पास साहित्य एक सर्वाधिक महत्त्वपूर्ण तथा जिम्मेदार उपकरण है। यह वह पहला उपकरण है जिसने पहले-पहले ग्रहण किया, जो घुलमिल गया और जिसने मानवता की इस बढ़ती हुई एकता को धारण किया। अत: वो पूरे विश्वास के साथ आज के विश्व साहित्य की ओर चलते हैं। अपने उन हमदर्द और हितैषी मित्रों की ओर जिन्हें उन्होंने कभी देखा नहीं है। जिनसे वे कभी मिले नहीं हैं और शायद जिनसे शारीरिक रूप से कभी मिल भी नहीं पाएँगे।

वे इस मंच से विश्व साहित्य के अपने इन्हीं मित्रों को सम्बोधित करते हैं और उन लोगों को आमन्त्रित करते हुए कहते हैं कि मित्रो! चलो सहायता करें यदि हम किसी काबिल हैं तो सहायता करें। वे उन लोगों की सहायता करने की बात कर रहे हैं जिन्होंने एकता के लिए उद्योग किया है, जो विभाजन की बात नहीं करते हैं। जिन्होंने अपने देश को मजबूती प्रदान करने का प्रयास किया है। जिन्हें पार्टियों, आन्दोलनों, जातियों और समूहों से आघात लगा है। वे ऐसे लोगों की सहायता करने की गुहार लगाते हैं। यही लेखक के पद का निचोड़ है, अपनी देशी भाषा में अभिव्यक्त करता, देशी भाषा जो राष्ट्र को एकता के सूत्र में बाँधने की शक्ति है।

अपनी भाषा राष्ट्र की आत्मा होती है, उसी में अभिव्यक्ति की बात सोल्ज़ेनित्सिन कर रहे हैं।

उन्हें साहित्य की शक्ति पर बहुत भरोसा है। उन्हें विश्वास है कि साहित्य में यह शक्ति है कि वह आज के मुश्किल समय में मानवता की सहायता कर सकता है। वह मानवता को वैसे देख सकता है जैसी वह असल में है। लोगों और पार्टियों के पूर्वाग्रह नजरिए से वह चीजों को नहीं देखता है। वह पक्षपात वाले सिद्धान्तों को नहीं पालता है। विश्व साहित्य में एक स्थान के अनुभवों को संघनित रूप में दूसरे स्थानों तक सम्प्रेषित करने की शक्ति है ताकि लोग विभाजित होने और चौंधियाने से बच सकें। इस अभिव्यक्ति से भिन्न पैमानों और मूल्यों को भुला कर हम एक-दूसरे से राजी हो सकते हैं। इसकी सहायता से हम दूसरों का सही इतिहास जान सकते हैं और उन्हीं क्रूर गलतियों को दोहराने से बच सकते हैं। हम दूसरों के दर्दनाक हादसों, दारुण अनुभवों को उसी तीव्रता से अनुभव कर सकते हैं जिस तीव्रता से उन लोगों ने इन विपदाओं को सहा है। और तब शायद कलाकार एक ऐसे विचार क्षेत्र का निर्माण कर पाएँगे जो 'समस्त विश्व' को गले लगा सकेगा। और लेखक सहसम्बन्ध स्थापित करेंगे। अपने भाषण के अन्त की ओर आते हुए सोल्ज़ेनित्सिन पूछते हैं कि यदि लेखक फैसला नहीं देगा तो और कौन फैसला देगा? किस पर फैसला देने की बात वे कर रहे हैं? वे न केवल लेखक के अपने देश की असफल सरकार पर फैसला देने की बात कर रहे हैं वरन् लोगों के अपने आप पर, अपने शर्मनाक कायरतापूर्ण अपमान पर या आत्म सन्तुष्टि की कमजोरी पर फैसला देने की बात कर रहे हैं। वे युवकों के अपराध पर फैसला देने की बात कर रहे हैं।

वे पूछते हैं कि खुले क्रूर अत्याचार के विरुद्ध साहित्य क्या कर सकता है? फिर याद दिलाते हैं कि यह नहीं भूलना चाहिए कि अत्याचार अकेला नहीं आता है। यह अकेले जीवित नहीं रह सकता है। यह झूठ से गूँथा हुआ होता है। झूठ और अत्याचार का बहुत निकट का और गहरा प्राकृतिक बन्धन है। अत्याचार केवल मिथ्याचार में शरण पाता है। दुरव्यवहार का सहारा कपट होता है। कोई भी व्यक्ति जो एक बार भी क्रूर व्यवहार को अपनी पद्धति बनाता है वह झूठ को अवश्य अपना सिद्धान्त बनाता है। प्रारम्भ में अत्याचार खुले रूप में कार्य करता है और यहाँ तक कि गर्व के साथ भी परन्तु ज्योंहि यह मजबूत हो जाता है, स्थापित हो जाता है तब यह अपने आसपास की हवा में लोगों से दूर होते जाने को विरलता को सूँघ लेता है और यह बिना झूठ के कोहरे के अस्तित्व में नहीं रह सकता है। इसे टिकने के लिए कपट की धुन्ध की आवश्यकता होती है। तब यह मीठे में लपेट कर जहर देना शुरू करता है। मीठा बोलकर गला रेतता है। हमेशा ऐसा नहीं होता है, जरूरी भी नहीं कि यह खुलेआम गला घोंटे। अक्सर यह अपने अधीनस्त से केवल मिथ्याचरण की निष्ठा

का वायदा करवाता है। केवल कपट में सहभागी बनने का वायदा करवाता है। फिर वे सुझाव भी देते हैं कि एक सरल-सामान्य व्यक्ति क्या कर सकता है। वे कहते हैं कि साहसी व्यक्ति एक सरल-सा कदम उठा सकता है कि वह कपट में सहायक नहीं बनेगा। भले ही दुनिया में झूठ का साम्राज्य रहे परन्तु यह उससे सहयोग नहीं करेगा, यह काम उसके सहयोग से नहीं होगा। अगर एक सामान्य व्यक्ति यह निश्चय कर ले कि वह मिथ्याचरण का हिस्सा नहीं बनेगा तो झूठ का अस्तित्व खतरे में पड़ जाएगा। यह सुझाव वे सरल सामान्य आदमी के लिए देते हैं लेकिन लेखक और कलाकारों के लिए उनका सन्देश इससे ज्यादा जिम्मेदारी का है। वे लेखक और कलाकारों को स्मरण दिलाते हैं कि उनके पास यह बल है, यह शक्ति है कि वे लोग झूठ को जीत सकते हैं। लेखक और कलाकार सरल-सामान्य व्यक्ति से ज्यादा कर सकते हैं। वे कपट का विरोध कर सकते हैं। और सोल्ज़ेनित्सिन के अनुसार झूठ से संघर्ष करने पर कला सदैव विजयी होती है। यह न केवल स्वयं के लिए जय लाती है वरन् सबके लिए खुले तौर पर विजय लाती है। कपट इस दुनिया में काफ़ी कुछ जकड़ सकता है परन्तु कला को नहीं। और ज्योंहि कपट का पर्दाफाश होगा अत्याचार का नंगापन बाहर आ जाएगा, अपनी पूरी कुरूपता के संग उजागर हो जाएगा और अत्याचार, बेईमानी, कपट नष्ट हो जाएँगे।

इसीलिए सोल्ज़ेनित्सिन विश्वास करते हैं कि लेखक इस कठिन दौर में दुनिया की सहायता कर सकते हैं। सत्य के विषय में प्रचलित कहावतें रूस में बहुत पसन्द की जाती हैं क्योंकि वे राष्ट्रीय अनुभवों से आती हैं और ऐसी ही एक कहावत है: 'सत्य का एक शब्द पूरी दुनिया पर भारी होता है।' हमारे यहाँ भी कहावत है 'सौ सुनार की एक लुहार की।' और इसी सत्य का पक्ष लेने की अपील के साथ वे अपने नोबेल भाषण का समापन करते हैं। वे नैतिकता के पक्षधर हैं और उनका पूरा साहित्य भी राष्ट्र की नैतिक सफ़ाई की गुहार लगाता है। वे एक तरह के 'नैतिक समाजवाद' की ओर अपने देश को ले जाना चाहते हैं। एक ऐसा देश और समाज जहाँ सत्य और शालीनता होगी। वे अपने साहित्य में सेंसरशिप, लेखक संघ से लेखक को निकाले जाने, बौद्धिक व्यक्तियों को पागलखाने में डाले जाने के विरुद्ध आवाज़ उठाते हैं, जो उनकी नैतिकता का हिस्सा है। परन्तु सत्ता को उनका यह व्यवहार पसन्द न आया और वे लगातार प्रताणित किए जाते रहे। अपने मूल्यों और विचारों की उन्हें बहुत भारी कीमत चुकानी पड़ी। लेकिन वे अपने चुने हुए रास्ते से विचलित नहीं हुए। वे एक प्रतिबद्ध लेखक हैं और इस पेशे के खतरों से परिचित है। उन खतरों को उठाते भी हैं। भले ही उनके देश की सरकार ने उनकी कीमत न जानी परन्तु उनके पाठकों और दुनिया ने उनका मूल्य समझा है इसीलिए वे विश्व साहित्य में अमर हो गए हैं।

कुछ लोग अपनी जमीन से इस कदर जुड़ होते हैं कि दूसरी जगह पर रह पाना

उनके लिए कठिन होता है। वे किसी भी कीमत पर अपने देश लौट आना चाहते हैं। जैसे तस्लीमा नसरीन को कई देशों ने शरण देने की पेशकश की लेकिन वे बंगाल में ही रहना चाहती हैं (बांग्लादेश और बंगाल में बहुत फ़र्क नहीं है), यहीं उन्हें अपनापन लगता है। यहीं रह कर लिखना उन्हें आसान लगता है वैसे ही देश निकाले के समय अन्य देशों ने सोल्ज़ेनित्सिन का स्वागत किया और उन्हें लिखने का एकान्त भी प्रदान किया। लेकिन वे रूस के बाहर कहीं भी स्वयं को समायोजित न कर सके। परेशानियों के बावजूद वे रूस में स्वयं को ज्यादा अच्छी तरह, प्रकृतिस्थ अनुभव करते थे। इसीलिए नोबेल पुरस्कार लेने भी वे 1970 में स्वीडन नहीं गए। बाद में देश छोड़ना पड़ा और जब उन्हें दोबारा अपने देश लौटने का अवसर मिला तो वे तत्काल अपने देश रूस लौट गए। रूस में भले ही वे बहुत विद्रोही माने जाते हों लेकिन रूस के बाहर भी वे कुछ लोगों को प्रतिक्रियावादी लगते हैं। खासकर उनका रूस के प्रति राष्ट्रवाद का विचार और उनकी धार्मिक कट्टरता बहुत से लोगों के गले नहीं उतरती है। कुछ लोग सोचते थे कि वे 'शीत युद्ध का पुरस्कार' हैं और उससे लाभ उठाया जा सकता है। परन्तु ऐसा न हो सका। उनकी आस्था का आदर करते हुए नोबेल समिति ने अपनी घोषणा में कहा भी है, 'उस नैतिक बल के लिए जिससे उन्होंने रूस के साहित्य की अनिवार्य परम्परा का अनुसरण किया है।'

उपन्यासकार, कहानीकार, नाटककार और इतिहासकार सोल्ज़ेनित्सिन के दो कहानी संग्रह, 'वी नेवर मेक मिस्टेक' तथा 'फॉर द गुड ऑफ़ द कॉज', उनके लेखों का संग्रह 'द मोर्टल डेंजर : मिसकॉन्सेप्शन अबाउट सोवियत रशिया एंड द थ्रेट टू अमेरिका', संस्मरण 'दि ओके एंड द काफ़', 1917 की रूसी क्रान्ति पर 'द रेड व्हील' नाम से उपन्यास श्रृंखला आदि उनके अन्य कार्य हैं। सोल्ज़ेनित्सिन का समस्त लेखन एक तरह से आत्मकथात्मक है लेकिन इसके साथ ही वह रूस के भीतर की तस्वीर भी बड़ी बेबाकी से प्रस्तुत करता है। उनके लेखन का प्रतिफल है कि बाहरी दुनिया को लौह दीवार के पार होने वाले कुकृत्यों की जानकारी मिली। वे अपने भाषण में बताते हैं कि कुछ प्रभावशाली राष्ट्रों और लोगों ने कैसे यू.एन.ओ. जैसी संस्था को भी मात्र कागजी घोड़ा बना रखा है। कमजोर का कोई नहीं होता है। लेकिन वे अपनी गहन आध्यात्मिक आस्था के कारण निराश नहीं हैं। उन्हें साहित्य से बहुत उम्मीद है, वे मानते हैं कि साहित्य में दुनिया के मनुष्यों को एक करने की शक्ति है। साहित्य लोगों की संवेदना जगा कर उन्हें अत्याचार के विरुद्ध खड़ा कर सकता है।

3 अगस्त 2008 को मास्को में अलैक्ज़ेंडर सोल्ज़ेनित्सिन का निधन हुआ।

खंड–2
स्मृति लेख

इमरे कर्टीज़

खदीस

इमरे कर्टीज़ से मेरी मुलाकात अपनी पहली किताब लिखने के दौरान हुई। इस किताब में मैं उन रचनाकारों के बारे में लिख रही थी जिन्हें साहित्य का नोबेल पुरस्कार प्राप्त हुआ है और जिन्होंने इस महत्त्वपूर्ण अवसर पर भाषण दिया है। नोबेल भाषण साहित्य जगत में तथा अन्य लोगों द्वारा भी बहुत चाव से सुना जाता है क्योंकि यह शब्दों में उस साहित्यकार के जीवन का निचोड़ होता है। बहुत सारे नोबेल पुरस्कृत साहित्यकार विभिन्न कारणों से भाषण नहीं देते हैं अथवा नहीं दे पाते हैं। इमरे कर्टीज़ उनमें से एक हैं जिन्होंने नोबेल के मंच से भाषण दिया। किताब के सिलसिले में उनको पढ़ा। फिर जब होलोकास्ट फ़िल्मों पर काम कर रही थी तो एक बार फिर उनसे मुटभेड़ हुई। कर्टीज़ का समूचा काम नाजी यातना शिविर के उनके अनुभवों का प्रतिफल है। जब वे मात्र 14 साल के थे यहूदी होने के नाते उन्हें उठा लिया गया और विभिन्न यातना कैंप से होते हुए उन्हें बुचेनवाल्ड कैंप में स्थापित कर दिया गया। युद्ध समाप्ति पर उन्हें 1945 में अमेरिकी फ़ौज ने रिहा कराया और जब वे लौटे तो पता चला कि पिता यातना कैंप में चिमनी से धूँआ बन चुके हैं, माँ ने किसी अन्य आदमी से विवाह कर लिया है और उनके घर में अन्य लोग रह रहे हैं। वे खुद को किसी से रिलेट नहीं कर पा रहे थे। यह एकाकीपन फिर ज़िन्दगी भर के लिए उनका साथी हो गया आगे चलकर उन्होंने स्व-कैद को अपनाया। ऐसा व्यक्ति यदि कहता है कि जब वे उपन्यास के बारे में सोचते हैं, वे सदैव ऑश्वित्ज़ के बारे में सोचते हैं। उनके अनुसार वे ऑश्वित्ज़ की आत्मा का माध्यम हैं, उन्हीं के द्वारा ऑश्वित्ज़ बोलता है।

थियोडोर अडर्नो पूछता है, क्या ऑश्वित्ज़ के बाद जीवित रहा जा सकता है? वह कहता है, ऑश्वित्ज़ के बाद कविता लिखना बर्बरता है। लेकिन यह भी सच है कि ऑश्वित्ज़ के बाद इमरे और उनके जैसे कुछ और लोग जीवित रहे और उन्होंने लेखन भी किया। प्राइमो लिवाई, एली विसेल ऐसे ही लोग थे। एली विसेल की आत्मकथा 'नाइट' उनकी मुख्य रचना है, उन्हें शान्ति का नोबेल पुरस्कार प्राप्त हुआ।

प्रीमो लेवी ने 'सर्वाइवल इन ऑश्वित्ज़' तथा 'द ड्राउनिंग एंड द सेव्ड' लिखा। लेखन करते हुए ये लोग कितनी बार उसी यातना से गुजरे होंगे यह कल्पनातीत है। इमरे ने अपने इसी एकमात्र विषय पर लेखन करते हुए साहित्य का नोबेल पुरस्कार पाया। जाहिर-सी बात है, उन्हें अन्य तमाम पुरस्कार-सम्मान प्राप्त हुए हैं।

इमरे कर्टीज़ हर दिन अवसाद के साथ जागते, अवसाद इतना गहन था कि कई बार उन्होंने आत्महत्या की ठानी। लेकिन उन्होंने आत्महत्या नहीं की, वे लम्बी उम्र तक जीवित रहे। हाँ, उन्होंने अपने साहित्य में अपने नायक से आत्महत्या करवाई। नोबल पुरस्कार पाने वाले वे हंगरी के पहले साहित्यकार थे। 2002 में नोबेल मिलने के बाद उनका पहला और उनका अन्तिम उपन्यास 'लिक्वीडेशन' लेखक की आत्महत्या से ही सम्बन्धित है। 2003 में प्रकाशित इस पावरफ़ुल किताब में अवसाद के दबाव में उन्होंने उसी दुनिया को चित्रित किया जिसमें वे निरन्तर रह रहे थे। अपनी इस किताब में भी इमरे ने अपनी अन्य किताबों की तरह प्रतिबन्धित, दुष्ट और अशिक्षित दुनिया के बारे में लिखा है। इसका नायक 'बी' नाम का एक लेखक और अनुवादक है, यह व्यक्ति भी यातना शिविर में मौत के मुँह से बच निकला है। आलोचकों के अनुसार इस उपन्यास को पढ़ते हुए आप उसी अवसाद में डूब जाते हैं जिस अवसाद में डूब कर इमरे ने इसे लिखा है। वैसे 2014 में उनकी अन्तिम किताब 'दि अल्टीमेट इन' आई मगर यह उपन्यास नहीं है। यह डायरी की तरह है। इमरे ने कई डायरियाँ भी लिखीं। 86 साल की पकी उम्र में इसी साल 31 मार्च 2016 को पार्किसन बीमारी से लड़ते हुए उनकी मृत्यु हुई।

जिसने नाजी यातना शिविर की क्रूरता देखी हो उसका धर्म और ईश्वर से विश्वास उठ जाना कोई आश्चर्य नहीं होना चाहिए। धर्म और ईश्वर को लेकर इमरे के मन में भी संशय था फिर भी आस्था बनी रही। वे उसे नकार न सके। उन्होंने लिखा हैं, ईश्वर ऑश्वित्ज़ है, वह मुझे वहाँ से निकाल लाया, जिसने मुझे मजबूर किया है कि वहाँ जो कुछ हुआ उस सबका ब्योरा मैं दूँ, क्योंकि वह जानना चाहता है और सुनना चाहता है कि उसने वहाँ क्या किया। समाज ने, आध्यात्म ने उन्हें यह जिम्मेदारी सौंपी थी और उन्होंने इसका बखूबी निर्वाह किया है।

ताज़िन्दगी इमरे ने नाजी, होलोकास्ट, तानाशाही, प्रतिबन्धतता के विरोध में अपनी कलम चलाई। वे सदा न केवल नाजी तानाशाही के विषय में लिखते रहे वरन् सब तरह की तानाशाही की ख़िलाफ़त उन्होंने की। इसीलिए साम्यवादी सरकारों को उनका लेखन कभी नहीं भाया। उन्हें इमरे का लेखन विस्फ़ोटक लगता था। जब वे यातना शिविर से निकल कर हंगरी आए तो उस समय वहाँ सोवियत संघ का शासन था। वे लेखक बनकर जीना चाहते थे मगर उस समय यह सम्भव न था। कम्युनिस्ट सरकार में लेखन को कोई काम नहीं माना जाता था और जो लोग कोई दूसरा काम

नहीं करते थे उन्हें लेबर कैंप में भेज दिया जाता था। कम्युनिस्ट सरकार की दुदुंभी न बजाने के कारण उन्हें पत्रकारिता भी छोड़नी पड़ी थी। आदमी किस सीमा तक क्रूर हो सकता है यह देखना हो तो इमरे का लेखन देखना-पढ़ना होगा। उन्होंने अपने अतीत, नाजी शिविरों के अपने अनुभवों को बार-बार लिखा, लेकिन वे सदा भविष्य के बारे में लिख रहे थे। भविष्य को लेकर चिन्तित थे। यह विरोधाभासी लग सकता है मगर यह सत्य है कि उनका सारा चिन्तन भविष्य को लेकर ही है। उनका समस्त लेखन व्यक्तिगत त्रासद अनुभव भर न होकर व्यापक मानवीय त्रासदी है। वे मानते हैं कि आज भी हिटलर का यातना शिविर हर स्थान पर उपस्थित है।

इमरे अपनी भाषा हंगेरियन भाषा से बहुत प्रेम करते थे उन्होंने अपना नोबेल भाषण अपनी हंगेरियन भाषा में दिया था। अपने भाषण के अन्त की ओर आते हुए वे कहते हैं कि वे अपने जीवन, अपने काम और नोबेल पुरस्कार के बीच सम्बन्ध स्थापित नहीं कर पा रहे हैं। नोबेल समिति ने उनके उपन्यास 'फ़ेटलेस' को आधार बनाते हुए उन्हें पुरस्कार के लिए चुना था। यह उनके उपन्यास त्रयी का पहला भाग है। इसमें उन्होंने 14 साल के गियुरी कोव्स को नायक बनाकर रचना की है। कोव्स यातना शिविर से जिंदा अपने देश हंगरी लौट आया है लेकिन बाहर की दुनिया से खुद को जोड़ नहीं पाता है। इस उपन्यास को लिखने और प्रकाशित होने में बहुत समय लगा। पहले तो कोई प्रकाशक इस उपन्यास को छापने को राजी नहीं था और जब 1975 में किताब प्रकाशित हुई तो किसी आलोचक ने इस पर ध्यान नहीं दिया। बाद में इसका जर्मन भाषा में अनुवाद हुआ और 2005 में हंगेरियन सिनेमाटोग्राफ़र लाजोस कोल्टाई ने इसी नाम से इस उपन्यास पर आधारित फ़िल्म बनाई तो उपन्यास की भी चर्चा-सफलता हुई। इस फ़िल्म की स्क्रिप्ट इमरे ने खुद लिखी है। 1988 में त्रयी का दूसरा उपन्यास 'द फ़ेलियर' आया, तीसरा उपन्यास है, 'खदीस फॉर एन अनबोर्न चाइल्ड'। यह 1990 में प्रकाशित हुआ। नाजी अत्याचार वाली दुनिया में इस तीसरे उपन्यास का नायक बच्चा पैदा नहीं करना चाहता है और एक अजन्मे बच्चे के लिए प्रार्थना करता है। वह बच्चा पैदा नहीं करना चाहता है क्योंकि वह न केवल हंगेरियन समाज से खुद को नहीं जोड़ पाता है वरन् ज़िन्दगी में ही नहीं घुल-मिल पाता है। जिस दुनिया में ऑश्वित्ज़ जैसे यातना शिविर हों उसमें सन्तान उत्पन्न करना उसे एक अपराध लगता है। वह नहीं चाहता है कि उसका बच्चा यातना भोगे। बच्चा न पैदा करने का उसके निर्णय का अन्त उसकी शादी टूटने में होता है। यहूदी धर्म में मृतकों के लिए की जाने वाली प्रार्थना 'खदीस' कहलाती है।

9 नवंबर 1929 को एक निम्न मध्यवर्ग परिवार में जन्मे इमरे कर्टीस को यहूदी होने की सजा मिली। वे अपने माता-पिता की इकलौती सन्तान थे। 14 साल

की उम्र में नाजी सैनिकों ने उठाकर पहले लेबर कैंप में डाला फिर ऑश्वित्ज़ में और अन्ततः बुचेनवाल्ड के यातना शिविर में। 'फ़ेटलेस' के नायक के साथ भी यही सब कुछ होता है। कैंप से लौट कर इमरे ने हाई स्कूल पास किया और कई साल पत्रकार का काम किया। उन्होंने हैवी इंडस्ट्री की मिनिस्ट्री के प्रेस विभाग में भी काम किया लेकिन बाद में स्वतन्त्र पत्रकार बन गए। कमाई के लिए अनुवाद का काम करने लगे। उन्होंने जर्मन साहित्यकारों-फ़िलॉसफ़रों जैसे नीत्से, लुडविग विटगेनस्टेन, सिग्मंड फ्रायड के काम का अनुवाद किया। इन रचनाकारों का इमरे के ऊपर गहरा प्रभाव है। पहली पत्नी अलबीना वास के 1995 में मरने के बाद इमरे ने 1996 में माग्दा एम्ब्रस से विवाह किया।

1988 में प्रकाशित त्रयी का दूसरा उपन्यास 'द फ़ेलियर' कोव्स को एक उम्र दराज लेखक के रूप में चित्रित करता है। इस लेखक ने एक उपन्यास लिखा है, उपन्यास यातना शिविर के बारे में है और लेखक आशा करता है कि प्रकाशक उसे नकार देंगे। उसकी आशा के विपरीत जब उपन्यास प्रकाशित हो जाता है तो कोव्स को पूर्ण खालीपन का अनुभव होता है, उसे लगता है कि उसकी निजता पूरी तरह से नष्ट हो गई है। तीसरे उपन्यास 'खदीस फॉर एन अनबोर्न चाइल्ड' के बारे में ऊपर बताया जा चुका है।

इमरे अपने नोबल भाषण में बताते हैं कि वे किसी और के लिए नहीं वरन् खुद के लिए लिखते है। वे बताते हैं कि उन्हें अपने देश हंगरी में साम्यवादी शासनकाल में भी बहुत कठिनाइयों का सामना करना पड़ा। इन बातों को उन्होंने अपनी रचनाओं में प्रत्यक्ष रूप से लिखा है, उनका गद्य बहुत सुन्दर और सधा हुआ होता है। प्रत्यक्ष रूप से लिखने के कारण साम्यवादी सरकार को उनका लेखन कभी अच्छा नहीं लगा, साम्यवादी सरकारें इसे विस्फ़ोटक मानती हैं। नोबेल समिति ने कहा है कि इतिहास की बर्बर निरंकुशता के समक्ष मानवीय अनुभव की क्षणभंगुरता को इमरे ने स्वर दिया है। इमरे कहते हैं कि स्टालिन के काल में जीवन का मतलब था—चलते रहो, अगर चल सकते हो तो! जबकि नाजी काल में जीवन किसी तेज गति की मशीन जैसा था। नाजी व्यवस्था ने हर चीज को निगल लिया था। यह ऐसी मशीन थी जिसने इतनी तेज गति से काम किया कि लोग यह भी नहीं समझ सके कि उनके साथ क्या हो रहा है। वे अपने भाषण में उन बीस मिनट की बात बताते हैं जिसमें यहूदियों को लिए हुई ट्रेन यातना शिविर के प्लेटफॉम पर रुकती है, ट्रेन का दरवाजा खुलता है, लोग एक-दूसरे के ऊपर से होते हुए नीचे उतरते हैं और चुनाव करने वाले ऑफ़ीसर के सामने खड़े हो जाते हैं, ऑफ़ीसर एक उचटती निगाह उन पर डालता है हाथ से इशारा करता है और लोग कैदियों के कपड़े पहन लेते हैं। सब कुछ पलक झपकते हो जाता है। ये बीस मिनट उनके सामने ब्लैकहोल की तरह हैं।

वे कहते हैं कि तानाशाही में हर व्यक्ति को बच्चे जैसी अज्ञानता और असहायता की स्थिति में रखा जाता है। यातना शिविर में रहने वाले लोग अपनी स्थिति पर क्रोध दिखाने अथवा उसके ख़िलाफ़ खड़े होने के स्थान पर अपनी दैनन्दिन की समस्याओं को सुलझाने में अधिक उलझे हुए दिखाई देते थे।

इमरे रोज उम्मीद और सकून की इच्छा करते थे लेकिन उन्हें हर दिन निराशा और दर्द मिलता जो दिन-पर-दिन बढ़ता जाता। वे लिखते थे क्योंकि जानना चाहते थे कि सर्वसत्तावाद की क्रूर आँधी और घोर अन्धकार के बीच भी लोग कैसे जीवन की आशा लिए रहते हैं, कैसे जी लेते हैं? वे स्वयं जीते रहे, यह अनुभव उनके लिए असाधारण था। उन्हें सन्तोष है कि वे इस भय को अपने लेखन में व्यक्त कर पाए। आत्महत्या की तीव्र इच्छा के बावजूद उन्होंने मौत और जीवन के बीच जीवन को चुना था। उन्होंने लेखक के रूप में नया जीवन चुना लेकिन इस पर उनके अतीत की छाया बराबर बनी रही। उनके अनुसार बच्चे के रूप में आप जीवन की हर शै पर विश्वास करना सीखते हैं, लेकिन जिसने उनकी तरह भय की छाया में बचपन बिताया है, उसके साथ ठीक इसके विपरीत होता है। वे कहते हैं कि मृत्यु के मुँह पर खड़े होकर जीवन को देखना एक अनोखा सुख है, क्योंकि उस पल जीवन ही सबसे बड़ी मुक्ति होता है।

यातना शिविर में जीवित रहने के लिए उन्होंने दो झूठ बोले थे। एक उन्होंने अपनी उम्र दो साल बढ़ा कर बताई, मतलब 1927 लिखवाई जबकि उनकी पैदाइश 1929 की थी और दूसरा उन्होंने खुद को छात्र न बता कर मजदूर बताया, क्योंकि उन्हें बताया गया था कि छात्रों को शिविर में बेकार मान कर मार डाला जाता है। इस तरह वे खुद को जिंदा रखने में सफल हो सके। जब वे अपना नोबेल भाषण तैयार कर रहे थे उन्हें एक पत्र मिला जिसमें बुचेनवाल्ड मेमोरियल सेंटर के डायरेक्टर ने एक लिफ़ाफ़े में रखकर शिविर में उनकी मृत्यु का सर्टीफिकेट भेजा था। इस सर्टीफिकेट के अनुसार 18 फरवरी 1945 को इमरे मर चुके थे। वे कहते हैं कि वे दोबारा पैदा हुए हैं। वे स्वीकारते हैं कि यातना शिविर ने उन्हें सच में एक यहूदी बना दिया था। लेकिन इन यातना शिविरों में उन्होंने प्रसन्नता के कुछ अनोखे पलों का भी अनुभव किया था। जब कभी भी वे बीमार पड़ जाते तो शिविर के अस्पताल के बिस्तर पर 10 मिनट के लिए लेट कर कठोर मेहनत से छुटकारा पाना उन्हें खुशी देता था और यह खुशी किसी स्वर्ग से कम नहीं होती थी। मौत के बहुत करीब जा कर उससे बच निकलना, तब उन्हें यह दुनिया की सबसे बड़ी आजादी लगती थी।

नोबेल समिति ने उन्हें पुरस्कार देते हुए कहा कि उनका लेखन ऐसा है जो हमें तत्काल उन बातों तक पहुँचाता है जिनका अनुभव हमने नहीं किया है। इमरे ने एक कमजोर और निःसहाय व्यक्ति के अनुभवों को बहुत वस्तुनिष्ठ भाव से चित्रित

किया है। इमरे बताते हैं कि उनके परिवार में किसी का लिखने-पढ़ने से कोई नाता न था, संयोगवश ही वे इस ओर मुड़े। उनके अनुसार यातना शिविर के एक साल के अनुभव किसी भी तरह साहित्यिक अनुभव नहीं थे, वे तो शर्मनाक अनुभव थे। साथ ही बाहर के हंगरी समाज से खुद को न जोड़ पाना उनके नायक कोव्स को कैंप 'होमसिकनेस' की फ़ीलिंग देता था। इतनी क्रूर परिस्थितियों में प्रसन्नता का अनुभव एक हादसा ही कहलाएगा। इमरे इसे विद्रोह मानते हैं, एक शोषित आदमी का विद्रोह मानते हैं। समाज ने उन्हें एक जिम्मेदारी सौंपी है कि वे बताएँ, आदमी के क्रूरतम कामों का लेखाजोखा दें। अपने लेखन में वे इसी उत्तरदायित्व का निर्वाह कर रहे हैं, अपने भाग्य का विश्लेषण कर रहे हैं। वे अपनी पहचान खोना नहीं चाहते थे इसीलिए उन्होंने लेखक बनने का निश्चय किया।

लेखन के लिए उन्होंने स्वेच्छा से कैदखाना स्वीकार किया और बुदापेस्ट में अपने एक कमरे के फ्लैट में रह कर लेखन करने लगे। इस 'प्रिजन सेल' में केवल उनकी पत्नी एलबीना उनके साथ रहती थीं। 1956 में सोवियत अधिग्रहण के बाद हंगरी में बौद्धिक लोगों का जीवन बहुत कठिन हो गया। बहुत सारे बौद्धिक लोग छोटी-छोटी सुविधाओं के एवज में सरकार के पक्ष में काम करने लग गए थे। इमरे जैसे कुछ लोगों ने दूसरा रास्ता अख्तियार किया। इन्होंने सरकार के टुकड़ों पर पलने से इन्कार कर दिया नतीजन वे बुदापेस्ट में अकेले पड़ते गए। वे देख रहे थे कि इस दुनिया में झूठ को गम्भीरता से लिया जाता है और गम्भीर काम को नकार दिया जाता है, उसे दबाने का प्रयास किया जाता है। एक बच्चे के रूप में इमरे कर्टीज ने नाजी यातना शिविर में अत्याचार देखे-भोगे थे। अब एक वयस्क के रूप में वे सोवियत-साम्यवादी तानाशाही देख-भोग रहे थे। उनके नाना-नानी होलोकास्ट में नष्ट हुए और उनके बाबा-दादी जहाँ रहते थे उस इलाके को कम्युनिस्ट शासन ने उजाड़ दिया। उनके बाबा-दादी बुदापेस्ट के ओल्डएज होम में रह रहे थे। उनके अनुसार ऐसे समय में या तो संघर्ष छोड़ देना चाहिए या फिर आन्तरिक स्वतन्त्रता के लम्बे रास्ते को खोजना चाहिए। इसमें कोई शक नहीं कि इमरे ने दूसरा रास्ता चुना। उन्होंने यह रास्ता एक-एक कदम चलकर सीखा, इसीलिए इसे वे अपने लिए 'ह्यूरिस्टिक मैथड' कहते हैं। उन्होंने अपने नोबेल भाषण का शीर्षक भी 'ह्यूरिस्टिक' रखा है। वे यह भी कहते हैं कि शायद पश्चिम के स्वतन्त्र समाज में रहते हुए वे यह सब कुछ न लिखते जो उन्होंने लिखा है, वहाँ रहते हुए वे कभी भी 'फ़ेटलेस' जैसा उपन्यास न लिख सकते थे।

इमरे के अनुसार ऑश्वित्ज़ के साथ वास्तविक समस्या है कि यह हुआ और किसी भी तरह इसे बदला नहीं जा सकता है, झुठलाया नहीं जा सकता है। हंगेरियन कैथोलिक कवि जोनास पिलिंस्की इसे 'स्कैंडल' कहता है। उसका मतलब है कि

क्रिश्चियन संस्कृति के वातावरण में ऑश्वित्ज़ हुआ अतः आध्यात्मिक दिमाग इससे कभी उबर नहीं सकता है।

चूँकि वे यातना शिविर के रजिस्टर के अनुसार मर चुके हैं, वे कहते हैं वे दोबारा पैदा हुए हैं। इसी बच्चे की मौत से जन्मे वे अपना काम उन तमाम लाखों बच्चों को समर्पित करते हैं जो मर गए और उन लोगों को समर्पित करते हैं जो अभी भी उन्हें याद करते हैं।

हालाँकि बर्लिन की दीवार गिरने के बाद इमरे को पहचान मिली, उनके लिए प्रकाशन आसान हो गया। मगर तब तक बहुत देर हो चुकी थी वे अकेले रहने के आदी हो चुके थे। इसके बावजूद 1989 के बाद वे सभा-सोसाइटी में जाने लगे, भाषण देने लगे। 2002 में नोबेल पुरस्कार मिलने के बाद उनकी ख्याति खूब बढ़ गई। उनकी किताबें लाखों की संख्या में बिकी। उन्हें जगह-जगह से भाषण देने के लिए आमन्त्रण मिलने लगे। उनका मान-सम्मान अचानक खूब बढ़ गया। उनके ये भाषण तथा अन्य लेख 'द होलोकास्ट एज कल्चर', 'मोमेंट्स ऑफ़ साइलेंस वाइल दि एक्सक्यूशन स्कवाड रिलोड्स' तथा 'दि एक्जाइल लैंग्वेज' के नाम से प्रकाशित हैं।

एक ही विषय को दोहराते रहने के कारण कुछ लोग उनकी आलोचना करते हैं, तो कुछ लोग उनकी प्रशंसा करते है। अपने नोबेल भाषण वे कहते हैं कि शायद वे तानाशाही, प्रतिकूल, निष्ठुर अजनबी बौद्धिक वातावरण में बहुत लम्बे समय तक रहे हैं, इसीलिए उनमें एक खास साहित्यिक चेतना विकसित होना यहाँ तक कि उस पर विचार करना भी बेकार साबित होता। लिखना वे बहुत निजी और पर्सनल मानते हैं। यातना शिविर में जीवन का बहुमूल्य समय गुजारने के बावजूद, वहशीपन का सामना करने के बावजूद, क्रूरतम-अनुभवों से गुजरने के बावजूद इमरे कर्टीस बहुत उदार, प्यारे और आडम्बरहीन व्यक्ति थे। जीवन के क्रूरतम-श्याम पक्ष का चित्रण करने के बावजूद वे एक जिंदादिल, प्रसन्नचित व्यक्ति थे।

गुंटर ग्रास

नगाड़े पर थाप

एक-एक कर मेरे प्रिय लेखक जा रहे हैं। अभी मार्केस को गए साल हुआ कि गुंटर ग्रास भी चल दिए। तेरह अप्रैल 2915 को उनकी मृत्यु हुई, इस समय वे 87 साल के थे। वैसे यह कहकर मन को समझा लेती हूँ कि एक दिन सबको जाना है, जिन लोगों ने अपना दायित्व निभाया है उनके जाने का शोक नहीं मनाना चाहिए आदि, आदि। तुलसीदास विस्तार से अयोध्याकांड में बता गए हैं कि किसकी मृत्यु पर सोच करना चाहिए और किसकी मृत्यु शोचनीय नहीं होती है। मार्केस अथवा गुंटर ग्रास की मृत्यु शोक का बायस नहीं है, यह समय उनके पुनर्मूल्यांकन और पुनर्पाठ का है। असल में महान रचनाकार सदैव जीवित रहता है, उसकी कृतियाँ उसकी यश पताका फहराती रहती हैं। गुंटर ग्रास के विषय में भी ऐसा ही है, उनका यशोगान करने के लिए उनकी एक ही कृति 'टिन ड्रम' काफ़ी है, इस नगाड़े की थाप उन्हें हमेशा जीवित रखेगी, वे अपने पाठकों के हृदय में सदा धड़कते रहेंगे।

कुछ साल पहले एक बार उनका नगाड़ा बज गया। हाथ धो कर बहुत सारे लोग उनके पीछे पढ़ गए। असल में इस नगाड़े को बजाने की शुरुआत उन्होंने स्वयं ही की थी। बात यूँ हुई कि 2006 में प्रकाशित अपनी आत्मकथा 'प्याज छीलते हुए' (पीलिंग ऑनियन) में उन्होंने एक स्वीकारोक्ति कर ली। झूठ आसानी से पचाया जा सकता है, मगर सत्य पचाने की हिम्मत बहुत कम लोगों में होती है। एक अद्वितीय संस्मरणात्मक कृति होते हुए इस किताब पर जमकर वाद-विवाद हुआ और इसकी सृजनात्मकता की बात दब कर रह गई। इस रचना में वे अपने बचपन के शहर डेंजिग से लेकर अपने पहले प्रसिद्ध उपन्यास 'टिन ड्रम' 1959 तक की बात करते हैं। वे विस्तार से अपने समय और जर्मन समाज की बात करते हैं, अपने लेखक बनने की स्थितियों की चर्चा करते हैं। कथारस से भरपूर इस कृति में गुंटर ग्रास दिखाते हैं कि स्मृति हर तरह कल्पना को प्रभावित करती है, उसके साथ ट्रिक करती है। यह कृति स्मृति पर मेडीटेशन का परिणाम है। इस विवादित काल में कुछ लोग उनके साथ खड़े थे, सलमान रुश्दी उनमें से एक थे।

असल में विवाद उस बात को लेकर हुआ जिसे वो बरसों-बरस से छिपाए हुए थे। इस कृति में उन्होंने स्वीकारा कि वे हिटलर की सैन्य टुकड़ी वाफ़न एस.एस. में शामिल थे। कृति के प्रकाशित होते ही तुरन्त अधिकांश लोग दो छोर पर खड़े होकर बात करने लगे। कुछ लोगों ने इसे प्रसिद्धि पाने की ट्रिक की संज्ञा दी। कुछ समझदार, शान्त, चिन्तनशील लोग विवेकपूर्ण बातें कर रहे थे। रुश्दी ने कहा कि चुनाव आपके सामने है, या तो आप गुंटर ग्रास का मूल्यांकन उनके युवावस्था की किसी नादानी को आधार बनाकर कर सकते हैं अथवा पिछले सत्तर सालों में उन्होंने जो कुछ भी महत्त्वपूर्ण किया है, उसके आधार पर कर सकते हैं। सच बात है कौन सीने पर हाथ रखकर कह सकता है कि किशोरावस्था और जवानी में उसने बेवकूफियाँ नहीं की हैं? 17 वर्ष की उम्र में गुंटर ग्रास हिटलर की विशिष्ट सेना का सदस्य थे। उम्र के एक मोड़ पर उन्होंने इसे स्वीकारा और बड़ी बात है कि अभिव्यक्ति का खतरा उठाया, मठ-गढ़ सब तोड़े। यह भी स्वीकार किया कि उन्होंने इस दौरान किसी की हत्या नहीं की, किसी पर गोली नहीं चलाई। उन्हें नाजियों की असलियत का पता न्यूरम्बर्ग मुकदमे के समय हुआ। असलियत जानकर वे दहशत में थे और इसीलिए इतने दिन वे सच्चाई जाहिर करने से कतराते रहे, अपने आन्तरिक नरक में जीते रहे। यह अपराध बोध उन्हें निरन्तर लिखने के लिए उकसाता रहा। उनके जीवनीकार मिशल जुर्ग्स कहते हैं कि हम एक नैतिक प्रतिमा के रूप में उनकी प्रशंसा करते रहते हैं...एक तरह से उन्होंने एक पूरी पीढ़ी से बेवफ़ाई की है।

अपने जीवन में उन्होंने जो भी रचा वह सारा-का-सारा साम्राज्यवाद के विरुद्ध लिखा। हिटलर के कारनामों, उसके परिणाम पर लिखा। लेखन के खतरे से वे अवगत थे। वे राजकोप भाजन बने। उनकी उपन्यास त्रयी 'द टिन ड्रम', 'डॉग इयर्स', तथा 'कैट एंड माउस' जर्मनी के अतीत-वर्तमान से टकराती हैं। इतिहास की भयंकर त्रासदी और उससे उपजी कुरुपता से हमें रू-ब-रू कराती है। उनके विशिष्ट लेखन की जड़ स्पैनिश या यूँ कहें मूरिश स्कूल के 'पिकैरस्क' व्यंग्यात्मक उपन्यास की परम्परा में हैं, जिनका मुख्य पात्र सिनिकल और अ-नैतिक होता है।

अपने पहले उपन्यास 'द कशुबियंस' के बारे में बताते हुए वे कहते हैं कि उन्होंने इसे तेरहवीं सदी में स्थापित किया जिस समय राहजनी, लूट-मार जोरों पर थी और इसमें उन्होंने जमकर हत्याएँ दिखाई। नतीजन पहले खंड की समाप्ति तक सारे प्रमुख और गौण पात्र मर चुके थे अथवा फाँसी पर लटकाए जा चुके थे या फिर चील-कौवों के लिए बिना दफ़न किए छोड़ दिए गए थे और उन्होंने हार कर इसे लिखना बन्द कर दिया। लिखना जारी न रह सका। मगर वे जारी रहे, जारी रहना उनका स्वभाव और मोटो था।

गुंटर ग्रास तब भी लाइमलाइट में आए जब उन्हें 1999 में नोबेल पुरस्कार मिला। उनका नोबेल भाषण अपने आप में एक मिसाल है (विस्तार के लिए देखें संवाद प्रकाशन से आई किताब 'अपनी धरती, अपना आकाश : नोबेल के मंच से')। बाद में यह भी आरोप लगा कि इस भाषण के समय उन्होंने नाजी एस.एस. वाली स्वीकारोक्ति क्यों न की? क्यों चुपचाप इतना बड़ा सम्मान ग्रहण कर लिया? कहा गया कि कम-से-कम अब वे पुरस्कार लौटा दें। इस भाषण में वे अपने लेखक बनने की प्रक्रिया, अपनी जीवन शैली, अपना जीवन दर्शन, अपनी चिन्ताओं, आदर्शों की बात विस्तार से करते हैं।

गुंटर ग्रास को पढ़ना, लिखना, अपनी किताबें पढ़कर सुनाना बहुत अच्छा लगता था। शब्द, उच्चरित शब्द उन्हें जादू जैसे लगते थे। उन्होंने बहुत बचपन से पढ़ना-लिखना शुरू कर दिया था। पढ़ने में इस कदर खोए रहते कि एक दिन माँ ने मज़ाक में पास में रखा खाना हटा कर साबुन की बट्टी रख दी, पढ़ते हुए जिसे कुतर-कुतर कर वे खाते रहे। बहुत देर बाद उन्हें इसका भान हुआ, साबुन का स्वाद पता चला, वे किताब की अनोखी दुनिया से बाहर पटक दिए गए। प्रारम्भ में माँ उनकी पहली पाठक हुआ करती थी। उसने उन्हें खूब-खूब पढ़ने के लिए प्रेरित किया। लिखना उनके लिए सदैव आनन्द का बायस रहा। वे उपयुक्त टोन और पिच मिलने के बाद ही लिखते थे। क्योंकि उनके अनुसार लिखना अन्ततः 'कहना' ही है।

तमाम उम्र लिखने के साथ उन्होंने कई तरह के पापड़ बेले। सेना में रहे, सैन्य बन्दी हुए, ब्लैक मार्केट में काम किया। पोटाश की खान में खनिक का काम किया, संगीत बैंड में रहे, संगतराश का प्रशिक्षण लिया, मूर्तियाँ बनाई, कला स्कूल में प्रवेश लिया, रेखांकन किया। गद्य-पद्य, एकांकी लिखा, सत्ताकोप भोगा। 'फ़ोर प्लेज' नाम से इंग्लिश में उनके नाटक उपलब्ध हैं। अपनी कई किताबों के कवर उन्होंने खुद ही डिजाइन किए। उनकी कला की प्रदर्शनियाँ हुई। उन्हें कुकुरमुत्ता और शंख-सीप एकत्र करना अच्छा लगता था। यह उनकी उपलब्धि है कि उन्होंने युद्ध के बाद जर्मनी के इतिहास और संस्कृति को अपने लेखन से आकार दिया। उनके प्रसिद्ध उपन्यास 'द टिन ड्रम' का कथानक चौंकाने वाला है। 1959 में प्रकाशित यह उपन्यास नाजी शिविरों में क्रूरता को मात्र कुछ लोगों का पागलपन नहीं मानता है। यह हिटलर की जघन्यता को सामने लाता है। गेटे और थॉमस मान की परम्परा के वाहक ग्रास अपने इस उपन्यास से जर्मन साहित्य में एक आन्दोलन का प्रारम्भ करते हैं।

आत्मकथात्मक शैली में रचे गए इस उपन्यास का नायक ऑस्कर मैट्जेराथ डेंजिग में जन्म लेता है लेकिन तीन साल की उम्र में तीन फुट से अधिक बढ़ने से ज़िदपूर्वक इन्कार कर देता है। तीन साल की उम्र में उसकी माँ ने उसे खेलने के लिए एक ड्रम दिया था जिसे वह कभी अपनी गर्दन से नहीं उतारता है। और जिसे वह

अपनी अभिव्यक्ति के लिए प्रयोग करता है। वह यह ड्रम बजा कर नाजियों की सभा को भंग कर देता है। उसकी चीख इतनी भयंकर है कि शीशों—ऐनक, खिडकियों के शीशों को चटका देती है। यह उसका चुनाव है, उसके चारों ओर झूठ, फरेब, भ्रष्टाचार, क्रूरता का साम्राज्य है, इसी सब के बीच वह अपने ओढ़े हुए बचपन और स्वनिर्मित कैद से अपने निजी विचार व्यक्त करता है। उसकी सारी टिप्पणियाँ मारक, अशिष्ट, अश्लील, परपीड़क और विलक्षण होती हैं। ऑस्कर का ड्रम, उसका बौनापन, चीख, टिप्पणियाँ सब मिलकर एक क्रिटिक रचते हैं, हास्य-व्यंग्य, अवसाद की निर्मिति करते हैं। इस उपन्यास पर ढेर सारे लोगों ने काम किया है, इस उपन्यास का फ्रायड के मनोविज्ञान की दृष्टिकोण से भी अध्ययन-मूल्यांकन किया जाता रहा है। ऑस्कर हमारे युग की विडम्बनाओं का साकार रूप है।

एक समय आता है जब ऑस्कर भाग कर पश्चिमी जर्मनी में शरण लेता है और कालाबाजारी, कलाकार आदि का काम कर खूब धनी बन जाता है तथा अपना कद बढ़ाना चाहता है। पर इस चक्कर में उसका कूबढ़ निकल आता है। यह कूबढ़ उसकी विकृति, समाज की विकृति का प्रतीक है। अपराधबोध से घिरा ऑस्कर हत्या न करके भी हत्या अपने सिर पर ले लेता है। उपन्यास के अन्त में वह मानसिक अस्पताल में है। वहीं से वह सारी कहानी सुना रहा है।

'द टिन ड्रम' उपन्यास की प्रसिद्धि से जाने जाते गुंटर ग्रास का जन्म 16 अक्टूबर, 1927 को डेंजिग में हुआ। उनके पिता जर्मन थे और एक किराना दुकान चलाते थे, उनकी माँ कशुबियन थीं, डेंजिग की एक अल्पसंख्यक समुदाय की सदस्य। माता-पिता की भाषा और संस्कृति पोल लोगों से भिन्न थी। युद्ध ने उनकी भाषा की विशेषताएँ छीन लीं। युद्ध ने उनका बहुत नुकसान किया 1945 में डेंजिग से भागने से पहले रूसी सैनिकों ने उनकी माँ का बलात्कार किया। हालाँकि उन्हें पहले यह ज्ञात न था। यह बात माँ की मृत्यु के बाद उनकी बहन ने उन्हें बताई। गुंटर ग्रास ने दो बार विवाह किया, पहली बार 1954 में एक स्विस डॉन्सर मार्गरेटा स्वेर्स से। इस विवाह से उनके तीन बेटे और एक बेटी है। 1978 में उनका तलाक हो गया फिर 1979 में उन्होंने उटे ग्रुनर्ट से विवाह किया। विवाहेतर अन्य सम्बन्धों से उनकी दो और सन्तान हैं।

उनकी माँ को टॉल्सटॉय तथा दोस्तोयवस्की पसन्द थे, इनकी किताबें वे अपने घर में रखा करती थीं। उन्हें ऑपेरा देखना भी बहुत पसन्द था। शायद इसी का असर था गुंटर ग्रास ने नाटक भी लिखे। जब वे बहुत छोटे थे उनकी माँ उन्हें 'टॉम थम्ब' दिखाने ले गईं। बालक इसे देखकर बहुत खुश हुआ। यह छोटा लड़का टॉम थम्ब कहीं भी जा सकता था, कुछ भी कर सकता था। टॉम थम्ब गुंटर ग्रास के दिमाग में बैठ गया। आगे चलकर यही वेष बदल कर ऑस्कर के रूप में विभिन्न

करतब करता है। जीवन और समाज की विसंगतियों, क्रूरताओं का साक्षी बनता है। यहूदियों पर होते अत्याचार देखता है। नाजियों की बमबारी देखता-भोगता है। पर वह कभी चुप नहीं रहता है। उसकी चीख से चटकने वाले शीशे नाजी द्वारा की गई 9 नवंबर 1938 'टूटे शीशों वाली रात' यहूदियों की तबाही का प्रतीक हैं। वे इस चीख से जर्मनी का अपने इतिहास को नकारने, उसे भूलने का नाटक करने वालों का प्रतिरोध दर्ज कराते हैं। इसके प्रकाशन पर न्यूयॉर्क टाइम्स ने गुंटर ग्रास को 25 सालों में सर्वाधिक आधिकारिक प्रतिभा का खिताब दिया। अमेरिका से प्रकाशित इस उपन्यास का बीस से अधिक भाषाओं में अनुवाद हुआ है।

इसी को आगे बढ़ाते हुए उन्होंने 1961 में 'कैट एंड माउस' तथा 1963 में 'डॉग इयर्स' लिखा। उन्होंने अपनी उपन्यास त्रयी पेरिस में रह कर लिखी। इस त्रयी द्वारा वे साहित्य के वैश्विक परिदृश्य पर छा गए । जब उनको नोबेल पुरस्कार मिला तो उनकी प्रशस्ति में स्वीडिश अकादमी ने कहा था कि अपने उपन्यास 'द टिन ड्रम' में गुंटर ग्रास ने समकालीन इतिहास को नए सिरे से देखने और परखने का साहस दिखाया। नोबेल समिति ने इसे बीसवीं सदी का दीर्घकाल तक रहने वाला साहित्यिक कार्य कहा है। और कहा कि यह जर्मन साहित्य में दशकों तक चले भाषाई और नैतिक पतन के बाद एक नई शुरुआत है।

'कैट एंड माउस' में एक जर्मन सैनिक आइरन क्रॉस जीतता है, परन्तु अपने हास्यास्पद उभरे हुए घेटु (एडम्स एप्पल) के कारण सामाजिक बहिष्कार की भूमिका में आ जाता है। 1963 में प्रकाशित 'डॉग इयर्स' यूलिसेस जैसी महाकाव्यात्मक गाथा है। यह एक यहूदी के विषय में है जो बिजूका बनाता है और इन बिजूकाओं को नाजी यूनिफ़ॉर्म पहनाता है। इस यहूदी का बचपन का दोस्त ही उसे धोखा देता है। उन्होंने स्त्रियों के अधिकारों पर भी लिखा, इतिहास में पुरुषों की अव्यवस्थित भूमिका पर भी लिखा।

अपने नोबेल भाषण में कहते हैं कि वे किताब जलाने वालों के देश से आते हैं। इसका चित्रण उनके 'टिन ड्रम' के एक दृश्य में मिलता है। यहाँ सिनॉगॉग जल कर धराशायी हो गया है, अग्निशामक विभाग के कर्मचारी सब देख रहे हैं, और कोशिश कर रहे हैं कि आग दूसरी इमारतों तक न फैले। भस्म हुए सिनॉगॉग के बाहर वर्दीधारी और सामान्य लोग किताबों, पूजा के सामानों तथा कपड़ों के गट्ठरों का ढेर लगा रहे हैं। ढेर में आग लगा दी गई और किरानावाले ने मौके का फ़ायदा उठाते हुए सार्वजनिक ज्वाला में अपनी अंगुलियाँ और अपनी भावनाएँ गर्म करनी शुरू की।

'टिन ड्रम' पर 1979 में फ़िल्म निर्देशक वोल्कर स्लोंडोफ़ ने इसी नाम से फ़िल्म बनाई जिसमें सेविड बेनेट, मारिया एडोर्फ़, एंजेला विंकलर तथा डैनियल

ऑल्ब्रा ने भूमिकाएँ की हैं। इस फ़िल्म को सर्वोत्तम विदेशी फ़िल्म का अकादमी पुरस्कार मिला। बेचैन करने वाली, दुःस्वप्न जैसी जर्मन भाषा की यह फ़िल्म इंग्लिश सबटाइटिल के साथ उपलब्ध है। हास्य और गहन अवसाद से ओतप्रोत इस फ़िल्म की कहानी सीधे उपन्यास से उठाई गई है मगर बाद का हिस्सा संक्षिप्त कर दिया गया है।

गुंटर ग्रास ने वयस्कों के साथ-साथ बच्चों के लिए भी लिखा, कम-से-कम ऐसा चाहा। 'फ़्रॉम द डायरी ऑफ़ ए स्नेल' में वे बच्चों को सम्बोधित करते हैं। सम्बोधित करने के अलावा बच्चों के विषय में उन्होंने लिखा, मगर उनके बच्चे प्यारे और मासूम न होकर दुष्ट प्रवृत्ति के हैं। ऑस्कर इसका एक नायाब उदाहरण है। 'डॉग इयर्स' के बच्चे सदा गन्दी गाली-गलौज में लगे रहते हैं। 'लोकल एनेस्थेसिया' के युवा से जो भी सहमत नहीं होता है वह उसकी ऐसी-की-तैसी कर डालता है। वे अपनी कृतियों में व्यंग्य के माध्यम से समाज की विसंगतियों-विडम्बनाओं को उजागर करते हैं।

युद्ध के बीच और उसके उपरांत भ्रष्ट समय में मनुष्य के रूप में जीवित रहना कठिन है, हाँ चूहा, तिलचट्टा अथवा अर्धमानव बनकर जीवित रहा जा सकता है। गुंटर ग्रास कहते हैं कि बिग बैंग के पश्चात केवल चूहे, तिलचट्टे, मक्खियाँ और मछलियों के अवशेष तथा मेंढ़क के अंडे बचे हैं और यह समय है जब हमें बेतरतीबी में तरतीबी (खयॉस में ऑर्डर) लानी है। 'क्रैबवॉक' में वे अपने देश और समाज के विषय में कहते हैं कि जर्मन इतिहास बार-बार गन्दा हुआ है, एक भरे और ठसे हुए उपलाते टॉयलेट की तरह। जिसे फ़्लश करने से उसका मल और और बढ़ता-उपलाता जाता है। उनके यहाँ उबासी, भय, सनकीपन की यांत्रिकता, शहर का खो जाना दीखता है। वे बार-बार अतीत से टकराते हैं, लहु-लुहान होते हैं, लहु-लुहान करते हैं। पाठक इन कृतियों से गुजर कर अवसाद, उदासी से घिर जाता है। ये कटु सच्चाई हैं, कल्पना की उड़ान मात्र नहीं हैं। युद्ध और तानाशाही से ऐसा समाज उत्पन्न होता है।

1992 में आए 'द कॉल ऑफ़ द टोड' में वे एक बार फिर स्याह हास्य उकेरते हैं। इसमें वे जर्मनी व पोलैंड के रिश्तों को चित्रित करते हैं। दिखाते हैं कि कैसे पश्चिमी जर्मनी के पूँजीवाद ने अपना दबदबा बनाए रखा। किताब की शुरुआत एक बरियल सर्विस से होती है जिसे एक आदर्शवादी गप्पबाज जर्मन और एक पोलिस कला जीर्णोद्धारक प्रारम्भ करते हैं। वे युद्ध से बेघर हुए जर्मन लोगों को पोलैंड की धरती पर, उनकी अपनी भूमि पर दफ़न होने की व्यवस्था करते हैं। लेकिन उनकी योजना युवा जर्मन व्यापारियों द्वारा हड़प ली जाती है। ये नए उद्योगपति मुनाफे में रुचि रखते हैं। जो जर्मन यहाँ दफ़न होने की आकांक्षा रखते हैं उनके लिए ये लोग

ओल्डहोम, प्रसूतिगृह बनाते है। युवा पीढ़ी के जर्मन जो यहाँ घूमने आना चाहते हैं उनके लिए गोल्ड कोर्स का निर्माण करते हैं। इसी तरह का मिलता-जुलता कथानक वे 1995 में 'टू फॉर एफ़ील्ड' में भी उठाते हैं, जिसमें पूर्व जर्मनी की जनता का भ्रष्ट पूँजीपति शोषण करते हैं।

एक बार और उनका नगाड़ा बजा। 1989 में जब जर्मनी के एकीकरण के लिए बर्लिन की दीवाल गिराई जा रही थी वे इसके ख़िलाफ़ थे उन्हें डर था कि कहीं नाजीवाद फिर से सिर न उठा ले। इस पर उनकी खूब आलोचना हुई। जर्मनी के इसी एकीकरण पर उन्होंने 1995 में 'टू फॉर एफ़ील्ड' नाम से उपन्यास लिखा, एक अन्य किताब में वे वियतनाम युद्ध की बात करते हैं। लैंगिक भेदभाव, पर्यावरण प्रदूषण, आण्विक खतरे आदि को लेकर भी वे चिन्तित थे। उन्होंने इन विषयों पर भी कलम चलाई। जीवन में ग्रास को कई बार विवादों का सामना करना पड़ा। उन्होंने 2012 में 'व्हाट मस्ट बी सेड' नाम से एक कविता लिख दी, कविता के केन्द्र में इज़राइल था। उन्होंने खुले तौर पर कविता में इज़राइल की परमाणु योजना पर लिखा और इसे विश्व शान्ति के लिए खतरा कहा। नतीजन इज़राइल ने गुंटर ग्रास के अपने देश में प्रवेश को प्रतिबन्धित कर दिया। नाजी अतीत को भूलना श्रेयस्कर नहीं है, यही कथानक है उनके 2002 में आए उपन्यास 'क्रैबवॉक' का। आलोचकों के अनुसार यह उपन्यास 'टिन ड्रम' के बाद उनका सर्वाधिक बोल्ड कार्य है। इसमें टाइटेनिक की तर्ज पर 9,000 जर्मन शरणार्थी रूसी पनडुब्बी के द्वारा नष्ट कर दिए जाते हैं, इन नष्ट हुए लोगों में अधिकांश औरतें तथा बच्चे हैं। ये लोग पोलैंड और चेकोस्लोवाकिया में पीढियों से बसे जर्मन लोग थे, जिन्हें उनकी जड़ों से उखाड़ कर देश छोड़ने के लिए मजबूर किया गया था। द्वितीय विश्वयुद्ध के इस पक्ष पर कोई बात नहीं करना चाहता है, लोग इसके विस्मरण का नाटक करते हैं। इससे जर्मनी की छवि खराब होती है। इसे लोग स्वीकारना नहीं चाहते हैं कि जर्मन भी युद्ध विभीषिका का शिकार थे। खुद गुंटर ग्रास के परिवार को शरणार्थी बनना पड़ा था। यह उनका अनुभव और अनुभूति थी जिसे उन्होंने शब्दों में पिरोया है।

रुश्दी ग्रास से बहुत प्रभावित हैं। कहा जाता है कि उनका 'मिडनाइट चिल्ड्रेन' गुंटर ग्रास के लेखन से प्रभावित है। कुछ साल पहले सलमान रुश्दी और गुंटर ग्रास बातचीत के दौरान इस पर सहमत हुए कि दोनों को अपने शहर (बंबई और डेंजिग) से दूर रहने का दर्द है और यही दर्द उन्हें लिखने की प्रेरणा देता है। इन लोगों की यात्राएँ अपने शहरों से प्रारम्भ होती हैं। यही उनके संसार की नाभि, प्रस्थान बिन्दु तथा दुनिया का केन्द्र है। गुंटर ग्रास अपने बचपन के शहर डेंजिग को कभी न भुला सके। युद्ध ने उनसे उनका शहर छीन लिया। ग्रास ने अपने शहर डेंजिग को साहित्य में अमर कर दिया है। यह शहर उनके वृहद उपन्यास त्रयी का सामाजिक-सांस्कृतिक

वातावरण है। आज यह शहर पोलेंड का हिस्सा है।

गुंटर ग्रास को साहित्य से बहुत अपेक्षाएँ थीं। वे इसे विश्वास का वाहक मानते हैं। लेकिन उन्हें राजनीति से बहुत आशा न थी और वे एक्शन की बात करते थे। कहते थे कि एक्शन के लिए और इन्तजार करने का समय अब नहीं रह गया है। उनका मानना था कि अगर वैज्ञानिक और राजनेता चाहे तो सारी दुनिया से भुखमरी-गरीबी दूर की जा सकती है मगर ये लोग इसमें रुचि नहीं रखते हैं, ये लोग क्लोनिंग में रुचि रखते हैं, अजीबोगरीब, बेकार की बातों में रुचि रखते हैं, आदमी के सिर पर सूअर का सिर जोड़ने में रुचि रखते हैं। इसीलिए लेखक को मानवता के नाते इन बातों से सरोकार रखना चाहिए। उन्हें शक था कि इंटरनेट और सोशल मीडिया के इस समय में क्या वास्तव में सम्प्रेषण हो रहा है? वे इस कठिन समय में लेखक के दायित्व की बात करते हैं और उन्हें लगता है कि लेखक को जारी रहना चाहिए। उनके नोबेल भाषण की स्वरलहरी (लीवमोटिव) 'जारी रहना...' है।

उनका उपन्यास 'द फ़्लाउंडर' (1977) मनुष्य के अस्तित्व के आधार भोजन, इसकी कमी, अकथनीय भूख, जिह्वा के स्वाद, अमीरों के टेबल पर बचे भोजन के टुकड़ों से जुड़ा है। वे एक पूरी भूखी कौम से उत्पन्न खतरे की बात करते हैं। भूखों द्वारा की गई क्रान्ति की बात करते हैं। इस आँधी के समक्ष कुछ नहीं टिक पाएगा। गुंटर ग्रास का वक्तव्य हमारे देश के सन्दर्भ में और भी मानीखेज है, जहाँ गरीब निरन्तर और अधिक गरीब होता जा रहा है और मुट्ठी भर अमीर और अमीर होते जा रहे हैं। इस दुनिया की हालत के हम सब जिम्मेदार हैं। 1986 में आया उनका उपन्यास 'द रैट' भी भूख और पर्यावरण समस्या से रू-ब-रू है। इस उपन्यास की इतनी भयंकर आलोचना हुई कि वे जर्मनी छोड़कर एक वर्ष के लिए भारत चले आए। मगर भारत का अहिंसा का सिद्धान्त उनके गले नहीं उतरा और पाँच महीने बाद वे वापस अपने देश चले गए। इस उपन्यास में वे हास्य के साथ भविष्य की बात करते हैं। इसमें वे क्रिसमस उपहार के रूप में अपनी इच्छित वस्तु एक चूहा पाते हैं। मगर यह सामान्य चूहा नहीं है, यह भविष्यवक्ता है। यह चूहा कहानी रचता है, जिसमें अपने स्थान पर मात्र चूहों को जीवित छोड़ती हुई मानवता खुद को न्यूक्लियर हॉलोकास्ट से उड़ा डालती है। वे भविष्य का भयंकर मगर काफ़ी हद तक यथार्थ खाका खींच रहे हैं।

गुंटर ग्रास ने संस्मरण लिखे, कविताएँ लिखीं, लेख लिखे, भाषण लिखे, परन्तु उनकी ख्याति एक उपन्यासकार के रूप में हुई। हालाँकि बाद में आठवें दशक से वे सक्रिय राजनीति की ओर मुड़ गए। काफ़ी समय तक वे सोशल डेमोक्रेटिक पार्टी के सदस्य थे। वे राजनेता विली ब्रैंड के भाषण लिखा करते थे। उनके मन्त्री बनने की पूरी-पूरी सम्भावना थी, मगर वे मन्त्री बनना नहीं चाहते थे। लेकिन इस

राजनैतिक हलचल के दौरान भी उनका लिखना नहीं छूटा। 1969 के चुनावों के दौरान उनकी लिखी डायरी 1972 में 'डायरी ऑफ़ ए स्नेल' के नाम से प्रकाशित हुई। 'स्पीक आउट! स्पीचेज, ओपेन लेटर्स, कमेंटरीज', 'इन दि एग एंड अदर पोयम्स', 'द मीटिंग एट टेल्गेट', 'हेडबर्थ्स, ओर, द जर्मन्स आर डाइंग आउट', 'शो युअर टंग', 'टू स्टेट्स, वन नेशन?' तथा 'द प्लेबेइअन्स रिहर्स दि अपराइजिंग' इंग्लिश में अनुवादित उनकी कुछ अन्य किताबें हैं।

अपनी मूछों और होंठ में दबे पाइप, पाइप से उठते धूँए, भारी पलकों और मोटी भौंहों से पहचाने जाते गुंटर ग्रास ने 1955 में विद्रोही लेखकों के एक संगठन ग्रुप 47 की सदस्यता ग्रहण की थी। यह लेखक समूह युद्धोपरांत क्षतिग्रस्त जर्मनी की अपने लेखन द्वारा साफ़-सफ़ाई करना चाहता था। इसी समय ग्रास की व्यंग्यात्मक और सर्लियस्टिक कविताएँ प्रकाशित हुई। उन्होंने यह साफ़-सफ़ाई का काम ताज़िन्दगी जारी रखा, वाफ़न एसएस में अपनी सदस्यता की आत्म-स्वीकृति भी इसी साफ़-सफ़ाई अभियान का हिस्सा थी।

1999 में उन्हें नोबेल पुरस्कार मिला और इसी साल आया उनका 'माई सेंचुरी', इसमें एक सौ छोटे-छोटे खंड हैं। हर खंड में बीसवीं सदी के प्रत्येक वर्ष विषय में अलग-अलग नरेटर के द्वारा बताया गया है। चूँकि गुंटर ग्रास जर्मनी से हैं अत: हर वर्ष को जर्मन नज़र से देखा-बताया गया है। यही कारण है कि इसकी कई बातों को किसी गैर जर्मन पाठक के लिए समझना-पचाना तनिक कठिन है। वैसे कुछ साल की कई बातें जानी-पहचानी हैं, जैसे 1903 में एक युवा विद्यार्थी थॉमस मान की नवीनतम किताब 'बडनब्रूक्स' की एक प्रति खरीदता है। इसी साल विश्व के सबसे बड़े पानी जहाज 'इम्पेरेटर' को पानी में उतारा गया था। 1904 में खनिक श्रमिकों की हड़ताल चित्रित है। जबकि 1914-18 तक का समय सैनिक, चिन्तित माताओं अथवा विधवाओं के द्वारा नहीं कहलाया गया है। इसे साठ के दशक की एक स्त्री बता रही है। गुंटर ग्रास इसमें अपनी जानी-पहचानी शैली में उपस्थित हैं। द्वितीय विश्वयुद्ध का चित्रण एक कम्युनिस्ट, स्कूल के एक लड़के के द्वारा हुआ है। हाँ, यहाँ भी यहूदियों के विनाश के प्रारम्भ की काँच टूटने की रात उपस्थित है। 9 नवंबर 1938 को 9 नवंबर 1989, बर्लिन दीवार गिराने से जोड़ा गया है। ग्रास इसमें विशिष्ट और सामान्य दोनों जनों की बात करते हैं। किताब केवल जर्मनी की एक सदी को नहीं दिखाती है, यह हम सबकी भी सदी है, हमें भी आईना दिखाती है। वे कह रहे हैं कि हमें न तो अपने अतीत और न ही अपने भविष्य को लेकर जल्दबाजी में रहना चाहिए। जब तक साहित्य उन बातों को दिखाएगा जिनको लोग जल्दबाजी में विस्मृत करना चाहते हैं, तब तक उनका लेखा-जोखा, उनकी शक्ति बनी रहेगी।

उनकी मृत्यु पर जर्मनी की सांस्कृतिक मन्त्री मोनिका ग्रुएटर्स ने कहा कि गुंटर ग्रास सदियों तक स्मरण किए जाएँगे। उनकी साहित्यिक विरासत गोथे के पार्श्व में खड़ी रहेगी। मेरा अपना मानना है कि जब तक इस दुनिया में अत्याचार रहेगा गुंटर ग्रास का नगाड़ा बजता रहेगा, हमें अत्याचार, शोषण, दमन, गुलामी, तानाशाही के खिलाफ़ सचेत करता रहेगा।

गैब्रियल गार्षा मार्केस

त्रासदी और उल्लास का चितेरा

'वन हंड्रेड इयर्स ऑफ़ सोलिट्यूड', 'क्रोनिकल ऑफ़ ए डेथ फोरटोल्ड', 'ऑटम ऑफ़ द पैट्रियार्क', 'लव इन टाइम ऑफ़ कॉलरा' जैसी महागाथा लिखने वाले नोबेल पुरस्कृत गैब्रियल गार्षा मार्केस की अपनी गाथा सतासी साल की उम्र में 17 एप्रिल 2014 को समाप्त हो गई। पर क्या गाथा वास्तव में समाप्त हो गई?

अपने वामपंथी विचारों और उपन्यासों के लिए प्रसिद्ध गैब्रियल गार्षा मार्केस 20वीं सदी की एक प्रमुख आवाज़ थे। स्पेनिश भाषा में उनके उपन्यास बिक्री की दृष्टि से बाइबिल के बाद दूसरे स्थान पर आते हैं। उनकी रचनाओं के विश्व की तीस से ज्यादा भाषाओं में अनुवाद प्राप्त हैं। अपने चाहने वालों के बीच गाबो नाम से पुकारे जाने वाले मार्केस का जन्म 6 मार्च 1927 को अराकटाका में हुआ। अराकटाका कोलम्बिया के करीबियन तट पर स्थित एक छोटा-सा शहर है। उनकी माँ का नाम लुइसा सेंटियागा मार्केस तथा पिता का नाम एलिजिओ गार्षा था। माँ की गिनती अपने इलाके की सुन्दरियों में होती थी और पिता टेलिग्राफ़ ऑफ़िस में काम करते थे। बाद में घूम-घूम कर होमियोपैथी करने लगे। मार्केस ने अपने माता-पिता के प्रेम, विवाह और जीवन की अन्य कई घटनाओं को आधार बनाकर लिखा है 'लव इन द टाइम ऑफ़ कॉलरा'। (विस्तार के लिए कथाक्रम का सिनेमा विशेषांक देखें) मार्केस ने स्वीकार किया है कि उन्होंने जो भी लिखा वह सत्य है जीते-जागते लोगों के जीवन पर आधारित है। जैसे कि उनका उपन्यास 'क्रोनिकल ऑफ़ ए डेथ फोरटोल्ड' उनके बचपन के एक मित्र की हत्या से प्रेरित है।

व्यक्ति सर्वाधिक ज्ञान और संवेदना अपने बचपन में ग्रहण करता है। बचपन की यह दुनिया उसके मन पर अमिट छाप डालती है, अगर वह बच्चा आगे चलकर रचनाकार बना तो उसके सृजन की खान भी यही अनुभव बनते हैं। ग्यारह बच्चों में सबसे बड़े गाबो का बचपन उनके नाना-नानी के घर में बीता। नाना कर्नल निकोलस रिकार्डो मार्केस मेजिआ ने कोलम्बिया के 'हजार दिन के युद्ध' में भाग लिया था और वे बालक को युद्ध के कारनामे और राजनीति की बातें सुनाया करते थे। नानी डोना ट्रान्क्यूलीना इगुआराना बहुत अन्धविश्वासी थीं और बच्चे को तमाम

भूत-प्रेत की और अशरीरी कहानियाँ सुनाया करती थीं। उनकी नानी का यह घर भूत-प्रेत का अड्डा था। उपन्यासकार का मानना है कि उसके लेखन पर नाना-नानी की बातों का बहुत प्रभाव है। नाना-नानी के अलावा वे काफ़्का से प्रभावित थे। मार्केस भी अधिकांश रचनाकारों की भाँति पहले स्वयं को कवि मान कर चल रहे थे। इस बीच उन्होंने फ्रैंक काफ़्का को पढ़ा और उन्हें यह इलहाम हुआ कि आधुनिक कल्पनाशील लेखक के लिए कुछ भी सम्भव है। वह कुछ भी रच सकता है। इस समय वे नेशनल यूनिवर्सिटी ऑफ़ कोलम्बिया में कानून की पढ़ाई कर रहे थे। राजनैतिक उथल-पुथल के कारण उनकी यूनिवर्सिटी बन्द हो गई। बिल्ली के भागों छींका टूटा और 20 साल के युवा मार्केस सब छोड़-छाड़ कर लिखने में जुट गए।

मार्केस लिखते थे मगर लिखने से अधिक पढ़ते थे। वे सोच नहीं सकते थे कि कोई व्यक्ति दस हजार साल के संस्कृति-साहित्य को जाने बिना उपन्यास लिखने की बात मन में ला सकता है। उन्होंने खूब पढ़ा, कई रचनाकारों से प्रभावित हुए मगर किसी की नकल न की, अपनी अनोखी शैली विकसित की और अमर हो गए। कानून की पढ़ाई के दौरान वे जमकर साहित्य का अध्ययन कर रहे थे। यूरोप के रचनाकार चार्ल्स डिकेंस, लियो टॉल्सटॉय, मार्सेल प्रूस्त, काफ़्का, वर्जीनिया वुल्फ़ और अमेरिका के अर्नेस्ट हेमिंग्वे, विलियम फ़ॉक्नर, मार्क ट्वेन, हर्मन मेल्विल जैसे रचनाकारों को पढ़ा और पचाया। विलियम फ़ॉक्नर से प्रभावित हो 23 साल की उम्र में उन्होंने अपना पहला उपन्यास 'लीफ़ स्टॉर्म' लिख लिया मगर सात साल तक कोई प्रकाशक उसे लेने को राजी न था। अन्ततः 1955 में वह प्रकाशित हुआ। आलोचकों ने तत्काल उसका नोटिस लिया। उपन्यास यह उनका पहला था मगर वे लिख और प्रकाशित इसके पहले से हो रहे थे। जब वे छात्र थे तब 'एल एस्पेक्टैडोर' नामक अखबार के साहित्य सम्पादक ने युवाओं को चुनौती देते हुए लिखा कि कोलम्बिया की युवा पीढ़ी के पास अच्छे साहित्य को देने के लिए कुछ नहीं है। यह 1947 की बात है, मार्केस ने चुनौती के एवज में कुछ कहानियाँ लिखकर अखबार को भेज दी जो 'आईज ऑफ़ ए ब्लू डॉग' शीर्षक से प्रकाशित हुईं।

मार्केस पचास के दशक से न्यूजपेपर रिपोर्टर का काम कर रहे थे। पत्रकारिता से वे शिद्दत से जुड़े थे और खुद को सदैव एक पत्रकार मानते थे। उन्होंने स्वीकार किया है कि पत्रकारिता ने उन्हें रोजमर्रा की घटनाओं-सच्चाइयों पर साहित्य रचने में मदद की है। दिन में वे रिपोर्टर का काम करते और रात को साहित्य रचते। वे 'एल एस्पैक्टैडोर' के लिए काम करने लगे। पत्रकारिता करते हुए उन्होंने कोलम्बिया की नौसेना के एक जहाज के डूबने पर काम किया जिससे पत्रकार के रूप में उन्हें खूब प्रसिद्धि मिली। प्रसिद्धि के साथ-साथ उन्हें सत्ताधारियों का कोपभाजन भी बनना पड़ा। कई स्थानों पर भटकना पड़ा। यह लड़ाई करीब एक दशक तक चली और

अखबार बन्द कर दिया गया। इस जहाज का एक नाविक तूफ़ान में बह गया था काफ़ी दिनों के बाद जब वह गाँव पहुँचा तो उसके परिवारजन चर्च में उसकी आत्मा के लिए प्रार्थना कर रहे थे। असल में मार्केस ने 'द स्टोरी ऑफ़ ए शिपरेक्ड सेलर' में खोज निकाला था कि कोई तूफ़ान नहीं आया था। जहाज गैरकानूनी सामान ले जा रहा था और उस पर जरूरत से अधिक सामान लदा हुआ था। अधिकारियों का संस्करण कुछ और था। मार्केस का संस्करण अधिकारियों को घेर रहा था, जिसे वे कैसे पसन्द करते। बात काफ़ी बढ़ गई और जब मार्केस यूरोप में थे तानाशाह गुस्टावो रोजस पिनिला की सरकार ने अखबार बन्द कर दिया। न रहेगा बाँस न बजेगी बाँसुरी।

उनकी उपन्यासिका 'इन इविल ऑवर' को बोगोटा की एक प्रतियोगिता में प्रथम पुरस्कार मिला। 1958 में उन्होंने उपन्यास 'नो वन राइट्स टू द कर्नल' लिखा जिसमें कोलम्बिया के जीवन को उकेरा गया है। इस उपन्यास में एक रिटायर्ड आर्मी ऑफ़ीसर युद्ध सेनानी की पेंशन पाने की जद्दोजहद में लगा है जिसमें सफलता की जरा भी गुंजाइश नहीं है। भारत में भी न जाने कितने लोग अपनी पेंशन पाने के लिए बुढ़ापे में दिन-रात सरकारी कार्यालयों के चक्कर काटते रहते हैं। यह उपन्यास अनुपम खेर की पहली फ़िल्म 'सारांश' की याद दिलाता है। इस उपन्यास में मुख्य किरदार अपने प्रेम से मिलने के लिए अटका हुआ है। यह सेनानी थोड़ा सनकी है, भूखा मरने को तैयार है मगर अपना मुर्गा नहीं बेचेगा। कुछ आलोचकों के अनुसार यह उपन्यास हेमिंग्वे के 'द ओल्ड मैन एंड द सी' से प्रभावित है। मार्केस लिख रहे थे, प्रकाशित हो रहे थे परन्तु प्रसिद्धि अभी दूर थी। टूट कर प्रसिद्धि आई 1967 में जब उनका सर्वाधिक प्रसिद्ध उपन्यास 'वन हंड्रेड ईयर्स ऑफ़ सोलीट्यूड' प्रकाशित हुआ।

खुद को सबसे काट कर एक कमरे में बन्द करके उन्होंने अपने इस चौथे उपन्यास को 18 महीनों में लिखा। कैसे इसे लिखने का विचार आया और इस दौरान कैसे घर की हर चीज बिक गई या गिरवी रख दी गई, कर्ज चढ़ गया और कैसे न केवल कर्ज चुकाया गया वरन् पूरा जीवन बदल गया, उपन्यास की लाखों प्रतियाँ कुछ सप्ताह में बिक गई, यह सब आज इतिहास की बात है। इस पर काफ़ी कुछ लिखा जा चुका है। इस किताब की पचास लाख से अधिक प्रतियाँ बिक चुकी हैं और तीस भाषाओं में इसका अनुवाद उपलब्ध है। मजे की बात यह है कि यह उपन्यास पहले उनके अपने देश में न प्रकाशित होकर अर्जेंटीना में प्रकाशित हुआ। यह महागाथा एक परिवार की छः पीढ़ियों की कहानी 'मैजिकल रियलिज्म' की शैली में चित्रित करती है। इसका कथानक एक ओर एक परिवार (मार्केस के परिवार) की गाथा कहता है तो दूसरी ओर यह पूरे महादेश की कथा है। स्पैनिश

रॉयल अकादमी ने इसकी चालीसवीं वर्षगाँठ बड़ी धूमधाम से विशेष संस्करण निकाल कर मनाई। उन्होंने ऐसा केवल सर्वांतिस के डॉन क्विक्सोट (किहोटे) के लिए ही किया है। न मालूम कितने रचनाकारों के लिए मार्केस के इस उपन्यास ने प्रेरणा का काम किया है।

जब वे यह उपन्यास लिख रहे थे उस सारे समय उनकी पत्नी मर्सडीज घर की देखभाल कर रहीं थीं। मर्सडीज बार्चा पार्डो एक दशक से अधिक उनकी प्रेमिका थीं, दोनों ने 1958 में विवाह किया। इन दोनों के दो बेटे हैं, बड़ा बेटा रोड्रिगो फ़िल्म निर्देशक है जबकि छोटा गोंडालो ग्राफ़िक डिजाइनर है। दोनों इंग्लिश माध्यम से पढ़े हैं। मार्केस परिवार के प्रति समर्पित व्यक्ति थे। एक पिता के रूप में मार्केस ने अपने बेटों पर खूब प्यार लुटाया। बचपन में उन्हें स्कूल ले जाने और ले आने का काम करते और बीच के वक्त में अपना लेखन। कई कहानियों जैसे 'द घोस्ट ऑफ़ अगस्त', 'ट्रमोंटाना' में लेखक अपनी पत्नी और दोनों बेटों के साथ नज़र आता है। शादी के बाद वे वेनेज़ुला चले गए। कई स्थानों पर रहते हुए, कई तरह के काम करते हुए अन्त में वे मेक्सिको पहुँचे और 1961 से वहीं उन्होंने अपना स्थाई डेरा डाल दिया। इसी घर में उन्होंने अन्तिम साँस ली। वैसे जब किताबों से खूब धन वर्षा होने लगी तो मार्केस ने बार्सिलोना, पेरिस और कार्टाजेना में भी घर लिए।

मुफ़लिसी के दिनों में उन्होंने स्त्रियों की पत्रिका के लिए भी काम किया और बिना अपना नाम दिए उसके लिए लिखते रहे। कुछ दिन तक वे वेश्यालय में भी रहे क्योंकि उनके पास किराया देने की रकम न होती थी। इस वेश्यालय का नाम बड़ा विडम्बनापूर्ण था। यहाँ रहने की कम-से-काम सुविधाएँ थीं लेकिन इसका नाम स्काईस्क्रेपर था। यह मार्केस के लिए मुफ़ीद था क्योंकि दिन भर सन्नाटा रहता और रातें खूब गुलजार होतीं। लिखने के लिए इससे अधिक मुफ़ीद कौन-सा स्थान हो सकता है। रचनाओं के लिए यहाँ खूब कच्चा माल मिलता है। जिन दिनों वे यहाँ रह रहे थे वे रात एक बजे तक ऑफ़िस में रह कर पत्रकारिता करते और उसके बाद रात तीन बजे तक कविता-कहानी लिखते। फिर जा कर बीयर पीते और करीब चार बजे सुबह जब वे अपने कमरे पर लौटते उस समय मास के लिए चर्च जाती स्त्रियाँ उन्हें देखकर सड़क की दूसरी ओर चली जाती। उन्हें भय होता कि पता नहीं यह नशे में धुत्त आदमी उनके साथ क्या करे। उनके साथ छेडखानी करे या उनका बलात्कार करे। इस समय वे अपना भविष्य साहित्य में देख रहे थे। आगे चलकर उन्होंने फ़िल्म-टेलीविजन की स्क्रिप्ट लिखी और विज्ञापन संस्थान के लिए भी काम किया। टेलीविजन के लिए उन्होंने एक शोप ऑपेरा 'आई रेंट माईसेल्फ़ आउट टू ड्रीम' की स्क्रिप्ट लिखी। यह वेनेज़ुला में एक इंग्लिश गवर्नेंस के जीवन पर

आधारित कहानी है।

पत्रकारिता के जुनून के साथ-साथ मार्केस को फ़िल्म का भी चस्का था। उन्होंने बाकायदा फ़िल्म स्टडी की थी। अस्सी के प्रारम्भ में उन्होंने क्यूबा की राजधानी हवाना में एक इंटरनेशनल फ़िल्म स्कूल की स्थापना की। फ़िल्म समीक्षा, स्क्रिप्ट लेखन का काम जमकर किया। उनकी कुछ कहानियों और उपन्यासों पर फ़िल्म बनीं। इनमें 'आई ओनली केम टू यूज द फ़ोन', 'लव इन द टाइम ऑफ़ कॉलरा' और 'क्रोनिकल ऑफ़ ए डेथ फोरटोल्ड' प्रमुख हैं। मार्केस फ़िल्म की सीमा और साहित्य की असीमित शक्ति से परिचित थे इसीलिए उन्होंने अकूत राशि का प्रस्ताव मिलने पर भी अपने सर्वाधिक प्रसिद्ध उपन्यास 'वन हंड्रेड ईयर्स ऑफ़ सोलिट्यूड' का फ़िल्म राइट किसी को नहीं दिया। पत्रकारिता का जुनून ऐसा था कि न केवल अखबार शुरू किया वरन् अपने महादेश की पत्रकारिता का चेहरा बदल डाला। 1994 में उन्होंने नवपत्रकारिता की नींव डाली और अपने देश की खोजी पत्रकारिता का स्तर ऊँचा किया। पत्रकारिता प्रशिक्षण और प्रतियोगिता प्रारम्भ की। पत्रकारिता के फलस्वरूप 'न्यूज ऑफ़ अ किडनैपिंग' लिखा गया जिसमें ड्रग डॉन पाब्लो एस्कोबार द्वारा प्रमुख लोगों को बन्धक बनाए जाने का चित्रण है। नोबेल पुरस्कार से प्राप्त राशि का एक बड़ा भाग मार्केस ने कोलम्बिया की न्यूजमैगज़ीन 'काम्बिओ' के शेयर में लगा दिया। 1999 तक यह काम जारी रहा। वे बड़े गर्व से कहा करते थे कि वे एक पत्रकार हैं, उनकी किताबें इस अनुभव के बिना नहीं लिखीं जा सकती थीं। उन्होंने कई नई पत्रिकाओं के शुरू होने में महत्त्वपूर्ण भूमिका निभाई। इस समय उन्हें लिम्फ़ैटिक कैंसर हो गया और इलाज के लिए उन्होंने खुद को सबसे अलग कर लिया। कीमियोथेरेपी के फलस्वरूप उनकी रोग प्रतिरोधक क्षमता बहुत घट गई थी।

अपने लेखन की प्रसिद्धि के चलते मार्केस की दुनिया के कई बड़े लेखकों और राज्याध्यक्षों से मित्रता थी। जिनमें क्यूबा के फिडेल कैस्ट्रो और लैटिन अमेरिकी लेखक लोसा प्रमुख थे। वैसे फ्रांस के राष्ट्रपति मित्रांद और अमेरिका के राष्ट्रपति बिल क्लिंटन से भी उनकी दोस्ती थी। बराक ओबामा मार्केस के लेखन के फैन हैं। कैस्ट्रो से उनकी दोस्ती काफ़ी विवाद का विषय भी बनीं। मार्केस के अनुसार उनकी दोस्ती साहित्यिक थी। दोनों घंटों साथ-साथ रहते, साहित्यिक चर्चा करते, मछली मारते। वे अपनी पांडुलिपि पहले फिडेल कैस्ट्रो को दिखाते थे। मार्केस ने कैस्ट्रो पर अपने प्रभाव से क्यूबा के साहित्यकारों को जेल से रिहा कराने में अहम भूमिका निभाई थी। इसी तरह मारिओ वर्गास लोसा से उनकी बहुत गहरी छनती थी। लोसा ने मार्केस के काम पर अपनी डॉक्टरेट थीसिस लिखी है। बाद में उसे विस्तार और परिवर्तित करके किताब के रूप में प्रकाशित किया। दोनों में कई

समानताएँ हैं। दोनों पत्रकार-उपन्यासकार हैं, दोनों ने स्क्रिप्ट लिखी। दोनों वामपंथी विचारधारा के पोषक हैं। दोनों खूबसूरत हैं। दोनों विश्व प्रसिद्ध साहित्यकार हैं। दोनों 'एल बूम' आन्दोलन के सदस्य थे। मार्केस लोसा के दूसरे बेटे के गॉडफादर थे। लोग चाहते थे कि मार्केस प्रेसिडेंटशिप के लिए खड़े हों परन्तु उन्होंने इसे स्वीकार नहीं किया जबकि लोसा अपने देश में इस पद के लिए प्रत्याशी बने यह दीगर है कि हार गए। एक दिन किसी बात को लेकर लोसा ने मार्केस को सरे बाजार घूँसा जड़ दिया और यह दोस्ती करीब तीन दशक के लिए समाप्त हो गई। इस मनोरंजक-त्रासद दृश्य के कई अनुमान लगाए गए। किसी ने कहा झगड़े का कारण कैस्ट्रो थे, कुछ लोगों ने अनुमान लगाया कि मार्केस ने लोसा की पत्नी पैट्रिशिया (जो उनकी कजिन भी थीं) के साथ कुछ अशिष्ट व्यवहार किया था उसी कारण लोसा ने उन्हें घूँसा मारा। दोनों चूँकि खूब प्रसिद्ध थे अतः अखबार और पत्रिकाओं को मनचाहे नतीजे निकालने का अवसर मिल गया। लेकिन दोनों ने अपनी ओर से कोई सार्वजनिक बयान नहीं दिया। करीब तीस साल के बाद फिर से उनकी बोलचाल प्रारम्भ हुई। बाद में लोसा को 2010 का नोबेल पुरस्कार मिला। मार्केस की मृत्यु पर लोसा ने कहा कि एक महान लेखक चला गया।

मार्केस बहुत जिंदादिल इंसान थे तभी तो 'माई मेलन्कली होरस' (2004) जैसी किताब लिखी जिसने उन्हें भरपूर पाठक के साथ-साथ भरपूर आलोचना दी। इसमें उन्होंने एक नब्बे साल के मरणासन्न व्यक्ति का एक बच्ची से प्रेम दिखाया है। इस किताब को ईरान में प्रतिबन्धित कर दिया गया था। यह उनके जीवित रहते उनकी अन्तिम प्रकाशित रचना है। अभी काफ़ी कुछ अवश्य अप्रकाशित होगा। वे त्रासद प्रेम, लोगों की संवेदनहीनता सृजन-चित्रण के चैम्पियन हैं। उनकी उपन्यासिका 'ऑफ़ लव एंड अदर डीमन्स' एक पादरी का एक युवती के साथ त्रासद प्रेम दिखाती है। इसमें पूरा गाँव ही पागलपन में डूब जाता है। यह उपन्यासिका उनके पत्रकारिता के अनुभव से उपजी थी। उनके अनुसार पत्रकारिता ने उन्हें कहानी लिखने में सहायता दी। 'क्रोनिकल ऑफ़ ए डेथ फोरटोल्ड' भी उनकी कुशल पत्रकारिता का नमूना है। वे अपनी रचनाओं में जीवन की व्यर्थता, एकाकीपन, सत्ता-शक्ति , समाज का पागलपन, लोगों की संवेदनहीनता, मित्रता, प्रेम, मृत्यु, आश्चर्य, चमत्कार आदि को डूब कर चित्रित करते हैं। वे स्वयं को सदैव स्पैनिक, अश्वेत और फलती-फ़ूलती आदिवासी परम्परा का मिश्रण मानते रहे।

मार्केस राजनैतिक रूप से बहुत सजग व्यक्ति थे। उन्हें लगता था कि एक साहित्यकार को राजनीति पर अवश्य बोलना चाहिए। उन्हें अपने देश से बहुत प्रेम था भले ही उन्होंने अपना अधिकांश जीवन देश के बाहर बिताया। उनका देशप्रेम और अपने देश कोलम्बिया तथा महादेश लैटिन अमेरिका को लेकर उनकी चिन्ता उनके

नोबेल भाषण (1982) में बहुत मुखर रूप से व्यक्त हुई है। (विस्तार के लिए लेखिका की संवाद प्रकाशन से आई पुस्तक 'अपनी धरती, अपना आकाश : नोबेल के मंच से' देखें।) उनके इस भाषण में अपने देश को लेकर उनके स्वप्न परिलक्षित होते हैं। उन्होंने यूरोप के लोगों से अनुरोध किया कि वे उनके देश की स्थिति को समझें। अपने देश की त्रासद राजनैतिक स्थिति को लेकर वे बहुत चिन्तित रहा करते थे। यह चिन्ता उनकी रचनाओं में भी आती है। वे अपने इस भाषण में लैटिन अमेरिका के युद्धों, सैनिक तख्तापलट, तानाशाही और हिँसा पर विस्तार से बोलते हैं। वे इतिहास में हाशिए पर रहने वाले मूक लोगों को वाणी प्रदान करते हैं। जो जीवित नहीं है, जो पैदा नहीं हुए हैं उन सबको मार्केस स्वर देते हैं, वे पूरे लैटिन अमेरिका का स्वर हैं। साथ-ही-साथ अपने नोबेल भाषण में वे अपने देश की विशेषताओं जैसे कहानी अन्वेषण, युटोपिया, लोगों की जिजीविषा की बात करते हैं। उन्होंने नोबेल के मंच से अपने भाषण द्वारा दुनिया को बहुत महत्त्वपूर्ण सन्देश दिया।

अपनी एक शुरुआती किताब 'इन एविल ऑवर' (1962) में वे पचास के दशक के दंगों को चित्रित करते हैं, इन दंगों में करीब 100,000 लोग मारे गए थे। वे इस तरह की संवेदनाहीन-तर्कहीन मृत्यु को अपनी रचनाओं में कई बार स्थान देते हैं। गैब्रियल गार्षा मार्केस वाम विचारधारा के पोषक थे परन्तु साहित्य किसी विचारधारा में बाँध कर नहीं लिखते थे। मार्केस की रचनाएँ कला का नमूना हैं राजनैतिक फ़तवे नहीं। खासकर हिन्दी साहित्य में जिस तरह से प्रगतिवाद की नुमाइश होती है ऐसा कुछ उनके यहाँ देखने को नहीं मिलता है। वे अमेरिका को पूँजीवादी-साम्राज्यवादी देश मानते थे और लैटिन अमेरिका पर उसके प्रभुत्व की कटु आलोचना करते थे। अमेरिका में उनका लेखन बड़े चाव से पढ़ा जाता है मगर उनके राजनैतिक विचारों के चलते उन्हें अमेरिका प्रवेश के लिए कई दशक तक वीजा नहीं मिला। वे अपनी किताब के प्रमोशन के लिए अमेरिका जाना चाहते थे मगर यह न हो सका। बाद में अमेरिकी सरकार ने यह प्रतिबन्ध हटा लिया।

मार्केस की मैजिकल रियलिज्म की शैली अनोखी है हालाँकि वे खुद को इस शैली का जनक नहीं मानते हैं, वे इसके जनक हैं भी नहीं। 1963 के आसपास इस शैली का प्रारम्भ हुआ। इस शैली का जन्मदाता मिग्युल एंजल अस्टूरियस को माना जाता है। भारत में मार्केस के पहले मलयालम के प्रसिद्ध लेखक ओ वी विजयन ने इस शैली का प्रयोग अपने प्रसिद्ध उपन्यास 'खसाक्कैनटे इतिहासम' (लेजेंड ऑफ़ खसाक) में 1959 में किया। (विस्तार के लिए कृपया समकालीन भारतीय साहित्य का जुलाई-अगस्त 2006 का अंक 126 देखें) फिर भी इस शैली को प्रसिद्धि दिलाने का श्रेय मार्केस को जाता है। उनके अनुसार उनका मैजिकल रियलिज्म लैटिन अमेरिका के नृशंस तानाशाहों के इतिहास और रोमांटिक क्रान्तिकारियों, वर्षों

की भूख, बीमारी और अत्याचार-हिंसा से उत्पन्न होता है। उनके अनुसार यथार्थ सामान्य आदमी का मिथक भी होता है। उन्हें इस बात का एहसास हुआ कि पुलिस द्वारा लोगों की हत्या ही यथार्थ नहीं है बल्कि आम आदमी के जीवन से जुड़ी हर बात यथार्थ है। वे अविश्वसनीय बातों को बहुत विश्वसनीय तरीके से प्रस्तुत करते हैं। उनका गद्य एक ऐसी दुनिया को प्रस्तुत करता है जो लैटिन अमेरिका के कार्नीवॉल की तरह है। उनकी अधिकांश कहानियाँ मकोंडो नामक काल्पनिक स्थान में घटित होती हैं जो असल में उनके बचपन का अराकटाका ही है। 'द जनरल इन हिज लेबीरिंथ' (1989) में उनकी यह शैली एक बार फिर परवान चढ़ती है। यह उपन्यास क्रान्तिकारी सीमन बोलिवर के अन्तिम दिनों को दर्शाता है।

जब वे उम्र के तीसरे दशक में मैक्सिको गए उनके सृजन का वीराना-काल चल रहा था, वे बहुत परेशान रहते उन्हें लगता उनके सृजन का स्रोत सूख गया है। इस समय भी उन्होंने पढ़ना जारी रखा। उन्होंने मैजिकल रियलिज्म के जनक लेखकों जैसे मैक्सिको के जुआन रुल्फ़ो, क्यूबा के एल्जो कारपेंटियर और गौटेमाला के मिग्युल एंजल अस्टूरियस (इन्हें बाद में नोबेल पुरस्कार मिला) को पढ़ा। इस काल में लैटिन अमेरिका में 'एल बूम' नाम से एक साहित्यिक आन्दोलन चल रहा था, इसके तहत बहुत सोफ़िस्टीकेटेड उपन्यास प्रकाशित हो रहे थे। इन रचनाकारों को मार्केस ने पढ़ा, इतना ही नहीं इन लोगों ने भी उन्हें अपने समूह में शामिल कर लिया जबकि उन दिनों मार्केस कुछ खास साहित्य नहीं लिख रहे थे। उनका इस समूह से परिचय कराने का श्रेय मैक्सिको के रचनाकार कार्लोस फ़ुएंटेस को जाता है।

इरादों के पक्के मार्केस ने एक बार एक प्रण किया। 1973 में चिली प्रजातांत्रिक सरकार का तख्ता पलट कर जनरल पिनोशे ने देश की कमान थामी और चुने हुए राष्ट्रपति साल्वाडोर एलेंडे ने आत्महत्या कर ली तो उपन्यासकार ने भीष्म प्रतिज्ञा की कि जब तक पिनोशे का शासन रहेगा तब तक वे कलम को हाथ नहीं लगाएँगे। लेकिन मार्केस भीष्म की तरह जिद्दी नहीं थे। वे एक रचनाकार थे जो बिना लिखे नहीं रह सकता है, जो साथ ही न लिखने के नतीजे से भी परिचित थे। तानाशाह का शासन सत्रह साल चला। पिनोशे के तख्त पर बैठने के बहुत जल्द ही मार्केस को इस बात का एहसास हुआ कि यदि वे लिखना छोड़े रहते हैं तो इसका मतलब है कि वे पिनोशे को उनके लिखना रोके रहने की छूट दे रहे हैं, अर्थात वे खुद ही इस तानाशाह के प्रतिबन्ध, उसकी सेंसरशिप को स्वीकार कर रहे हैं, उसके सामने समर्पण कर रहे हैं। भला मार्केस जैसा स्वतन्त्रचेता व्यक्ति और रचनाकार यह कैसे होने देता। नतीजन दो साल के भीतर 1975 में उनका अगला उपन्यास 'द ऑटम ऑफ़ द पैट्रियाक' प्रकाशित हुआ। रचना भी ऐसी जिसे वे अपना सर्वोत्तम उपन्यास मानते हैं।

गैब्रियल गार्षा मार्केस और उनके काम पर बहुत लोगों ने लिखा, कई लोगों ने उनकी जीवनी लिखी। वे खुद अपनी जीवनी तीन भागों में प्रकाशित करवाने का इरादा रखते थे, मगर 2002 में केवल एक भाग 'लिविंग टू टेल द टेल' ही प्रकाशित हो सका। इसके बाद उनकी तबियत बहुत खराब हो गई, स्मृति-ह्रास होने लगा और फिर वे चल बसे। इस आत्मकथा में वे बचपन से लेकर मर्सडीज से अपने विवाह तक की कहानी लिखते हैं। वे जीवन बड़ी जिंदादिली के साथ जीते थे उनके चरित्र भी जिंदादिल होते हैं। उनमें गजब की जिजीविषा मिलती है। उन्हें पुरस्कार देते समय नोबेल समिति ने कहा था कि उनका प्रत्येक नया कार्य आलोचकों और पाठकों के द्वारा ऐसे स्वीकार किया जाता है मानो यह विश्व की महत्त्वपूर्ण घटना हो। अगर वे अपनी आत्मकथा के अन्य भाग प्रकाशित कर पाते तो इसमें शक नहीं कि वे भी साहित्य जगत की महत्त्वपूर्ण घटनाएँ होतीं। पाठक और आलोचक दोनों उनका स्वागत करते।

मार्केस के प्रभाव और प्रसिद्धि को देखते हुए लोग चाहने लगे कि वे कोलम्बिया के राष्ट्रपति पद के लिए खड़े हों मगर इस रचनाकार ने राष्ट्रपति पद को इनकार कर दिया। हाँ, उन्होंने सरकार तथा विद्रोहियों के बीच शान्ति वार्ता के लिए बिचौलिए का काम किया। एक सूचना के अनुसार मार्केस के अस्सीवें जन्मदिन के समारोह में कई देश के राज्याध्यक्ष सम्मिलित थे। इस समारोह में कोलम्बिया के पूर्व और तत्कालीन पाँच प्रेसीडेंट तथा स्पेन के महाराजा और महारानी उपस्थित थे। इसके पूर्व वे खुद सारा दिन अकेले फिडेल कैस्ट्रो के साथ थे। उनकी मृत्यु पर उनके देश के राष्ट्रपति के अलावा अमेरिका के वर्तमान और पूर्व राष्ट्रपति ने ट्वीट करके अपने शोक सन्देश प्रसारित किए। मार्केस बराक ओबामा और बिल क्लिंटन दोनों के चहेते लेखक रहे हैं। मार्केस अमेरिकी नीतियों के घोर आलोचक थे लेकिन बिल क्लिंटन पर जब केस चल रहा था तब मार्केस ने उनके पक्ष में लिखा था। अपने शोक सन्देश में लैटिन अमेरिका की प्रसिद्ध पॉप गायिका शक़ीरा ने कहा कि प्यारे गाबो, तुम हमारे दिल में रहोगे, सदैव एक अनोखे और एकमात्र उपहार के रूप में हम सबको याद रहोगे। ओबामा ने लिखा, 'दुनिया ने अपना एक महानतम स्वप्नदर्शी लेखक खो दिया है।' कोलम्बिया के राष्ट्रपति के अनुसार वे इस दुखद समय में उनकी पत्नी और परिवार के साथ हैं और लिखा कि ऐसे महान लोग कभी नहीं मरते हैं। पाब्लो नेरुदा बहुत पहले मार्केस को डॉन क्विक्सोट (किहोटे) के बाद स्पेनिश भाषा का सबसे बड़ा लेखक होने का खिताब दे चुके थे। गैब्रियल गार्षा मार्केस और उनकी रचनाओं की गाथा कभी समाप्त नहीं होगी। वे और उनके कार्य सदैव पाठकों, रचनाकारों और समीक्षकों के बीच जीवित रहेंगे।

नादीन गोर्डीमर

साहस का पर्याय

किसी समुदाय के सारे लोग न तो अच्छे होते हैं न ही सारे लोग बुरे होते हैं। अत्याचारी समुदाय के बीच अजूबा की तरह एकाध अच्छे और संवेदनशील लोग मिल जाते हैं। रंगभेद की भेदभाव नीति वाले देश दक्षिण अफ़्रीका में कुछ श्वेत ऐसे भी थे/हैं जो अश्वेतों से दुर्भाव नहीं रखते थे/हैं। वे उनके साथ बुरा व्यवहार करने की बात तो दूर रही बल्कि सदा उनके पक्ष में लड़ने को तैयार रहते थे/हैं। अपने श्वेत समुदाय के ख़िलाफ़ जा कर अश्वेतों की वकालत करना बड़े साहस की बात है। सत्ता के विरुद्ध जनता का पक्ष लेना हिम्मत वाले के लिए ही सम्भव है। सच को सच और झूठ को झूठ देखना एक बात है और लिखकर उसकी घोषणा करना एक भिन्न बात है। ऐसे व्यक्ति विरले होते हैं। इस काम के लिए बहुत दिल और दिलेरी दोनों चाहिए। ऐसे व्यक्ति ही लेखन का दायित्व निभा सकते हैं। दक्षिण अफ़्रीका में ऐसी ही एक लेखक हुई हैं।

दक्षिण अफ़्रीका की एक बेधड़क लेखिका नादीन गोर्डीमर का इसी 13 जुलाई 2014 को इन्तकाल हो गया। नब्बे वर्ष की नादीन स्वयं श्वेत समुदाय से ताल्लुक रखती थीं। उनके यहूदी पिता गरीबी की मार से बेहाल होकर लिथुआनिया से उखड़ कर दक्षिण अफ़्रीका में आ बसे थे। बीसवीं सदी की शुरुआत में जब वे दक्षिण अफ़्रीका आए तो उन्हें एक ही काम आता था। काम था घड़ी की मरम्मत करना। वे अपना औजार बक्सा उठाए खदान-खदान घूमते और लोगों की घड़ियों की मरम्मत किया करते। दूसरों का वक्त सुधारने वाले इसीडोर गोर्डीमर का वक्त पलटा और जब 20 नवम्बर, 1923 को नादीन का जन्म हुआ तब तक वे स्प्रिंग्स नामक खदान-शहर में जौहरी की अपनी दुकान खोल चुके थे। अत: बच्ची नादीन को गरीबी का अनुभव न हुआ। आज स्प्रिंग्स शहर गौटेन नाम से जाना जाता है।

नादीन के पिता यदि लिथुआनिया से आए थे तो उनकी माँ नान मायर्स गोर्डीमर का परिवार ब्रिटेन से आया था। नाना गोर्डीमर अन्त-अन्त तक अपने देश ब्रिटेन को न भूल सके। ऐसा होता है देश प्रेम। ऐसा ही देश प्रेम नादीन को अपने जन्म स्थान दक्षिण अफ़्रीका से था। उनके कई साथियों-लेखकों ने देश की भेदभाव

की नीति से तंग आ कर दक्षिण अफ़्रीका छोड़ दिया, दूसरे देशों में जा बसे, दूसरे देशों की नागरिकता स्वीकार कर ली। नादीन के जीवन में भी कई बार ऐसे अवसर आए जब उनके लिए देश छोड़ना एक विकल्प था। हितू-मीतों ने सलाह दी कि वे कहीं और जा बसें। शिक्षा के लिए और सत्ता के प्रतिबन्ध के कारण कई बार देश छोड़ने की स्थिति बनीं परन्तु हर बार नादीन ने एक कठिन निर्णय लिया और अपने देश में ही बनीं रहीं। वे उस देश को नहीं छोड़ना चाहती थीं जिसने उनके पिता को शरण दी थी और जहाँ उनका अपना जन्म हुआ था। वे देश में रह कर उसकी खामियों को लिखकर उजागर करती रहीं, उसे सुधारने का स्वप्न पालती रहीं। उनका स्वप्न काफ़ी हद तक साकार भी हुआ। दक्षिण अफ़्रीका की रंग भेद नीति के प्रतिरोध आन्दोलन में नादीन निरन्तर जुड़ी रहीं। इसमें उनका सहयोग मात्र लेखन द्वारा ही नहीं था। काफ़ी बाद में उन्होंने खुद साक्षात्कार में कहा कि वे आन्दोलनकारियों की सहायता करती थीं, वक्त-जरूरत उन्हें छिपा कर रखती थीं और उनके देश से बाहर जाने में भी उनका साथ देतीं थीं।

अब जो व्यक्ति सरकार की आलोचना करेगा, आन्दोलनकारियों की सहायता करेगा, शोषितों से सहानुभूति रखेगा वह सत्ता की आँख की किरकिरी होगा ही। सो नादीन गोर्डीमर भी अपने देश के सत्ताधारियों की आँख में गड़ती थीं। नतीजन उनकी गिरफ़्तारी की आशंका बराबर बनी रहती। उन्हें गिरफ़्तार तो नहीं किया गया लेकिन उनकी किताबो को अवश्य प्रतिबन्धित किया गया। उनकी किताब 'ए वर्ल्ड ऑफ़ स्ट्रेंजर्स' उनके अपने देश में बारह साल तक प्रतिबन्धित थी। यह तब की बात है जब दक्षिण अफ़्रीका में नस्लीय भेदभाव वाली सरकार थी। उनकी दूसरी किताब 'द लेट बुर्जुआ वर्ल्ड' को विदेशी सरकार ने 1976 में बारह साल तक जब्त रखा। जब दक्षिण अफ़्रीका की अपनी सरकार सत्ता में आई तो उसने भी उसे प्रतिबन्धित कर दिया। इसमें उन्होंने श्वेत लोगों को रंगभेद नीति का प्रतिरोध करते दिखाया है। इसमें एक स्त्री चुनाव की द्विविधा में है। उसके पूर्व पति ने आत्महत्या की है। यह व्यक्ति एंटी-अपार्थाइड आन्दोलन में भेदिया का काम कर रहा था। उनका तीसरा उपन्यास 'बर्गर्स डॉटर' 1979 में प्रकाशित होते ही प्रतिबन्धित कर दिया गया। हालाँकि यह प्रतिबन्ध बहुत दिन कायम न रह सका। इस समय तक नादीन विश्व प्रसिद्धि प्राप्त कर चुकी थीं अत: उनके कार्य को रोकना सरकार के लिए आसान न था। यह उनका एक प्रसिद्ध उपन्यास है जिसमें एक आन्दोलनकारी परिवार की बच्ची अपने पिता की शहादत के बाद अपना रास्ता खोजती है। उनके उपन्यास 'जुलाइस पीपुल' पहले रंगभेद वाली सरकार द्वारा रोका गया फिर अफ़्रीकन नेशनल काँग्रेस ने भी इसे दोबारा प्रतिबन्धित कर दिया। उनके अनुसार इस उपन्यास में नस्लीय, उच्चता और एक खास वर्ग-नस्ल की हिमायत का दोष था। एक बार उनसे

किसी ने पूछा क्या वे भयभीत हैं तो उनका उत्तर था कि जरा भी भयभीत नहीं हैं। वे कहा करतीं कि अब वह सब अनुभव कर रहीं हैं जो दक्षिण अफ़्रीका में बहुत सारे लोग बहुत पहले से भोग रहे थे। उनके अनुसार रचनाकार को वहीं से सामग्री मिलती है जहाँ सामान्य जन विनाश देखते हैं।

जिस रचनाकार के लेखन को उसके अपने देश में बार-बार प्रतिबन्धित किया गया, जो अन्त-अन्त तक अभिव्यक्ति की स्वतन्त्रता के लिए संघर्ष करता रहा, उसे 1991 में नोबेल समिति ने साहित्य के पुरस्कार के लिए चुना। वे दक्षिण अफ़्रीका की प्रथम साहित्यकार थीं जिन्हें नोबेल पुरस्कार मिला। उन्होंने साहित्य का यह सर्वोच्च सम्मान अपने देश की पीढ़ित जनता को समर्पित किया था। वे अन्तिम बार जब मंच पर आई तो वह भी प्रतिरोध का स्वर बुलंद करने आई। अफ़्रीकन नेशनल काँग्रेस ने एक बिल पारित किया था जिसके द्वारा वे पत्रकारों को नियन्त्रित करना चाहते थे। असल में सत्ता पार्टी इस बिल के द्वारा अपने भ्रष्टाचार पर परदा डालने का प्रयास कर रही थी। इसी बिल के विरोध में उन्होंने अपनी आवाज़ बुलंद की थी। नादीन वंचितों-शोषितों का स्वर थीं। नादीन ने कभी अपना देश त्यागने की बात न सोची। इसी तरह उन्होंने अपनी शिक्षा भी कभी पूरी न की।

बचपन में नादीन बेलेरीना बनने का स्वप्न देखा करती थी क्योंकि उन्हें नाचना अच्छा लगता था। लेकिन उनकी हृदय गति बहुत तेज थी अत: उनकी माँ ने न केवल उन्हें दौड़ने, तैरने से रोक लिया वरन् उनका नाचना भी बन्द करवा दिया। इतना ही नहीं कुछ दिन बाद मात्र दस वर्ष की उम्र में उनका स्कूल भी छुड़वा दिया गया और उसे एक स्त्री के घर पर शिक्षा के लिए भेजा जाने लगा। माँ जहाँ भी जाती बेटी को संग ले जाती। खुद तो बड़ों के साथ व्यस्त हो जाती और नादीन एकाकी बच्ची के रूप में छूट जाती। बहुत बाद में नादीन को पता चला कि उन्हें दिल की कोई बीमारी नहीं थी यह तो उनका बढ़ा हुआ थाइराइड था जिसके कारण उनके दिल की धड़कन की गति अति तीव्र थी। और जिससे उनके जीवन को कोई खतरा नहीं था। ज़िन्दगी में काफ़ी बाद तक वे अपनी ओवर प्रोटेक्टिव माँ को माफ नहीं कर सकीं। उनकी कहानियों और उपन्यासों में भी माँ--बेटी के तनावपूर्ण सम्बन्ध नज़र आते हैं।

बचपन का एकाकीपन नादीन को किताबों की दुनिया में ले गया। बाद में उन्होंने जोहान्सबर्ग की विटवाटर्सरैंड यूनिवर्सिटी में दाखिला लिया। यह 1945 की बात है, यहीं वे पहली बार अश्वेतों के सम्पर्क में आई और यहीं उन्होंने वास्तव में साहित्य का अध्ययन किया और लेखक बनने की ठानी। उन्होंने यूनिवर्सिटी का कोर्स पूरा नहीं किया। जब वे यूनिवर्सिटी में रह रहीं थीं उनकी ज़िन्दगी बदल गई। यह बड़ा उथल-पुथल भरा समय था। विश्वयुद्ध समाप्त हुआ था। उनके देश दक्षिण

अफ़्रीका में वाम आन्दोलन जोर पकड़ रहा था इसके साथ-साथ वहाँ अश्वेत राष्ट्रीय आन्दोलन शुरू हो चुका था। तब तक वहाँ कम्युनिस्ट पार्टी और अन्य वाम संगठन प्रतिबन्धित नहीं थे। बहुत सारे मार्क्सवादी विमर्श समूह सक्रिय थे। इसके पहले नादीन ने वाम के बारे में पढ़ा था पर पहली बार वे इससे रू-ब-रू हो रही थीं। उनके आस-पास के लोग अश्वेतों के बारे में विचार-विमर्श कर रहे थे, उनकी समस्याओं पर लिख रहे थे उन्हें अपनी कला का विषय बना रहे थे, उनसे मिल-जुल रहे थे। सो पहली बार वयस्क उम्र में नादीन भी अश्वेतों को जानने-समझने लगीं। फिर यह सिलसिला कभी रुका नहीं। उनका कहना था कि उनकी रुचि राजनीति में न होकर मानवता में थी।

1949 में नादीन गोर्डीमर ने दाँत के एक डॉक्टर जेरॉल्ड गैवरॉन से विवाह किया। इस विवाह से उनकी बेटी ओरीएन पैदा हुई। मगर यह विवाह तीन साल बाद तलाक में परिवर्तित हो गया। इसके दो साल बाद नादीन ने रेनहोल्ड एच. कैसीयर से शादी की। कैसीयर नाजी जर्मनी से भागे थे और एक आर्ट डीलर थे साथ ही वे फिलॉसफर एर्नेस्ट कैसीयर के भतीजे भी थे। इस विवाह से 1955 में उनका बेटा ह्यूगो पैदा हुआ। 2001 में उनके इस पति की मृत्यु हुई।

नादीन सदैव कहा करती थीं कि राजनीति को वे अपने साहित्य का केन्द्र नहीं बनाना चाहती हैं। लेकिन राजनीति उनके अस्तित्व का केन्द्र थी। स्वयं श्वेत होते हुए भी वे एक उत्कट रंग भेदभाव विरोधी कार्यकर्ता और अफ़्रीकन नेशनल काँग्रेस की साहसी और जुझारू सदस्य थीं। सामाजिक कार्यकर्ता के रूप में भी उनकी पहचान है। यह उस समय की बात है जब अफ़्रीकन नेशनल काँग्रेस प्रतिबन्धित संस्था थी। नादीन में पार्टी के अपने मित्रों की सहायता के लिए कई तरह के जोखिम उठाए। सन्देशों का आदान-प्रदान करना, विद्रोहियों को छिपाना, खासकर पार्टी के उच्च नेताओं को सीमा पार करवा देना, जैसे जोखिम के काम नादीन ने किए। एक बार उन्होंने पार्टी की सदस्यता भी ले ली थी। लेकिन स्वतन्त्रता के बाद वे इसी काँग्रेस की कट्टर विरोधी बनने में नहीं हिचकिचाई, उसकी गलत नीतियों की आलोचना करती रहीं। उनके अनुसार यह पार्टी स्वतन्त्रता आन्दोलन के बाद स्वतन्त्रता मिलने पर प्रौढ़ता के लक्षण न दिखा सकी। एक जनतांत्रिक पार्टी के रूप में कार्य न कर सकी। उन्होंने अफ़्रीकन नेशनल काँग्रेस की अक्षमता और भ्रष्टाचार की जमकर आलोचना की। उन्होंने न केवल विदेशी शासन के दौरान अन्याय के ख़िलाफ़ लिखा वरन् बाद में भी इसी को उन्होंने अपने लेखन का केन्द्र बनाए रखा। नादीन गोर्डीमर ने अन्त तक आशा का दामन नहीं छोड़ा उन्हें लगता था कि न्याय की जीत होगी। यह सारा कुछ उनके साहित्य में भी परिलक्षित होता है।

वे निर्भीक और साहसी थीं यह बात उनके जीवन में घटी एक घटना से पता

चलता है। एक बार उनकी नौकरानी (आजकल नौकरानी को वहाँ हाउसकीपर कहा जाता है) को चार युवा लुटेरों ने कमरे में बन्द कर दिया। नौकरानी भय से चीख रही थी। अन्त में नादीन ने उन लुटेरों को डाँटते हुए कहा कि तुम लोगों को इसकी इज्जत करनी चाहिए, उसकी उम्र तुम्हारी दादी माँ के बराबर है। नादीन बताती हैं कि ऐसा करते हुए लुटेरों से उन्हें जरा भी डर नहीं लगा। इस अनुभव से उन्होंने जाना कि न जाने कितने दक्षिण अफ़्रीकी लोग दिन-रात इसी तरह भय और दमन का जीवन व्यतीत करते हैं।

वे सदा अश्वेत रचनाकारों की सहायता करती थीं। उनके लेखन का प्रभाव कई अन्य रचनाकारों पर पड़ा, वे कई लोगों की रोल मॉडल थीं। सत्य का पक्ष लेना उनका शगल था। राजनीति से बच पाना लेखक के लिए असम्भव है। उनका जीवन बताता है कि एक रचनाकार का जीवन कैसा होना चाहिए, रचनाकार कैसी-कैसी उपलब्धि कर सकता है। उनका साक्षात्कार लेने वाली गिलियन साल्वो कहती हैं कि इन्हीं गुणों के कारण नादीन गोर्डीमर उनकी हीरो हैं। उनके जीवन और लेखन की इन्हीं विशेषताओं के लिए उन्हें श्रद्धांजलि देते हुए उनके समकालीन लेखक और नोबेल पुरस्कार से सम्मानित जे. एम. कोट्ज़ी ने कहा कि एक लेखक और एक मनुष्य के रूप में नादीन गोर्डीमर ने अनुकरणीय साहस और सृजनात्मक ऊर्जा के साथ अपने समय की महान चुनौती—भेदभाव के अन्यायपूर्ण सिस्टम जो हृदयहीनता के साथ दक्षिण अफ़्रीका के लोगों पर जबरदस्ती थोपा गया—का उत्तर दिया। नादीन मानती थीं कि एक लेखक का जीवन अर्थहीन है यदि वह दुनिया को बेहतर नहीं बनाता है। अन्याय और भेदभाव का विरोध उनकी प्रतिबद्धता थी। अपने आदर्शों के लिए वे सदैव स्मरण की जाएँगी।

दक्षिण अफ़्रीका के प्रति उनकी प्रतिबद्धता ताउम्र बनी रही, वे अपने देश के पीढ़ित अतीत और अनिश्चित भविष्य दोनों के प्रति चिन्तित और जागरूक थीं, पूरे प्राण-प्रण से चाहती थीं कि उनके देश का जनतांत्रिक प्रयोग सफल हो। वे आन्दोलन के नेताओं के प्रति अनुराग रखती थीं, उनका खास प्रेम नेल्सन मंडेला के लिए था। 1964 में उन्होंने नेल्सन मंडेला के प्रसिद्ध भाषण 'आई एम प्रिपेयर्ड टू डाई' लिखने में सहायता दी थी। जब 1990 में मंडेला जेल से छूट कर आए तो जिनसे सबसे पहले मिलना चाहते थे, नादीन उनमें से एक थीं। वे जेल में नादीन की किताबें पड़ते थे। दोनों का घर आस-पास है अतः मंडेला जब भी अकेला अनुभव करते नादीन के घर आ जाते और नादीन उन्हें उनका पसन्दीदा भोजन करातीं।

'द न्यू यॉर्कर' मैगज़ीन के साथ उनका अन्त तक सम्बन्ध बना रहा, इस पत्रिका के लिए उन्होंने सबसे पहले जून 1951 में लिखा था। अपने लिखे का कोई शब्द, कोई कॉमा वे किसी को हटाने नहीं देती थीं। यदि कोई ऐसा करने की जुर्रत

करता तो वे बहुत क्रोधित हो जातीं। अपने लेखन की मौलिकता की रक्षा करने वाली नादीन सदैव खूब पढ़ती थीं। वे सदा किताबें खरीदना चाहती थीं। अपने लेखन से प्राप्त राशि का एक बड़ा हिस्सा वे किताबों पर खर्च करतीं। खरीदने के साथ-साथ पुस्तकालय से किताबें लेकर पढ़ना भी चलता रहता। उन्हें अफ़सोस था कि बहुत कम लोग पुस्तकालय का उपयोग करते हैं, बहुत कम लोग पढ़ते हैं। वे अकसर युवा लेखकों से पूछतीं 'क्या तुमने यह पढ़ा है?' तो उत्तर मिलता, 'नहीं, क्योंकि किताबें बहुत मँहगी हैं...' उत्तर में वे कहा करतीं, 'भगवान के लिए! सेंट्रल लाइब्रेरी एक वंडरफ़ुल लाइब्रेरी है। उसका उपयोग करो! अगर तुम पढ़ते नहीं हो तो तुम लिख नहीं सकते हो!'

नादीन ने अन्याय और क्रूरता को अपने लेखन का केन्द्र बनाया। उनके देश में पुलिस का अत्याचार चरम पर था, इसी तरह रंगभेद भी अपने शिखर पर था। कोई भी संवेदनशील व्यक्ति अत्याचार-अन्याय से निरपेक्ष कैसे रह सकता है फिर नादीन तो रचनाकार हैं। उन्होंने अपनी नस्ल अर्थात श्वेत नस्ल के अश्वेतों पर भरपूर क्रूरता और अत्याचार देखे। यह उन्होंने अपने आस-पड़ौस में तो देखा ही, स्वीमिंग पूल के किनारे चलने वाली बड़ी-बड़ी बार्बेक्यू पार्टियों, शिकार पार्टियों और यहाँ तक की कॉकटेल पार्टियों में भी देखा और उसे अपने लेखन का अंग बनाया।

सत्तर के दशक में अश्वेत चेतना के उदय के साथ नादीन के साहित्यिक जीवन में कठिन समय आया। चूंकि अश्वेत चेतना आन्दोलन करने वालों का मानना था कि श्वेत रचनाकार अश्वेत जीवन के विषय में आधिकारिक रूप से कुछ नहीं जानते हैं उन्हें अश्वेत जीवन पर लिखने का कोई अधिकार नहीं है। इस समय नादीन अपने कई बौद्धिक मित्रों से कट गईं। लेकिन वे चुप नहीं बैठीं। लिखना उन्होंने जारी रखा और साथ ही इस विचार का पुरजोर खंडन किया। उनका कहना था कि अश्वेत जीवन की कुछ बातें हैं जिन्हें श्वेत लोग जानते हैं, लेकिन खुद अश्वेत नहीं जानते हैं, जैसे श्वेत जीवन की कुछ बातें अश्वेत जानते हैं मगर खुद श्वेत नहीं जानते हैं। इन बातों को हम एक-दूसरे से छिपाते हैं इन्हें अपने व्यवहार में, रिश्तों में नहीं दिखाते हैं। उनका कहना था कि वे वही लिखती हैं जो वे जानती हैं।

1974 में बूकर पुरस्कार से नवाजा गया उनका उपन्यास 'द कंजर्वेसनिस्ट' एक श्वेत व्यक्ति का अपने अश्वेत कर्मचारी का दोहन करते दिखाता है। इसका नायक एक श्वेत व्यक्ति है। इसे संयुक्त रूप से 1974 में ब्रूकर पुरस्कार मिला था। नादीन जिस सहजता से श्वेत चरित्र में प्रवेश करती हैं उसी सहजता से वे अश्वेत चरित्र के भीतर भी प्रवेश करती हैं। रंगभेद नीति समाप्त होने के काफ़ी पहले उनका उपन्यास 'जुलाइस पीपुल' अश्वेतों द्वारा मुट्ठी भर श्वेत शासकों को उखाड़ फेंकते हुए दिखता है और एक नया राष्ट्र जन्म लेता है। मगर समानता के लिए लड़ा गया

यह युद्ध बहुत दुखद है। जब यह युद्ध श्वेत लोगों पर कहर बनकर टूट रहा था, वे निकल भागने का प्रयास कर रहे थे। उस समय जुलाई नामक एक अश्वेत नौकर अपने श्वेत मालिकों को अपने गाँव ले आता है और उनकी सुरक्षा करता है। कारण है इस नौकर को उसके मालिक अच्छी तनख्वाह देते थे, वह उन्हीं के आहाते में रहता था, उसे वे लोग दो जोड़ी यूनिफ़ॉर्म के साथ-साथ काम करने के लिए खाकी पैंट्स भी देते थे। वह काम करता था लेकिन उसे इस बात की भी छूट थी कि वह अपने दोस्तों के यहाँ जा सके और औरत के साथ अपने कमरे में सो सके। उसे बुद्धवार और हर दूसरे रविवार को स्वतन्त्र छोड़ देते थे। अतः जब वक्त आता है वह अपने श्वेत मालिकों की सुरक्षा करता है।

1975 चुनी हुई कहानियों के संग्रह की भूमिका में उनका कहना है कि दूर खड़े रहने और पूरी तरह से संलग्न रहने के बीच उत्पन्न होने वाला तनाव लेखक बनाता है, वहीं से शुरुआत होती है। अपनी एक कहानी 'ए चिप ऑफ़ ग्लास रूबी' में नादीन एक इंडियन मुस्लिम परिवार को चित्रित करती हैं। इसी तरह अपने 2001 के उपन्यास 'द पिकअप' में वे अपने देश दक्षिण अफ़्रीका से बाहर निकल कर अरब देश के एक गाँव में पहुँचती हैं और वहाँ लड़कियों की शिक्षा, एच.आई.वी और एड्स आदि मुद्दों के लिए संघर्ष करती नज़र आती हैं। यह उपन्यास उन्होंने रंगभेद नीति समाप्त होने के बहुत बाद में लिखा है परन्तु वीसा आदि को लेकर जो नियम हैं उनकी बखिया इस उपन्यास में उधेड़ती हैं। यह अमेरिकी ट्विन ट्रेड सेंटर के ध्वंस के बाद का उपन्यास है जब श्वेत देशों में मुस्लिम लोगों के प्रति अविश्वास उत्पन्न हो गया है और गेहूँ के साथ-साथ घुन भी पिस रहा है। जीवन में कितनी भी परेशानियाँ आएँ यदि व्यक्ति प्रेम करता है तो वह कठिनाइयों का सामना कर सकता है। मुसीबतों से जूझने में प्रेम की शक्ति ताकत प्रदान करती है। इस उपन्यास में भी एक धनी लड़की अरब देश के एक युवक के प्रेम में पड़ जाती है, युवक अवैध रूप से उसके देश में रह रहा है। युवती युवक को अपने लक्ष्य में आगे बढ़ने में सहायता करती है। उपन्यास अस्मिता, बेहतर जीवन की तलाश जैसे प्रश्नों पर नई रोशनी डालता है। इसमें परोक्ष रूप से राजनेताओं के लिए सन्देश है हालाँकि कई समीक्षक इसे रोमियो-जूलिएट का आधुनिक संस्करण कहते हैं। यह राजनैतिक उपन्यास न होते हुए भी राजनीति पर कटाक्ष करता उपन्यास है।

उनका उपन्यास 'नन टू अकंपनी मी' एक अश्वेत लीडर को घर वापसी के बाद दिखाया गया है, लौट कर उसे पता चलता है कि देश में चल रहे संघर्ष में उसकी कोई भूमिका नहीं रह गई है। यह उपन्यास 1994 में आया था और इसी साल नेल्सन मंडेला देश के पहले चुने हुए जनतान्त्रिक राष्ट्रपति बने थे। कहानी दिखाती है कि उसके त्याग के बावजूद उसे अनदेखा किया जाता है और उसकी

पत्नी को प्रमुखता दी जाती है। 'ए स्पोर्ट ऑफ़ नेचर' में एक अश्वेत लीडर की राजनैतिक हत्या हो जाती है और उसकी श्वेत पत्नी अपने नए पति के साथ देश की प्रथम स्त्री बन जाती है। नादीन खुद कहती हैं कि उनके साहित्य से बढ़कर सत्य नहीं है, उनका साहित्य उनके देश के इतिहास—अतीत और वर्तमान को प्रस्तुत करता है। इसके साथ उन्होंने अपने देश के भविष्य की झलक भी अपने साहित्य में प्रस्तुत की है।

'माई सन्स स्टोरी' एक अश्वेत युवक की कहानी है जो अपने पिता के निजी और सार्वजनिक जीवन के संघर्षों को समझने का प्रयास कर रहा है। इसमें वे मिश्रित नस्ल को दिखाती हैं। उनके एक अन्य उपन्यास का नाम 'द हाउस गन' है। वे भाषण देने के लिए जगह-जगह से आंमत्रण पाती थीं, उनके आलेखों का संग्रह 'लिविंग इन होप एंड हिस्ट्री' नाम से उपलब्ध है। नादीन की 'नॉट फॉर पब्लिकेश', 'द साफ़्ट वॉयज ऑफ़ द सरपेंट', 'इज देयर नो व्हेयर एल्स वी कैन मीट', 'फ़्राइडेज फुट प्रिंट्स', 'सिक्स फ़ीट ऑफ़ द कंट्री', 'द लास्ट किस', 'द ब्राइड ग्रूम', 'विच न्यू इरा शुड दैट बी', 'टैनेंस ऑफ़ द लास्ट ट्री', 'कीपिंग फ़िट', 'सेफ़ हाउसेस' आदि प्रसिद्ध और चर्चित कहानियाँ हैं।

नादीन गोर्डीमर को जब नोबेल पुरस्कार मिला था तो उन्होंने कहा था कि वे इस पुरस्कार को अपनी कब्र पर चढ़ा हुआ हार (रीथ) नहीं बनने देना चाहती हैं अर्थात इसके साथ उनका लेखन समाप्त नहीं हो जाना चाहिए। उन्होंने ऐसा कर दिखाया। पुरस्कार मिलने के बाद भी उन्होंने जमकर लिखा। खूब सारा लिखा, खूब अच्छा लिखा।

नादीन गोर्डीमर की मृत्यु पर उन्हें कई बड़े रचनाकारों और राजनेताओं ने श्रद्धांजलि दी। इन लोगों के साथ हम (परिकथा परिवार) भी नादीन गोर्डीमर को अपनी श्रद्धांजलि देते हैं।

डोरिस लेसिंग

एक अनोखी लेखिका

94 साल की उम्र में विश्व साहित्य को 55 किताबें उपहार में दे कर, 2007 की नोबेल पुरस्कृत डोरिस लेसिंग 17 नवम्बर, 2013 को चल बसीं। तीन सप्ताह पहले उनके बेटे पीटर की मृत्यु हुई थी। डोरिस लेसिंग का लेखन, जीवन और उनके सामाजिक कार्य सांस्कृतिक प्रभाव डालने वाले रहे हैं। अपनी बढ़ती उम्र के बावजूद अन्त तक वे बदलती दुनिया को देखने-परखने और समझने की कोशिश करती हुई बहुत सक्रिय, खुद को अन्वेषित और दूसरों को प्रेरित करतीं रहीं। डोरिस लेसिंग ने अपनी किताब 'द गोल्डेन नोटबुक' से पूरी पीढ़ी को विचलित कर दिया था। लोग इसे पहला फ़ेमिनिस्ट उपन्यास कहते हैं। मगर वे ऐसा नहीं मानती हैं। खुद उनके अनुसार इस किताब में उन्होंने अपने लेखन में अपने समय का केवल भलीभाँति दस्तावेजीकरण किया है। अपने आगे के तमाम लेखन में भी वे यही करती रहीं। 'द गोल्डेन नोटबुक' में उन्होंने स्त्री का अपने अधिकारों के लिए उठ खड़े होने, अपनी अस्मिता के प्रति सचेत होने का चित्रण किया है।

डोरिस लेसिंग को न तो मात्र नारीवादी रचनाकार कहा जा सकता है और न ही केवल विज्ञान कथाओं तक ही उन्हें सीमित किया जा सकता है, उनके सरोकार इसने कहीं अधिक विस्तृत रहे हैं। वे पूरी मानवता को लेकर चिन्तित रहतीं थीं। खुद लन्दन में उच्चस्तरीय जीवन बिताने के बावजूद तीसरी दुनिया की अशिक्षा, गरीबी, बीमारी उनकी चिन्ता के विषय रहे। वे विचलित थीं जंगलों के कटने, पेय जल की कमी, सूखा, पर्यावरण प्रदूषण से। उन्होंने लोगों के साथ मिलकर इन सब समस्याओं का सामना करने का सदा प्रयास किया। अभावग्रस्त लोगों की भरसक सहायता की। अपने नोबेल भाषण में भी वे लोगों का ध्यान तीसरी दुनिया के इन अभावग्रस्त लोगों की ओर आकर्षित करती हैं।

विश्वयुद्ध के कारण उनका बचपन एक बिखरे परिवार में बीता। पिता विश्वयुद्ध के प्रभाव से कभी न उभर सके माँ को पार्टियाँ पसन्द आती, वे पियानो पर बिथोवन और शॉपिन बजाने में कुशल थीं। माँ उनके भाई और उनके पीछे पड़ी रहतीं ताकि वे दोनों कुछ करें, अपने पिता की तरह न बनें। पिता पार्टियों, नाच-गाने

से दूर भागते। वे शान्त जीवन चाहते थे। किसान का बेटा थे और किसान का जीवन बिताना चाहते थे। यह सब डोरिस के लेखन 'शिकस्त' में आया है । युद्ध से विकलांग हुए लौटे इंग्लिश और जर्मन लोग शारीरिक और मानसिक दोनों रूप से घायल थे। पिता अल्फ्रेड कुक टेलर ने प्रथम विश्वयुद्ध में भाग लिया और अपनी एक टाँग गँवाई थी। इन्हीं के यहाँ इस बहुमुखी प्रतिभा की धनी महिला डोरिस मे टेलर का जन्म 22 अक्टूबर, 1919 को ईरान (उस समय के फॉरस) में हुआ। माँ एमिली मैकवी टेलर नर्स थीं। पिता जब लन्दन में चैन से न रह सके तो उन्होंने अफ़्रीका में दक्षिण रोडेशिया, आज के जिम्बावे के एक गाँव में 3,000 एकड़ जमीन खरीदी और मक्के की खेती करवाने लगे। वे दुनियादार व्यक्ति न थे अत: यह भी उनके लिए घाटे का सौदा साबित हुआ।

चूँकि डोरिस का बचपन खेतों पर बीता अत: वह जीवन उनके लिए आगे चलकर एक उपलब्धि बना। एक ओर माँ का पियानो वादन तो दूसरी ओर अफ़्रीकी लोगों द्वारा बजाए जाते ड्रम। दोनों तरह की ध्वनि से उनका बचपन परिपूर्ण था, इन्हीं विपरीत चीजों से मिलकर उनका व्यक्तित्व निर्मित हुआ था। एक तरफ़ श्वेत वंशावलि और दूसरी ओर अफ़्रीकी वातावरण। हालाँकि बाद में उन्हें पता चला कि ये दोनों संगीत भिन्न हैं, इन्हें साथ नहीं बजना चाहिए। उस समय सामाजिक रूप से यह असम्भव था। वे बचपन में कभी अपने यहाँ काम करने वाले अश्वेत लोगों के बच्चों के साथ घुलमिल नहीं सकीं। उस समय इसकी कल्पना भी सम्भव नहीं थी। रोडेशिया पूरी तरह उपनिवेशवाद के चंगुल में था। जब से डोरिस समझदार हुई तब से उन्होंने श्वेत अमानवीय शासन का मुखर विरोध किया। डोरिस ने अपने समय और समाज की बहुत सारी विडम्बनाओं पर लिखा।

डोरिस का मानना था कि तनाव और कष्टकर बचपन लेखन को जन्म देता है, उनकी अपनी माँ से कभी नहीं बनी। उनकी माँ सदा उनके और उनके भाई हैरी के पीछे कुछ-न-कुछ करने के लिए पड़ी रहती। इस तनाव ने उन्हें सात साल की उम्र से लिखने-पढ़ने की ओर मोड़ दिया। पर उनकी अपनी स्कूली शिक्षा नाममात्र को हुई। उनकी माँ को डोरिस के शिक्षा अधूरी छोड़ देने का बहुत दुख हुआ। खुद डोरिस को इस बात का कभी अफसोस नहीं हुआ। बचपन से वे इंग्लैंड से पार्सल से किताबें मँगवा कर पढ़ती थी। चार्ल्स डिकेंस और रडयार्ड किप्लिंग को उन्होंने बहुत पहले पचा लिया। उनका पढ़ना सदा जारी रहा।

वे खुद खूब पढ़ती रहीं और ताउम्र पढ़ने से लगाव रखने वालों के लिए किताबों का इन्तजाम करती रहीं, लोगों को पढ़ने के लिए प्रेरित करती रहीं। अपने नोबेल भाषण में भी उन्होंने लोगों से किताबें दान करने का अनुरोध किया। बीस साल की उम्र में उनका विवाह फ्रैंक चार्ल्स विज्डम से हुआ और जॉन एवं जीन उनके

दो बच्चे हुए। यह शादी मात्र पाँच साल टिकी। वे दक्षिण रोडेशिया की रंगभेद नीति, श्वेत क्रूर शासन से बहुत विचलित थीं, इसी बीच उनका सम्पर्क कम्युनिस्ट पार्टी से हुआ, वे उसकी सदस्य बन गई। बाद में कम्युनिस्ट विचारधारा से उनका मोहभंग हो गया, उन्होंने खुद को इससे अलग कर लिया। पार्टी में शामिल होने के एक साल बाद उन्होंने अपने पति और बच्चों को छोड़ दिया और इसके एक साल बाद 1945 में अपने एक साथी गोटफ्राइड लेसिंग से विवाह किया। लेसिंग जर्मन-यहूदी नस्ल के प्रवासी और कम्युनिस्ट थे। इस विवाह से उनका पुत्र पीटर उत्पन्न हुआ। 1949 में रोडेशिया के सामाजिक-राजनैतिक जीवन से परेशान होकर वे अपने बेटे पीटर, मात्र बीस पाउंड और अपनी पहली किताब 'द ग्रास इज सिंगिंग' की पांडुलिपि लेकर इंग्लैंड चली आई। लन्दन को उन्होंने अपना स्थाई निवास बना लिया। बाद में उनके पति लेसिंग युगांडा में जर्मन राजदूत बन गए। 1979 में इदी अमीन के विरुद्ध विद्रोह के दौरान लेसिंग और उनकी तीसरी पत्नी की हत्या कर दी गई। डोरिस रहीं सदा लन्दन में पर अपनी किताबों के प्रमोशन के लिए वे दुनिया भर की यात्रा करती रहीं। रोडेशिया की सरकार के प्रति उनके विद्रोही विचारों के चलते वे वहाँ और दक्षिण अफ़्रीका में तीस साल तक प्रतिबन्धित थीं। प्रतिबन्ध समाप्त होने के बाद वे वहाँ गईं, रोडेशिया को वे अपना घर मानती थीं। 1986 में वे अफ़गान एड के आमन्त्रण पर अफ़गान गईं।

अपना और अपने बेटे का पेट पालने के लिए डोरिस ने तरह-तरह के पापड़ बेले, कभी गवर्नेस बनी, कभी ऑफ़िस असिस्टेंट, टेलीफ़ोन ऑपरेटर तो कभी स्टेनोग्राफ़र। एक बार इंग्लैंड आ कर लिखने के सिवा डोरिस ने कोई और काम नहीं किया। लन्दन बसने के एक साल बाद उनकी पहली किताब 'ग्रास इज सिंगिंग' प्रकाशित हुई जिसे हाथों-हाथ लिया गया। पाँच महीने में इसका सात बार पुनर्प्रकाशन हुआ। इस किताब में उन्होंने एक श्वेत झक्की किसान स्त्री और उसके अश्वेत नौकर के सम्बन्ध, प्रेम, घृणा, नस्लीय संघर्ष को चित्रित किया है। अपने खुशनुमा शीर्षक के उलट यह चकित करने और हताशा उत्पन्न करने वाला सशक्त और प्रौढ़ उपन्यास है। विश्वास नहीं होता है कि यह किसी लेखक की पहली रचना है। उन्होंने श्वेत-अश्वेत दोनों जीवन पर लिखा।

तड़के उठ कर चिड़ियों को दाना डाल, नाश्ता बना-खा कर नौ बजे नियमित रूप से लिखने बैठकर डोरिस लेसिंग ने 'मार्था क्वेस्ट'(यह मार्था के किशोरावस्था, विवाह, मातृत्व, तलाक, कम्यूनिज्म आदि का चित्रण है जो काफ़ी कुछ डोरिस लेसिंग के अपने जीवनानुभव जैसा है, पर वे इसे आत्मकथात्मक नहीं मानती हैं), 'अ प्रोपर मैरेज', 'अ रिपिल फ़्रॉम स्टॉर्म', 'लैंड लॉक्ड', 'द फ़ोर गेटेड सिटी' नामक पाँच उपन्यास 'चिल्ड्रेन ऑफ़ वॉयलेंस' नामक एक शृंखला के अन्तर्गत

लिखे। इसकी नायिका के नाम पर इसे 'मार्था क्वेस्ट सिरीज' भी कहा जाता है तथा शृंखला का पाँचवाँ उपन्यास 'द फ़ोर गेटेड सिटी' सबसे अधिक महत्त्वपूर्ण माना जाता है। उन्होंने 'मारा एंड डैन', 'द फ़िफ़्थ चाइल्ड', 'द गुड टेररिस्ट', 'समर बिफ़ोर द डार्क' (मध्यवय में स्त्री का अपने सौंदर्य को लेकर चिन्तित होना), 'द डायरी ऑफ़ गुड नेबर' (वृद्धावस्था पर) जैसे अन्य उपन्यास भी लिखे।' द हैबिट ऑफ़ लविंग' तथा 'टू रूम नाइंटीन' उनके प्रसिद्ध कहानी संकलन हैं। 'चिल्ड्रन ऑफ़ वॉयलेंस शृंखला' तथा 'डेसेंट इनटू हेल' जैसे आत्मकथात्मक उपन्यास के साथ ही उन्होंने 'अंडर माई स्किन' तथा 'वॉकिंग इन द शेड' नाम से दो भाग में अपनी आत्मकथा भी लिखी है। इसके साथ ही उन्होंने नॉन फ़िक्शन भी खूब लिखा, लन्दन आने के बाद वहाँ के जीवन पर 'इन पर्स्यूइट्स ऑफ़ दि इंग्लिश' और बाद में 'स्केचेज ऑफ़ लन्दन' लिखा। 'अंडर माई स्किन' के लिए उन्हें 1994 का जेम्स टैट ब्लैक मेमोरियल प्राइज़ प्राप्त हुआ। उन्हें सन् 2000 में कम्पैनियन ऑफ़ ऑनर बनाया गया और अगले साल सन् 2001 में कम्पैनियन ऑफ़ लिटरेचर बनाया गया। वे अपने ढंग की अनोखी लेखिका हैं। उनका नोबेल भाषण भी बहुत चित्रात्मक है। नोबेल समिति ने उनके काम के लिए कहा था कि किताबें जो बीसवीं सदी के स्त्री-पुरुष सम्बन्ध के नजरिए की सूचना देती हैं।

राजनीति से दूर होकर वे मनोविश्लेषण, आध्यात्मिकता, टेलेपैथी, मेडीटेशन, स्वप्न की ओर मुड़ गई। डोरिस ने कई सूफ़ी कहानी संग्रहों और सूफ़ी आलेखों की किताबों की भूमिका लिखी। वे सूफ़ी दर्शन से बहुत प्रभावित थीं और सूफ़ी साहित्य की अध्येता थीं। साथ ही इस्लामिक आतंकवाद की कटु आलोचक भी रहीं। वास्तविक सूफ़ी कभी ढिंढोरा नहीं पीटता है कि वह सूफ़ी है, डोरिस भी इस बात का कभी प्रचार नहीं करती थीं। वे तथाकथित, छिछले सूफ़ियों से सदा दूर रहती थीं। उन्होंने कई बार अपनी राह बदली, जिस राह गई उसमें गहरे उतरी, उसे पचाया और जब मोहभंग हो गया, वहाँ से दूर हो गई। दूसरे क्या कहेंगे, क्या सोचेंगे इसकी चिन्ता नहीं की।

2007 में नोबेल पुरस्कार पाने वाली वे ग्यारहवीं महिला लेखिका हैं। उनकी ख्याति मुख्य रूप से एक उपन्यासकार के रूप में हुई जबकि उन्होंने कहानियाँ और कविताएँ भी लिखीं। उपन्यास में उन्होंने शिल्प और कथानक दोनों में विविधता बनाए रखी। बहुत कम महिला रचनाकार विज्ञान को अपना विषय बनाती हैं, डोरिस ने यह किया। शुरू में उनके कुछ पाठकों और आलोचकों को यह बात अच्छी नहीं लगी। मगर वह लेखक क्या जो किसी के आक्षेप से अपने लिखने की दशा-दिशा तय करता हो। वे मानती हैं कि विज्ञान पर उनका अधिकार नहीं है, हाँ, विज्ञान कथा वे मजे में लिख सकती हैं। उन्होंने 'डेसेंट इनटू हेल', 'द मेमोरीज ऑफ़ ए

सर्वाइवर' विज्ञान या यूँ कहें अन्तरिक्ष विज्ञान पर उपन्यास लिखे। 'रेफ : कोलोनाइज्ड प्लेनेट 5 शिकस्त', 'द मैरेज बिटविन जोंस थ्री, फ़ोर एंड फ़ाइव', 'द सिरीयन एक्सपेरिमेंट्स', 'द मेकिंग ऑफ़ रिप्रेजेंटिव फॉर प्लेनेट 8' तथा ' डॉक्यूमेंट्स रिलेटिंग टू स सेंटीमेंटल एजेंट्स इन द वॉल्येन एम्पायर' नाम से पाँच भाग में 'कैनेपस इन अर्गोज' नामक अन्तरिक्ष कथा लिखी।

उनके उपन्यास 'द मेकिंग ऑफ़ द रेप्रेजेंटिव फॉर प्लेनेट 8' एवं 'केनोपस इन एर्गोस' शृंखला के दूसरे भाग 'मैरेज बिटविन जोंस थ्री, फ़ोर एंड फ़ाइव' पर आधारित ऑपेरा भी हैं। इन उपन्यासों को फ़िलिप ग्लास ने पढ़ा वह इनसे बहुत प्रभावित हुए और उसने डोरिस से पत्राचार किया। 1987 में फ़िलिप ग्लास ने डोरिस के उपन्यास पर 'द मेकिंग ऑफ़ द रेप्रेजेंटिव फॉर प्लेनेट 8' को ऑपेरा में रूपान्तरित किया था। डोरिस ने स्वयं लिब्रेटो (कथानक) तैयार किया था। तीन एक्ट वाले इस ऑपेरा में कल्पना, स्त्री-पुरुष का आपसी संघर्ष, अलग-अलग संस्कृतियों में सेक्स, प्रेम और जीवन प्रदर्शित है। कई मामलों में यह सांकेतिक है। 30 पात्रों वाले इस ऑपेरा में सारे समय कोरस गान तथा सिम्फ़ोनिक ऑर्केस्ट्रा बजता रहता है, कई रोमांटिक पल आते हैं, लय है। इसी को 2001 में नए प्रोडेक्शन डॉयरेक्टर के साथ शिकागो में प्रदर्शित किया गया।

फ़िलिप ग्लास ने 1997 में दो एक्ट का एक और ऑपेरा बनाया। इसमें ओर्केस्ट्रा, कोरस और सोलोइस्ट्स था। इस ऑपेरा की कास्टिंग के लिए डोरिस मैनहट्टन आई हुई थीं उस समय उन्होंने इस के बारे में एक साक्षात्कार में काफ़ी कुछ बताया। इस साक्षात्कार में और बहुत सी बातों के अलावा इस अन्तरिक्ष ऑपेरा 'स्पेस ऑपेरा' की बात भी हुई और डोरिस ने बताया कि उन्हें बहुत आश्चर्य है, उन्होंने कभी नहीं सोचा था कि उनकी एक किताब 'द मेकिंग ऑफ़ द रिप्रेजेंटेटिव फॉर प्लानेट 8' के साथ ऐसा होगा। कैसे हुआ ऐसा? इस पर उनका कहना था कि फ़िलिप ग्लास ने इसे पढ़ा और उन्हें लिखा कि वे इस पर एक ऑपेरा बनाना चाहते हैं। वे लोग इस पर और अधिक बात करने के लिए मिले और बस बात बन गई। वे पहले से फ़िलिप ग्लास को नहीं जानती थीं और न ही उन्होंने पहले कभी उनका संगीत सुना था। फ़िलिप ने सुनने के लिए उन्हें अपना कुछ संगीत भेज दिया। डोरिस संगीत में बहुत दखल नहीं रखती थीं अत: उन्हें इस संगीत को समझने में, इससे परिचित होने में कुछ वक्त लगा। फिर डोरिस को संगीत की बात समझ आने लगी। वे दोनों कई बार मिले, उन्होंने ऑपेरा की सम्भावनाओं पर चर्चा की। बातचीत हर बार बहुत सफल रही और काम आगे बढ़ने लगा। उन्हें इस बात पर बड़ा आश्चर्य होता क्योंकि खुद वे और फ़िलिप दोनों दो भिन्न रुचि और प्रतिभा के व्यक्ति थे फिर भी वे एक दूसरे की बातों को आसानी से समझ पा रहे थे। फ़िलिप

उन्हें इस बात पर सहमत करने में कामयाब रहे कि डोरिस का यह उपन्यास एक उत्तम ऑपेरा में रूपान्तरित हो सकता है, यह उनके संगीत के अनुकूल है। और तो और फ़िलिप ने उन्हें प्रस्ताव दिया कि वे खुद इस ऑपेरा का लिब्रेटो लिखें। डोरिस ने कभी पहले यह काम, संगीत के साथ काम नहीं किया था, फ़िलिप ने उन्हें विश्वास दिलाया कि यह काम वे कर सकती हैं। और जब कोई एक व्यक्ति भी आप पर विश्वास करता है तो आप जी-जान से वह काम करते हैं, काम सफल होता है। डोरिस ने यह चुनौती स्वीकार की और ऑपेरा का लिब्रेटो लिखा। यह प्रदर्शन जर्मनी में 1997 में हुआ।

'मैरेज बिटविन जोंस थ्री, फ़ोर एंड फ़ाइव' उपन्यास और उस पर आधारित ऑपेरा की कहानी संक्षेप में कुछ इस प्रकार है। इसमें ज़ोन थ्री, ज़ोन फ़ोर और ज़ोन फ़ाइव, तीन भिन्न-भिन्न स्थान हैं। ज़ोन थ्री की रानी बहुत प्यारी है। जिसका ज़ोन फ़ोर के सैनिक-राजा के साथ बलपूर्वक विवाह कर दिया जाता है। ज़ोन थ्री का देश प्रेम-दया से भरपूर है, स्त्रियों के आदर्श स्थान सदैव ऐसे ही होते हैं, यहाँ कुछ भी कठोर नहीं है। दूसरी ओर ज़ोन फ़ोर का पुरुष देश अनुशासित, कर्तव्य से भरा और वंशानुगत प्रणाली का है। यह कठिन विवाह शायद दोनों को मंजूर नहीं था। यह सांकेतिक है, इसे संवेग और तर्क के संतुलन के रूप में भी देखा जा सकता है, एक संघर्ष जो दिमाग में बराबर चलता रहता है। सैनिक राजा ज़ोन थ्री की रानी के शासन के अनजाने और अनास्थाजनक तरीकों को प्रेम करना सीख लेता है, उसे जान-समझ कर स्वीकार कर लेता है। रानी भी उसे प्रेम करना सीख लेती है। लेकिन महान शासक को भी किसी-न-किसी की आज्ञा माननी होती है। ये लोग भी चीजों के नियम के भीतर होते हैं। इस उपन्यास में चीजों के नियम को 'प्रोवाइडर' के आदेश कहा गया है। प्रोवाइडर के आदेश से ज़ोन थ्री की रानी को वापस अपने स्थान में लौटना होता है। वह अब वहाँ अजनबी और बाहरी है। मगर आदेश तो आदेश है, उसे ऐसा करना होगा। पति और बच्चों को छोड़ने से उसका हृदय फटा जा रहा है। इसके बाद जैसा ज़ोन फ़ोर के राजा को कहा गया वह ज़ोन फ़ाइव की क्रूर शासक सुन्दरी से विवाह करता है। ज़ोन फ़ाइव एक अप्रत्याशित स्थान है। यह बाकी दोनों ज़ोन्स को दर्पण में देखने जैसा है, जुड़ा और ठीक उल्टा।

डोरिस लेसिंग ने स्त्री-पुरुष संघर्ष पर काफ़ी लिखा है, मगर यह कहानी मिथ और कहानी का मिलाजुला रूप है। यहाँ कड़ुआहट के साथ बहुत कोमल और हास्य भी है। यह कहानी एक पुराने गीत की तरह है। जिसे बहुत समय पहले बहुत दूर से सुना गया और जो लौट-लौट कर आपको हॉन्ट करता है, जकड़ लेता है। यह दुनिया का संक्षिप्त इतिहास है। इस पृथ्वी के नैसर्गिक सौंदर्य का अभिषेक गान। अमेरिकी फ़िलिप ग्लास बीसवीं सदी के एक महान और प्रभावकारी कंपोजर हैं।

यह प्रसिद्ध और बहुमुखी प्रतिभा का कम्पोजर भारत से बहुत प्रभावित है। यहाँ उस के विषय में विस्तार से लिखने का अवसर नहीं है, फिर भी जानकारी के लिए दो शब्द। विस्तार से फिर कभी और। फ़िलिप ग्लास का भारत से बहुत गहरा और करीबी सम्बन्ध है। वे भारत आए हैं और उन्होंने दलाई लामा तथा बौद्ध धर्म से प्रभावित होकर कोलम्बिया यूनिवर्सिटी के प्रोफ़ेसर रॉबर्ट थुरमैन और अभिनेता रिचर्ड गेरे के साथ मिलकर 'तिब्बत हाउस' की स्थापना की है। दलाई लामा पर बनी फ़िल्म 'कुंदन' का संगीत दिया जिसके लिए उन्हें अकादमी पुरस्कार मिला। भारत के प्रभाव से वे शाकाहारी हो गए हैं। इस अमेरिकी कम्पोजर ने रविशंकर और अल्ला रक्खा खाँ के साथ काम किया और भारतीय संगीत से प्रभावित होकर अपने संगीत में परिवर्तन किया। उन्होंने महात्मा गाँधी, लियो टॉल्सटॉय, रवींद्रनाथ टैगोर और मार्टिन लूथर किंग जूनियर के जीवन को आधार बनाकर 1978-79 में 'सत्याग्रह' ऑपेरा बनाया। 1990 में रविशंकर के साथ मिलकर 'पैसेजेज' एलबम बनाया। श्री रामकृष्ण के काम पर आधारित 'द पैशन ऑफ़ रामकृष्ण' कम्पोजीसन बनाया। ऐसे महान कम्पोजर फ़िलिप ग्लास डोरिस लेसिंग को अपना मित्र मानते हैं।

खुले दिल-दिमाग वाली डोरिस लेसिंग के गुजरने पर उनके प्रकाशक के यू. के. प्रमुख एक्जक्यूटिव ने कहा कि डोरिस लेसिंग हमारे युग की एक महान लेखिका थीं। हार्पर कॉलिंस के लिए उन्हें प्रकाशित करना सम्मान की बात थी। डोरिस लेसिंग की 2008 में आई किताब 'एल्बर्ट एंड एमिली' में उन्होंने अपने माता-पिता के प्रारम्भिक जीवन को विश्लेषित किया है और दिखाया है कि विश्वयुद्ध से उन लोगों का जीवन कैसे प्रभावित हुआ। उस समय उन्होंने कहा था कि यह उनकी अन्तिम किताब है। अपने अन्तिम दिनों में उन्होंने इंग्लैंड में 'स्टोरीटेलिंग कॉलेज' चलाया हुआ था जिसके द्वारा वे कहानी कहने की कला का पुनरुद्धार करना चाहती थीं। वे उसकी संरक्षिका थीं और यह संस्था मजे में चल रही थी। दूर-दूर से, अफ़्रीका तक से कहानी कहने वाले लोग यहाँ आ कर कहानी सुनाते हैं। इनमें से अधिकतर वे लोग होते हैं कहानी सुनाना जिनका खानदानी पेशा है। और इन सत्रों में खूब सारे श्रोता भी उपस्थित होते हैं। वे कहानी कहने को गम्भीरता से लेतीं, उन्हें इसे मज़ाक बनाना पसन्द नहीं था। इंग्लैंड में कुछ लोग कहानी कहने के सत्र को पर्सनल एंकाउंटर ग्रुप के रूप में लेते हैं, वे इसके भी ख़िलाफ़ थीं और ऐसे लोगों को सत्र में आने से रोकती थीं। हमारा देश भी इस कला में पारंगत रहा है, यहाँ भी इसे पुनर्जीवित करने की आवश्यकता है।

वे मानती थीं कि लेखक का काम प्रश्न उठाना है। ऐसे प्रश्न जो पाठक को एक दूसरी तरह से सोचना शुरू करने के लिए प्रेरित करे। लेखक अपने आस-पास जो चल रहा होता है उसे लेकर औरों से अधिक संवेदनशील होता है। उनके मित्र

और जीवनीकार माइकेल होलरोयड के अनुसार डोरिस लेसिंग की थीम वैश्विक और अन्तरराष्ट्रीय है और साहित्य को उनका अवदान नवीन और असाधारण है। वे उन विरल लेखकों में से एक हैं जिनका काम सीमाओं के पार जाता है। उनके इन्हीं गुणों के कारण हार्पर कॉलिंस/रोर्थ इस्टेट के उनके एडीटर निक पीयरसन कहते हैं कि मैंने उनकी आराधना की है। डोरिस लेसिंग ने जिस बात पर विश्वास किया उस पर दावे के साथ लिखा, वे अपने विश्वास के लिए लड़ने से नहीं घबराती थीं। निर्भय होकर कहती-करती-लिखती थीं। चेतना और उपन्यास की सीमाओं का विस्तार करने वाली इस लेखिका को श्रद्धांजलि।

* डोरिस लेसिंग के विषय में विस्तार से जानकारी के लिए विजय शर्मा की 'स्त्री, साहित्य और नोबेल पुरस्कार' (ज्ञानपीठ प्रकाशन) पुस्तक देखें।

होसे सारामागो

चला गया खरी-खरी कहने वाला

किसी ने कहा है कि स्मृति लेख लिखकर या पढ़कर हम इस पृथ्वी पर बेहतर जीवन व्यतीत करने की राहें (मृत्यु) जान सकते हैं। ज्यादा अर्थपूर्ण जीवन जीने के तरीके खोज सकते हैं।

'दुनिया कितनी सुन्दर है और कितने दुख की बात है कि मुझे मरना है।' होसे सारामागो ने अपने एक उपन्यास में अपने एक पात्र के मुँह से यह कहलवाया है और आज वे स्वयं इस दुनिया से जा चुके हैं। जाते समय उन्हें कितना दुख था पता नहीं। हाँ, उनके पाठकों को उनके जाने का दुख अवश्य था। वैसे दुख उस व्यक्ति की मृत्यु का मनाना चाहिए जिसने जीते-जी वह नहीं किया जो उसका दायित्व था। इस मायने में सारामागो की मृत्यु पर शोक प्रकट किया जा सकता है, दुखी होने की आवश्यकता नहीं है।

हालाँकि वे सदा सत्ता की आँख की किरकिरी रहे मगर 18 जून 2010 को उनकी मृत्यु पर पुर्तगाल के प्रधानमन्त्री ने अफसोस जताते हुए कहा, 'सारामागो हमारे महान सांस्कृतिक व्यक्तित्व थे। उनके जाने से हमारी संस्कृति की हानि हुई है।' सत्ताधारियों को सार्वजनिक रूप से कहना पड़ता है।

1998 के साहित्य के नोबेल पुरस्कार विजेता ने अपने जीवन में सबसे बुद्धिमान जिस व्यक्ति को जाना था वह लिखना-पढ़ना नहीं जानता था। जब फ्रांस की जमीन पर एक नए दिन की सम्भावना झूलती होती थी यह व्यक्ति चार बजे भोर में अपने तख्त से उठता और खेतों की ओर जाता। अपने साथ अपने आधा दर्जन पालतु सूअरों को भी चराने ले जाता। सूअर जिनसे उसका और उसकी पत्नी का भरण-पोषण होता था। यह व्यक्ति कोई और नहीं उनके नाना थे। सारामागो की माँ के माता-पिता न्यूनतम पर जीते थे। सूअरों को पाल कर गाँव के बाजार में बेचते और उससे जो आ-मद-नी होती उससे गुजर-बसर करते। सर्दियों में जब तापमान बहुत नीचे चला जाता और घर में बरतनों में रखा पानी जमने लगता ये सूअर बाढ़े में जा कर सूअर के कमजोर बच्चों को अपने बिस्तर में ले आते। खुरदुरे कंबलों में वे अपने बदन की गर्मी दे कर जानवरों के उन बच्चों को सर्दी से, मरने से बचाते। वे

दोनों दयालु थे पर यह उनकी दयालुता नहीं होती थी। उन्हें इस कार्य के लिए जो उकसाता था वह था उनका अपना स्वार्थ। वे अपने इन जानवरों को बिना किसी दया के विशिष्ट भावना के सुरक्षा देते थे ताकि उनकी अपनी रोजी-रोटी चलती रहे। जैसा कि स्वाभाविक था जीवन ने उन्हें सिखा दिया था कि जरूरत के लिए क्या करना है। जीवन ने उन्हें सिखा दिया था कि उनका जीवन इन जानवरों पर निर्भर है, ये जानवार ही उनका और उनके परिवार का भरण-पोषण करते हैं। अत: उन्होंने भी सीख लिया था कि इन जानवरों की रक्षा करना आवश्यक है।

होसे सारामाहो ने बचपन में बहुत बार सूअरों की देखभाल में अपने नाना की सहायता की। घर से जुड़े किचेन गार्डन के लिए जमीन की खुदाई की। जलाने के लिए लकड़ियाँ फाड़ीं और पंप से पानी निकालने के लिए बड़े चक्के को बहुत बार घुमाया। बहुत बार सामुदायिक कूएँ से पानी निकाल कर अपने कंधे पर रखकर घर लाते। भोर में सूअरों की रखवाली करते। नाना की आँख बचा कर सूअरों को खिलाने के लिए बहुत बार भुट्टे के खेतों की ओर अपनी नानी के संग रस्सी-डोरी और बोरे लेकर खेत से बचा-खुचा पुआल बटोरने जाते।

कभी-कभी गर्मियों की रात में खाना खाने के बाद नाना कहते, 'होसे! चलो आज हम दोनों अंजीर के पेड़ के नीचे सोएँगे।' अंजीर के पेड़ के नीचे लेट कर वे आकाश-गंगा निहारते। पत्तों के बीच से तारों की लुका-छिपी देखते और उनके नाना उन्हें तरह-तरह की कहानियाँ, किस्से और अपने अनुभव सुनाते। इनमें साहसी कथाएँ, प्रसिद्ध कहानियाँ, लोक कथाएँ, डरावनी, मृत्यु की कहानियाँ, प्रेरणादायक कहानियाँ आदि तरह-तरह की कहानियाँ होती थीं। वे पूर्वजों की बातें बताते, अनोखी दास्तानें सुनाते और बालक होसे इन्हें सुनते हुए जागता भी रहता, साथ ही ये लोरी का काम भी करतीं। पता नहीं होसे के नाना स्वयं को याद दिलाने के लिए बार-बार वे ही कहानियाँ दोहराते थे या पुरानी कहानियों को नया करने के लिए हर बार उनमें इजाफ़ा करते जाते थे। एक समय था जब बालक होसे सोचता था कि उसके नाना दुनिया की सब बातें जानते हैं।

जब सुबह होती, चिड़िया चहकने लगती, उनके नाना उन्हें सोता छोड़कर अपने पशुओं के साथ खेतों की ओर निकल जाते। चौदह वर्ष की उम्र तक सारामागो ने जूते नहीं पहने थे और वे नंगे पैर अपना खुरदुरा कंबल समेट कर घर की ओर जाते जहाँ उनकी नानी पहले ही उठ चुकी होती थीं और उनके लिए एक बड़े कटोरे में कॉफ़ी-ब्रेड लिए इन्तजार कर रही होतीं। पहले वे सोचते थे कि उनकी नानी बुद्धिमान तो हैं मगर नाना की तुलना में वे ठहर न पातीं। नाना अंजीर के पेड़ के नीचे लेटे कुछ ही शब्दों में उनको दुनिया घुमाते और उनकी दुनिया उथल-पुथल कर देते थे, नानी ऐसा नहीं करती थीं। लेकिन बाद में, बहुत सालों के बाद, जब उनके नाना

गुजर गए, वे स्वयं बड़े हो गए तब जा कर उन्हें नानी का महत्त्व पता चला। उन्हें ज्ञात हुआ कि उनकी नानी स्वप्नों में विश्वास करती थीं। नाना की मृत्यु के बाद वे घर में अकेली रहती थीं और वहीं एक दिन अपनी झोपड़ी के दरवाजे पर बैठी हुई बड़े और छोटे तारों को निहारते हुए उन्होंने कहा था, 'दुनिया कितनी सुन्दर है और कितने दुख की बात है कि मुझे मरना है।' वे मरने से डरती नहीं थीं पर मरना दुखद था। अपने कठोर जीवन के अन्त की ओर जाते हुए उपहार के रूप में उन्होंने सौंदर्य को पाया था। वह दृश्य सारामागो के मन-मस्तिष्क पर सदा के लिए अंकित हो गया।

यह वह घर था जहाँ लोग सूअरों के साथ वैसे ही सोते जैसे लोग अपने बच्चों के साथ सोते हैं। जिस घर के लोग जीवन बिछुड़ने पर इसलिए दुखी होते क्योंकि ज़िन्दगी खूबसूरत है। सूअर पालने वाले सारामागो के नाना, कहानी सुनाने वाले नाना को जब भान हुआ कि मृत्यु आ रही है और उन्हें ले जाएगी तो वे अपने बाढ़े के हरेक पेड़ से विदा लेने गए। हर पेड़ को एक-एक कर उन्होंने गले लगाया, रोए और उससे विदा ली। कहा कि अब वे उन्हें नहीं देख पाएँगे। ये बातें आज पढ़ने वालों को बेकार की बकवास लग सकती हैं, मज़ाक लग सकती हैं। आज जीवन इतना ज्यादा यांत्रिक हो गया है, इतनी तेजी से भाग रहा है कि जानवरों और पेड़-पौधों की बात तो दूर है, हमें आदमियों से सम्बन्ध बनाने की फ़ुर्सत नहीं है। यदि संवेदनशील हृदय से इन बातों को पड़ा और अनुभव किया जाए तो भी ये किसी और दुनिया की, स्वप्न लोक की बातें लगती हैं। आज हम प्रकृति से कितना दूर हो गए हैं और इसका खामियाजा भुगत रहे हैं। जीवन का नैसर्गिक सौंदर्य हमने खो दिया है।

चीन में एक कहावत है, 'क्या अच्छा, क्या बुरा।' चीन के एक आदमी का एक घोड़ा उसके यहाँ से भाग निकला। जब लोगों ने इसके बारे में सुना तो कहा, 'अरे बड़ा बुरा हुआ।' लेकिन घोड़े वाला बोला. 'क्या बुरा, क्या अच्छा।' लोगों ने सोचा कि घोड़ा भाग जाने से इसका दिमाग फिर गया है तभी ऐसा कह रहा है। कुछ दिन बाद घोड़ा लौट आया, अपने संग एक घोड़ी लिए। यह देखकर लोगों ने कहा, 'वाह! ये तो बड़ा अच्छा हुआ।' घोड़े वाले ने फिर कहा, 'क्या अच्छा, क्या बुरा।' लोगों को वह फिर बड़ा विचित्र आदमी लगा। कुछ दिन बाद घोड़ा फिर से गायब था। लोग फिर कहने लगे, 'अरे! बड़ा बुरा हुआ।' घोड़े वाले ने फिर कहा, 'क्या बुरा, क्या अच्छा।' इस बार जब घोड़ा वापस आया तो उसके साथ घोड़ों का एक झुंड था। लेकिन घोड़े का मालिक फिर कह रहा था, 'क्या अच्छा, क्या बुरा।' जीवन ऐसा ही है कब क्या हो कहना कठिन है। जो होता है उसका नतीजा भी बताना कठिन है।

ऐसा ही कुछ 1947 में होसे सारामागो के जीवन में हुआ। 1947 में राजनैतिक कारणों से उन्हें अपनी असिस्टेंट एडीटर की नौकरी से हाथ धोना पड़ा। मगर उनका कहना था कि यह उनके लिए वरदान था। इससे उन्हें लाभ हुआ हानि नहीं। उनका कथन है, 'निकाले जाना मेरे जीवन का सबसे बड़ा सौभाग्य था। इसने मुझे रुक कर सोचने-विचारने का अवसर दिया। यह एक लेखक के रूप में मेरे जीवन का जन्म था।' होसे सारामागो यूरोप और ऑस्ट्रेलिया में बड़े चाव से पढ़े जाते हैं। पुर्तगाल और ब्राज़ील में ही उनकी किताबों की डेढ़ लाख प्रतियाँ बिक जाती हैं। वे एक ऐसी भाषा में लिखते हैं जिसे पूरी दुनिया में केवल 170 मिलियन लोग ही प्रयोग करते हैं। उन्हें अफसोस था कि वे केवल पुर्तगाली में ही लिख सकते थे इसीलिए वे अपने अनुवादकों के अनुग्रहीत थे। किताबों को वे अपनी सन्तान मानते थे। पति-पत्नी एक-दूसरे के पूरक होने चाहिए तभी दाम्पत्य सार्थक होता है। उनकी स्पैनिश पत्नी पिलार डेल रिओ उनके लेखन के साथ-साथ उनकी किताबों का स्पैनिश अनुवाद करती चलती हैं। और इस तरह एक साथ उनकी किताबें एक बहुत बड़े पाठक वर्ग तक पहुँच जातीं।

होसे सारामागो का जन्म 18 सितम्बर, 1922 को हुआ था। उनके पिता का नाम होसे डि सूज़ा और माता का नाम मारिया ड पिएडाडे था। उनका अपना नाम भी होसे डि सूज़ा हो सकता था यदि रजिस्ट्रार ने अपनी मनमर्जी से यह सारामागो न जोड़ दिया होता। असल में सारामागो उनके पिता के इलाके में पाया जाने वाला एक जंगली पौधा है, जिसका गरीब लोग खाने के लिए प्रयोग करते थे। उनके पिता का परिवार इसी पौधे के नाम से जाना जाता था अत: जब बच्चे का नाम लिखने का समय आया तो रजिस्ट्रार ने उनके नाम के सामने डि सूज़ा न लिख कर सारामागो लिख दिया और सात साल की उम्र में जब पहली बार स्कूल जाने के सिलसिले में उनके दस्तावेज स्कूल में प्रस्तुत किए गए तब उन्हें ज्ञात हुआ कि उनका पूरा नाम होसे डि सूज़ा सारामागो है। पढ़ने में तेज थे और लिखने में वर्तनी की कोई भूल कहीं करते थे। उन्हें कक्षा तीन में डबल प्रमोशन मिला और इस तरह उन्होंने कक्षा तीन और चार की पढ़ाई एक साल में ही पूरी कर ली। लेकिन आर्थिक कारणों से शिक्षा जारी न रह सकी। पिता ने 1924 में खेती छोड़ कर लिस्बन में रहना निश्चय किया। लिस्बन जाने के बाद उन लोगों की माली हालत थोड़ी सुधरी। वहाँ जाते ही उन लोगों पर दुख का पहाड़ टूट पड़ा। होसे से दो साल बड़ा उनका भाई फ्रांसिसको गुजर गया।

उन्नीस वर्ष की अवस्था में होसे सारामागो पहली बार किताब खरीद सके, वह भी एक दोस्त से राशि उधार लेकर। मात्र अपनी उत्सुकता और सीखने की इच्छा के कारण उन्होंने पढ़ने की आदत विकसित की और खुद को सुसंस्कृत बनाया।

लिखने के साथ-साथ वे खूब पढ़ते थे न केवल उन्होंने खुद को शिक्षित किया वरन् घर में एक बहुत बड़ी लाइब्रेरी बनाई जिसमें प्राचीन तथा आधुनिक विश्व साहित्य की किताबें भरी पड़ी हैं। अपने स्वतन्त्र विचारों के कारण उन्हें बहुत परेशानियाँ झेलनी पड़ीं। 1944 में जब उनकी शादी हुई तब तक वे कई पेशे बदल चुके थे। उनकी पहली पत्नी इल्डा रे रेलवे कंपनी में टाइपिस्ट थीं। 1988 में उनका तलाक हो गया। उसी साल उन्होंने स्पैनिश पत्रकार पिलार डेल रिओ से विवाह किया। 1947 में उनके जीवन में एक साथ कई महत्त्वपूर्ण बातें हुईं। नौकरी से निकाला जाना। उनकी एकमात्र बच्ची वियोलाटे का जन्म तथा उसकी पहली पुस्तक 'कंट्री ऑफ़ सिन' का प्रकाशित होना। वैसे तो इस किताब ने बिक्री के ख्याल से ज्यादा लाभ दिया किन्तु उन्हें साहित्य से जोड़ दिया और वे वेल्डिंग का काम छोड़कर एक साहित्यिक पत्रिका से जुड़ गए।

जब वे निरन्तर लिखने लगे तो उपन्यास उनकी विधा बनी। उनकी दृष्टि में उपन्यास एक समुद्र की भाँति होता है जिसमें विज्ञान, दर्शन, कविता, कहानी सब धाराएँ आ कर मिलती हैं। उपन्यास मात्र कहानी कहना नहीं है। 1993 से उन्होंने डायरी लिखनी प्रारम्भ की और उसकी पाँच से अधिक भाग तैयार हुए। 1998 में 76 साल की उम्र में उन्हें नोबेल पुरस्कार मिला। अक्सर नोबेल पुरस्कार मिलने तक लेखक चुक जाते हैं लेकिन सारामागो ने इसके बाद भी लिखना जारी रखा। नोबेल मिलने के बाद 2001 में 'ला कावेमा' तथा 2002 में 'एल होम्ब्रे डुप्लीकाडो' उनकी पुस्तकें आई। 2008 में उनकी जीवनी का प्रथम भाग 'लिटिल मेमोरीज' प्रकाशित हुआ। होसे सारामागो ने अपने बचपन में अपने नाना से कहानियाँ सुनी थीं आगे चलकर नाना की कहानियाँ और नाना का जीवन, नाना के आस-पास का परिवेश उनके लेखन का प्रेरणा स्रोत बना। बचपन के अपने इन्हीं अनुभवों को उन्होंने 'लिटिल मेमोरीज' में चित्रित किया है।

एमिली ज़ोला तथा ओनरे ड बाल्ज़ाक की तर्ज पर वे अपनी किताबों में पहले खूब राजनैतिक-ऐतिहासिक बातें भरते थे लेकिन बाद में उन्होंने अपनी शैली विकसित की। हालाँकि बाद में भी उनका काम राजनीति से प्रेरित रहा। 18 साल तक वे केवल यात्रा वृतांत और कविताओं की किताबें लिखते रहे। 1966 में 'पोसीबल पोयम्स' के साथ उनकी वापसी हुई। फिर तो काम चल पड़ा। 'प्रोबबली जॉय', 'फ़्रॉम दिस वर्ल्ड एंड दि अदर', 'द ट्रेवल्स बैगेज' तथा अखबारों को लिखे आलेख के दो संग्रह आए। आलोचकों का कहना है कि होसे सारामागो को समझने के लिए इन आलेखों को पढ़ना अत्यावश्यक है। आय बढ़ाने तथा मन भाने के कारण उन्होंने खूब अनुवाद कार्य किया। कोलेट, मॉपासा, टॉल्सटॉय, बाडलेयर, हीगल और न जाने किस-किस को अनुवादित कर डाला। इसके साथ ही साहित्यिक

आलोचना कार्य भी बखूबी निभाया। 1969 में प्रतिबन्धित कम्युनिस्ट पार्टी की सदस्यता ग्रहण की लेकिन पार्टी के प्रति आलोचनात्मक रवैया बना रहा। उन्हें ख्याति बहुत देर से मिली। 1988 में जब 'बाल्टाज़ार एंड ब्लिमुंडा' इंग्लिश में अनुवादित हुई तब जा कर दुनिया को उनका पता चला और उन्हें अन्तरराष्ट्रीय ख्याति मिली। वैसे यह किताब 1982 में उनकी अपनी भाषा पुर्तगाली में प्रकाशित होकर अपने भाषा भाषियों के बीच प्रशंसित और समादृत हो चुकी थी। आज उनकी किताबें दुनिया की करीब बीस भाषाओं में प्राप्त हैं। एक मैकेनिक, सिविल सर्वेंट, मेटलवर्कर, प्रोडक्शन मैनेजर, न्यूजपेपर मैनेजिंग डॉयरेक्टर से होते हुए वे साहित्यकार बने और नोबेल के मंच तक पहुँचे। लेकिन वे सदा सत्ता के प्रतिपक्ष में खड़े रहे। एक प्रतिबद्ध कम्युनिस्ट बने रहे। उनकी विचारधारा सदैव स्पष्ट रही, उसमें कोई कंपन नहीं आया।

जिस व्यक्ति ने देश के इतिहास में संशोधन की हिमाकत की हो और इतने पर ही न रुक गया हो, भविष्य को भी सुधारने का प्रयास किया हो, उसे यदि नोबेल पुरस्कार मिलता है तो अपने स्वार्थ के लिए यथास्थिति को बरकरार रखने वालों को यह कदापि सहन न होगा। जब 1998 में होसे सारामागो को साहित्य के लिए नोबेल पुरस्कार मिला तो न केवल उनके देश पुर्तगाल वरन् यूरोप के अन्य देशों तथा अमेरिका में भी खूब हलचल मची। यह हलचल सकारात्मक न थी। यह हलचल उनकी मार्क्सवादी विचारधारा को लेकर थी। जहाँ, उनकी मार्क्सवादी विचारधारा को लेकर उनकी खूब आलोचना हुई। और इस हंगामे में उनके रचनात्मक कार्य को अनदेखा करने का काम जमकर किया गया। सबसे ज्यादा परेशानी हुई धर्म के ठेकेदारों को। वतिकान ने सरेआम इसकी आलोचना की। और जब वतिकान किसी बात के ख़िलाफ़ हो तो पश्चिम के बहुत कम अखबार और आलोचक उस बात का समर्थन करने की हिम्मत जुटा पाते हैं। नतीजन अखबारों के लेख और सम्पादकीय में भी उनके कार्य का सही मूल्यांकन होने के स्थान पर मात्र उनकी आलोचना ही प्रकाशित होती रही। सारामागो मात्र मार्क्सवादी कठमुल्ला नहीं थे। यदि उनके साहित्य का निरपेक्ष रूप से मूल्यांकन किया जाए तो यह बात स्पष्ट होती है कि वे मार्क्सवाद की रूढ़ियों का समर्थन नहीं करते हैं, वरना जब भी ऐसा मौका आता है वे अपने लेखन में इसका विरोध करते नज़र आते हैं। धार्मिक कठमुल्लाओं की आँख में तो वे काफ़ी पहले से गड़ रहे थे। उन पर पुर्तगाल के ईसाइयों की भावनाओं का अपमान करने का आरोप लगा था। उन्हें 'हठी कम्युनिस्ट', 'धर्म विरोधी' जैसे विशेषणों से नवाजा गया था।

उनके अनुसार एक पेंटर पेंट करता है, संगीतकार संगीत रचता है, उपन्यासकार उपन्यास लिखता है। सबका अपना-अपना प्रभाव होता है। हमारा काम ऐसी बातों में

शामिल होना है जो परिवर्तन लाती हैं। वे स्वयं को सामाजिक और राजनैतिक बातों से बाहर रखने की कल्पना नहीं कर पाते थे। उनके अनुसार यह सही है कि वे एक लेखक हैं मगर वे इस दुनिया में रहते भी हैं। उनके लेखन का अस्तित्व इस दुनिया के बाहर नहीं है। वे खूब यात्राएँ करते, ये यात्राएँ वैसे तो अपनी किताब के प्रचार-प्रसार के लिए होती। वे बात की शुरुआत भी अपनी नई आई किताब से करते लेकिन शीघ्र ही असली मुद्दे पर आ जाते। साहित्य से निकल कर राजनीति की बात करने लगते। आज की दुनिया की गर्हित परिस्थितियों पर चर्चा करने लगते। भूमंडलीकरण की जमकर आलोचना करते। उन्हें प्रजातन्त्र की समस्या पर बोलना अच्छा लगता था। वे नहीं मानते थे कि सच में प्रजातन्त्र है। उनका कहना था कि हम प्रजातन्त्र के द्वारा नहीं वरन् संस्थाओं द्वारा शासित होते हैं। वे गिनाते कि दुनिया वर्ल्ड बैंक, इंटरनेशनल मोनेटरी फ़ंड, वर्ल्ड ट्रेड ऑर्गनाइजेशन आदि के द्वारा शासित होती है। हम मुगालते में रहते हैं कि प्रजातान्त्रिक शासन है। असल में हम प्लूटोक्रेसी मतलब धनिकों की सरकार द्वारा शासित होते हैं। ये बातें वे बहुत पहले से कह रहे थे मगर आज यह सच्चाई सब पर खुल चुकी है कि असल शासक धनी वर्ग यानि पूँजीपति ही हैं। वे आह्वाहन करते हैं कि समझदार नागरिक होने के कारण हमें वोट डालने अवश्य जाना चाहिए मगर अगर हम वास्तव में दुनिया बदलना चाहते हैं तो 'ब्लैंक वोट' डालना चाहिए ताकि पता चले कि हम नाखुश हैं। इससे भी आगे बढ़ कर वे सुझाव देते हैं कि हमें सड़कों पर उतर कर प्रदर्शन करना चाहिए। वे गरीबी, बेरोजगारी की बात करते हुए बहुत उत्तेजित हो जाया करते थे। तीन सौ धनी लोगों के पास उतना धन है जितना 40 प्रतिशत गरीबों के पास कुल मिलाकर नहीं है। जिस दुनिया में युद्ध, असमानता, अन्याय है, जहाँ रोज लाखों लोग अपमानित होते हैं, जहाँ लोगों की ज़िन्दगी में कोई आशा नहीं है, जीने का कोई मकसद नहीं रह गया है ऐसी दुनिया के विरोध का प्रदर्शन होना चाहिए ऐसा उनका दृढ़ मत था। सत्ता में बैठे लोगों को मालूम होना चाहिए कि लोग खुश नहीं हैं। उन्होंने अपने विचारों में मानवाधिकार हनन के मामलों का खुलकर विरोध किया।

उन्होंने अपने नाना-नानी के स्थान के लोगों, एलेंटेजो के लोगों का चित्रण किया। ये लोग दरिद्रता में जीवन बिताने को अभिशप्त थे। सारामागो ने इनकी कथा कही और खूब कही। हम सभ्य लोग जिसे जीवन कहते हैं वह भी इन लोगों को नसीब न था। सारामागो इन्हीं सामान्यजन को अपने साहित्य का विषय बनाते हैं। वे दिखाते हैं कि कैसे चर्च सामान्यजन का शोषण करता है, धोखा देता है। यह सब उन्होंने अपनी आँखों से देखा था, अनुभव किया था। इन सब बातों को उन्होंने अपने साहित्य में दिखाया भी। कैसे इन सीधे-सादे लोगों को पुलिस दिन-रात तंग करती है। कैसे ये लोग अक्सर अन्याय का शिकार होते हैं। ये कहानियाँ मात्र पुर्तगाल के

सामान्य जन की न रहकर दुनिया के सब अभावों वाले जीवन की कहानियाँ बन जाती हैं। क्या यह हमारे अपने देश की कहानी नहीं है? दुनिया के किस देश में गरीब दमन-शोषण का शिकार नहीं हैं? अपने उपन्यास 'रिजन फ्रॉम द ग्राउंड' में सारामागो अपने बचपन के गाँव के एक परिवार बाडवीदरस की तीन पीढ़ियों की कहानी कहते हैं।

'बाल्टाजार एंड ब्लिमुंडा' और 1988 में आए उनके उपन्यास 'इयर ऑफ़ द डेथ ऑफ़ रिकार्डो राइस' ने उन्हें विश्व साहित्य में स्थापित कर दिया। उनकी ख्याति पुर्तगाल के बाहर यूरोप तथा अमेरिका तक पहुँच गई। इसके तत्काल बाद उन्होंने एक और उपन्यास 'द स्टोन राफ़्ट' लिखा। इसमें वे एक रूपक रचते हैं कि पुर्तगाल का एक प्रायद्वीप आइबेरिया, पूरे यूरोप से छिटक कर एक बड़े टापू के रूप में तैर रहा है। बिना किसी पतवार या पाल के अटलांटिक महासागर में दक्षिण की ओर बहा जा रहा है। यह जमीन और पत्थरों का ढेर है जिसमें नगर, गाँव, नदियाँ, फ़ैक्टरीज और जंगल-झाड़ियाँ तथा लोगबाग और जानवर सब हैं। अपनी लैटिन अमेरिकी परम्पराओं की तलाश में ये सब एक नए यूटोपिया के लिए बहे जा रहे हैं। वे अमेरिकी दमघोटूँ शासन से छुटकारा पाने की दिशा में संकेत कर रहे हैं। अमेरिकी चौधराहट से सारे-के-सारे लैटिन अमेरिकी देश और अब यूरोपियन यूनियन के कुछ देश भी परेशान हैं। विकासशील देशों की तो बात ही क्या करना। कुछ आलोचक इसे यूरोपियन यूनियन से अलग हट कर अपने अस्तित्व की तलाश मानते हैं। इसमें शक नहीं कि उनकी किताबें राजनैतिक रूपक हैं। इसमें उनका स्वर व्यंग्यात्मक है, प्रधानमन्त्री, राष्ट्रपति, पर्यटन अधिकारी, यूरोपियन कम्युनिटी आदि तमाम लोगों के विचार इसमें व्यक्त हुए हैं। कुत्ता 'स्टोन राफ़्ट' में एक प्रमुख पात्र है।

हमारे देश में सत्ताधारी राजनैतिक पार्टियों ने इतिहास की किताबों में उलट-फेर करके इतिहास को एक मखौल बना दिया है। ऐसे में होसे सारामागो की किताब 'हिस्ट्री ऑफ़ द सीज ऑफ़ लिस्बन' पढ़ना मनोरंजक और आँख खोलने वाला दोनों अनुभव हो सकता है। इसमें एक प्रूफ़ रीडर इसी नाम की किताब की प्रूफ़ रीडिंग कर रहा है। लिस्बन के इतिहास को बदल डालने वाले इस प्रौढ़ प्रूफ़ रीडर राएमुंडो सिल्वा को सारामागो ने नायक बनाया है। वे स्वीकारते हैं कि यह चरित्र वास्तव में काफ़ी हद तक वे स्वयं हैं। किताब में नायक निश्चय करता है कि जो भी 'हाँ' है वह उसे 'न' में बदल देगा। होसे सारामागो इतिहास और साहित्य दोनों से खिलवाड़ करते हैं, ये खिलवाड़ गम्भीर किस्म के हैं। पेन की जरा-सी लकीर से वे इतिहास की पूरी धारा बदल देते हैं।

कैथोलिक कट्टरपंथियों के गले उनका उपन्यास 'द गॉस्पल अकोर्डिंग टू जीसेस क्राइस्ट' न उतरा और उन लोगों ने पुर्तगाल सरकार पर दबाव बनाया और

इसके प्रतियोगिता में जाने पर अवरोध लगवा दिए। इतने पर भी धर्मावलंबियों को चैन न मिला। सरकार से इस पुस्तक को प्रतिबन्धित भी करा दिया। इस उपन्यास को लेकर बंदिशें और विवाद इतना बढ़ गया कि तंग आ कर उन्होंने अपना देश ही छोड़ दिया। जब उनके काम की आलोचना हुई, वे सत्ता की आँख में गड़ने लगे, धर्म और राजनीति के ठेकेदारों को उनसे परेशानी होने लगी तो वे अपना विरोध दर्ज कराने के लिए अपनी धरती छोड़कर कैनरीज में लैंजारोट के टापू पर रहने लगे। वे सदैव धारा के विपरीत चले जिसका खामियाजा उन्हें भुगतना पड़ा। मगर प्रतिबद्ध आदमी जानता है कि वह जो कर रहा है उसका दायित्व भी उसे ही लेना है। और वह लेता भी है। होसे सारामागो ने सत्ता में बैठे लोगों से सदा पंगा लिया। उनका स्वभाव ही ऐसा था कि वे बेकार की खी खी खी नहीं करते ते और न ही लोगों से झूठमूठ को दिखावे के लिए गले मिलते थे। वे जबरदस्ती दोस्ती का दिखावा भी नहीं किया करते थे।

होसे सारामागो की 'द गॉस्पल अकोर्डिंग टू जीसेस क्राइस्ट' देवताओं और देवदूतों की प्रेरणादायक कहानियाँ नहीं हैं अपितु कुछ मनुष्यों की कहानियाँ हैं जो एक ताकत के गुलाम हैं, जिसके ख़िलाफ़ वे लड़ते हैं, लेकिन जिसे वे पराजित नहीं कर सकते हैं। इस उपन्यास में एक स्थान पर वे कहते हैं, 'अपराधबोध (गिल्ट) एक भेड़िया जो अपने पिता को निगलने के बाद अपने बच्चे को खाता है। जिस भेड़िए की बात तुम कर रहे हो वह पहले ही मेरे पिता को खा चुका है। जल्दी ही तुम्हारी बारी आएगी। और तुम्हारा क्या, तुम हमेशा से भकोसे गए हो, न केवल भकोसे गए हो बल्कि वमन भी किए जा चुके हो।' सारामागो जे जीसेस लालसा में फ़ँसते हैं। लेखक बाइबिल की कुछ खामियों-कमियों पर ध्यानाकर्षित करता है, जैसे हरोद को मरते समय बच्चों को मारने की क्यों सूझी? जब कि बच्चा राजा बनकर राज्य करेगा, यह भविष्यवाणी सदियों पहले हुई थी और उसे यह ज्ञात थी। लेखक एक सरल-सा प्रश्न प्रस्तुत करता है जोसेफ़ ने अपने बच्चे को बचाया लेकिन दूसरों को यह खबर क्यों नहीं दी कि उनके बच्चों पर खतरा है? जोसेफ़ इस दोष से स्वयं को कभी मुक्त न कर पाया। इतना ही नहीं अपनी मृत्यु के समय वह यह अपराधबोध अपने बेटे जीसेस को दे जाता है। होसे सारामागो ने चारों गोस्पल से बहुत अलग एक कहानी रची है। यह कहानी धार्मिक न होकर मानवीय और मनोवैज्ञानिक अधिक है।

प्रश्न पूछना एक बहुत बड़ी विशेषता है, कुछ जानने, सीखने के लिए मन में प्रश्न उठना अनिवार्य है। खासतौर पर धर्म की तथाकथित अवधारणा के प्रति प्रश्न उठना बहुत स्वाभाविक है लेकिन ये प्रश्न कट्टरपंथियों को नागवार गुजरते हैं और वे तत्काल प्रश्नकर्ता का मुँह साम-दाम-दंड-भेद की नीति अपना कर बन्द कर देना

चाहते हैं। होसे निरन्तर प्रश्न उठाते हैं, 'ईश्वर कौन है?', 'वह बुराई, दरिद्रता और दुख क्यों देता है?', 'ईश्वर तथा शैतान का कितना निकट का सम्बन्ध है?' आदि, आदि। ईसाई धर्म पितृसत्तात्मक धर्म है, दुनिया के तकरीबन सारे धर्म पितृसत्तात्मक धर्म हैं। ईसाइयत में ईश्वर की कल्पना एक बहुत कठोर व्यक्ति के रूप में की गई है। सारामागो का ईश्वर बहुत कठोर है, वह मनुष्यों को दास की तरह प्रयोग करता है। 'हाँ' की बनिस्बत 'न' का अधिक प्रयोग करता है। सारामागो के जीसेस गॉड के खिलाफ़ विद्रोह की बात सोचते हैं। वे कोशिश करते हैं लेकिन अन्त में जीत ईश्वर की होती है। जीसेस क्रिश्चियनिटी के नाम पर खून बहाने का कारण बनते हैं। इस पुस्तक में जीसेस के पुनः उठ खड़े होने, 'रिजरक्शन' की बात नहीं है। इस पुस्तक का अन्त आते तक लेखक काफ़ी क्रोध में है। वह चुनौतियाँ प्रस्तुत करता है, मनोरंजन करता है और चौंकाता है। इसे पूरा पढ़कर ही पूरी तरह समझा जा सकता है। आलोचक कोबेर्ट कहते हैं कि यह किताब अवमाननापूर्ण, गहन-गम्भीर, सन्देहजनक, विनोदपूर्ण, विधर्मी, गहन दार्शनिक, भड़काने वाली तथा विवश करने वाली है। 'द गॉस्पल अकोर्डिंग टू जीसेस क्राइस्ट' के विषय पर ही नोर्मन मेलर का 'गॉस्पल अकोर्डिंग टू द सन', निकस कजनजाकिस का 'द लास्ट टेम्प्टेशन ऑफ़ जीसेस क्राइस्ट' जे एस बाख का 'द पैशन अकोर्डिंग टू सेंट मैथ्यू' तथा एर्नेस्ट रेनेन का 'लाइफ़ ऑफ़ जीसेस' भी आधारित है। परन्तु इन सब के ट्रीटमेंट बहुत भिन्न-भिन्न हैं।

अपने उपन्यास 'ब्लाइंडनेस' में होसे सारामागो न केवल अन्धेपन की शारीरिक समस्याओं को उठाते हैं वरन् मनोवैज्ञानिक परेशानियों को भी बड़ी शिद्दत और खूबसूरती के साथ प्रस्तुत करते हैं। इसमें एक अनजान स्थान के सब व्यक्ति एक-एक कर के अन्धेपन का शिकार हो जाते हैं, एक पात्र को छोड़कर। यही पात्र उनके संरक्षण, अगुआई और कथावाचक का काम करता है। यह अन्धापन विचित्र है, इसमें लोगों को सब कुछ सफ़ेद दीखता है मानो दूध का चहबच्चा हो। यह अन्धत्व छुतहरा है। इस अन्धत्व के करण पूरा सिस्टम ठप्प पड़ जाता है। सारी व्यवस्था चरमरा उठती है। अन्धत्व सीमित करता है और प्राकृतिक अवस्था की ओर ले जाता है। होसे देखने और अवलोकन-निरीक्षण के फ़र्क की ओर ध्यान आकर्षित करते हैं। यह एक रूपक है। इसकी तुलना अल्बर्ट कामू के 'प्लेग', काफ़्का के 'ट्रायल' विलियम गोल्डिंग के 'लॉर्ड ऑफ़ द फ़्लाइज' तथा एच. जी. वेल्स के 'द कंट्री ऑफ़ द ब्लाइंड' से की जाती है। कामू की तरह वे बीमारी को सामाजिक और राजनीतिक संकट के रूप में प्रस्तुत करते हैं। जब सारी व्यवस्था ठप्प हो जाएगी तब शायद हमें एक-दूसरे का, प्रकृति का महत्त्व ज्ञात होगा। होसे की यह कृति सोचने पर मजबूर करती है। जो दृश्य वे इस उपन्यास में दिखा रहे हैं, वह असम्भव तो नहीं

है, अभी हम सच में अन्धे हैं। यह तर्क के प्रति अन्धत्व का प्रस्तुतिकरण है। वे स्वयं कहते हैं कि हम तार्किक लोग हैं। मगर खुद तार्किक तरीके से व्यवहार नहीं करते हैं। अगर हम तार्किक तरीके से व्यवहार करें तो दुनिया में कोई भूखा नहीं रहेगा। यही बात कुछ दूसरे शब्दों में एक अन्य नोबेल विजेता गुंटर ग्रास कहते हैं। ग्रास कहते हैं कि आज हमारे पास इतनी क्षमताएँ हैं फिर भी लोग भूखों मर रहे हैं क्योंकि कोई इस समस्या का हल खोजने में रुचि नहीं रखता है। एक अन्य नोबेल विजेता नजीब महफ़ूज भी दुनिया के भूखे लोगों की बात करते हैं। ये सब लेखक दुनिया की इस विकराल समस्या की ओर ध्यान आकर्षित करते हैं। 'ब्लाइंडनेस' की अगली कड़ी 'सीइंग' होसे सारामागो ने 2004 में लिखी।

होसे सारामागो का मानना था कि लिखित को सही तरीके से स्क्रीन पर उतारना, उसके साथ न्याय करना, सम्भव नहीं है। अपने उपन्यास 'ब्लाइंडनेस' पर फ़िल्म बनाने के लिए इसीलिए वे पहले राजी नहीं थे। उनके अनुसार इस रचना में प्रचंड अत्याचार का चित्रण है, सामाजिक विकृतियाँ अपने चरम पर हैं। शोषण, बलात्कार का वर्णन है, जिसे परदे पर दिखाना, पूरी तौर पर दिखाना उचित न होगा। उन्हें किसी अयोग्य हाथ में पढ़कर कृति के नष्ट हो जाने का भी खतरा था। अत: उन्होंने मैरेलस, वूफ़ी गोल्डबर्ग, गील ग्रासिया बेरनाल जैसे कई प्रसिद्ध निर्देशक और निर्माताओं को अपनी किताब पर फ़िल्म बनाने का अधिकार देने से इनकार कर दिया। लेकिन 1999 में निर्माता निव फ़िचमैन और स्क्रीनप्ले राइटर डॉन मैक्केलर ने उन्हें इस बात के लिए राजी कर ही लिया।

फ़िल्म 'ब्लाइंडनेस' में एक ओर दैवी (सकारात्मक) नेतृत्व है जिसमें डॉक्टर (मार्क रडालो), उसकी पत्नी (जूलियन मूर), वेश्या (एलिस ब्रागा), चोर (मैक्केलर), बूढ़ा (डैनी ग्लोवर), बच्चा (मिशेल नाए) तथा जापानी जोड़ा (युसुके इसेया एवं योशिनो किमूरा) हैं, तो दूसरी ओर एक भीड़ है जिसका नेतृत्व आसुरी (नकारात्मक) मयखाने में काम करने वाला एक आदमी (गील ग्रासिया बेरनाल) कर रहा है। यह आदमी बहुत क्रूर, स्वार्थी और तानाशाह प्रवृत्ति का है। उसका सहायक एक लेफ़्टिनेंट (मौरी शायकिन) है, सहायक की विशेषता है कि वह जन्मांध है अत: उसकी घ्राण-शक्ति एवं अन्य संवेदनाएँ अत्यंत तीव्र हैं। इस दल के द्वारा दूसरे दल की सारी कीमती चीजें खाने के एवज में उतरवा ली जाती हैं। स्त्रियों के संग ये बहुत क्रूर व्यवहार करते हैं।

फ़िल्म के अन्त में आसुरी प्रवृत्ति का आसुरी अन्त होता है। पूरा अस्पताल आग की चपेट में आ जाता है। बचे हुए लोगों को बाहर आने पर काफ़ी परेशानियों का सामना करना पड़ता है क्योंकि पूरा शहर नष्ट हो चुका है। आदमी और जानवर का फ़र्क समाप्त हो गया है। फ़िल्म बाहर से अधिक भीतर चल रही उथल-पुथल

पर ध्यान केन्द्रित करती है। जब भीतर का समूह बाहर आता है तभी बाहर का दृश्य नज़र आता है। मुसीबत के समय कायम हुआ यह परिवार जीवित रहता है और एक दिन आता है जब उनकी दृष्टि लौटने लगती है। इसे एक मिथक के रूप में देखा जा सकता है। क्योंकि इसमें किसी भी चरित्र का कोई नाम नहीं है, इसमें वे डॉक्टर, उसकी पत्नी, चोर आदि संज्ञाओं से जाने जाते हैं। यह फ़िल्म 2008 के कॉन समारोह की ओपनिंग फ़िल्म थी। जब स्क्रीनप्ले राइटर मैक्केलर ने लेखक होसे सारामागो से पूछा कि डॉक्टर की पत्नी जिसकी आँखें सही सलामत हैं, परिस्थिति से लड़ने में उतना वक्त क्यों लगाती है? तो उनका उत्तर था कि वह पहले इस बात को समझती ही नहीं है कि समस्या से जूझना उसकी जिम्मेदारी है। उसे इस बात की समझ धीरे-धीरे आती है। पहले वह मात्र अपने पति की चिन्ता करती है, फिर अपने नए परिवार की और फिर आगे चलकर वह पूरे वार्ड की जिम्मेदारी उठाती है। क्या आँख वाले अपना दायित्व समझने में समय नहीं लगाते हैं? क्या सब आँख वाले अपनी जिम्मेदारी समझते हैं? जिस दृश्य को होसे सारामागो दिखा रहे हैं वह अभी उपस्थित नहीं है लेकिन वह असम्भव नहीं है। फ़िल्म में ये आप्त वचन कहे नहीं गए हैं परन्तु उपन्यास की समाप्ति की ये पंक्तियाँ दृष्टव्य हैं, 'मैं नहीं सोचता कि हम अन्धे हुए थे, मैं सोचता हूँ कि हम अन्धे हैं, अन्धे मगर देखने वाले। अन्धे देख सकते हैं, पर देखते नहीं हैं।'

1997 में होसे सारामागो ने 'ऑल द नेम्स' लिखा जिसमें उन्होंने काफ़्का के ब्यूरोक्रेटिक भूलभुलैया को अपनी श्रद्धांजलि दी है। इसमें एक अदना-सा ऑफ़ीसर एक नाम से ग्रसित होकर एक अनजान औरत को खोजना शुरू करता है और इस क्रम में उसके हाथ लगती हैं ढेर सारी गड़बड़ियाँ और ढेर सारी परेशानियाँ। 'ऑल द नेम्स' और 'द केव' दोनों में सारामागो ब्यूरोक्रेसी के कारण व्यक्तित्व की विशिष्टता के छीजते चले जाने, धीरे-धीरे नष्ट होते चले जाने को अपना कथानक बनाते हैं।

भाषा से खेलना होसे सारामागो की एक विशेषता है। वे इंवर्टेड कॉमा का प्रयोग नहीं करते हैं और स्वयं कहते हैं कि 'शायद वे उपन्यासकार नहीं हैं, बल्कि एक निबन्धकार हैं जो उपन्यास इसलिए लिखता है क्योंकि उसे निबन्ध लिखना नहीं आता है।'

सारामागो पर विस्तार से काम करने वाले बॉब कोर्बेट के अनुसार वे हमारे समय के एक महान किस्सागो हैं। अतियथार्थवाद (मैजिक रियलिज़्म) का सफल प्रयोग करने के कारण उनकी तुलना गैब्रियल गार्षा मार्केस से की जाती है। दोनों ही ऐतिहासिक पात्रों को काल्पनिक चरित्रों का बाना पहनाते हैं। लेकिन भाषा और विषय की दृष्टि से वे मार्केस से भिन्न हैं। होसे सारामागो की तुलना अन्य कई महान

साहित्यकारों जैसे जॉर्ज लुई बोर्गस, फ्रैंक काफ़्का, फ़ेनार्डो पेसुआ तथा सलमान रुश्दी से भी की जाती है। कुछ आलोचक उन्हें अति बौद्धिक और तार्किक मान कर खारिज कर देते हैं। मगर खरी-खरी कहने वाले को क्या इस तरह खारिज किया जा सकता है? कुछ लोग उन्हें निराशावादी लेखक मानते हैं। जो लोग होसे सारामागो की किताब में विराम चिह्नों को लेकर शिकायत करते हैं उनसे सारामागो का कहना है कि वे उनकी किताब को जोर-जोर से बोलकर पढ़ें क्योंकि उनकी किताबें लयात्मक हैं जो बोलकर पढ़ने पर किताब का असली मजा देंगी। उनका कहना है कि वे मौखिक लेखन करते हैं, जैसे लोग एक-दूसरे को कहानियाँ सुनाते हैं। गुंटर ग्रास के अनुसार भी लेखन 'कहने' की कला है।

सत्ता में बैठे लोग भले ही होसे सारामागो की बातों से सहमत न हों, उन्हें खारिज करते हों, लेकिन वे सदा खरी-खरी कहते रहे। इसीलिए पाठक उन्हें पसन्द करता है और आने वाली पीढ़ियाँ उनके निर्भीक विचारों के लिए उन्हें अवश्य पढ़ती रहेंगी। होसे सारामागो को उनके बेवाक लेखन के लिए सराहती रहेंगी। अभी तो उन्हें हमारी श्रद्धांजलि!

हेरॉल्ड पिंटर

मंच से प्रस्थान

चार दशक से ज्यादा ब्रिटिश मंच पर शासन करने वाले नाटककार हेरॉल्ड पिंटर का क्रिसमस की पूर्व संध्या, 24 दिसम्बर, 2008 को कैंसर से देहान्त हो गया। एक बार किसी ने उनसे पूछा, 'कैसे हैं आज आप?' उत्तर में एक झन्नाटेदार प्रश्न आया, 'कैसा बेतुका प्रश्न है यह?' ऐसे थे हेरॉल्ड पिंटर। स्पोंटेनियस, त्वरित, निर्भीक। निर्भीक न होते तो क्या दुनिया के शक्तिशाली नेताओं की ऐसी खबर ले पाते? उन्होंने सत्ता की ज्यादतियों का सदा विरोध किया। यहाँ तक कि अपने नोबेल भाषण में भी अमेरिकी राष्ट्रपति जॉर्ज बुश और ब्रिटिश प्रधानमन्त्री टोनी ब्लेयर की जमकर आलोचना की। उन्हें सरे आम कटघरे में खड़ा किया। चुन-चुन कर राजनेताओं की कारस्तानियों का कच्चा चिट्ठा खोला। स्वयं प्रश्न पूछने और जनता को प्रश्न पूछने के लिए उकसाने वाले बहुत नहीं होते हैं। मौत उनके द्वारा पूछे गए प्रश्नों को शान्त नहीं कर सकेगी। साहित्यकार सदैव ऐसे प्रश्न पूछते रहेंगे। उनके द्वारा पूछे गए प्रश्नों से दुनिया के सबसे ज्यादा ताकतवर समझे जाने वाले राजनेता अवश्य तिलमिलाते होंगे। हेरॉल्ड पिंटर को अफसोस था कि उन्होंने ऐसे लोगों के लिए वोट डाले। राजनैतिक प्रतिरोध की आवाज़ कितनी सुनाई देती है? कितनों के पास ऐसी आवाज़ होती है?

हेरॉल्ड पिंटर एक साथ नाटककार, अभिनेता, निर्देशक, कवि और कुशल गद्य लेखक थे। लिखने की महत्त्वकांक्षा पाले इस व्यक्ति ने खूब लिखा। मनमाफिक लिखा और जब लगा कि बस अब हो गया तो लिखना बन्द भी कर दिया। 32 नाटक, एक उपन्यास, 22 स्क्रीनप्ले लिखने वाले पिंटर ने स्वयं अपने लिखने पर यह कहकर विराम लगा दिया कि बस अब बहुत हुआ। 'उन्तीस नाटक लिख लिए, क्या यह काफ़ी नहीं है?' और इसके बाद वे सक्रिय राजनीति में उतर गए। मानवाधिकारों के लिए प्रयासरत हो गए। वे अपने समय के एक सक्रिय राजनैतिक विचारों वाले प्रभावशाली व्यक्ति थे। उन्होंने अपने समय को बड़ी शिद्दत से जाना-समझा, घटनाओं को देखा-परखा और अपनी कथनी-करनी (लेखन) में व्यक्त किया। पिंटर ने खूब जमकर राजनैतिज्ञों की भाषा का अध्ययन किया और

फिर उसके छद्म का भंडा फोड़ किया। शक्तिशाली कैसे अल्पसंख्यक की भाषा-संस्कृति को नष्ट करते हैं, बेरहमी से कुचल देते हैं सब विस्तार से बताया। यह उनके नाटक 'माउंटेन लैंग्वेज' (1988) में देखा जा सकता है। विडम्बना यह है कि जब 1996 में लन्दन में कुर्दिश कलाकार इस नाटक का रिहर्सल कर रहे थे तब सिपाहियों ने प्रोप के लिए प्रयोग किए जा रहे हथियारों को जब्त कर अभिनेताओं को गिरफ़्तार कर लिया। उन्हें नाटक करने और अपनी भाषा में बोलने से मना किया।

अक्सर लोग कहते हैं कि जनता जो चाहती है वही उन्होंने उसे दिया। खासकर अगर उनकी रोजी-रोटी उस काम से चलती हो। लेकिन 'सदी के इंग्लिश प्लेराइट' ने यह नहीं दिया जो दर्शक चाहते थे वरना उस बात पर जोर दिया जो वे स्वयं देना चाहते थे। चरित्रों ने जीवित रहने के लिए जिस साफ़-सुथरे जीवन को निर्मित किया हुआ है उसके बरअक्स वे उनके आन्तरिक भय और उत्कंठित लालसाओं, अपराध-बोध तथा कठिन यौन प्रेरणाओं को अपने नाटकों में प्रस्तुत करते हैं। वे अपने नटकों में नृशंसता और अर्थहीनता को आमने-सामने रखकर रस लेते हैं। उनके नाटकों को 'धमकी की कॉमेडी' की संज्ञा दी जाती है। पिंटर का कहना है कि बात जो हम सुनते हैं, जो हम नहीं सुनते हैं वह उसके संकेत हैं। वार्तालाप के अन्तरालों को संवेदना के विस्फ़ोटक क्षेत्र में परिवर्तित करना उनकी एक विशेषता है। इसीलिए उनकी मृत्यु पर शोक सन्देशों के शीर्षक 'मास्टर ऑफ़ द मेनेसी पॉज', 'ड्रामटिस्ट ऑफ़ लाइफ़्स मेनेन्स' हैं। उनकी अपनी भाषा संवादों के बीच अन्तरालों के लिए जानी जाती है। इंग्लिश भाषा और साहित्य को उन्होंने 'पिटर्स्क ' जैसा शब्द दिया।

शब्दों की अहमियत को जानने-समझने वाले पिंटर शब्दों का और अन्तरालों का बड़ा सार्थक प्रयोग अपने नाटकों में करते हैं। हत्यारों को अपनी बेचैनी छिपाने के लिए अपने नाटक 'डम वेटर' में उन्होंने संवाद करते दिखाया है। इन संवादों की भाषा कमाल की है। कॉमेडी के शब्दों के नीचे खामोशियों, भय, बेचैनी और आशंका को छिपाने का प्रयास सबके बस की बात नहीं है। वे पात्रों की भीड़ इकट्ठी नहीं करते हैं। कम-से-कम चरित्रों से अपनी बात दमदार तरीके से कहलवाते हैं। अक्सर उनके पात्र एक कमरे में बन्द हो अपनी कथनी और करनी के विरोधाभासों को प्रदर्शित करते हैं। धीरे-धीरे चरित्रों के मुखौटे गिरते जाते हैं और उनका नंगापन प्रकट होता है। कमरे की सुरक्षा नदारद होने लगती है और पात्रों की भाषा बिखरने लगती है। उनके निहितार्थ स्पष्ट होने लगते हैं।

दर्जी जैक पिंटर और शिक्षिका फ्रांसिस की इकलौती सन्तान हेरॉल्ड पिंटर का जन्म 10 अक्टूबर, 1930 को उन्हीं के शब्दों में 'करीब-करीब हाथ में पेन लिए हुए' एक यहूदी परिवार में हुआ। जीवन में इंग्लिश टीचर की महत्त्वपूर्ण भूमिका

रही। टीचर जॉय ब्रेयार्ली के संग पार्क में घूमते हुए 'द डचेच ऑफ़ मेल्फ़ी' तथा 'द रेवेंजर ट्रेजडी' के अनुच्छेद जोर-जोर से बोलते हुए। इसी टीचर के निर्देशन में उन्होंने मैक्बेथ और रोमियो की भूमिकाएँ कीं। अपने नाटकों पर दूसरों के साथ-साथ सैमुयल बेकेट का प्रभाव वे स्वीकारते हैं। डेविट मामेट और मैम शेपार्ड जैसे लेखक पिंटर से प्रभावित हैं। कॉलेज की नीरस और उबाऊ अनुशासन भरी कक्षाएँ उन्हें रास न आई। इन्हें छोड़कर वे आयरलैंड की एक नाटक कंपनी के साथ घूम-घूम कर यूनानी, ऑस्कार वाइल्ड, अगाथा क्रिस्टी के नाटक करने लगे। प्रारम्भ में कुछ समय तक उन्होंने डेविड बरोन नाम से लेखन और अभिनय किया। इसी दौरान 1957 में उन्होंने एक मित्र के कहने पर मात्र चार दिन लगा कर अपना पहला नाटक 'द रूम' लिखा। अपने एकमात्र उपन्यास 'द ड्वाफ़्र्स' का नाटकीकरण कर उसे तीन साल मंचित किया। और यहीं एक अभिनेत्री विवियन मर्चेंट से दोस्ती हुई उससे शादी की और दोनों का बेटा डैनियल आज उनकी एकमात्र सन्तान है।

पहले के दो नाटक 'द रूम' तथा 'द डम वेटर' का टेलीविजन पर भी खूब उपयोग हुआ। परन्तु सफलता और प्रसिद्धि मिली 1960 में 'द केयर टेकर' के संग। इसके बाद उन्हें पीछे मुड़ कर नहीं देखना पड़ा। इस नाटक की भाषा सीधे-सीधे सड़क से उठाई गई है, इसका गजब की मौलिकता के साथ प्रयोग हुआ है। यह पूरी दुनिया में विभिन्न अभिनेताओं द्वारा मंचित हुआ है। अगले दशक में उन्हें ब्रॉडवे पर अभूतपूर्व सफलता मिली। इसी बीच 'द केयर टेकर' तथा 'बर्थडे पार्टी' के फ़िल्मीकरण के लिए स्क्रीनप्ले तैयार करने लगे। 1965 में 'द होमकमिंग' के साथ उन्होंने ब्रिटिश नाटक के क्षेत्र में एक और झंडा गाड़ दिया। इस नाटक में पुरुष यौन विभ्रम के शिकारी हिंसात्मक पशुता से भरे वनांतर से रूथ की विजयी यात्रा इस बात का प्रमाण है कि पिंटर लेखक के रूप में आगे बढ़ने के बावजूद अपने बचपन का कुछ भी नहीं भूले हैं। अपने इस नाटक से वे अत्यंत प्रसन्न थे। रूथ को उन्होंने एक स्वतन्त्र और विद्रोही स्त्री के रूप में प्रस्तुत किया है। नाटक का अन्त पिंटर की विशेषता के साथ बिना एक भी संवाद के खामोशी में होता है। अभिव्यक्ति की स्वतन्त्रता के लिए जीवन भर जी-जान से लड़ने वाले पिंटर खामोशी के महत्त्व को जानते थे और उसका अपने नाटकों में भरपूर उपयोग करते थे।

सत्तर के दशक में जब उनकी अपनी पीढ़ी हिचक के साथ खड़ी थी ब्रिटिश नाटकों में हरे, एडगर ब्रेंटन, ग्रिफ़ित्स जैसे नए नाटककार उभर रहे थे, पिंटर की अपनी शादी टूट रही थी। वे नहीं टूटे। परिवर्तन के साथ आगे बढ़ गए। अब उनका काम ज्यादा आन्तरिक हो गया। समय, मनुष्य के एकाकीपन और अलगाव से ज्यादा जुड़ गया। 1971 में आया उनका 'ओल्ड टाइम्स' इस बात का बेहतरीन नमूना है। इसमें वे चित्रित करते हैं कि कैसे अतीत को पुनर्सृजित किया जा सकता है। 12

महीने प्राउस्ट पर लगा कर 'रिमेंबरेंस ऑफ़ थिंग्स पास्ट' पर काम किया तो बहुत सन्तोष मिला। लेकिन प्रायोगिक सफलता न मिली। वैसे सिफ़र हासिल रहा यह भी नहीं कहा जा सकता है। जिस स्क्रीनप्ले को इतनी मेहनत और लगन से तैयार किया था उसका फ़िल्मांकन नहीं हुआ लेकिन वह प्रकाशित हुआ और उसका नाटक रूप में मंचन भी हुआ।

हेरॉल्ड पिंटर को संगीत से भी लगाव था। उनका कहना था कि वे नहीं जानते कि संगीत लिखने को कैसे प्रभावित करता है लेकिन यह उनके लिए आवश्यक है। वे बाख के दीवाने थे। फ़िल्म और फ़िल्म निर्माण विधा से वे कई रूपों में जुड़ हुए थे। अभिनय के साथ उन्होंने 'द सरवेंट', 'द लास्ट टाइकून', 'द ट्रायल', 'फ्रेंच लेफ़्टिनेंट वूमन', 'बिट्रेयल' आदि कई फ़िल्मों के स्क्रीनप्ले लिखें। प्रसिद्ध फ़िल्म 'फ्रेंच लेफ़्टिनेंट वूमन' (1981) और अपने नाटक 'बिट्रेयल' (1983) के स्क्रीनप्ले के लिए उनका नामांकन ऑस्कर पुरस्कार के लिए हुआ था। स्क्रीनप्ले, नाटक और काव्य सबके लिए उन्हें बहुत सारे पुरस्कार प्राप्त हुए। नोबेल तो मिला ही। भले ही आलोचक उनके कुछ नाटकों को छोड़कर उन्हें गम्भीर नाटककार मानने को तैयार न थे। वे भले ही उनके नाटकों को मात्र हँसी-मज़ाक के नाटक मानते हों। पिंटर को यह तथ्य भी ज्ञात था कि उनकी स्पष्टवादिता के कारण देश-विदेश में वे बहुत लोकप्रिय नहीं हैं। पर लेखक इन बातों की परवाह करके चुप हो जाए तो हो चुका। उन्होंने द्वितीय विश्वयुद्ध को अपनी आँखों से नहीं देखा था लेकिन युद्ध के प्रभाव को जाना-भुगता था। जहाँ बमबारी हुई थी उन स्थानों को देखा था और उसके असर से ज़िन्दगी भर नहीं निकल सके थे। इसीलिए वे सदा युद्ध, बमबारी, क्रूरता, दमन का विरोध करते रहे।

1973 में वे ब्रिटिश नेशनल थियेटर के डॉयरेक्टर बने। 1974 में उनका 'नो मैंस लैंड' प्रकाशित हुआ और इसी समय उनके जीवन में एंटोनिया फ्रे़सर का आगमन हुआ। वे स्वयं एक जानी-मानी लेखिका हैं। जाहिर सी बात है लेखन में थोड़ी शिथिलता आ गई पर निर्देशन का काम चलता रहा। इस दौरान उन्होंने नोएल कॉवर्ड के 'ब्लीथ स्पिरिट', सिमोन ग्रे के 'अदरवाइज इंगेज्ड' तथा 'द रीयर कॉलम' का निर्देशन किया। एक अन्तराल के बाद 1978 में 'बिट्रेयल' के साथ वे पुनः नाटक लेकर उपस्थित हुए। 'बिट्रेयल' एक बरबाद प्रेम कहानी है। इस सर्वनाशी प्रेम कहानी को उन्होंने पीछे की ओर लौटते हुए कहा है। अपने इस नाटक का स्क्रीनप्ले उन्होंने स्वयं तैयार किया जिस पर 1983 में इसी नाम से फ़िल्म बनी, जिसमें बेन किंग्सले, जेरेमी आयरंस तथा पैट्रिशिया होज ने अभिनय किया है।

1980 में उनका अपनी पहली पत्नी से तलाक हो गया और फ्रे़सर से उन्होंने शादी की। उनकी पहली पत्नी शराब की लती थीं। काफ़ी समय से उनका वैवाहिक

जीवन कटुतापूर्ण था लेकिन यह बात वे स्वयं कभी किसी से नहीं कहते थे। अपनी परेशानियों और दुखों पर चुप्पी साध कर अपने काम में लगे रहते थे। वे कभी राजसत्ता के मोहताज नहीं रहे। 1966 में जब तत्कालीन प्रधानमन्त्री जॉन मेजर ने उन्हें नाइटहुड देने की सोची तो पिंटर ने उसे स्वीकारने से स्पष्ट इन्कार कर दिया। 2002 में उन्हें 'कंपेनियन ऑफ़ ऑनर' सम्मान मिला। राजनीति में शुरू से उनकी रुचि रही थी। अस्सी के दशक में वे उसकी ओर अधिक झुक गए। अन्याय और असंवेदनशीलता उनसे कभी बर्दाश्त नहीं होती थी। प्रारम्भ से ही वे अमेरिका की विदेश नीति के कटु आलोचक रहे। सत्तर के दशक में चिली के अलेंडे को उखाड़ फेंकने में अमेरिका की भूमिका की उन्होंने खुलकर आलोचना की। क्यूबा की आर्थिक नाकेबन्दी, निकरागुआ में हस्तक्षेप, नाटो की युगोस्लाविया पर बमबारी, क्लिंटन का इराक पर आक्रमण, 11 सितम्बर के बाद अफ़गानिस्तान पर अमेरिकी आक्रमण और इन सब में उनके अपने देश ब्रिटेन की भागीदारी पर वे खूब जमकर बोले। उन्होंने किसी को नहीं छोड़ा। इस बीच प्रेस जो उनकी प्रेमकथा के गुलाबी रँग में रँगा रहने लगा था अचानक उनकी राजनैतिक कटोक्तियों से लाल रहने लगा। कैंसर की अपनी जानलेवा बीमारी के बावजूद लन्दन के एक स्टूडियो के मार्फत अपना नोबेल भाषण देने में भी वे इन शीर्ष नेताओं का कच्चा चिट्ठा खोलने से बाज नहीं आए।

स्क्रीनप्ले लेखन, निर्देशन और राजनैतिक पैंतरों का पर्दाफाश करने में नाटक लेखन की गति में थोड़ा अवरोध आया। लेकिन लेखन रुका नहीं उसमें खूब तीक्ष्णता आ गई। उनका उद्देश्य और मारक हो गया। नतीजा हुआ 'अवर प्लेसेस', 'वन फॉर द रोड'। बाद वाला नाटक उन्होंने एक घटना से आन्दोलित होकर मात्र एक रात में लिख डाला। इसमें उन्होंने राजनैतिक कैदियों पर राज्य द्वारा किए जाने वाले अत्याचर को प्रस्तुत किया है। वे 'पेन' संस्था के माननीय अधिकारी थे और इसी सिलसिले में लेखक आर्थर मिलर के संग तुर्की गए वहाँ उन्होंने जो क्रूर अत्याचार होते देखा, उसे देखकर वे चुप न रह सके और अपनी विधा में उसे व्यक्त किया।

थैचर काल में वे सत्ता की आँख की किरकिरी बने रहे। प्रेस भी उनके विरुद्ध सत्ता की तरफदारी करता रहा। जीवन में उतार-चढ़ाव लगा ही रहता है। नौंवें दशक में वे 'रिमेंबरेंस ऑफ़ द डे' को लेकर भले ही सफल न रहे लेकिन खाड़ी युद्ध पर एक कविता 'अमेरिकन फुटबॉल' लिखी और अमेरिका के डेजर्ट ऑपरेशन की हवा निकाल दी। इसे छापने को कोई राजी न था। इस कविता पर उन्हें विल्फ्रेड ऑवेन पुरस्कार मिला। 'पार्टी टाइम' तथा 'ए न्यू वर्ड ऑर्डर' (1991) में यही गुस्सा नाटक बनकर फूटा। इसी बीच पुराने नाटकों का परिवर्तन, परिवर्धन चलता रहा।

वर्षों बाद 1992 में 'नो मैंस लैंड' के साथ वे मंच पर पुनः उपस्थित हुए। इसी वर्ष उनकी माँ की मृत्यु हुई। इसका परिणाम हुआ अगले वर्ष 'मून लाइट' का प्रकाशन। उनके नाटक कम-से-कम कथानक के साथ शक्ति संघर्ष और वार्तालाप की लुका-छिपी के बीच चलते हैं। वे मनुष्य की स्थिति का हताशात्मक चित्रण करने में माहिर हैं, उनका कार्य एब्सर्ड परन्तु यथार्थवादी है।

मिलने से पहले लोग पिंटर से भयभीत रहते थे लेकिन मिलने के बाद यह विचार बदल जाता था। वे ऊष्मा के साथ लोगों से मिलते थे। मिलने वालों को उनकी अस्मिता का भान कराते थे। उनके समक्ष पहुँचकर लोग सरल हो जाते थे। उनके जानकारों के अनुसार उनसे मिलना खुशी का बायस होता था। उनके निर्देशन में उनके संग काम करने वाले अभिनेता उन्हें अनुशासन प्रिय, समय के पाबन्द, प्रेमी, आत्मविश्वासी, निष्ठापूर्ण तथा दूसरों में आस्था रखने वाले के रूप में स्मरण करते हैं। उनकी दूसरी पत्नी लेडी फ्रेज़र के अनुसार उन्हें कभी भुलाया नहीं जा सकता है। उनके लिए पिंटर के संग 33 साल से ज्यादा रहना एक विशिष्टता थी। वे स्वयं कहा करते थे कि उनका लेखकीय जीवन बहुत सामान्य रहा है, वे आगे खुलासा करते कि सामान्य से उनका तात्पर्य है आस्वादक, चुनौतीपूर्ण तथा उत्तेजक।

प्रजातन्त्र और जनता की भलाई के नाम पर दूसरे देशों पर अपनी चौधराहट जमाने वाले नेताओं की कटु आलोचना करने वाले पिंटर के विद्रोही तेवर, दृढ़ आत्मविश्वास बहुत पहले ही दीखने लगे थे। अपनी आत्मा की आवाज़ पर नेशनल सर्विसेस से उन्होंने इनकार कर दिया था। एक नहीं दो दो बार। उन्होंने सदैव फ़ासिस्टों की आलोचना की। इसका नतीजा भी उन्हें भुगतना पड़ा। इसी कारण द्वितीय विश्वयुद्ध के समय उन पर दो बार आक्रमण हुए। आठ वर्ष की उम्र में उन्हें लन्दन छोड़ना पड़ा और छः वर्ष बाद ही वे लन्दन वापस लौट सके। द्वितीय विश्वयुद्ध के समय यहूदियों पर होने वाले अत्याचारों-यातनाओं से वे कैसे बच सकते थे। उन्होंने अलगाव का दर्द और अनिश्चित भविष्य का भय झेला था।

स्टेज पर अभिनेता के रूप में वे अपने जीवन के बाल्यकाल से जुड़े थे। वहीं से नाटकों में उनका पदार्पण हुआ। उन्होंने फ़िल्म में भी भूमिकाएँ कीं। उनके अन्दर का अभिनेता अन्त-अन्त तक सक्रिय रहा। 1997 में उन्होंने फ़िल्म 'मोजो' में एक अपराधी सेम रोस की भूमिका की है। जब उन्हें नोबेल पुरस्कार मिला तो ब्रिटिश नाटककार टॉम स्टॉपार्ड ने कहा कि वे अपने प्रारम्भिक कार्यों के साथ समझ में न आने के कारण बौराए हुए आलोचकों, दर्शकों और लेखकों के साथ ब्रिटिश थियेटर में अकेले खड़े हुए थे। कैंसर से ग्रसित पिंटर ने कभी विराम नहीं किया। 2000 में आए उनके नाटक 'सेलेब्रेशन' में भाषाई लयात्मकता के साथ-साथ प्रसिद्ध 'पिंटर अन्तराल' को भी देखा जा सकता है। कैंसर ग्रसित पिंटर ने कैंसर पर ही कविता

'कैंसर सेल्स' लिख डाली जैसा कि एक अन्य नोबेल पुरस्कृत साहित्यकार पाब्लो नेरुदा ने किया था। इस गर्वीले आदमी के लिए अपना मखौल उड़ाना आसान था। एक ऐसा गुण जो विरले मिलता है। एक उदाहरण काफ़ी होगा। नोबेल पुरस्कार मिलने के एक साल बाद वे किसी को बता रहे थे कि एक साल पहले वे गिर गए थे और अस्पताल जाना पड़ा था। दो दिन बाद उनकी आँख खुली तो पता चला कि उन्हें साहित्य का नोबेल पुरस्कार मिला है। इसका निष्कर्ष निकालते हुए उन्होंने आगे जोड़ा, देखा तुमने, ज़िन्दगी सच में उतार-चढ़ाव से भरी हुई है। उनकी ज़िन्दगी सच में उतार-चढ़ाव वाली थी। पुरस्कार मिलने पर उनकी प्रतिक्रिया थी, 'आश्चर्य! आश्चर्य!' कुछ और लोगों को भी अवश्य आश्चर्य हुआ होगा क्योंकि इतने मुँह फट्ट और सत्ता विरोधी को भला कैसे इतना बड़ा पुरस्कार मिल गया?

इस मुँह फट्ट, आत्मविश्वासी, निडर, गर्वीले नाटककार को भावभीनी श्रद्धांजलि!

■ ■ ■

णाणं

पयासयं

वीर नि.सं. 2470

ई.सन 1944

भारतीय ज्ञानपीठ